Opera omnia
S. Augustini
hipponenis episcopi

DE TRINITATE

a
S. Augustino
Hipponensis Episcopi

Doctor Ecclesiae

In Quindecim Libros

Reformato et instructo a Texto J.P. Migne
a

Ryan Grant

𝕸𝖊𝖉𝖎𝖆𝖙𝖗𝖎𝖝 𝕻𝖗𝖊𝖘𝖘
MMXV

ISBN: 0692394389

© Mediatrix Press, 2015

Ars Tegmenis:
Saint Augustine, Petrus Paulus Rubens
National Gallery, Prague

Index Capitulorum

PROLOGUS

DOMINO BEATISSIMO, ET SINCERISSIMA CARITATE VENERANDO, SANCTO FRATRI ET CONSACERDOTI PAPAE AURELIO, AUGUSTINUS, IN DOMINO SALUTEM

De Trinitate quæ Deus summus et verus est libros iuvenis inchoavi, senex edidi. Omiseram quippe hoc opus posteaquam comperi præreptos mihi esse sive subreptos antequam eos absolverem et retractatos ut mea dispositio fuerat expolirem. Non enim singillatim sed omnes simul edere ea ratione decreveram quoniam præcedentibus consequentes inquisitione proficiente nectuntur. Cum ergo per eos homines (qui priusquam vellem ad quosdam illorum pervenire potuerunt) dispositio mea nequivisset impleri, interruptam dictationem reliqueram cogitans hoc ipsum in aliquibus scriptis meis conqueri ut scirent qui possent non a me fuisse eosdem libros editos sed ablatos priusquam mihi editione mea digni viderentur. Verum multorum fratrum vehementissima postulatione et maxime tua iussione compulsus opus tam laboriosum adiuvante Domino terminare curavi, eosque emendatos non ut volui sed ut potui, ne ab illis qui subrepti iam in manus hominum exierant plurimum discreparent, Venerationi tuæ per filium nostrum condiaconum carissimum misi et cuicumque audiendos, describendos le legendosque permisi. In quibus si servari mea dispositio potuisset, essent profecto etsi easdem sententias habentes, multo tamen enodatiores atque planiores quantum rerum tantarum explicandarum difficultas et facultas nostra pateretur. Sunt autem qui primos quattuor vel potius quinque etiam sine procemiis habent et duodecimum sine extrema parte non parva, sed si eis hæc editio potuerit innotescere, omnia si voluerint et valuerint emendabunt. Peto sane ut hanc epistulam seorsum quidem sed tamen ad caput eorumdem librorum iubeas anteponi. Ora pro me.

LIBER PRIMUS

Scribit adversus eos, qui ratione abutentes fidem corrumpunt. De Deo errores tres.

1. 1. Lecturus hæc quæ de Trinitate disserimus, prius oportet ut noverit, stilum nostrum adversus eorum vigilare calumnias, qui fidei contemnentes initium, immaturo et perverso rationis amore falluntur. Quorum nonnulli ea quæ de corporalibus rebus sive per sensus corporeos experta notaverunt, sive quæ natura humani ingenii et diligentiæ vivacitate vel artis adiutorio perceperunt, ad res incorporeas et spiritales transferre conantur ut ex his illas metiri atque opinari velint. Sunt item alii qui secundum animi humani naturam vel affectum de Deo sentiunt, si quid sentiunt, et ex hoc errore cum de Deo disputant sermoni suo distortas et fallaces regulas figunt. Est item aliud hominum genus, eorum qui universam quidem creaturam, quæ profecto mutabilis est, nituntur transcendere ut ad incommutabilem substantiam quæ Deus est erigant intentionem; sed mortalitatis onere prægravati cum et videri volunt scire quod nesciunt et quod volunt scire non possunt, præsumptiones opinionum suarum audacius affirmando intercludunt sibimet intellegentiæ vias, magis eligentes sententiam suam non corrigere perversam quam mutare defensam. Et hic quidem omnium morbus est trium generum quæ proposui; et eorum scilicet qui secundum corpus de Deo sapiunt; et eorum qui secundum spiritalem creaturam, sicuti est anima; et eorum qui neque secundum corpus neque secundum spiritalem creaturam, et tamen *de Deo falsa existimant*, eo remotiores a vero quo id quod sapiunt nec in corpore reperitur nec in facto et condito spiritu nec in ipso Creatore. Qui enim opinatur Deum, verbi gratia, candidum vel rutilum, fallitur; sed tamen hæc inveniuntur in corpore. Rursus qui opinatur Deum nunc obliviscentem, nunc recordantem vel si quid huiusmodi est, nihilominus in errore est; sed tamen hæc inveniuntur in animo. Qui autem putant eius esse potentiæ Deum ut seipsum ipse genuerit, eo plus errant quod non solum Deus ita non est sed nec spiritalis nec corporalis creatura. Nulla enim omnino res est quæ se ipsam gignat ut sit.

Sancta Scriptura nullius generis rerum verba vitavit, ex quibus intellectus noster ad divina assurgeret.

1. 2. Ut ergo ab huiusmodi falsitatibus humanus animus purgaretur, sancta Scriptura parvulis congruens nullius generis rerum verba vitavit ex quibus quasi gradatim ad divina atque sublimia noster intellectus velut nutritus assurgeret. Nam et verbis ex rebus corporalibus sumptis usa est cum de Deo loqueretur, velut cum ait: *In tegmine* *alarum tuarum protege me.* Et de spiritali creatura multa transtulit quibus significaret illud quod ita non esset sed ita dici opus esset, sicuti est: *Ego sum Deus zelans,* et: *Pœnitet me hominem fecisse.* De rebus autem quæ omnino non sunt non traxit aliqua vocabula quibus vel figuraret locutiones vel spissaret ænigmata. Unde perniciosius et inanius evanescunt qui tertio illo genere erroris a veritate secluduntur hoc suspicando de Deo quod neque in ipso neque in ulla creatura inveniri potest. Rebus enim quæ in creatura reperiuntur solet Scriptura divina velut infantilia oblectamenta formare quibus infirmorum ad quærenda superiora et inferiora deserenda pro suo modulo tamquam passibus moveretur affectus. Quæ vero proprie de Deo dicuntur, quæ in nulla creatura inveniuntur, raro ponit Scriptura divina, sicut illud quod dictum est ad Moysen: *Ego sum qui sum,* et: *Qui est misit me ad vos.* Cum enim esse aliquo modo dicatur et corpus et animus, nisi proprio quodam modo vellet intellegi, non id utique diceret. Et illud quod ait Apostolus: *Qui solus habet immortalitatem.* Cum et anima modo quodam immortalis esse dicatur et sit, non diceret, *solus habet,* nisi quia vera immortalitas incommutabilitas est, quam nulla potest habere creatura quoniam solius Creatoris est. Hoc est Iacobus dicit: *Omne datum optimum et omne donum perfectum desursum est descendens a Patre luminum, apud quem non est commutatio nec momenti obumbratio.* Hoc et David: *Mutabis ea et mutabuntur; tu autem idem ipse es.*

Fide nutrimur ut ad divina capienda habiles efficiamur.
1. 3. Proinde substantiam Dei sine ulla sui commutatione mutabilia facientem, et sine ullo suo temporali motu temporalia creantem, intueri et plene nosse difficile est. Et ideo est necessaria purgatio mentis nostræ qua illud ineffabile ineffabiliter videri possit; qua nondum præditi fide nutrimur, et per quædam tolerabiliora ut ad illud capiendum apti et habiles efficiamur itinera ducimur. Unde Apostolus in Christo quidem dicit esse omnes thesauros sapientiæ et scientiæ absconditos. Eum tamen, quamvis iam gratia eius renatis sed *adhuc carnalibus* et animalibus, *tamquam parvulis in Christo,* non *ex* divina *virtute* in qua *æqualis* est *Patri* sed *ex* humana *infirmitate* ex qua *crucifixus est,* commendavit. Ait namque: *Neque enim iudicavi me scire aliquid in vobis nisi Iesum Christum et hunc crucifixum.* Deinde secutus ait: *Et ego in infirmitate et in timore et tremore multo fui apud vos. Et paulo post eis dicit: Et ego, fratres, non potui loqui vobis quasi spiritalibus sed quasi carnalibus. Quasi parvulis in Christo lac vobis potum dedi, non escam; nondum enim poteratis, sed nec adhuc quidem potestis.* Hoc cum dicitur quibusdam irascuntur et sibi contumeliose dici putant, et plerumque malunt credere eos potius a quibus hoc audiunt non habere quod dicant quam se capere non posse quod dixerint. Et aliquando afferimus eis rationem, non quam petunt

cum de Deo quærunt quia nec ipsi eam valent sumere nec nos fortasse vel apprehendere vel proferre, sed qua demonstretur eis quam sint inhabiles minimeque idonei percipiendo quod exigunt. Sed quia non audiunt quod volunt, aut callide nos agere putant ut nostram occultemus imperitiam aut malitiose quod eis invideamus peritiam, atque ita indignantes perturbatique discedunt.

Propositum et consilium operis.
2. 4. Quapropter adiuvante Domino Deo nostro suscipiemus et eam ipsam quam flagitant, quantum possumus, reddere rationem, quod Trinitas sit unus et solus et verus Deus, et quam recte Pater et Filius et Spiritus Sanctus unius eiusdemque substantiæ vel essentiæ dicatur, credatur, intellegatur; ut non quasi nostris excusationibus illudantur sed reipsa experiantur et esse illud summum bonum quod purgatissimis mentibus cernitur, et a se propterea cerni comprehendique non posse quia mentis humanæ acies invalida in tam excellenti luce non figitur nisi *per iustitiam fidei* nutrita vegetetur. Sed primum secundum auctoritatem Scripturarum sanctarum utrum ita se fides habeat demonstrandum est. Deinde si voluerit et adiuverit Deus, istis garrulis ratiocinatoribus, elatioribus quam capacioribus atque ideo morbo periculosiore laborantibus, sic fortasse serviemus ut inveniant aliquid unde dubitare non possint, et ob hoc in eo quod invenire nequiverint, de suis mentibus potius quam de ipsa veritate vel de nostris disputationibus conquerantur. Atque ita si quid eis erga Deum vel amoris est vel timoris, ad initium fidei et ordinem redeant, iam sentientes quam salubriter in sancta Ecclesia medicina fidelium constituta sit ut ad perceptionem incommutabilis veritatis imbecillam mentem observata pietas sanet, ne in opinionem noxiæ falsitatis temeritas inordinata præcipitet. Nec pigebit autem me, sicubi hæsito, quærere; nec pudebit, sicubi erro, discere.

Placitum pium Augustini cum omnibus qui ea quæ scribit legunt ineundum.
3. 5. Proinde quisquis hæc legit ubi pariter certus est, pergat mecum; ubi pariter hæsitat, quærat mecum; ubi errorem suum cognoscit, redeat ad me; ubi meum, revocet me. Ita ingrediamur simul caritatis viam tendentes ad eum de quo dictum est: *Quærite faciem eius* semper. Et hoc placitum pium atque tutum coram Domino Deo nostro cum omnibus inierim qui ea quæ scribo legunt et in omnibus scriptis meis maximeque in his ubi quæritur unitas Trinitatis, Patris et Filii et Spiritus Sancti, quia neque periculosius alicubi erratur, nec laboriosius aliquid quæritur, nec fructuosius aliquid invenitur. Quisquis ergo cum legit dicit: "Non bene hoc dictum est quoniam non intellego", locutionem meam reprehendit, non fidem; et forte vere potuit dici planius.

Verumtamen nullus hominum ita locutus est ut in omnibus ab omnibus intellegeretur. Videat ergo cui hoc in sermone meo displicet utrum alios in talibus rebus quæstionibusque versatos cum intellegat, me non intellegit; et si ita est ponat librum meum vel etiam, si hoc videtur, abiciat, et eis potius quos intellegit operam et tempus impendat. Non tamen propterea putet me tacere debuisse quia non tam expedite ac dilucide quam illi quos intellegit eloqui potui. Neque enim omnia quæ ab omnibus conscribuntur in omnium manus veniunt, et fieri potest ut nonnulli qui etiam hæc nostra intellegere valent illos planiores non inveniant libros et in istos saltem incidant. Ideoque utile est plures a pluribus fieri diverso stilo, non diversa fide, etiam de quæstionibus eisdem ut ad plurimos res ipsa perveniat, ad alios sic, ad alios autem sic. At si ille qui se ista non intellexisse conqueritur nulla umquam de talibus rebus diligenter et acute disputata intellegere potuit, secum agat votis et studiis ut proficiat, non mecum querelis et conviciis ut taceam. Qui vero hæc legens dicit: "Intellego quidem quid dictum sit, sed non vere dictum est", asserat, si placet, sententiam suam et redarguat meam si potest. Quod si cum caritate et veritate fecerit, mihique etiam (si in hac vita maneo) cognoscendum facere curaverit, uberrimum fructum laboris huius mei cepero. Quod si mihi non potuerit, quibus id potuerit me volente ac libente præstiterit. Ego tamen *in lege Domini meditabor*, si non *die ac nocte*, saltem quibus temporum particulis possum, et meditationes meas ne oblivione fugiant stilo alligo sperans de misericordia Dei quod in omnibus veris quæ certa mihi sunt perseverantem me faciet; *si quid autem aliter* sapio, *id quoque* mihi ipse *revelabit* sive per occultas inspirationes atque admonitiones sive per manifesta eloquia sua sive per fraternas sermocinationes. Hoc oro et hoc depositum desideriumque meum penes ipsum habeo, qui mihi satis *idoneus est* et custodire quæ dedit et *reddere quæ promisit*.

Se reprehendi a reprehensore falsitatis, quam ab eius laudatore laudari Augustinus mavult.

3. 6. Arbitror sane nonnullos tardiores in quibusdam locis librorum meorum opinaturos me sensisse quod non sensi aut non sensisse quod sensi. Quorum errorem mihi tribui non debere quis nesciat, si velut me sequentes neque apprehendentes deviaverint in aliquam falsitatem dum per quædam densa et opaca cogor viam carpere, quandoquidem nec ipsis sanctis divinorum Librorum auctoritatibus ullo modo quisquam recte tribuerit tam multos et varios errores hæreticorum, cum omnes ex eisdem Scripturis falsas atque fallaces opiniones suas conentur defendere? Admonet me plane ac mihi iubet suavissimo imperio lex Christi, hoc est caritas, ut cum aliquid falsi in libris meis me sensisse homines putant quod ego non sensi atque idipsum

falsum alteri displicet, alteri placet, malim me reprehendi a reprehensore falsitatis quam ab eius laudatore laudari. Ab illo enim, quamvis ego non recte qui hoc non senserim, error tamen ipse recte vituperatur; ab hoc autem nec ego recte laudor a quo existimor id sensisse quod vituperat veritas, nec ipsa sententia quam vituperat veritas. Ergo in nomine Domini susceptum opus aggrediamur.

Doctrina fidei catholicæ de Trinitate.

4. 7. Omnes quos legere potui qui ante me scripserunt de Trinitate quæ Deus est, divinorum Librorum veterum et novorum catholici tractatores, hoc intenderunt secundum Scripturas docere, quod Pater et Filius et Spiritus Sanctus *unius eiusdemque substantiæ* inseparabili æqualitate divinam insinuent unitatem, ideoque *non* sint *tres dii sed unus Deus,* quamvis Pater Filium genuerit, et ideo Filius non sit qui Pater est; Filiusque *a Patre* sit *genitus,* et ideo *Pater non sit* qui *Filius* est; *Spiritus*que *Sanctus* nec Pater sit nec Filius, sed tantum Patris et Filii Spiritus, Patri et Filio etiam ipse coæqualis et ad Trinitatis pertinens unitatem. Non tamen eamdem Trinitatem natam *de virgine Maria* et *sub Pontio Pilato* crucifixam et sepultam *tertio die resurrexisse* et *in cælum ascendisse,* sed tantummodo Filium. Nec eamdem Trinitatem descendisse *in specie columbæ* super Iesum baptizatum, aut *die Pentecostes post ascensionem Domini* sonitu facto *de cælo quasi ferretur flatus vehemens* et linguis divisis *velut ignis* sedisse super unumquemque eorum, sed tantummodo Spiritum Sanctum. Nec eamdem Trinitatem dixisse de cælo: *Tu es Filius meus,* sive cum baptizatus est a Iohanne sive in monte quando cum illo erant tres discipuli, aut quando sonuit vox dicens: *Et clarificavi et iterum clarificabo,* sed tantummodo Patris vocem fuisse ad Filium factam quamvis Pater et Filius et Spiritus Sanctus sicut inseparabiles sunt, ita inseparabiliter operentur. Hæc et mea fides est, quando hæc est catholica fides.

Tres quibus nonnulli perturbantur quæstiones.

5. 8. Sed in ea nonnulli perturbantur cum audiunt Deum Patrem et Deum Filium et Deum Spiritum Sanctum, et tamen hanc Trinitatem non tres deos sed unum Deum; et quemadmodum id intellegant quærunt, præsertim cum dicitur inseparabiliter operari Trinitatem in omni re quam Deus operatur, et tamen quandam vocem Patris sonuisse, quæ vox Filii non sit; *in carne* autem *natum* et *passum* et *resurrexisse* et *in cælum ascendisse* non nisi Filium; *in columbæ* autem *specie* venisse non nisi Spiritum Sanctum. Intellegere volunt quomodo et illam vocem quæ non nisi Patris fuit, Trinitas fecerit, et illam carnem in qua non nisi Filius *de Virgine natus est* eadem Trinitas creaverit, et illam columbæ speciem in qua non nisi Spiritus Sanctus apparuit illa ipsa Trinitas operata sit. Alioquin non inseparabiliter Trinitas operatur, sed alia Pater facit, alia Filius, alia Spiritus Sanctus; aut si quædam simul faciunt, quædam sine invicem, iam non inseparabilis est Trinitas. Movet etiam quomodo Spiritus Sanctus in Trinitate sit, quem nec Pater nec Filius nec ambo genuerint, cum sit Spiritus Patris et Filii. Quia ergo quærunt ista homines, et tædio nobis sunt ut si quid hinc ex dono Dei sapit infirmitas nostra, edisseramus eis ut possumus, *neque cum invidia tabescente iter* habeamus. Si dicimus nos nihil de talibus rebus cogitare solere, mentimur; si autem fatemur habitare ista in cogitationibus nostris quoniam rapimur amore indagandæ veritatis, flagitant iure caritatis ut eis indicemus quid hinc excogitare potuerimus. *Non quia iam acceperim aut iam perfectus sim*(nam si Paulus apostolus, quanto magis ego longe infra illius pedes iacens, non me arbitror apprehendisse?), sed pro modulo meo si ea *quæ retro sunt obliviscor* et *in anteriora me extendo* et *secundum intentionem sequor ad palmam supernæ vocationis*, quantum eiusdem viæ peregerim et quo pervenerim unde mihi in fine reliquus cursus est ut aperiam desideratur a me illis desiderantibus quibus me servire cogit libera caritas. Oportet autem et donabit Deus ut eis ministrando quæ legant ipse quoque proficiam, et eis cupiens respondere quærentibus ipse quoque inveniam quod quærebam. Ergo suscepi hæc iubente atque adiuvante Domino Deo nostro non tam cognita cum auctoritate disserere, quam ea cum pietate disserendo cognoscere.

Filius verus Deus, eiusdem cum Patre substantiæ.

6. 9. Qui dixerunt Dominum nostrum Iesum Christum non esse Deum, aut non esse verum Deum, aut non cum Patre unum et solum Deum, aut non vere immortalem quia mutabilem, manifestissima divinorum testimoniorum et consona voce convicti sunt. Unde sunt illa: *In principio erat Verbum, et Verbum erat apud Deum, et Deus erat Verbum.* Manifestum enim quod Verbum Dei Filium Dei unicum accipimus, de quo post dicit: *Et Verbum caro factum est et habitavit in nobis,* propter nativitatem incarnationis eius quæ facta est in tempore *ex Virgine.* In eo autem declarat non tantum Deum esse, sed etiam eiusdem cum Patre substantiæ, quia cum dixisset: *Et Deus erat Verbum. Hoc erat,* inquit, *in principio apud Deum; omnia per ipsum facta sunt, et sine ipso factum est nihil.* Neque enim dicit *omnia* "nisi quæ *facta sunt*", id est omnem creaturam. Unde liquido apparet ipsum factum non esse *per quem facta sunt omnia.* Et si factus non est, creatura non est; si autem creatura non est, *eiusdem cum Patre substantiæ* est. Omnis enim substantia, quæ Deus non est, creatura est; et quæ creatura non est, Deus est. Et si non est Filius eiusdem substantiæ cuius Pater, ergo facta substantia est; si facta substantia est, non *omnia per ipsum facta sunt*; at si *omnia* *per ipsum facta sunt*, unius igitur eiusdemque cum Patre substantiæ est. Et ideo non tantum Deus sed et verus Deus. Quod idem Ioannes apertissime in Epistula sua dicit: *Scimus quod Filius Dei venerit et dederit nobis intellectum ut cognoscamus verum Deum et simus in vero Filio eius Iesu Christo. Hic est verus Deus et vita æterna.*

Unus solus Deus quod est ipsa Trinitas habet immortalitatem.

6. 10. Hinc etiam consequenter intellegitur non tantummodo de Patre dixisse apostolum Paulum: *Qui solus habet immortalitatem*, sed de uno et solo Deo, quod est ipsa Trinitas. Neque enim ipsa *vita æterna* mortalis est secundum aliquam mutabilitatem; ac per hoc *Filius Dei*, quia *vita æterna est*, cum Patre etiam ipse intellegitur ubi dictum est: *Qui solus habet immortalitatem*. Eius enim vitæ æternæ et nos *participes facti*, pro modulo nostro immortales efficimur. Sed aliud est ipsa cuius *participes* efficimur *vita æterna*, aliud nos qui eius participatione vivemus *in æternum*. Si enim dixisset: Quem temporibus propriis ostendit Pater beatus et solus potens, Rex regum et Dominus dominantium, qui solus habet immortalitatem, nec sic inde separatum Filium oporteret intellegi. Neque enim quia ipse Filius alibi loquens voce Sapientiæ (ipse est enim *Dei Sapientia*), ait: *Gyrum cæli circuivi sola*, separavit a se Patrem. Quanto magis ergo non est necesse ut tantummodo de Patre præter Filium intellegatur quod dictum est: *Qui solus habet immortalitatem*, cum ita dictum sit: *Ut serves*, inquit, *mandatum sine macula, irreprehensibile, usque in adventum Domini nostri Iesu Christi, quem temporibus propriis ostendet beatus et solus potens, Rex regum et Dominus dominantium, qui solus habet immortalitatem et lucem habitat inaccessibilem; quem nemo hominum vidit nec videre potest; cui est honor et gloria in sæcula sæculorum, amen*. In quibus verbis nec Pater proprie nominatus est nec Filius nec Spiritus Sanctus, sed *beatus et solus potens, Rex regum et Dominus dominantium*, quod est unus et solus et verus Deus, ipsa Trinitas.

Invisibilis Filius et Trinitas.

6. 11. Nisi forte quæ sequuntur perturbabunt hunc intellectum, quia dixit: *Quem nemo hominum vidit nec videre potest*, cum hoc etiam ad Christum pertinere secundum eius divinitatem accipiatur quam non viderunt Iudæi, qui tamen carnem viderunt et crucifixerunt. Videri autem divinitas humano visu nullo modo potest, sed eo visu videtur quo iam qui vident non homines sed ultra homines sunt. Recte ergo ipse Deus Trinitas intellegitur *beatus et solus potens*, ostendens *adventum Domini nostri Iesu Christi temporibus propriis*. Sic enim dictum est: *Solus habet immortalitatem*, quomodo dictum est: *Qui facit mirabilia solus*. Quod velim scire de quo dictum accipiant. Si de

Patre tantum, quomodo ergo verum est quod ipse Filius dicit: *Quæcumque enim Pater facit, hæc eadem et Filius facit similiter?* An quidquam est inter mirabilia mirabilius quam resuscitare et vivificare mortuos? Dicit autem idem Filius: *Sicut Pater suscitat mortuos et vivificat, sic et Filius quos vult vivificat.* Quomodo ergo *solus* Pater *facit mirabilia*, cum hæc verba nec Patrem tantum nec Filium tantum permittant intelligi, sed utique Deum unum verum solum, id est Patrem et Filium et Spiritum Sanctum?

Per Filium omnia facta sunt.

6. 12. Item dicit idem Apostolus: *Nobis unus Deus Pater ex quo omnia, et nos in ipso; et unus Dominus Iesus Christus per quem omnia, et nos per ipsum.* Quis dubitet eum *omnia* "quæ *creata sunt*" dicere, sicut Ioannes: *Omnia per ipsum facta sunt?* Quæro itaque de quo dicit alio loco: *Quoniam ex ipso et per ipsum et in ipso sunt omnia; ipsi gloria in sæcula sæculorum.* Si enim de Patre et Filio et Spiritu Sancto ut singulis personis singula tribuantur, *ex ipso*, ex Patre; *per ipsum*, per Filium; *in ipso*, in Spiritu Sancto; manifestum quod *Pater et Filius et Spiritus Sanctus unus Deus est*, quando singulariter intulit: *Ipsi gloria in sæcula sæculorum.* Unde enim cœpit hunc sensum; non ait: *O altitudo divitiarum* "sapientiæ et scientiæ Patris aut Filii aut Spiritus Sancti", sed *sapientiæ et scientiæ Dei! Quam inscrutabilia sunt iudicia eius et investigabiles viæ eius! Quis enim cognovit mentem Domini? Aut quis consiliarius eius fuit? Aut quis prior dedit illi, ut retribuetur ei? Quoniam ex ipso et per ipsum et in ipso sunt omnia; ipsi gloria in sæcula sæculorum. Amen.* Si autem hoc de Patre tantummodo intellegi volunt, quomodo ergo omnia per Patrem sunt sicut hic dicitur, et omnia per Filium sicut ad Corinthios ubi ait: *Et unus Dominus Iesus Christus per quem omnia*, et sicut in Evangelio Ioannis: *Omnia per ipsum facta sunt?* Si enim alia per Patrem, alia per Filium, iam non omnia per Patrem nec omnia per Filium. Si autem omnia per Patrem et omnia per Filium, eadem per Patrem quæ per Filium. *Aequalis* ergo est *Patri* Filius, et inseparabilis operatio est Patris et Filii. Quia si vel Filium fecit Pater quem non fecit ipse Filius, non *omnia* per Filium *facta sunt*. At *omnia* per Filium *facta sunt.* Ipse igitur factus non est ut cum Patre faceret *omnia* quæ *facta sunt.* Quamquam nec ab ipso verbo tacuerit Apostolus et apertissime omnino dixerit: *Qui cum in forma Dei esset, non rapinam arbitratus est esse æqualis Deo*, hic Deum proprie Patrem appellans, sicut alibi: *Caput autem Christi Deus.*

Spiritus Sanctus est verus Deus, Patri et Filio prorsus æqualis.

6. 13. Similiter et *de Spiritu Sancto* collecta sunt testimonia quibus ante nos qui hæc disputaverunt abundantius usi sunt, quia et ipse *Deus* et non creatura. Quod si non creatura, non tantum Deus (nam et homines dicti sunt dii), sed etiam *verus Deus*. Ergo Patri et Filio prorsus æqualis et in Trinitatis unitate consubstantialis et coæternus. Maxime vero illo loco satis claret quod Spiritus Sanctus non sit creatura ubi iubemur non servire *creaturæ* sed *Creatori*, non eo modo quo iubemur *per caritatem* servire *invicem*, quod est Græce δουλεύειν, sed eo modo quo tantum Deo servitur, quod est Græce λατρεύειν. Unde idolatriæ dicuntur qui simulacris eam servitutem exhibent quæ debetur Deo. Secundum hanc enim servitutem dictum est: *Dominum Deum tuum adorabis et illi soli servies*. Nam hoc distinctius in Græca Scriptura invenitur, λατρεύσεις enim habet. Porro si tali servitute *creaturæ* servire prohibemur quandoquidem dictum est: *Dominum Deum tuum adorabis et illi soli servies* - unde et Apostolus detestatur eos qui *coluerunt et servierunt creaturæ potiusquam Creatori* -, *non est utique creatura* Spiritus Sanctus cui ab omnibus sanctis talis servitus exhibetur dicente Apostolo: *Nos enim sumus circumcisio, Spiritui Dei servientes*, quod est in Græco λατρεύοντες. Plures enim codices etiam Latini sic habent: *qui Spiritui Dei servimus*; Græci autem omnes aut pæne omnes. In nonnullis autem exemplaribus Latinis invenimus non: *Spiritui Dei servimus*; sed: *Spiritu Deo servimus*. Sed qui in hoc errant et auctoritati graviori cedere detractant, numquid et illud varium in codicibus reperiunt: *Nescitis quia corpora vestra templum in vobis est Spiritus Sancti quem habetis a Deo*? Quid autem insanius magisque sacrilegum est quam ut quisquam dicere audeat *membra Christi templum* esse creaturæ minoris secundum ipsos quam Christus est? Alio enim loco dicit: *Corpora vestra membra sunt Christi*. Si autem quæ *membra sunt Christi templum est Spiritus Sancti*, *non est creatura* Spiritus Sanctus, quia cui corpus nostrum *templum* exhibemus necesse est ut huic eam servitutem debeamus qua non nisi Deo serviendum est, quæ Græce appellatur λατρεία. Unde consequenter dicit: *Glorificate ergo Deum in corpore vestro*.

Filius in forma servi minor Patre ac se ipso.

7. 14. His et talibus divinarum Scripturarum testimoniis quibus, ut dixi, priores nostri copiosius usi expugnaverunt hæreticorum tales calumnias vel errores, insinuatur fidei nostræ unitas et æqualitas Trinitatis. Sed quia multa in sanctis Libris propter incarnationem Verbi Dei, quæ pro salute nostra reparanda facta est ut *mediator Dei et hominum* esset *homo Christus Iesus*, ita dicuntur ut maiorem Filio Patrem significent vel etiam apertissime ostendant, erraverunt homines minus diligenter scrutantes vel intuentes universam seriem Scripturarum, et ea quæ de Christo Iesu secundum hominem dicta sunt ad eius substantiam quæ ante incarnationem sempiterna erat et sempiterna est transferre conati sunt. Et illi quidem dicunt minorem Filium esse quam Pater est quia scriptum est ipso Domino dicente: *Pater maior me est*. Veritas autem

ostendit secundum istum modum etiam se ipso minorem Filium. Quomodo enim non etiam se ipso minor factus est qui *semetipsum exinanivit formam servi accipiens*? Neque enim sic accepit *formam servi* ut amitteret *formam Dei* in qua erat *æqualis Patri*. Si ergo ita accepta est *forma servi* ut non amitteretur *forma Dei*, cum et in *forma servi* et *in forma Dei* idem ipse sit *Filius unigenitus Dei* Patris, *in forma Dei æqualis Patri*, in *forma servi mediator Dei et hominum homo Christus Iesus*, quis non intellegat quod in *forma Dei* etiam ipse se ipso maior est, in *forma* autem *servi* etiam se ipso minor est? Non itaque immerito Scriptura utrumque dicit, et æqualem Patri Filium, et Patrem maiorem Filio. Illud enim propter *formam Dei*, hoc autem propter *formam servi* sine ulla confusione intellegitur. Et hæc nobis regula per omnes sacras Scripturas dissolvendæ huius quæstionis ex uno capitulo Epistulæ Pauli apostoli promitur ubi manifestius ista distinctio commendatur. Ait enim: *Qui cum in forma Dei esset, non rapinam arbitratus est esse æqualis Deo, sed semetipsum exinanivit formam servi accipiens, in similitudine hominum factus et habitu inventus ut homo*. Est ergo *Dei Filius Deo Patri* natura *æqualis, habitu minor*. In *forma* enim *servi* quam accepit *minor* est *Patre*; *in forma* autem *Dei* in qua erat etiam antequam hanc accepisset *æqualis* est *Patri*. *In forma Dei Verbum per quod facta sunt omnia; in forma* autem *servi factus ex muliere, factus sub lege ut eos qui sub lege erant redimeret*. Proinde *in forma Dei fecit hominem*; *in forma servi factus est homo*. Nam si Pater tantum sine Filio fecisset hominem, non scriptum esset: *Faciamus hominem ad imaginem et similitudinem nostram*. Ergo quia *forma Dei* accepit *formam servi*, utrumque Deus et utrumque homo; sed utrumque Deus propter accipientem Deum, utrumque autem homo propter acceptum hominem. Neque enim illa susceptione alterum eorum in alterum conversum atque mutatum est; nec divinitas quippe in creaturam mutata est ut desisteret esse divinitas, nec creatura in divinitatem ut desisteret esse creatura.

Filius subiectus Patri suscepta humana natura.

8. 15. Illud autem quod ait idem Apostolus: *Cum autem ei omnia subiecta fuerint, tunc et ipse Filius subiectus erit ei qui illi subiecit omnia*, aut ideo dictum est ne quisquam putaret habitum Christi, qui ex humana creatura susceptus est, conversum iri postea in ipsam divinitatem vel, ut certius expresserim, deitatem, quæ non est creatura sed est unitas Trinitatis incorporea et incommutabilis, et sibimet consubstantialis et coæterna natura. Aut si quisquam contendit, ut aliqui senserunt, ita dictum: *Et ipse Filius subiectus erit ei qui illi subiecit omnia*, ut ipsam subiectionem, commutationem et conversionem credat futuram creaturæ in ipsam substantiam vel essentiam Creatoris, id est, ut quæ fuerat substantia creaturæ fiat substantia Creatoris, certe vel hoc concedit quod non habet ullam dubitationem nondum hoc fuisse factum cum Dominus diceret: *Pater maior me est*. Dixit enim hoc non solum antequam ascendisset in cælum, verum etiam antequam passus resurrexisset a mortuis. Illi autem qui putant humanam in eo naturam in deitatis substantiam mutari atque converti, et ita dictum: *Tunc et ipse Filius subiectus erit ei qui illi subiecit omnia*, ac si diceretur: "*Tunc et ipse Filius* hominis et a Verbo Dei suscepta humana natura commutabitur in eius naturam *qui ei subiecit omnia*", tunc futurum putant *cum* (post diem iudicii) *tradiderit regnum Deo et Patri*. Ac per hoc etiam secundum istam opinionem adhuc *Pater maior est* quam *servi forma* quæ *de Virgine* accepta est. Quod si et aliqui hoc affirmant, quod iam fuerit in Dei substantiam mutatus *homo Christus Iesus*, illud certe negare non possunt quod adhuc natura hominis manebat quando ante passionem dicebat: *Quoniam Pater maior me est*. Unde nulla cunctatio est secundum hoc esse dictum quod *forma servi maior est Pater*, cui *in forma Dei æqualis* est Filius. Nec quisquam cum audierit quod ait Apostolus: *Cum autem dixerit quia omnia subiecta sunt, manifestum quia præter eum qui subiecit illi omnia*, ita existimet de Patre intellegendum quod subiecerit omnia Filio ut ipsum Filium sibi omnia subiecisse non putet. Quod Apostolus ad Philippenses ostendit dicens: *Nostra autem conversatio in cælis est; unde et Salvatorem exspectamus Dominum Iesum Christum, qui transfigurabit corpus humilitatis nostræ conforme ut fiat corpori gloriæ suæ, secundum operationem suam qua possit etiam sibi subicere omnia.* Inseparabilis enim est operatio Patris et Filii. Alioquin nec ipse Pater sibi subiecit omnia, sed Filius ei subiecit qui ei regnum tradidit et evacuat *omnem principatum et omnem potestatem et virtutem*. De Filio quippe ista dicta sunt: *Cum tradiderit*, inquit, *regnum Deo et Patri, cum evacuaverit omnem principatum et omnem potestatem et virtutem*. Ipse enim subiecit qui evacuat.

Filius non sic traditurus regnum Patri, ut adimat sibi.

8. 16. Nec sic arbitremur Christum traditurum r*egnum Deo et Patri* ut adimat sibi. Nam et hoc quidam vaniloqui crediderunt. Cum enim dicitur: *Tradiderit regnum Deo et Patri*, non separatur ipse quia simul cum Patre *unus Deus est*. Sed divinarum Scripturarum incuriosos et contentionum studiosos fallit verbum quod positum est, donec. Ita namque sequitur: *Oportet enim illum regnare donec ponat omnes inimicos suos sub pedibus suis*, tamquam cum posuerit non sit regnaturus. Nec intellegunt ita dictum sicut est illud: *Confirmatum est cor eius; non commovebitur donec videat super inimicos suos*. Non enim cum viderit, iam *commovebitur*. Quid ergo est: *Cum tradiderit regnum Deo et Patri*, quasi modo non habeat regnum Deus et Pater? Sed quia omnes iustos in quibus nunc regnat *ex fide* viventibus *mediator Dei et hominum homo Christus Iesus* perducturus est ad *speciem* quam visionem dicit idem Apostolus *facie ad faciem*, ita dictum est: *Cum tradiderit regnum Deo et Patri*, ac si diceretur: "Cum perduxerit credentes ad contemplationem Dei et Patris". Sicut enim dicit: *Omnia mihi tradita sunt a Patre meo; et nemo novit Filium nisi Pater, neque Patrem quis novit nisi Filius et cui voluerit Filius revelare*; tunc revelabitur a Filio Pater *cum evacuaverit omnem principatum et omnem potestatem et virtutem*, id est ut necessaria non sit dispensatio similitudinum per angelicos principatus et potestates et virtutes. Ex quarum persona non inconvenienter intellegitur dici in Cantico canticorum ad sponsam: *Similitudines auri faciemus tibi cum distinctionibus argenti quoadusque rex in recubitu suo est*; id est quoadusque Christus in secreto suo est, quia *vita nostra abscondita est cum Christo in Deo. Cum Christus*, inquit, *apparuerit vita vestra, tunc et vos cum ipso apparebitis in gloria*. Quod antequam fiat, *videmus nunc per speculum in ænigmate*, hoc est in similitudinibus; tunc autem facie ad faciem.

Contemplatio Dei nobis promittitur ut actionum omnium finis.

8. 17. Hæc enim nobis contemplatio promittitur actionum omnium finis atque æterna perfectio gaudiorum. *Filii* enim *Dei sumus, et nondum apparuit quid erimus. Scimus quia cum apparuerit, similes ei erimus quoniam videbimus eum sicuti est*. Quod enim dixit famulo suo Moysi: *Ego sum qui sum; hæc dices filiis Israël: Qui est misit me ad vos*; hoc contemplabimur cum vivemus in æternum. Ita quippe ait: *Hæc est autem vita æterna ut cognoscant te unum verum Deum et quem misisti Iesum Christum*. Hoc fiet cum venerit Dominus et illuminaverit *occulta tenebrarum*, cum tenebræ mortalitatis huius *corruptionisque transierint*. Tunc erit mane nostrum de quo in Psalmo dicitur: *Mane adstabo tibi et contemplabor*. De hac contemplatione intellego dictum: *Cum tradiderit regnum Deo et Patri*, id est, cum perduxerit iustos in quibus nunc ex fide viventibus regnat *mediator Dei et hominum homo Christus Iesus* ad contemplationem Dei et Patris. Si desipio hic, corrigat me qui melius sapit; mihi aliud non videtur. Neque enim quæremus aliud cum ad illius contemplationem pervenerimus, quæ nunc non est quamdiu gaudium nostrum in spe est. *Spes autem quæ videtur non est spes. Quod enim videt quis, quid et sperat? Si autem quod non videmus speramus, per patientiam exspectamus*, quoadusque rex in recubitu suo est. Tunc erit quod scriptum est: *Adimplebis me lætitia cum vultu tuo*. Illa lætitia nihil amplius requiretur quia nec erit quod amplius requiratur. Ostendetur enim nobis Pater et sufficiet nobis. Quod bene intellexerat Philippus ut diceret: *Domine, ostende nobis Patrem et sufficit nobis*. Sed nondum intellexerat eo quoque modo idipsum se potuisse dicere: "Domine, ostende nobis te et sufficit nobis". Ut enim hoc intellegeret, responsum est ei a domino:

Tanto tempore vobiscum sum et non cognovistis me? Philippe, qui me vidit, vidit et Patrem. Sed quia volebat eum ex fide vivere antequam illud posset videre, secutus est et ait: *Non credis quia ego in Patre et Pater in me? Quamdiu* enim *sumus in corpore, peregrinamur a Domino. Per fidem enim ambulamus, non per speciem.* Contemplatio quippe merces est fidei, cui mercedi per fidem corda mundantur, sicut scriptum est: *Mundans fide corda eorum.* Probatur autem quod illi contemplationi corda mundentur illa maxime sententia: *Beati mundicordes quoniam ipsi Deum videbunt.* Et quia *hæc est vita æterna,* dicit Deus in Psalmo: *Longitudinem dierum replebo eum, et ostendam illi salutare meum.* Sive ergo audiamus: "Ostende nobis Filium", sive audiamus: *Ostende nobis Patrem,* tantundem valet quia neuter sine altero potest ostendi. Unum quippe sunt, et ipse ait: *Ego et Pater unum sumus.* Denique propter ipsam inseparabilitatem sufficienter aliquando nominatur vel Pater solus vel Filius solus adimpleturus nos *lætitia cum vultu suo.*

Spiritus solus sufficit ad beatitudinem nostram, quia separari a Patre et Filio non potest.

8. 18. Nec inde separatur utriusque Spiritus, id est, Patris et Filii Spiritus. Qui Spiritus Sanctus proprie dicitur: *Spiritus veritatis quem hic mundus accipere non potest.* Hoc est enim *plenum gaudium* nostrum quo *amplius non est,* frui Trinitate Deo ad cuius *imaginem facti* sumus. Propter hoc aliquando ita loquitur de Spiritu Sancto tamquam solus ipse sufficiat ad beatitudinem nostram; et ideo solus sufficit quia separari a Patre et Filio non potest, sicut Pater solus sufficit quia separari a Filio et Spiritu Sancto non potest, et Filius ideo sufficit solus quia separari a Patre et Spiritu Sancto non potest. Quid enim sibi vult quod ait: *Si diligitis me, mandata mea servate, et ego rogabo Patrem, et alium advocatum dabit vobis ut vobiscum sit in æternum, Spiritum veritatis quem hic mundus accipere non potest,* id est dilectores mundi? *Animalis enim homo non percipit quæ sunt Spiritus Dei.* Sed adhuc videri potest ideo dictum: *Et ego rogabo Patrem, et alium advocatum dabit vobis,* quasi non sufficiat solus Filius. Illo autem loco ita de illo dictum est tamquam solus omnino sufficiat: *Cum venerit ille Spiritus veritatis, docebit vos omnem veritatem.* Numquid ergo separatur hinc Filius tamquam ipse non doceat *omnem veritatem,* aut quasi hoc impleat Spiritus Sanctus quod minus potuit docere Filius? Dicant ergo, si placet, maiorem esse Filio Spiritum Sanctum quem minorem illo solent dicere. An quia non dictum est: "Ipse solus", aut: "Nemo, nisi ipse, *vos docebit omnem veritatem*"; ideo permittunt ut cum illo docere credatur et Filius? Apostolus ergo separavit Filium ab sciendis his *quæ Dei sunt,* ubi ait: *Sic et quæ Dei sunt nemo scit nisi Spiritus Dei!* ut iam isti perversi possint ex hoc dicere quod et Filium non doceat quæ Dei sunt nisi Spiritus Sanctus, tamquam maior minorem; cui Filius ipse tantum tribuit ut diceret: *Quia hæc locutus sum vobis, tristitia cor vestrum implevit. Sed ego veritatem dico: Expedit vobis ut ego eam; nam si non abiero, advocatus non veniet ad vos.*

In una persona interdum intelleguntur omnes.

9. 18. Hoc autem dixit non propter inæqualitatem Verbi Dei et Spiritus Sancti, sed tamquam impedimento esset præsentia Filii hominis apud eos quominus veniret ille qui minor non esset quia non *semetipsum exinanivit* sicut Filius *formam servi accipiens*. Oportebat ergo ut auferretur ab oculis eorum *forma servi* quam intuentes hoc solum esse Christum putabant quod videbant. Inde est et illud quod ait: *Si diligeretis me, gauderetis utique quoniam eo ad Patrem, quia Pater maior me est*, id est propterea me oportet ire ad Patrem quia dum me ita videtis, et ex hoc quod videtis æstimatis minor sum Patre, atque ita circa creaturam susceptumque habitum occupati æqualitatem quam cum Patre habeo non intellegitis. Inde est et illud: *Noli me tangere; nondum enim ascendi ad Patrem meum.* Tactus enim tamquam finem facit notionis. Ideoque nolebat in eo esse finem intenti cordis in se ut hoc quod videbatur tantummodo putaretur. Ascensio autem ad Patrem erat ita videri sicut æqualis est Patri ut ibi esset finis visionis quæ sufficit nobis. Aliquando item de Filio solo dicitur quod ipse sufficiat et in eius visione merces tota promittitur dilectionis et desiderii nostri. Sic enim ait: *Qui habet mandata mea et custodit ea, ille est qui me diligit. Qui autem me diligit, diligetur a Patre meo; et ego diligam eum et ostendam me ipsum illi.* Numquid hic quia non dixit: "Ostendam illi et Patrem", ideo separavit Patrem? Sed quia verum est: *Ego et Pater unum sumus*, cum Pater ostenditur, et Filius ostenditur qui in illo est; et cum Filius ostenditur, etiam Pater ostenditur qui in illo est. Sicut ergo cum ait: *Et ostendam illi me ipsum*, intellegitur quia ostendit et Patrem, ita et in eo quod dicitur: *Cum tradiderit regnum Deo et Patri*, intellegitur quia non adimit sibi. Quoniam cum perducet credentes ad contemplationem Dei et Patris, profecto perducet ad contemplationem suam qui dixit: *Et ostendam illi me ipsum.* Et ideo consequenter cum dixisset illi Iudas: *Domine, quid factum est quia ostensurus es te nobis et non huic mundo? Respondit Iesus et dixit illi: Si quis me diligit, sermonem meum servabit; et Pater meus diliget illum, et ad illum veniemus et mansionem apud illum faciemus.* Ecce quia non solum se ipsum ostendit ei a quo diligitur, quia simul cum Patre venit ad eum *et mansionem* facit *apud eum*.

9. 19. An forte putabitur mansionem in dilectore suo facientibus Patre et Filio exclusus esse ab hac mansione Spiritus Sanctus? Quid est ergo quod superius ait de Spiritu

Sancto: *Quem hic mundus accipere non potest quoniam non videt illum; nostis illum vos quia vobiscum manet et in vobis est?* Non itaque ab hac mansione separatus est de quo dictum est, *vobiscum manet et in vobis est.* Nisi forte quisquam sic absurdus est ut arbitretur cum Pater et Filius venerint ut mansionem faciant apud dilectorem suum, discessurum inde Spiritum Sanctum et tamquam locum daturum esse maioribus. Sed et huic carnali cogitationi occurrit Scriptura; paulo quippe superius ait: *Et ego rogabo Patrem, et alium advocatum dabit vobis ut vobis cum sit in æternum.* Non ergo discedet Patre et Filio venientibus, sed in eadem mansione cum ipsis erit *in æternum* quia nec ille sine ipsis venit nec illi sine illo. Sed propter insinuationem Trinitatis personis etiam singulis nominatis dicuntur quædam separatim; non tamen aliis separatis intelleguntur propter eiusdem Trinitatis unitatem unamque substantiam atque deitatem Patris et Filii et Spiritus Sancti.

Contemplatio Dei.

10. 20. Tradet itaque *regnum Deo et Patri* Dominus noster Iesus Christus, non se inde separato nec Spiritu Sancto, quando perducet credentes ad contemplationem Dei ubi est finis omnium bonarum actionum et requies sempiterna et gaudium quod numquam auferetur a nobis. Hoc enim significat in eo quod ait: *Iterum videbo vos, et gaudebit cor vestrum, et gaudium vestrum nemo auferet a vobis.* Huius gaudii similitudinem præsignabat Maria *sedens ad pedes Domini et intenta in verbum eius*, quieta scilicet ab omni actione et intenta in veritatem secundum quendam modum cuius capax est ista vita, quo tamen præfiguraret illud quod futurum est in æternum. Martha quippe sorore sua in necessitatis actione conversante quamvis bona et utili, tamen cum requies successerit transitura, ipsa requiescebat in verbo Domini. Et ideo Dominus conquerenti Marthæ quod eam soror non adiuvaret respondit: *Maria optimam partem elegit quæ non auferetur ab ea.* Non partem malam dixit quod agebat Martha, sed istam *optimam quæ non auferetur.* Illa enim quæ in ministerio indigentiæ est, cum indigentia ipsa transierit, auferetur. Boni quippe operis transituri merces est requies permansura. In illa igitur contemplatione *Deus* erit *omnia in omnibus* quia nihil ab illo aliud requiretur, sed solo ipso illustrari perfruique sufficiet. Ideoque ille in quo *Spiritus interpellat gemitibus inenarrabilibus: Unam,* inquit, *petii a Domino, hanc requiram, ut inhabitem in domo Domini per omnes dies vitæ meæ, ut contempler delectationem Domini.* Contemplabimur enim Deum Patrem et Filium et Spiritum Sanctum *cum mediator Dei et hominum homo Christus Iesus tradiderit regnum Deo et Patri* ut iam non *interpellet pro nobis mediator* et *sacerdos* noster, *Filius Dei et Filius hominis;* sed et ipse in quantum *sacerdos* est, assumpta propter nos *forma servi, subiectus* sit *ei qui illi* *subiecit omnia* et cui *subiecit omnia*; ut in quantum Deus est cum illo nos subiectos habeat, in quantum *sacerdos* nobiscum *illi subiectus sit*. Quapropter cum Filius sit et *Deus et homo*, alia substantia *Deus*, alia *homo*, homo potius in Filio quam Filius in Patre; sicut caro animæ meæ alia substantia est ad animam meam quamvis in uno homine quam anima alterius hominis ad animam meam.

Cum perduxerit credentes ad contemplationem, Filius iam non interpellabit pro nobis.

10. 21. *Cum* ergo *tradiderit regnum Deo et Patri*, id est cum credentes et viventes ex fide pro quibus *nunc mediator interpellat* perduxerit ad contemplationem cui percipiendæ suspiramus et *gemimus, et cum transierit labor et gemitus*, iam non interpellabit pro nobis tradito regno Deo et Patri. Hoc significans ait: *Hæc vobiscum locutus sum in similitudinibus; veniet hora quando iam non in similitudinibus loquar vobis, sed manifeste de Patre nuntiabo vobis*, id est iam non erunt similitudines cum visio fuerit *facie ad faciem*. Hoc est enim quod ait, *sed manifeste de Patre nuntiabo vobis*, ac si diceret, "manifeste Patrem ostendam vobis". *Nuntiabo* quippe ait quia verbum eius est. Sequitur enim et dicit: *Illa die in nomine meo petetis, et non dico vobis quia ego rogabo Patrem; ipse enim Pater amat vos quia vos me amastis et credidistis quia ego a Deo exivi. Exivi a Patre et veni in hunc mundum: iterum relinquo mundum et vado ad Patrem.* Quid est, *a Patre exivi*, nisi "non in ea forma qua *æqualis* sum *Patri* sed aliter, id est in assumpta creatura *minor* apparui"? Et quid est, *veni in hunc mundum*, nisi "*formam servi* quam me exinaniens accepi etiam peccatorum qui mundum istum diligunt oculis demonstravi"? Et quid est, *iterum relinquo mundum*, nisi "ab aspectu dilectorum mundi aufero quod viderunt"? Et quid est, *vado ad Patrem*, nisi "doceo me sic intellegendum a fidelibus meis quomodo æqualis sum Patri"? Hoc qui credunt digni habebuntur perduci a fide ad *speciem*, id est ad ipsam visionem, quo perducens dictus est tradere *regnum Deo et Patri*. Fideles quippe eius quos redemit *sanguine suo* dicti sunt regnum eius pro quibus *nunc interpellat*; tunc autem illic eos sibi faciens inhærere ubi *æqualis* est *Patri*, non iam rogabit Patrem pro eis. *Ipse enim*, inquit, *Pater amat vos*. Ex hoc enim rogat quo *minor* est *Patre*; quo vero *æqualis* exaudit cum Patre. Unde se ab eo quod dixit: *Ipse enim Pater amat vos*, utique ipse non separat; sed secundum ea facit intellegi quæ supra commemoravi satisque insinuavi, plerumque ita nominari unamquamque in Trinitate personam ut et aliæ illic intellegantur. Sic itaque dictum est: *Ipse enim Pater amat vos*, ut consequenter intellegatur et Filius et Spiritus Sanctus; non quia modo nos non amat *qui proprio Filio non pepercit sed pro nobis omnibus tradidit eum*; sed tales nos amat Deus quales futuri sumus, non quales sumus. Quales enim amat, tales *in æternum* conservat, quod tunc erit *cum tradiderit regnum Deo et Patri qui nunc interpellat pro nobis,* ut iam non roget Patrem quia *ipse Pater amat* nos. Quo autem merito nisi fidei qua credimus antequam illud quod promittitur videamus? Per hanc enim perveniemus ad *speciem* ut tales amet quales amat ut simus, non quales odit quia sumus, et hortatur ac præstat ne tales esse semper velimus.

Regula qua intellegitur Filius in Scripturis nunc æqualis, nunc minor.
11. 22. Quapropter cognita ista regula intellegendarum Scripturarum de Filio Dei ut distinguamus quid in eis sonet secundum *formam Dei* in qua est et *æqualis* est *Patri,* et quid secundum *formam servi* quam accepit et in qua *minor* est *Patre,* non conturbabimur tamquam contrariis ac repugnantibus inter se sanctorum Librorum sententiis. Nam secundum *formam Dei æqualis* est *Patri* et Filius et Spiritus Sanctus quia neuter eorum creatura est sicut iam ostendimus; secundum *formam* autem *servi minor* est *Patre* quia ipse dixit: *Pater maior me est*; minor est se ipso quia de illo dictum est: *Semetipsum exinanivit*; minor est Spiritu Sancto quia ipse ait: *Qui dixerit blasphemiam in Filium hominis, remittetur ei; qui autem dixerit in Spiritum Sanctum, non remittetur ei.* Et in ipso virtutes operatus est dicens: *Si ego in spiritu Dei eicio dæmonia, certe supervenit super vos regnum Dei.* Et apud Isaiam dicit, quam lectionem ipse in synagoga recitavit et de se completam sine scrupulo dubitationis ostendit: *Spiritus,* inquit, *Domini super me; propter quod unxit me, evangelizare pauperibus misit me, prædicare captivis remissionem,* et cetera; ad quæ facienda ideo se dicit missum quia *Spiritus Domini* est super eum. Secundum *formam Dei omnia per ipsum facta sunt*; secundum *formam servi* ipse factus est *ex muliere,* factus *sub Lege.* Secundum *formam Dei* ipse *et Pater unum* sunt, secundum *formam servi* non venit facere voluntatem suam *sed voluntatem eius qui misit eum.* Secundum *formam Dei sicut habet Pater vitam in semetipso, sic dedit et Filio vitam habere in semetipso*; secundum *formam servi tristis est anima* eius *usque ad mortem,* et: *Pater,* inquit, *si fieri potest, transeat a me iste calix.* Secundum formam Dei *ipse est verus Deus et vita æterna*; secundum *formam servi factus est obediens usque ad mortem, mortem autem crucis.*
11. 23. Secundum *formam Dei, omnia quæ habet Pater,* ipsius sunt: *Et omnia tua mea sunt,* inquit, *et mea tua;* secundum *formam servi* non est doctrina ipsius, sed *illius* qui eum *misit.*

Filius nescit diem iudicii, quia non ita sciebat ut tunc discipulis indicaret.
12. 23. Et: *De die et hora nemo scit neque angeli in cælo neque Filius nisi Pater.* Hoc enim nescit quod nescientes facit, id est quod non ita sciebat ut tunc discipulis

indicaret, sicut dictum est ad Abraham: *Nunc cognovi quia times Deum*, id est nunc feci ut cognosceres, quia et ipse sibi in illa temptatione probatus innotuit. Nam et illud utique dicturus erat discipulis tempore opportuno, de quo futuro tamquam præterito loquens ait: *Iam non dicam vos servos sed amicos. Servus enim nescit voluntatem Domini sui; vos autem dixi amicos quia omnia quæ audivi a Patre meo nota vobis feci*; quod nondum fecerat, sed quia certo facturus erat quasi iam fecisset locutus est. Ipsis enim ait: *Multa habeo vobis dicere, sed non potestis illa portare modo*. Inter quæ intellegitur et: *De die et hora*. Nam et Apostolus: *Neque enim iudicavi me*, inquit, *scire aliquid in vobis nisi Christum Iesum et hunc crucifixum*. Eis enim loquebatur qui capere altiora de Christi deitate non poterant. Quibus etiam paulo post dicit: *Non potui loqui vobis quasi spiritalibus sed quasi carnalibus*. Hoc ergo inter illos nesciebat quod per illum scire non poterant. Et hoc solum se scire dicebat quod eos per illum scire oportebat. Denique sciebat *inter perfectos* quod inter parvulos nesciebat; ibi quippe ait: *Sapientiam loquimur inter perfectos*. Eo namque genere locutionis nescire quisque dicitur quod occultat quo dicitur fossa cæca quæ occulta est. Neque enim aliquo genere loquuntur Scripturæ quod in consuetudine humana non inveniatur quia utique hominibus loquuntur.

In Scripturis alia dicta de Christo secundum formam Dei, alia secundum formam servi.

12. 24. Secundum *formam Dei* dictum est: *Ante omnes colles genuit me*, id est ante omnes altitudines creaturarum, et: *Ante luciferum genui te*, id est ante omnia tempora et temporalia; secundum *formam* autem *servi* dictum est: *Dominus creavit me in principio viarum suarum*. Quia secundum *formam Dei* dixit: *Ego sum veritas*, et secundum *formam servi: Ego sum via*. Quia enim ipse *est primogenitus a mortuis*, iter fecit Ecclesiæ suæ ad regnum Dei ad vitam æternam, cui caput est ad immortalitatem etiam corporis, ideo creatus est in principio viarum Dei in opera eius. Secundum *formam* enim *Dei principium* est *quod et* loquitur nobis, *in* quo *principio fecit Deus cælum et terram*; secundum *formam* autem *servi: Sponsus procedens de thalamo suo*. Secundum *formam Dei: Primogenitus omnis creaturæ, et ipse est ante omnes et omnia in illo constant*; secundum *formam servi: Ipse est caput corporis Ecclesiæ*. Secundum *formam Dei Dominus gloriæ*. Unde manifestum est quod ipse glorificet sanctos suos. *Quos* enim *prædestinavit, ipsos et vocavit; et quos vocavit, ipsos et iustificavit; quos autem iustificavit, ipsos et glorificavit*. De illo quippe dictum est quod *iustificet impium*; de illo dictum est quod *sit iustus et iustificans*. Si ergo *quos iustificavit, ipsos et glorificavit*, qui iustificat ipse et glorificat, qui est, ut dixi, *Dominus gloriæ*. Secundum *formam t*amen *servi* satagentibus discipulis de glorificatione sua respondit: *Sedere ad dexteram meam aut ad sinistram non est meum dare vobis, sed quibus paratum est a Patre meo.*

Filius ipse electis gloriam parat.

12. 25. Quod autem *paratum est a Patre* eius et ab ipso Filio paratum est quia *ipse et Pater unum sunt.* Iam enim ostendimus in hac Trinitate per multos locutionum divinarum modos etiam de singulis dici quod omnium est propter inseparabilem operationem *unius eiusdemque substantiæ.* Sicut et de Spiritu Sancto dicit: *Cum ego iero, mittam illum ad vos.* Non dixit, "mittemus", sed ita quasi tantum Filius eum missurus esset, non et Pater; cum alio loco dicat: *Hæc locutus sum vobis apud vos manens; advocatus autem ille Spiritus Sanctus quem mittet Pater in nomine meo, ille vobis declarabit omnia.* Hic rursus ita dictum est quasi non eum missurus esset et Filius, sed tantum Pater. Sicut ergo ista ita et illud quod ait, *sed quibus paratum est a Patre meo,* cum Patre se intellegi voluit parare sedes gloriæ quibus vellet. Sed dicit aliquis: "Illic cum de Spiritu Sancto loqueretur, ita se missurum ait ut non negaret Patrem missurum, et alio loco ita Patrem ut non negaret se missurum; hic vero aperte ait: *Non est meum dare,* atque ita secutus a Patre dixit ista præparata". Sed hoc est quod præstruximus secundum *formam servi* dictum, ut ita intellegeremus: *Non est meum dare vobis,* ac si diceretur: "Non est humanæ potestatis hoc dare", ut per illud intellegatur hoc dare per quod *Deus* et *æqualis* est *Patri. Non est meum,* inquit, *dare,* id est non humana potestate ista do, *sed quibus paratum est a Patre meo;* sed iam tu intellege quia si *omnia quæ habet Pater, mea sunt,* et hoc utique meum est, et cum Patre ista paravi.

Quomodo Filius non iudicabit et iudicabit.

12. 26. Nam et illud quæro quomodo dictum sit: *Si quis non audit verba mea, ego non iudicabo illum.* Fortassis enim ita hoc dixit: *Ego non iudicabo illum,* quemadmodum ibi: *Non est meum dare.* Sed quid hic sequitur? *Non enim veni,* inquit, *ut iudicem mundum, sed ut salvum faciam mundum.* Deinde adiungit et dicit: *Qui me spernit et non accipit verba mea, habet qui se iudicet.* Hic iam intellegeremus Patrem nisi adiungeret et diceret: *Verbum quod locutus sum, ipsum iudicabit illum in novissimo die.* Quid igitur iam nec Filius iudicabit quia dixit: *Ego non iudicabo illum,* nec Pater, sed *verbum quod locutus* est Filius? Immo audi adhuc quod sequitur: *Quia ego,* inquit, *non ex me locutus sum, sed ille qui me misit Pater, ille mandatum mihi dedit quid dicam et quid loquar; et scio quia mandatum eius vita æterna est. Quæ ego loquor, ita ut dixit mihi Pater, sic* *loquor.* Si ergo non iudicat Filius sed *verbum quod locutus* est Filius, ideo autem iudicat *verbum quod locutus* est Filius quia non ex se locutus est Filius, *sed qui misit* eum *Pater mandatum* ei *dedit* quid dicat et quid loquatur. Pater utique iudicat cuius *verbum* est *quod locutus* est Filius, atque *ipsum* Verbum Patris idem ipse est Filius. Non enim aliud est mandatum Patris, aliud Verbum Patris; nam et verbum hoc appellavit et mandatum. Videamus ergo ne forte quod ait: *Ego non ex me locutus sum,* hoc intellegi voluerit. *Ego non ex me* natus *sum.* Si enim verbum Patris loquitur, se ipsum loquitur quia ipse est Verbum Patris. Plerumque enim dicit: *Dedit mihi Pater,* in quo vult intellegi quod eum genuerit Pater, ut non tamquam iam exsistenti et non habenti dederit aliquid, sed ipsum dedisse ut haberet, genuisse est ut esset. Non enim sicut creatura ita *Dei Filius* ante *incarnationem* et ante assumptam creaturam, *unigenitus per quem facta sunt* omni, aliud est et aliud habet, sed hoc ipsum est quod est id quod habet. Quod illo loco manifestius dicitur si quis ad capiendum sit idoneus ubi ait: *Sicut habet Pater vitam in semetipso, ita dedit Filio habere vitam in semetipso.* Neque enim iam exsistenti et vitam non habenti dedit ut haberet *vitam in semetipso,* cum eo ipso quod est vita sit. Hoc est ergo, *dedit Filio habere vitam in semetipso,* genuit Filium esse incommutabilem vitam, quod est *vita æterna.* Cum ergo *Verbum Dei* sit *Filius Dei,* et *Filius Dei* sit *verus Deus et vita æterna,* sicut in Epistula sua dicit Ioanne, etiam hic quid aliud agnoscimus cum dicit Dominus: *Verbum quod locutus sum, ipsum iudicabit eum in novissimo* die? Et ipsum verbum, Patris verbum esse dicit et mandatum Patris ipsumque mandatum vitam æternam. *Et scio,* inquit, *quia mandatum eius vita æterna est.*

Sensus verborum: *Mea doctrina non est mea.*

12. 27. Quæro itaque quomodo intellegamus: *Ego non iudicabo,* sed v*erbum quod locutus sum iudicabit,* quod ex consequentibus apparet ita dictum ac si diceret: "*Ego non iudicabo,* sed Verbum Patris iudicabit". Verbum autem Patris est ipse *Filius Dei.* Siccine intellegendum est: "*Ego non iudicabo,* sed ego iudicabo"? Quomodo istud potest esse verum nisi ita: "*Ego*" scilicet "*non iudicabo* ex potestate humana *quia Filius hominis sum,* sed ego iudicabo ex potestate Verbi *quoniam Filius Dei* sum". Aut si contraria et repugnantia videntur "*Ego non iudicabo,* sed ego iudicabo", quid illic dicemus ubi ait: *Mea doctrina non est mea?* Quomodo *mea,* quomodo *non mea?* Non enim dixit: "Ista *doctrina non est mea*", sed: *Mea doctrina non est mea;* quam dixit suam, eamdem dixit non suam. Quomodo istud verum est nisi secundum aliud suam dixerit, secundum aliud non suam; secundum *formam Dei,* suam; secundum *formam servi,* non suam? Cum enim dicit: *Non est mea sed eius qui me misit,* ad ipsum Verbum nos facit recurrere. Doctrina enim Patris est Verbum Patris, qui est *unicus Filius.* Quid sibi et illud vult: *Qui in me credit, non in me credit?* Quomodo in ipsum, quomodo non in ipsum? Quomodo tam contrarium sibique adversum potest intellegi - Qui in me credit, inquit, *non in me credit sed in eum qui me misit* - nisi ita intellegas: "Qui in me credit, non in hoc quod videt credit", ne sit spes nostra in creatura, sed in illo qui suscepit creaturam in qua humanis oculis appareret ac sic ad se æqualem Patri contemplandum per fidem corda mundaret? Ideoque ad Patrem referens intentionem credentium et dicens: *Non in me credit sed in eum qui me misit,* non utique se a Patre, id est ab illo qui eum misit, voluit separari, sed ut sic in eum crederetur quomodo in Patrem cui æqualis est. Quod aperte alio loco dicit: *Credite in Deum et in me credite;* id est sicut *creditis in Deum,* sic *et in me,* quia *ego et Pater unus Deus.* Sicuti ergo hic tamquam abstulit a se fidem hominum et in Patrem transtulit dicendo: *Non in me credit sed in eum qui me misit,* a quo tamen se non utique separavit; sic etiam quod ait: *Non est meum dare, sed quibus paratum est a Patre meo,* puto clarere secundum quid utrumque accipiendum sit. Tale est enim et illud: *Ego non iudicabo,* cum ipse i*udicaturus* sit *vivos et mortuos,* sed quia non ex potestate humana, propterea recurrens ad deitatem sursum erigit corda hominum propter quæ sublevanda descendit.

Recte dicitur: Deus crucifixus.
13. 28. Nisi tamen idem ipse esset *Filius hominis* propter *formam servi* quam accepit, qui est *Filius Dei* propter *Dei formam* in qua est, non diceret apostolus Paulus de principibus huius sæculi: *Si enim cognovissent, numquam Dominum gloriæ crucifixissent.* Ex forma enim *servi crucifixus est,* et tamen *Dominus gloriæ crucifixus est.* Talis enim erat illa susceptio quæ Deum hominem faceret et hominem Deum. Quid tamen propter quid et quid secundum quid dicatur, adiuvante Domino prudens et diligens et pius lector intellegit. Nam ecce diximus quia secundum id quod Deus est glorificat suos, secundum hoc utique quod *Dominus gloriæ* est; et tamen *Dominus gloriæ crucifixus est,* quia recte dicitur et Deus *crucifixus,* non ex *virtute divinitatis* sed *ex infirmitate carnis;* sicut dicimus quia secundum id quod Deus est iudicat, hoc est ex potestate divina non ex humana, et tamen ipse *homo iudicaturus est* sicut *Dominus gloriæ crucifixus est.* Ita enim aperte dicit: *Cum venerit Filius hominis in gloria sua et omnes Angeli cum eo, tunc congregabuntur ante eum omnes gentes,* et cetera quæ de futuro iudicio usque ad ultimam sententiam in eo loco prædicantur. Et Iudæi quippe, qui in malitia perseverantes in illo iudicio puniendi sunt, sicut alibi scriptum est: *Videbunt in quem pupugerunt.* Cum enim et boni et mali visuri sint *iudicem vivorum et mortuorum,* procul dubio eum videre mali non poterunt nisi secundum formam qua

Filius hominis est, sed tamen in *claritate* in qua *iudicabit*, non *in humilitate* in qua iudicatus est. Ceterum illam *Dei formam* in qua *æqualis* est *Patri* procul dubio impii non videbunt. Non enim sunt *mundicordes: Beati* enim *mundicordes quoniam ipsi Deum videbunt.* Et ipsa visio est *facie ad faciem*, quæ summum præmium promittitur iustis; et ipsa fiet *cum* tradet *regnum Deo et Patri*, in quo et suæ formæ visionem vult intellegi, subiecta Deo universa creatura et ipsa in qua *Filius Dei Filius hominis* factus est, quia secundum hanc et *ipse Filius tunc subiectus illi erit qui ei subiecit omnia ut sit Deus omnia in omnibus.* Alioquin si *Filius Dei iudex* in forma in qua *æqualis* est *Patri* etiam impiis cum *iudicaturus est apparebit*, quid est quod pro magno dilectori suo pollicetur dicens: *Et ego diligam eum et ostendam me ipsum illi?* Quapropter *Filius hominis iudicaturus est*, nec tamen ex humana potestate sed ex ea qua *Filius Dei* est; et rursus *Filius Dei iudicaturus est*, nec tamen in ea forma apparens in qua *Deus* est *æqualis Patri*, sed in ea qua *Filius hominis est.*

Quomodo Filius hominis iudicabit et non iudicabit.

13. 29. Itaque utrumque dici potest, et: "Filius hominis iudicabit", et: "Non Filius hominis iudicabit", quia Filius hominis iudicabit ut verum sit quod ait: *Cum venerit Filius hominis, tunc congregabuntur ante eum omnes gentes*; et non Filius hominis iudicabit ut verum sit quod ait: *Ego non iudicabo*, et: *Ego non quæro gloriam meam; est qui quærat et iudicet.* Nam secundum id quod in *iudicio* non *forma Dei* sed forma Filii hominis *apparebit*, nec ipse Pater iudicabit. Secundum hoc enim dictum est: *Pater non iudicat quemquam sed omne iudicium dedit Filio.* Quod utrum ex illa locutione dictum sit quam supra commemoravimus ubi ait: *Sic dedit Filio habere vitam in semetipso*, ut significaret quia sic genuit Filium, an ex illa qua loquitur Apostolus dicens: *Propter quod eum suscitavit et donavit ei nomen quod est super omne nomen.* Hoc enim de Filio hominis dictum est secundum quem *Dei Filius suscitatus* est *a mortuis.* Ille quippe *in forma Dei æqualis* est *Patri*, ex quo *se exinanivit formam servi accipiens*; in ipsa forma servi et agit et patitur et accipit, quæ consequenter contexit Apostolus: *Humiliavit se factus obediens usque ad mortem, mortem autem crucis; propter quod et Deus illum exaltavit et donavit ei nomen quod est super omne nomen, ut in nomine Iesu omne genu flectatur cælestium et terrestrium et infernorum, et omnis lingua confiteatur quia Dominus Iesus Christus in gloria est Dei Patris.* Utrum ergo secundum illam an secundum istam locutionem dictum sit: *Omne iudicium dedit Filio*, satis hinc apparet quia si secundum illud diceretur secundum quod dictum est: *Dedit Filio habere vitam in semetipso*, non utique diceretur: *Pater non iudicat quemquam.* Secundum hoc enim quod æqualem Pater genuit Filium iudicat cum illo. Secundum hoc ergo dictum est quod *in iudicio* non *forma Dei* sed forma Filii hominis *apparebit.* Non quia non iudicabit qui *dedit omne iudicium Filio,* cum de illo dicat Filius: *Est qui quærat et iudicet;* sed ita dictum est: *Pater non iudicat quemquam sed omne iudicium dedit Filio;* ac si diceretur: "Patrem nemo videbit in iudicio *vivorum et mortuorum,* sed omnes Filium", *quia et filius hominis est* ut possit et ab impiis videri, cum et illi *videbunt in quem pupugerunt.*

Visio Filii hominis exhibebitur et malis, visio formæ Dei nonnisi mundis corde.

13. 30. Quod ne conicere potius quam aperte demonstrare videamur, proferimus eiusdem Domini certam manifestamque sententiam qua ostendamus ipsam fuisse causam ut diceret: *Pater non iudicat quemquam sed omne iudicium dedit Filio,* quia *iudex* forma Filii hominis apparebit, quæ forma non est Patris sed Filii, nec ea Filii in qua *æqualis* est *Patri* sed in qua *minor* est *Patre,* ut sit in iudicio conspicuus et bonis et malis. Paulo post enim dicit: *Amen dico vobis quia qui verbum meum audit et credit ei qui me misit, habet vitam æternam, et in iudicium non veniet sed transiet a morte in vitam.* Hæc *vita æterna* est illa visio quæ non pertinet ad malos. Deinde sequitur: *Amen, amen dico vobis quia veniet hora et nunc est cum mortui audient vocem Filii Dei, et qui audierint vivent.* Et hoc proprium est piorum qui sic audiunt de incarnatione eius ut credant *quia Filius Dei est,* id est sic eum propter se factum accipiunt *minorem Patre* in *forma servi* ut credant quia *æqualis* est *Patri in forma Dei.* Et ideo sequitur et hoc ipsum commendans dicit: *Sicut enim habet Pater vitam in semetipso, ita dedit et Filio vitam habere in semetipso.* Deinde venit ad visionem suæ claritatis in qua venturus est ad iudicium, quæ visio communis erit et impiis et iustis. Sequitur enim et dicit: *Et potestatem dedit ei et iudicium facere quoniam Filius hominis est.* Puto nihil esse manifestius. Nam *quia Filius Dei est* et *æqualis* est *Patri,* non accipit hanc potestatem iudicii faciendi sed habet illam cum Patre in occulto; accipit autem illam ut boni et mali eum videant iudicantem *quia Filius hominis est.* Visio quippe Filii hominis exhibebitur et malis; nam visio *formæ Dei* non nisi mundis corde, *quia ipsi Deum videbunt;* id est solis piis quorum dilectioni hoc ipsum promittit quia ostendet se ipsum illis. Et ideo vide quid sequitur: *Nolite mirari hoc,* inquit. Quid nos prohibet mirari nisi illud quod revera miratur omnis qui non intellegit ut ideo diceret Patrem dedisse *ei potestatem et iudicium facere quoniam Filius hominis est,* cum magis quasi hoc exspectaretur ut diceret, *quoniam Filius Dei est?* Sed quia Filium Dei secundum id quod *in forma Dei æqualis* est *Patri* videre iniqui non possunt, oportet autem ut iudicem *vivorum et mortuorum* cum coram iudicabuntur et iusti videant et iniqui. *Nolite,* inquit, *hoc mirari, quoniam veniet hora in qua omnes qui in monumentis sunt audient vocem eius; et prodient qui bona gesserunt in resurrectionem vitæ; qui mala gesserunt in resurrectionem iudicii.* Ad hoc ergo oportebat ut ideo acciperet illam potestatem *quia Filius hominis est* ut resurgentes omnes viderent eum in forma in qua videri ab omnibus potest, sed *alii ad damnationem, alii ad vitam æternam.* Quæ *est autem vita æterna* nisi illa visio quæ non conceditur impiis? *Ut cognoscant te,* inquit, *unum verum Deum et quem misisti Iesum Christum.* Quomodo et ipsum *Iesum Christum* nisi quemadmodum *unum verum Deum* qui ostendet se ipsum illis, non quomodo se ostendet etiam puniendis in forma Filii hominis?

Nemo bonus nisi Deus.

13. 31. Secundum illam visionem bonus est secundum quam visionem Deus apparet mundis corde, quoniam: *Quam bonus Deus Israel rectis corde!* Quando autem iudicem videbunt mali, non eis videbitur bonus quia non ad eum gaudebunt corde, sed tunc *se plangent omnes tribus terræ* in numero utique malorum omnium et infidelium. Propter hoc etiam illi, qui eum dixerat magistrum bonum quærenti ab eo consilium consequendæ vitæ æternæ, respondit: *Quid me interrogas de bono? Nemo bonus nisi unus Deus*; cum et hominem alio loco dicat bonum ipse Dominus: *Bonus homo,* inquit, *de bono thesauro cordis sui profert bona, et malus homo de malo thesauro cordis sui profert mala.* Sed quia ille vitam æternam quærebat, vita autem æterna est in illa contemplatione qua non ad pœnam videtur Deus sed ad gaudium sempiternum, et non intellegebat cum quo loquebatur quia tantummodo eum *Filium hominis* arbitrabatur: *Quid me interrogas,* inquit, *de bono?* Id est: "Istam formam quam vides, *quid interrogas de bono,* et vocas me secundum quod vides magistrum bonum? Hæc forma Filii hominis est; hæc forma accepta est; hæc forma apparebit in iudicio non tantum iustis sed et impiis, et huius formæ visio non erit in bonum eis qui male agunt. Est autem visio formæ meæ in qua cum essem *non rapinam arbitratus* sum *esse æqualis Deo,* sed ut hanc acciperem me ipsum exinanivi". Ille ergo *unus Deus Pater et Filius et Spiritus Sanctus* qui non apparebit nisi ad gaudium quod non auferetur a iustis, cui gaudio futuro suspirat qui dicit: *Unam petii a domino, hanc requiram, ut inhabitem in domo Domini per omnes dies vitæ meæ, ut contempler delectationem Domini; unus* ergo *Deus* ipse est *solus bonus* ad hoc, quia nemo eum videt ad luctum et planctum sed tantum *ad salutem* et lætitiam veram. "Secundum illam formam si me intellegis, bonus sum; si autem secundum hanc solam, *quid me interrogas de bono* si inter illos eris qui *videbunt in quem pupugerunt,* et ipsa visio malum eis erit quia pœnalis erit"? Ex ista sententia dixisse Dominum: *Quid me interrogas de bono? Nemo bonus nisi unus Deus,* his documentis quæ commemoravi probabile est, quia visio illa Dei qua contemplabimur incommutabilem atque humanis oculis invisibilem Dei substantiam quæ solis sanctis promittitur - quam dicit apostolus Paulus *facie ad faciem*; et de qua dicit apostolus Ioannes: *Similes ei erimus quoniam videbimus eum sicuti est*; et de qua dicitur: *Unam petii a Domino, ut contempler delectationem Domini*; et de qua dicit ipse Dominus: *Et ego diligam eum et ostendam me ipsum illi*; et propter quam solam fide corda mundamus ut simus *beati mundi cordes quoniam ipsi Deum videbunt*; et si qua alia de ista visione dicta sunt quæ copiosissime sparsa per omnes Scripturas invenit quisquis ad eam quærendam oculum amoris intendit - sola est summum bonum nostrum cuius adipiscendi causa præcipimur agere quidquid recte agimus. Visio vero illa Filii hominis quæ prænuntiata est cum *congregabuntur ante eum omnes gentes et dicent ei: Domine, quando te vidimus esurientem et sitientem?* et cetera, nec bonum erit impiis qui mittentur *in ignem æternum*, nec summum bonum erit iustis. Adhuc enim vocat eos ad *regnum* quod eis *paratum* est *ab initio mundi*. Sicut enim illis dicet: Ite in ignem æternum, sic istis: *Venite, benedicti Patris mei, possidete paratum vobis regnum. Et sicut ibunt illi in ambustionem æternam, sic iusti in vitam æternam.* Quid *est autem vita æterna nisi ut cognoscant te, inquit, unum verum Deum et quem misisti Iesum Christum?* Sed iam in ea *claritate* de qua dicit Patri: *quam habui apud te priusquam mundus* fieret. Tunc enim tradet *regnum Deo et Patri* ut intret *servus bonus in gaudium Domini sui*, et *abscondat eos* quos possidet Deus in *abscondito vultus sui a conturbatione hominum*, eorum scilicet qui tunc conturbabuntur audientes illam sententiam. A quo *auditu malo iustus non timebit* si modo protegatur *in tabernaculo*, id est in fide recta catholicæ Ecclesiæ, *a contradictione linguarum*, id est a calumniis hæreticorum. Si vero est alius intellectus verborum Domini quibus ait: *Quid me interrogas de bono? Nemo bonus nisi unus Deus* dum tamen non ideo credatur maioris bonitatis esse Patris quam Filii substantia, secundum quam Verbum est *per quod facta sunt omnia* nihilque abhorret a sana doctrina, securi utamur non uno tantum sed quotquot reperiri potuerint. Tanto enim fortius convincuntur hæretici quanto plures exitus patent ad eorum laqueos evitandos. Sed ea quæ adhuc consideranda sunt ab alio iam petamus exordio.

LIBER SECUNDUS

Prœmium. Duo in errore hominum difficillime tolerantur.

1. 1. Cum homines Deum quærunt et ad intellegentiam Trinitatis pro captu infirmitatis humanæ animum intendunt, experti difficultates laboriosas sive in ipsa acie mentis conantis intueri *inaccessibilem lucem* sive in ipsa multiplici et multimoda locutione Litterarum sacrarum, ubi mihi non videtur nisi atteri Adam ut Christi gratia glorificata dilucescat, cum ad aliquid certum discussa omni ambiguitate pervenerint, facillime debent ignoscere errantibus in tanti pervestigatione secreti. Sed duo sunt quæ in errore hominum difficillime tolerantur: Præsumptio priusquam veritas pateat, et cum iam patuerit præsumptæ defensio falsitatis. A quibus duobus vitiis nimis inimicis inventioni veritatis et tractationi divinorum sanctorumque Librorum si me, ut precor et spero, Deus defenderit atque muniverit *scuto bonæ voluntatis* suæ et gratia misericordiæ suæ, non ero segnis ad inquirendam substantiam Dei sive per Scripturam eius sive per creaturam. Quæ utraque nobis ad hoc proponitur intuenda ut ipse quæratur, ipse diligatur qui et illam inspiravit et istam creavit. Nec trepidus ero ad proferendam sententiam meam in qua magis amabo inspici a rectis quam timebo morderi a perversis. Gratanter enim suscipit oculum columbinum pulcherrima et modestissima caritas; dentem autem caninum vel evitat cautissima humilitas vel retundit solidissima veritas. Magisque optabo a quolibet reprehendi quam sive ab errante sive ab adulante laudari; nullus enim reprehensor formidandus est amatori veritatis. Etenim aut inimicus reprehensurus est aut amicus. Si ergo inimicus insultat, ferendus est; amicus autem si errat, docendus; si docet, audiendus. Laudator vero et errans confirmat errorem, et adulans illicit in errorem. *Emendabit ergo me iustus in misericordia et arguet me; oleum autem peccatoris non impinguabit caput meum.*

Regula canonica ad intellegendas Scripturarum locutiones de Christo.

1. 2. Quamobrem quamquam firmissime teneamus de Domino nostro Iesu Christo et per Scripturas disseminatam et a doctis catholicis earundem Scripturarum tractatoribus demonstratam tamquam canonicam regulam quomodo intellegatur Dei Filius et æqualis Patri secundum *Dei formam* in qua est et minor Patre secundum *servi formam* quam accepit, in qua forma non solum Patre sed etiam Spiritu Sancto, neque hoc tantum sed etiam se ipso minor inventus est, non se ipso qui fuit sed se ipso qui est quia *forma servi* accepta *formam Dei* non amisit, sicut Scripturarum, quæ in superiore libro commemoravimus, testimonia docuerunt; sunt tamen quædam in divinis eloquiis ita posita ut ambiguum sit ad quam potius regulam referantur, utrum ad eam qua intellegimus minorem Filium in assumpta creatura, an ad eam qua intellegimus non quidem minorem esse Filium sed æqualem Patri, tamen ab illo hunc esse Deum de Deo, lumen de lumine. Filium quippe dicimus Deum de Deo; Patrem autem Deum tantum, non "de Deo". Unde manifestum est quod Filius habeat alium de quo sit et cui Filius sit; Pater autem non Filium de quo sit habeat sed tantum cui Pater sit. Omnis enim filius de patre est quod est et patri filius est; nullus autem pater de filio est quod est sed filio pater est.

Locutiones triplicis sunt generis.
1. 3. Quædam itaque ita ponuntur in Scripturis de Patre et Filio ut indicent unitatem æqualitatemque substantiæ, sicuti est: *Ego et Pater unum sumus,* et: *Cum in forma Dei esset, non rapinam arbitratus est esse æqualis Deo,* et quæcumque talia sunt. Quædam vero ita ut minorem ostendant Filium propter *formam servi,* id est propter assumptam creaturam mutabilis humanæque substantiæ, sicuti est quod ait: *Quoniam Pater maior me est,* et: *Pater non iudicat quemquam sed omne iudicium dedit Filio.* Nam paulo post consequenter ait: *Et potestatem dedit ei et iudicium facere, quoniam Filius hominis est.* Quædam porro ita ut nec minor nec *æqualis* tunc ostendatur sed tantum quod *de Patre* sit intimetur, ut est illud: *Sicut habet Pater vitam in semetipso, sic dedit Filio vitam habere in semetipso,* et illud: *Neque enim potest Filius a se facere quidquam nisi quod viderit Patrem facientem.* Quod si propterea dictum acceperimus quia in forma accepta ex creatura minor est Filius, consequens erit ut prior Pater super aquas ambulaverit aut alicuius alterius cæci nati de sputo et luto oculos aperuerit, et cetera quæ Filius in carne apparens inter homines fecit, ut possit ea facere qui dixit *non* posse Filium *a se facere quidquam nisi quod viderit Patrem facientem.* Quis autem vel delirus ita sentiat? Restat ergo ut hæc ideo dicta sint quia incommutabilis est vita Filii sicut Patris, et tamen de Patre est; et inseparabilis est operatio Patris et Filii, sed tamen ita operari Filio de illo est de quo ipse est, id est de Patre; et ita videt Filius Patrem ut quo eum videt hoc ipso sit Filius. Non enim aliud illi est esse de Patre, id est nasci de Patre, quam videre *Patrem,* aut aliud videre *operantem* quam pariter operari; sed ideo *non a se* quia non est a se, et ideo *quod viderit Patrem* quia de Patre est. Neque enim alia similiter, sicut pictor alias tabulas pingit quemadmodum alias ab alio pictas vidit; nec eadem dissimiliter, sicut corpus easdem litteras exprimit quas animus cogitavit; sed: *Quæcumque,* inquit, *Pater facit, hæc eadem et Filius facit similiter.* Et *hæc eadem* dixit et *similiter,* ac per hoc inseparabilis et par operatio est Patri et Filio, sed a Patre est Filio. Ideo *non potest Filius a se facere quidquam nisi quod viderit Patrem facientem.* Ex hac ergo regula qua ita loquuntur Scripturæ ut non alium alio minorem sed tantum

velint ostendere quis de quo sit, nonnulli eum sensum conceperunt tamquam minor Filius diceretur. Quidam autem nostri indoctiores et in his minime eruditi, dum hæc secundum *formam servi* conantur accipere et eos rectus intellectus non sequitur, perturbantur. Quod ne accidat, tenenda est et hæc regula qua non minor Filius sed quod de Patre sit intimatur, quibus verbis non inæqualitas sed nativitas eius ostenditur.

Quædam de Filio in Scripturis ita posita sunt ut ambiguum sit quonam referenda.

2. 4. Sunt ergo quædam in sanctis Libris, ut dicere cœperam, ita posita ut ambiguum sit quonam referenda sint, utrum ad illud quod propter assumptam creaturam minor est Filius, an ad illud quod quamvis æqualis tamen quia de Patre sit indicatur. Et mihi quidem videtur si eo modo ambiguum est ut explicari discernique non possit, ex utralibet regula sine periculo posse intellegi, sicut est quod ait: *Mea doctrina non est mea, sed eius qui me misit* . Nam et ex *forma servi* potest accipi sicut iam in libro superiore tractavimus, et ex *forma Dei* in qua sic æqualis est Patri ut tamen de Patre sit. *In Dei* quippe *forma,* sicut non est aliud Filius, aliud vita eius, sed ipsa vita Filius est; ita non est aliud Filius, aliud doctrina eius, sed ipsa doctrina Filius est . Ac per hoc sicut id quod dictum est: *Dedit Filio vitam* , non aliud intellegitur quam: "Genuit Filium qui est vita", sic etiam cum dicitur: "*Dedit Filio* doctrinam", bene intellegitur: "Genuit Filium qui est doctrina"; ut quod dictum est: *Mea doctrina non est mea, sed eius qui me misit,* sic intellegatur ac si dictum sit: "Ego non sum a me ipso sed ab illo *qui me misit*".

Spiritus dicitur non loqui a semetipso, quia a Patre procedit.

3. 5. Nam et de Spiritu Sancto de quo non dictum est: *Semetipsum exinanivit formam servi accipiens,* ait tamen ipse Dominus: *Cum autem venerit ille Spiritus veritatis, docebit vos omnem veritatem. Non enim loquetur a semetipso, sed quæcumque audiet loquetur, et quæ ventura sunt annuntiabit vobis. Ille me clarificabit quia de meo accipiet et annuntiabit vobis.* Post hæc verba nisi continuo secutus dixisset: *Omnia quæcumque habet Pater mea sunt; propterea dixi: Quia de meo accipiet et annuntiabit vobis,* crederetur fortasse ita *natus* de Christo Spiritus Sanctus quemadmodum ille *de Patre.* De se quippe dixerat: *Mea doctrina non est mea, sed eius qui me misit;* de Spiritu autem Sancto: *Non enim loquetur a semetipso, sed quæcumque audiet loquetur,* et: *Quia de meo accipiet et annuntiabit vobis.* Sed quia reddidit causam cur dixerit : *de meo accipiet* (ait enim: *Omnia quæcumque habet Pater mea sunt; propterea dixi: Quia de meo accipiet*), restat ut intellegatur etiam Spiritus Sanctus de Patris habere sicut et Filius. Quomodo

nisi secundum id quod supra diximus: *Cum autem venerit paracletus quem ego mittam vobis a Patre, Spiritum veritatis qui a Patre procedit, ille testimonium perhibebit de me?* Procedendo itaque *a Patre* dicitur *non* loqui *a semetipso*; et sicut non ex eo fit ut minor sit Filius quia dixit: *Non potest Filius a se facere quidquam nisi quod viderit Patrem facientem*(non enim hoc *ex forma servi* dixit, sed *ex forma Dei*, sicut iam ostendimus; hæc autem verba non indicant quod minor sit sed quod de Patre sit); ita non hinc efficitur ut minor sit Spiritus Sanctus quia dictum est de illo: *Non enim loquetur a semetipso, sed quæcumque audiet loquetur*; secundum hoc enim dictum est quod de Patre procedit. Cum vero et Filius de Patre sit, et Spiritus Sanctus a Patre procedat, cur non ambo Filii dicantur nec ambo geniti, sed ille unus Filius unigenitus, hic autem Spiritus Sanctus nec Filius nec genitus, quia si genitus utique Filius, alio loco, si Deus donaverit et quantum donaverit, disseremus.

A Patre clarificatus Filius minor Patre non est.

4. 6. Verumtamen hic evigilent si possunt qui hoc etiam sibi suffragari putaverunt quasi ad demonstrandum Patrem Filio maiorem, quia dixit Filius: *Pater, clarifica me.* Ecce et Spiritus Sanctus clarificat eum; num quidnam et ipse maior est illo? Porro autem si propterea Spiritus Sanctus glorificat Filium quia de Filii accipiet et ideo de eius accipiet quia *omnia quæ habet Pater* ipsius sunt, manifestum est quia cum Spiritus Sanctus glorificat Filium, Pater glorificat Filium. Unde cognoscitur quod *omnia quæ habet Pater* non tantum Filii sed etiam Spiritus sancti sunt quia potens est Spiritus Sanctus glorificare Filium quem glorificat Pater. Quod si ille qui glorificat eo quem glorificat maior est, sinant ut æquales sint qui se invicem glorificant. Scriptum est autem quod et Filius glorificet Patrem: Ego te, inquit, *glorificavi super terram.* Sane caveant ne putetur Spiritus Sanctus maior ambobus quia glorificat Filium quem glorificat Pater, ipsum autem nec a Patre nec a Filio glorificari scriptum est.

Filius et Spiritus non minores, quia missi.

5. 7. Sed in his convicti ad illud se convertunt ut dicant: "Maior est qui mittit quam qui mittitur". Proinde maior est Pater Filio quia Filius a Patre se missum assidue commemorat, maior est et Spiritu Sancto quia de illo dixit Iesus: *Quem mittet Pater in nomine meo*; et Spiritus Sanctus utroque minor est quia et Pater eum mittit, sicut commemoravimus, et Filius cum dicit: *Si autem abiero, mittam eum ad vos.* Qua in quæstione primum quæro unde et quo missus sit Filius. *Ego*, inquit, *a Patre exii et veni in hunc mundum, ergo a Patre* exire *et* venire *in hunc mundum*, hoc est mitti. Quid igitur est quod de illo idem ipse Evangelista dicit: *In hoc mundo erat, et mundus per*

ipsum factus est, et mundus eum non cognovit?, deinde coniungit: *In sua propria venit*,
illuc utique missus est quo *venit*. At si *in hunc mundum* missus est quia exiit *a Patre*
et venit *in hunc mundum*, et *in hoc mundo erat*, illuc ergo missus est ubi *erat*. Nam et
illud quod scriptum est in Propheta Deum dicere: *Cælum et terram ego impleo*, si de
Filio dictum est (ipsum enim nonnulli volunt intellegi vel Prophetis vel in Prophetis
locutum), quo missus est nisi illuc ubi *erat*? ubique enim erat qui ait: *Cælum et terram
ego impleo*. Si autem de Patre dictum est, ubi esse potuit sine Verbo suo et sine
Sapientia sua quæ *pertendit a fine usque ad finem fortiter et disponit omnia suaviter*?
Sed neque sine Spiritu suo usquam esse potuit. Itaque si ubique est Deus, ubique est
etiam Spiritus eius. Illuc ergo et Spiritus Sanctus missus est ubi erat. Nam et ille qui
non invenit locum quo eat a facie Dei et dicit: *Si ascendero in cælum, tu ibi es; si
descendero in infernum, ades;* ubique volens intellegi præsentem Deum, prius
nominavit Spiritum eius. Nam sic ait: Quo abibo ab Spiritu tuo? Et quo a facie tua
fugiam?

Filius, quod de Maria natus est, in hunc mundum missus advenit.

5. 8. Quocirca si et Filius et Spiritus Sanctus illuc mittitur ubi erat, quærendum est
quomodo intellegatur ista missio sive Filii sive Spiritus Sancti. Pater enim solus
nusquam legitur missus. Et de Filio quidem ita scribit Apostolus: *Cum autem venit
plenitudo temporis, misit Deus Filium suum factum ex muliere, factum sub Lege, ut eos
qui sub Lege erant redimeret. Misit*, inquit, *Filium suum factum ex muliere.* Quo nomine
quis catholicus nesciat non eum privationem virginitatis sed differentiam sexus
Hebræo loquendi more significare voluisse? Cum itaque ait: *Misit Deus Filium suum
factum ex muliere,* satis ostendit eo ipso missum *Filium* quo factus est *ex muliere. Quod*
ergo *de Deo natus est, in hoc mundo erat; quod* autem de *Maria natus est, in hunc
mundum missus advenit.* Proinde mitti a Patre sine Spiritu Sancto non potuit, non
solum quia intellegitur Pater cum eum misit, id est fecit ex femina, non utique sine
Spiritu suo fecisse; verum etiam quod manifestissime atque apertissime in Evangelio
dicitur virgini Mariæ quærenti ab Angelo: *Quomodo fiet istud? Spiritus Sanctus
superveniet in te, et virtus Altissimi obumbrabit tibi*; et Matthæus dicit: *Inventa est in
utero habens de Spiritu Sancto*; quamquam et apud Isaiam prophetam ipse Christus
intellegitur de adventu suo futuro dicere: *Et nunc Dominus misit me, et Spiritus eius.*

Etiam a se ipso Filius missus.

5. 9. Fortasse aliquis cogat ut dicamus etiam a se ipso missum esse Filium, quia ille
Mariæ conceptus et partus operatio Trinitatis est qua creante omnia creantur. "Et

quomodo iam", inquit, "Pater eum misit si ipse se misit?". Cui primum respondeo quærens ut dicat, si potest: quomodo eum *Pater sanctificavit* si se ipse sanctificavit? Utrumque enim idem Dominus ait: *Quem Pater,* inquit, *sanctificavit et misit in hunc mundum, vos dicitis: "Quia blasphemat" quoniam dixi: Filius Dei* sum; alio autem loco ait: *Et pro eis sanctifico me* ipsum. Item quæro quomodo *eum* Pater *tradidit,* si ipse *se tradidit?* Utrumque enim dicit apostolus Paulus: *Qui Filio,* inquit, *proprio non pepercit, sed pro nobis omnibus tradidit* eum. Alibi autem de ipso Salvatore ait: *Qui me dilexit et tradidit se ipsum pro* me. Credo respondebit si hæc probe sapit quia una voluntas est Patris et Filii, et inseparabilis operatio. Sic ergo intellegat illam incarnationem et ex virgine nativitatem in qua Filius intellegitur missus una eademque operatione Patris et Filii inseparabiliter esse factam, non utique inde separato Spiritu Sancto de quo aperte dicitur: *Inventa est in utero habens de Spiritu* Sancto. Nam etiam si ita quæramus, enodatius fortassis quod dicimus apparebit. Quomodo *misit Deus Filium* suum? Iussit ut veniret, atque ille iubenti obtemperans venit? An rogavit? An tantummodo admonuit? Sed quodlibet horum sit, verbo utique factum est; *Dei* autem *Verbum* ipse est *Dei Filius.* Quapropter cum eum Pater verbo *misit,* a Patre et Verbo eius factum est ut mitteretur. Ergo a Patre et Filio missus est idem Filius, quia Verbum Patris est ipse Filius. Quis enim se tam sacrilega induat opinione ut putet temporale verbum a Patre factum esse ut æternus Filius mitteretur et *in carne* appareret ex tempore? Sed utique in ipso Dei Verbo quod *erat in principio apud Deum et Deus erat,* in ipsa scilicet *Sapientia Dei* sine tempore erat quo tempore illam in carne apparere oporteret. Itaque cum sine ullo initio temporis *in principio* esset *Verbum, et Verbum* esset *apud Deum, et Deus* esset *Verbum;* sine ullo tempore in ipso Verbo erat quo tempore *Verbum caro* fieret *et* habitaret *in nobis.* Quæ *plenitudo temporis cum venisset, misit Deus Filium suum factum ex muliere,* id est factum in tempore ut incarnatum Verbum hominibus appareret; quod in ipso Verbo sine tempore erat, in quo tempore fieret. Ordo quippe temporum *in* æterna *Dei Sapientia* sine tempore est. Cum itaque hoc a Patre et Filio factum esset ut in carne Filius appareret, congruenter dictus est missus ille qui in ea carne apparuit; misisse autem ille qui in ea non apparuit. Quoniam illa quæ coram corporeis oculis foris geruntur ab interiore apparatu naturæ spiritalis exsistunt, et propterea convenienter missa dicuntur. Forma porro illa suscepti hominis Filii persona est, non etiam Patris. Quapropter Pater invisibilis una cum Filio secum invisibili eundem Filium visibilem faciendo misisse eum dictus est, qui si eo modo visibilis fieret ut cum Patre invisibilis esse desisteret, id est si substantia invisibilis Verbi in creaturam visibilem mutata et transiens verteretur, ita missus a Patre intellegeretur Filius ut tantum missus non etiam cum Patre mittens inveniretur. Cum vero sic accepta est *forma servi* ut maneret incommutabilis *forma Dei*, manifestum est quod a Patre et Filio non apparentibus factum sit quod appareret in Filio, id est ab invisibili Patre cum invisibili Filio idem ipse Filius visibilis mitteretur. Cur ergo ait: *Et a me ipso non veni?* Iam hoc secundum *formam servi* dictum est, secundum quam dictum est: *Ego non iudico quemquam.*

Operatio visibiliter expressa est missio Spiritus Sancti.

5. 10. Si ergo missus dicitur in quantum apparuit foris in creatura corporali qui intus in natura spiritali oculis mortalium semper occultus est, iam in promptu est intellegere etiam de Spiritu Sancto cur missus et ipse dicatur. Facta est enim quædam creaturæ species ex tempore in qua visibiliter ostenderetur Spiritus Sanctus, sive cum *super ipsum* Dominum *corporali specie velut columba descendit,* sive *cum decem diebus peractis post eius ascensionem die Pentecostes factus est subito de cælo sonus quasi ferretur flatus vehemens, et visæ sunt illis linguæ divisæ sicut ignis qui et insedit super unumquemque eorum.* Hæc operatio visibiliter expressa et oculis oblata mortalibus missio Spiritus Sancti dicta est; non ut appareret eius ipsa substantia qua et ipse invisibilis et incommutabilis est sicut Pater et Filius, sed ut exterioribus visis hominum corda commota a temporali manifestatione venientis ad occultam æternitatem semper præsentis converterentur.

Non sic assumpta est creatura in qua appareret Spiritus Sanctus, sicut forma servi a Filio. Aliud Verbum in homine aliud Verbum homo.

6. 11. Ideo autem nusquam scriptum est quod Deus Pater maior sit Spiritu Sancto, vel Spiritus Sanctus minor Deo Patre, quia non sic est assumpta creatura in qua appareret Spiritus Sanctus sicut assumptus est Filius hominis in qua forma ipsius Verbi Dei persona præsentaretur; non ut haberet Verbum Dei, sicut alii sancti sapientes, sed præ participibus suis; non utique quod amplius habebat Verbum, ut esset quam ceteri excellentiore sapientia, sed quod ipsum Verbum erat. Aliud est enim Verbum in carne, aliud *Verbum caro*; id est aliud est Verbum in homine, aliud Verbum homo. *Caro* enim pro homine posita est in eo quod ait: *Verbum caro factum est,* sicut et illud: *Et videbit omnis caro pariter salutare Dei.* Non enim sine anima vel sine mente, sed ita *omnis caro* ac si diceretur "Omnis homo". Non ergo sic est assumpta creatura in qua appareret Spiritus Sanctus sicut assumpta est caro illa et humana illa forma ex *virgine Maria.* Neque enim columbam beatificavit Spiritus, vel illum flatum vel illum ignem sibique et personæ suæ in unitatem habitumque coniunxit in æternum; aut vero mutabilis et convertibilis est natura Spiritus Sancti ut non hæc ex creatura fierent, sed ipse in illud atque illud mutabiliter verteretur sicut aqua in glaciem. Sed apparuerunt ista, sicut opportune apparere debuerunt, *creatura serviente creatori* et *ad nutum eius* incommutabiliter in se ipso permanentis ad eum significandum et demonstrandum, sicut significari et demonstrari mortalibus oportebat,. *mutata atque conversa*. Proinde quamquam illa columba Spiritus dicta sit, et de illo igne cum diceretur: Visæ sunt illis, inquit, *linguæ divisæ velut ignis qui et insedit super unumquemque eorum, et cœperunt linguis loqui quemadmodum Spiritus dabat eis pronuntiare,* ut ostenderet per illum ignem Spiritum demonstratum sicut per columbam; non tamen ita possumus dicere Spiritum Sanctum et Deum et columbam aut et Deum et ignem, sicut dicimus Filium et Deum et hominem nec sicut dicimus Filium Agnum Dei, non solum Ioanne Baptista dicente: *Ecce Agnus Dei*, sed etiam Ioanne Evangelista vidente *Agnum occisum* in Apocalypsi. Illa quippe visio prophetica non est exhibita oculis corporeis per formas corporeas sed *in spiritu* per spiritales imagines corporum. Columbam vero illam et ignem oculis viderunt, quicumque viderunt. Quamquam de igne disceptari potest utrum oculis an spiritu visus sit propter verba sic posita; non enim ait: "Viderunt linguas divisas velut ignem", sed: *Visæ sunt eis.* Non autem sub eadem significatione solemus dicere: "*Visum est mihi*", qua dicimus: "*Vidi*". Et in illis quidem spiritalibus visis imaginum corporalium solet dici et "*Visum est* mihi" et *Vidi*, in istis vero quæ per expressam corporalem speciem oculis demonstrantur non solet dici "Visum est mihi" sed: *Vidi.* De illo ergo igne potest esse quæstio quomodo visus sit, utrum intus *in spiritu* tamquam foris, an vere foris coram oculis carnis; de illa vero columba quæ dicta est *corporali specie* descendisse nullus umquam dubitavit quod oculis visa sit. Nec sicut dicimus Filium petram (scriptum est enim: *Petra autem erat* Christus), ita possumus dicere Spiritum columbam vel ignem. Illa enim petra iam erat in creatura et per actionis modum nuncupata est nomine Christi quem significabat, sicut lapis ille quem Iacob positum ad caput etiam unctione ad significandum Dominum assumpsit; sicut Isaac Christus erat cum ad se immolandum ligna portabat. Accessit istis actio quædam significativa iam exsistentibus; non autem sicut illa columba et ignis ad hæc tantummodo significanda repente exstiterunt. Magis ista similia mihi videntur flammæ illi quæ *in rubo apparuit* Moysi, et illi columnæ quam populus in heremo sequebatur, et fulguribus ac tonitribus quæ fiebant cum Lex daretur in monte. Ad hoc enim rerum illarum corporalis exstitit species ut aliquid significaret atque præteriret.

Pater non dicitur missus.
7. 12. Propter has ergo corporales formas quæ ad eum significandum et sicut humanis sensibus oportebat demonstrandum temporaliter exstiterunt missus dicitur etiam

Spiritus Sanctus; non tamen minor Patre dictus est sicut Filius propter *formam servi*, quia illa *forma servi* inhæsit ad unitatem personæ, illæ vero species corporales ad demonstrandum quod opus fuit ad tempus apparuerunt et esse postea destiterunt. Cur ergo non et Pater dicitur missus per illas species corporales, ignem rubi et columnam nubis vel ignis et fulgura in monte et si qua talia tunc apparuerunt, cum eum coram locutum Patribus teste Scriptura didicimus, si per illos creaturæ modos et formas corporaliter expressas et humanis aspectibus præsentatas ipse demonstrabatur? Si autem Filius per ea demonstrabatur, cur tanto post dicitur missus cum ex femina factus est, sicut dicit Apostolus: *Cum autem venit plenitudo temporis, misit Deus Filium suum factum ex muliere*, quandoquidem et antea mittebatur cum per illas creaturæ mutabiles formas Patribus apparebat? Aut si non recte posset dici missus nisi cum *Verbum caro factum est*, cur missus dicitur Spiritus Sanctus cuius nulla talis incorporatio facta est? Si vero per illa visibilia quæ in Lege et Prophetis commendantur nec Pater nec Filius sed Spiritus Sanctus ostendebatur, cur etiam ipse nunc dicitur missus cum illis modis et antea mitteretur?

Quæsita tria.
7. 13. In huius perplexitate quæstionis primum Domino adiuvante quærendum est utrum Pater an Filius an Spiritus Sanctus; an aliquando Pater, aliquando Filius, aliquando Spiritus Sanctus; an sine ulla distinctione personarum sicut dicitur *Deus unus* et solus, id est ipsa Trinitas, per illas creaturæ formas Patribus apparuerit. Deinde quodlibet horum inventum visumve fuerit, utrum ad hoc opus tantummodo creatura formata sit in qua Deus sicut tunc oportuisse iudicavit humanis ostenderetur aspectibus, an Angeli qui iam erant ita mittebantur ut ex persona Dei loquerentur assumentes corporalem speciem de creatura corporea in usum ministerii sui sicut cuique opus esset, aut ipsum corpus suum cui non subduntur sed subditum regunt in species quas vellent accommodatas atque aptas actionibus suis mutantes atque vertentes secundum attributam sibi a Creatore potentiam. Postremo videbimus id quod quærere institueramus, utrum Filius et Spiritus Sanctus et antea mittebantur, et si mittebantur, quid inter illam missionem et eam quam in Evangelio legimus distet; an missus non sit aliquis eorum nisi cum vel Filius factus esset ex Maria virgine vel cum Spiritus Sanctus visibili specie sive in columba sive in igneis linguis apparuit.

Quæsitum primum: an una persona vel tota invisibilis Trinitas apparuit in Vetere Testamento.
8. 14. Omittamus igitur *eos qui* nimis carnaliter naturam Verbi Dei atque Sapientiam

quæ *in se ipsa manens innovat omnia*, quem *unicum Filium Dei* dicimus, non solum *mutabilem* verum etiam visibilem *esse* putaverunt. Hi enim multum *crassum cor* divinis rebus inquirendis audacius quam religiosius attulerunt. Anima quippe cum sit substantia spiritalis, cumque etiam ipsa facta sit nec per alium fieri potuerit nisi *per quem facta sunt omnia et sine quo factum est nihil*, quamvis sit mutabilis, non est tamen visibilis. Quod illi de Verbo ipso atque ipsa *Dei Sapientia* per quam facta est anima crediderunt, cum sit illa non invisibilis tantum, quod et anima est, sed etiam incommutabilis, quod anima non est. Eadem quippe incommutabilitas eius commemorata est ut diceretur: *In se ipsa manens innovat omnia*. Et isti quidem ruinam erroris sui divinarum Scripturarum testimoniis quasi fulcire conantes adhibent Pauli apostoli sententiam, et quod dictum est de uno solo Deo in quo ipsa Trinitas intellegitur, tantum de Patre, non et de Filio et de Spiritu Sancto dictum accipiunt: *Regi autem sæculorum immortali, invisibili, soli Deo honor et gloria in sæcula sæculorum*, et illud alterum: Beatus et solus potens, *Rex regum et Dominus dominantium, qui solus habet immortalitatem et lucem habitat inaccessibilem; quem nemo hominum vidit nec videre potest*. Hæc quemadmodum intellegenda sint iam satis nos disseruisse arbitror.

Contra eos qui credebant solum Patrem immortalem et invisibilem.

9. 15. Verum illi qui ista non de Filio nec de Spiritu Sancto sed tantum de Patre accipi volunt, dicunt visibilem Filium non *per carnem de Virgine* assumptam sed etiam antea per se ipsum. "Nam ipse", inquiunt,, "apparuit oculis Patrum". Quibus si dixeris: "Quomodo ergo visibilis per se ipsum Filius, ita et mortalis per se ipsum, ut constet vobis quod tantummodo de Patre vultis intellegi quod dictum est: *Qui solus habet immortalitatem*? Nam si propter carnem susceptam mortalis est Filius, propter hanc sinite ut sit et visibilis". Respondent nec propter hanc se mortalem Filium dicere, sed sicut et ante visibilem ita et ante mortalem. Nam si propter carnem Filium dicunt esse mortalem, iam non Pater sine Filio *solus habet immortalitatem* quia et *Verbum* eius *per quod omnia facta sunt habet immortalitatem*. Neque enim quia carnem assumpsit mortalem ideo amisit immortalitatem suam quandoquidem nec animæ humanæ hoc accidere potuit ut cum corpore moreretur dicente ipso Domino: *Nolite timere eos qui corpus occidunt, animam autem non possunt occidere*. Aut vero etiam Spiritus Sanctus carnem assumpsit (de quo utique sine dubio turbabuntur). Si propter carnem mortalis est Filius, quomodo accipiant Patrem tantummodo sine Filio et sine Spiritu Sancto habere immortalitatem quandoquidem Spiritus Sanctus non assumpsit carnem? Qui si non *habet immortalitatem*, non ergo propter carnem mortalis est Filius; si autem *habet* Spiritus Sanctus *immortalitatem*, non de Patre tantummodo dictum est: *Qui solus* *habet immortalitatem.* Quocirca ita se arbitrantur et ante *incarnationem* per se ipsum mortalem Filium posse convincere, quia ipsa mutabilitas non inconvenienter mortalitas dicitur, secundum quam et anima dicitur mori, non quia in corpus vel in aliquam alteram substantiam mutatur et vertitur, sed in ipsa sua substantia quidquid alio modo nunc est ac fuit, secundum id quod destitit esse quod erat mortale deprehenditur. "Quia itaque", inquiunt, "antequam *natus* esset *Filius Dei de virgine Maria,* ipse apparuit Patribus nostris non in una eademque specie sed multiformiter, aliter atque aliter, et visibilis est per se ipsum quia nondum carne assumpta substantia eius conspicua mortalibus oculis fuit, et mortalis in quantum mutabilis. Ita et Spiritus Sanctus qui alias columba, alias ignis apparuit." "Unde non Trinitati", aiunt, "sed singulariter et proprie Patri tantummodo convenit quod dictum est: *Immortali, invisibili, soli Deo,* et: *Qui solus habet immortalitatem et lucem habitat inaccessibilem; quem nemo hominum vidit nec videre potest.*"

Pacifico studio quærenda veritas.

9. 16. Omissis ergo istis qui nec animæ substantiam invisibilem nosse potuerunt, unde longe remotum ab eis erat ut nossent unius et solius Dei, id est Patris et Filii et Spiritus Sancti, non solum invisibilem verum et incommutabilem permanere substantiam ac per hoc in vera et sincera immortalitate consistere; nos qui numquam apparuisse corporeis oculis Deum nec Patrem nec Filium nec Spiritum Sanctum dicimus nisi per subiectam suæ potestati corpoream creaturam, in pace catholica pacifico studio requiramus parati corrigi si fraterne ac recte reprehendimur, parati etiamsi ab inimico vera tamen dicente mordemur; utrum indiscrete Deus apparuerit Patribus nostris antequam Christus veniret in carne, an aliqua ex Trinitate Persona, an singillatim quasi per vices.

Utrum loquebatur cum Adam aliqua ex Trinitate persona, an indiscrete ipsa Trinitas?

10. 17. Ac primum in eo quod in Genesi scriptum est locutum Deum cum homine quem de limo finxerat, si excepta figurata significatione ut rei gestæ fides etiam ad litteram teneatur ista tractamus, in specie hominis videtur Deus cum homine tunc locutus. Non quidem expresse hoc in libro positum est, sed circumstantia lectionis id resonat maxime illo quod scriptum est *vocem Dei* audivisse Adam *deambulantis in paradiso ad vesperam* et abscondisse *se in medio ligni quod erat in paradiso,* Deoque dicenti: *Adam, ubi es?* respondisse: *Audivi vocem tuam et abscondi me a facie tua quoniam nudus sum.* Quomodo enim possit ad litteram intellegi talis Dei deambulatio et collocutio nisi in specie humana non video. Neque enim dici potest vocem solam factam ubi deambulasse dictus est Deus, aut eum qui deambulabat in loco non fuisse visibilem cum et Adam dicat quod se absconderit a facie Dei. Quis erat ergo ille? Utrum Pater an Filius an Spiritus Sanctus? An omnino Deus indiscrete ipsa Trinitas in forma hominis homini loquebatur? Contextio quidem ipsa Scripturæ nusquam transire sentitur a persona ad personam; sed ille videtur loqui ad primum hominem qui dicebat: *Fiat lux*, et: *Fiat firmamentum*, et cetera per illos singulos dies, quem *Deum Patrem* solemus accipere dicentem ut *fiat quidquid facere voluit*. Omnia enim per Verbum suum fecit, quod *Verbum eius unicum Filium eius* secundum rectam fidei regulam novimus. Si ergo Deus Pater locutus est ad primum hominem et ipse deambulabat *in paradiso ad vesperam* et *ab eius facie se in medio ligni paradisi* peccator absconderat, cur non iam ipse intellegatur apparuisse Abrahæ et Moysi et quibus voluit quemadmodum voluit per subiectam sibi commutabilem atque visibilem creaturam, cum ipse in se ipso atque in substantia sua qua est incommutabilis atque invisibilis maneat? Sed fieri potuit ut a persona ad personam occulte Scriptura transiret, et cum Patrem dixisse narrasset: *Fiat lux*, et cetera quæ per Verbum fecisse commemoratur, iam Filium indicaret loqui ad primum hominem non aperte hoc explicans sed eis qui possent intellegendum intimans.

Res occulta est.

10. 18. Qui ergo habet vires quibus hoc secretum possit mentis acie penetrare ut ei liquido appareat vel posse etiam Patrem vel non posse nisi Filium et Spiritum Sanctum per creaturam visibilem humanis oculis apparere pergat in hæc scrutanda, si potest, etiam verbis enuntianda atque tractanda; res tamen quantum ad hoc Scripturæ testimonium attinet ubi Deus cum homine locutus est, quantum existimo, occulta est quia etiam utrum soleret Adam corporeis oculis Deum videre non evidenter apparet, cum præsertim magna sit quæstio cuiusmodi oculi eis aperti fuerint quando vetitum cibum gustaverunt; hi enim antequam gustassent clausi erant. Illud tantum non temere dixerim si paradisum corporalem quemdam locum illa Scriptura insinuat, deambulare ibi Deum nisi in aliqua corporea forma nullo modo potuisse. Nam et solas voces factas quas audiret homo nec aliquam formam videret dici potest; nec quia scriptum est: Abscondit se Adam a facie Dei, continuo sequitur ut soleret eius faciem videre. Quid si enim non quidem videre ipse poterat sed videri ipse metuebat ab eo cuius vocem audierat et deambulantis præsentiam senserat? Nam et Cain dixit Deo: *A facie tua abscondam* me, nec ideo fateri cogimur eum solere cernere faciem Dei corporeis oculis in qualibet forma visibili, quamvis de facinore suo vocem interrogantis secumque loquentis audisset. Cuiusmodi autem loquela tunc Deus exterioribus hominum auribus insonaret maxime ad primum hominem loquens, et invenire difficile est, et non hoc isto sermone suscepimus. Verumtamen si solæ voces et sonitus fiebant quibus quædam sensibilis præsentia Dei primis illis hominibus præberetur, cur ibi personam Dei Patris non intellegam nescio quandoquidem persona eius ostenditur et in ea voce cum *Iesus in monte coram tribus discipulis* præfulgens apparuit et in illa ubi *super baptizatum columba* descendit et in illa ubi ad Patrem de sua glorificatione, clamavit eique responsum est: *Et clarificavi et iterum* clarificabo; non quia fieri potuit vox sine opere Filii et Spiritus sancti (Trinitas quippe inseparabiliter operatur), sed quia ea vox facta est quæ solius personam Patris ostenderet, sicut humanam illam formam ex virgine Maria Trinitas operata est sed solius Filii persona est, visibilem namque Filii solius personam invisibilis Trinitas operata est. Nec nos aliquid prohibet illas voces factas ad Adam non solum a Trinitate factas intellegere sed etiam personam demonstrantes eiusdem Trinitatis accipere. Ibi enim cogimur non nisi Patris accipere ubi dictum est: *Hic est Filius meus* dilectus; neque enim Iesus etiam Spiritus Sancti filius aut etiam suus Filius credi aut intellegi potest. Et ubi sonuit: *Et clarificavi et iterum clarificabo*, non nisi Patris personam fatemur; responsio quippe est ad illam Domini vocem qua dixerat: *Pater, clarifica Filium tuum*, quod non potuit dicere nisi Deo Patri tantum non et Spiritui Sancto cuius non est filius. Hic autem ubi scriptum est: *Et dixit Dominus Deus ad Adam*, cur non ipsa Trinitas intellegatur, nihil dici potest.

Visio Abrahæ.
10. 19. Similiter etiam quod scriptum est: *Et dixit Dominus ad Abraham: Exi de terra tua et de cognatione tua et de domo patris tui,* non est apertum utrum sola vox facta sit ad aures Abrahæ an et oculis eius aliquid apparuerit. Paulo post autem aliquanto apertius dictum est: *Et visus est Dominus Abrahæ et dixit illi: Semini tuo dabo terram hanc.* Sed nec ibi expressum est in qua specie *visus ei* sit *Dominus*, aut utrum Pater an Filius an Spiritus Sanctus *ei visus* sit. Nisi forte ideo putant Filium visum esse Abrahæ quia non scriptum est: "*Visus est ei* Deus", sed: *Visus est ei Dominus*; tamquam enim proprie videtur Filius Dominus vocari dicente Apostolo: *Nam et si sunt qui dicuntur dii sive in cælo sive in terra sicuti sunt dii multi et Domini multi, nobis tamen unus Deus Pater ex quo omnia et nos in ipso, et unus Dominus Iesus Christus per quem omnia et nos per ipsum.* Sed cum et Deus Pater multis locis inveniatur Dominus dictus sicut est illud: *Dominus dixit ad me: Filius meus es tu; ego hodie genui te,* et illud: *Dixit Dominus Domino meo: Sede ad dexteram meam*; cum etiam Spiritus Sanctus Dominus dictus inveniatur ubi Apostolus ait: *Dominus autem Spiritus est,* et ne quisquam arbitraretur

Filium significatum et ideo dictum Spiritum propter incorpoream substantiam, secutus contexuit: *Ubi autem Spiritus Domini, ibi libertas*; Spiritum autem Domini Spiritum Sanctum esse nemo dubitaverit. Neque hic ergo evidenter apparet utrum aliqua ex Trinitate Persona an Deus ipse Trinitas, de quo uno Deo dictum est: *Dominum Deum tuum adorabis et illi soli servies, visus* fuerit *Abrahæ. Sub ilice* autem *Mambre* tres viros vidit quibus et invitatis hospitioque susceptis et epulantibus ministravit. Sic tamen Scriptura illam rem gestam narrare cœpit ut non dicat: "Visi sunt ei tres viri", sed: *Visus est ei Dominus*. Atque inde consequenter exponens quomodo ei sit visus Dominus attexit narrationem de tribus viris quos Abraham per pluralem numerum invitat ut hospitio suscipiat; et postea singulariter sicut unum alloquitur, et sicut unus ei de Sara filium pollicetur, quem Dominum dicit Scriptura sicut in eiusdem narrationis exordio: *Visus est*, inquit, *Dominus Abrahæ*. Invitat ergo et pedes lavat et deducit abeuntes tamquam homines; loquitur autem tamquam cum Domino Deo sive cum ei promittitur filius sive cum ei Sodomis imminens interitus indicatur.

Cum tres visi sunt, cur non accipiamus insinuatam Trinitatis æqualitatem?
11. 20. Non parvam neque transitoriam considerationem postulat iste Scripturæ locus. Si enim vir unus visus fuisset, iam illi qui dicunt et priusquam de Virgine nasceretur per suam substantiam visibilem Filium, quid aliud quam ipsum esse clamarent? Quoniam "De Patre", inquiunt, "dictum est: *Invisibili soli Deo*." Et tamen possem adhuc quærere quomodo ante susceptam carnem *habitu* est *inventus ut homo*, quandoquidem pedes ei loti sunt et humanis epulis epulatus est. Quomodo istud fieri poterat *cum* adhuc *in forma Dei esset, non rapinam arbitratus esse æqualis Deo*? Numquid enim iam *semetipsum exinanierat formam servi accipiens, in similitudine hominum factus et habitu inventus ut homo*, cum hoc quando fecerit per partum Virginis noverimus? Quomodo igitur antequam hoc fecisset ut vir unus *apparuit Abrahæ*? An illa forma vera non erat? Possem ista quærere si unus vir apparuisset Abrahæ idemque Dei Filius crederetur. Cum vero tres visi sunt nec quisquam in eis vel forma vel ætate vel potestate maior ceteris dictus est, cur non hic accipiamus visibiliter insinuatam per creaturam visibilem Trinitatis æqualitatem atque in tribus Personis unam eamdemque substantiam?

11. 21. Nam ne quisquam putaret sic intimatum unum in tribus fuisse maiorem et eum Dominum Dei Filium intellegendum, duos autem illos Angelos eius quia cum tres visi sint, uni Domino illic loquitur Abraham, sancta Scriptura futuris talibus cogitationibus atque opinionibus contradicendo non prætermisit occurrere quando paulo post duos

Angelos dicit venisse ad Loth in quibus et ille vir iustus qui de Sodomorum incendio meruit liberari ad unum Dominum loquitur. Sic enim sequitur Scriptura dicens: *Abiit autem Dominus postquam cessavit loquens ad Abraham, et Abraham reversus est ad locum suum.*

Visio Loth.

12. 21. *Venerunt autem duo Angeli in Sodomis vespere.* Hic attentius considerandum est quod ostendere institui. Cum tribus certe loquebatur Abraham et eum Dominum singulariter appellavit. "Forte", inquit aliquis, "unum ex tribus agnoscebat Dominum, alios autem duos Angelos eius". Quid sibi ergo vult quod consequenter dicit Scriptura: *Abiit autem Dominus postquam cessavit loquens ad Abraham, et Abraham reversus est ad locum suum. Venerunt autem duo Angeli in Sodomis vespere?* An forte ille unus abscesserat qui Dominus cognoscebatur in tribus, et duos Angelos qui cum illo erant ad consumendam Sodoma miserat? Ergo sequentia videamus. *Venerunt*, inquit, *duo Angeli in Sodomis vespere. Loth autem sedebat ad portam Sodomorum. Et cum vidisset eos Loth, surrexit in obviam illis et adoravit in faciem super terram et dixit: Ecce, domini, divertite in domum pueri vestri.* Hic manifestum est et duos Angelos fuisse et in hospitium pluraliter invitatos et honorifice appellatos dominos cum fortasse homines putarentur.

12. 22. Sed rursus movet quia nisi Angeli Dei cognoscerentur, non adoraret Loth in faciem super terram. Cur ergo tamquam tali humanitate indigentibus et hospitium præbetur et victus? Sed quodlibet hic lateat, illud nunc quod suscepimus exsequamur. *Duo* apparent; *Angeli* ambo dicuntur; pluraliter invitantur tamquam cum duobus pluraliter loquitur donec exeatur a Sodomis. Deinde sequitur Scriptura et dicit: *Et factum est postquam eduxerunt eos foras et dixerunt: Salvans salva animam tuam; ne respexeris retro neque stes in hac universa regione; in montem vade et ibi salvaberis ne forte comprehendaris. Dixit autem Loth ad eos: Rogo, Domine, quoniam invenit puer tuus ante te misericordiam,* et cetera. Quid est hoc: *Dixit ad eos: Rogo, Domine,* si iam ille discesserat qui Dominus erat et Angelos miserat? Cur dicitur: *Rogo, Domine,* et non, "Rogo, domini"? Aut si unum ex eis voluit appellare, cur ait Scriptura: *Dixit autem Loth ad eos: Rogo, Domine, quoniam invenit puer tuus ante te misericordiam?* An et hic intellegimus in plurali numero personas duas, cum autem idem duo tamquam unus compellantur, unius substantiæ unum Dominum Deum? Sed quas duas personas hic intellegimus? Patris et Filii, an Patris et Spiritus Sancti, an Filii et Spiritus Sancti? Hoc forte congruentius quod ultimum dixi. Missos enim se dixerunt, quod de Filio et de

Spiritu Sancto dicimus. Nam Patrem missum nusquam Scripturarum nobis occurrit.

Visio in rubo.

13. 23. Moyses autem quando *ad populum Israel ex Aegypto* educendum missus est, sic ei Dominum apparuisse scriptum est: *Pascebat,* inquit, *oves Iethro soceri sui sacerdotis Madian, et egit oves in desertum et venit in montem Dei Horeb. Apparuit autem illi Angelus Domini in flamma ignis de rubo. Et vidit quia in rubo arderet ignis, rubus vero non comburebatur. Et ait Moyses: Ibo et videbo visum istud quod tam magnum vidi quoniam non comburitur rubus. Cum ergo vidit Dominus quia venit videre, clamavit eum Dominus de rubo dicens: Ego sum Deus patris tui, Deus Abraham et Deus Isaac et Deus* Iacob. Et hic primo *Angelus Domini* dictus est deinde *Deus.* Numquid ergo *Angelus* est *Deus Abraham et Deus Isaac et Deus Iacob?* Potest ergo recte intellegi ipse Salvator de quo dicit Apostolus: *Quorum Patres et ex quibus Christus secundum carnem, qui est super omnia Deus benedictus in saecula. Qui* ergo *super omnia est Deus benedictus in saecula* non absurde etiam hic ipse intellegitur *Deus Abraham et Deus Isaac et Deus Iacob.* Sed cur prius *Angelus Domini* dictus est cum de rubo in flamma ignis apparuit? Utrum quia unus ex multis Angelis erat sed per dispensationem personam Domini sui gerebat, an assumptum erat aliquid creaturae quod ad praesens negotium visibiliter appareret et unde voces sensibiliter ederentur quibus praesentia Domini per subiectam creaturam corporeis etiam sensibus hominis sicut oportebat exhiberetur? Si enim unus ex Angelis erat, quis facile affirmare possit utrum ei Filii persona nuntianda imposita fuerit an Spiritus Sancti an Dei Patris an ipsius omnino Trinitatis qui est *unus* et *solus Deus,* ut diceret: *Ego sum Deus Abraham et Deus Isaac et Deus Iacob?* Neque enim possumus dicere Deum Abraham et Deum Isaac et Deum Iacob Filium Dei esse et Patrem non esse. Aut Spiritum Sanctum aut ipsam Trinitatem quam credimus et intellegimus unum Deum audebit aliquis negare Deum Abraham et Deum Isaac et Deum Iacob? Ille enim non est illorum patrum Deus qui non est Deus. Porro si non solum Pater Deus est, sicut omnes etiam haeretici concedunt, sed etiam Filius quod velint nolint coguntur fateri dicente Apostolo: *Qui est super omnia Deus benedictus in saecula,* et Spiritus Sanctus dicente ipso Apostolo: *Clarificate ergo Deum in corpore vestro* cum supra diceret: *Nescitis quia corpora vestra templum in vobis Spiritus Sancti est quem habetis a Deo?* et *hi tres unus Deus* sicut catholica sanitas credit, non satis elucet quam in Trinitate personam, et utrum aliquam an ipsius Trinitatis gerebat ille Angelus, si unus ex ceteris Angelis erat. Si autem in usum rei praesentis assumpta creatura est quae humanis et oculis appareret et auribus insonaret et appellaretur et *Angelus Domini* et *Dominus* et *Deus,* non potest hic Deus Pater intellegi, sed aut Filius aut Spiritus Sanctus, quamquam Spiritum Sanctum alicubi Angelum dictum non recolam. Sed ex opere possit intellegi; dictum enim de illo est: *Quæ ventura sunt annuntiabit vobis*, et utique Angelus Græce, latine Nuntius interpretatur. De Domino autem Iesu Christo evidentissime legimus apud Prophetam quod *magni consilii Angelus* dictus sit, cum et Spiritus Sanctus et Dei Filius sit Deus et Dominus Angelorum.

Visio in columna nubis et ignis.

14. 24. Item *in exitu de Aegypto* filiorum *Israel* scriptum est: *Deus autem præibat illos, die quidem in columna nubis et ostendebat illis viam, nocte autem in columna ignis; et non deficiebat columna nubis die et columna ignis nocte ante populum.* Quis et hic dubitet per subiectam creaturam eamdemque corpoream non per suam substantiam Deum oculis apparuisse mortalium? Sed utrum Patrem an Filium an Spiritum Sanctum an ipsam Trinitatem unum Deum similiter non apparet. Nec ibi hoc distinguitur, quantum existimo, ubi scriptum est: *Et maiestas Domini apparuit in nube, et locutus est Dominus ad Moysen dicens: Exaudivi murmur filiorum Israel*, et cetera.

Visio in Sina.

15. 25. Iam vero de nubibus et vocibus et fulguribus et tuba et fumo in monte Sina cum diceretur: *Sina autem mons fumabat totus propterea quod descendisset Deus in eum in igne, et ascendebat fumus tamquam fumus fornacis. Et mente confusus est omnis populus vehementer; fiebant autem voces tubæ prodeuntes fortiter valde. Moyses loquebatur et Deus respondebat ei voce.* Et paulo post data Lege in decem præceptis consequenter dicitur: *Et omnis populus videbat voces et lampadas et voces tubæ et montem fumantem.* Et paulo post: *Et stabat*, inquit, *omnis populus a longe. Moyses autem intravit in nebulam ubi erat Deus, et dixit Dominus ad Moysen*, et cetera. Quid hinc dicam nisi quod nemo tam vecors est qui credat fumum, ignem, nubes et nebulam et si qua huiusmodi Verbi et Sapientiæ Dei quod est Christus vel Spiritus sancti esse substantiam? Nam de Patre Deo nec Ariani hoc umquam ausi sunt dicere. Ergo *creatura serviente Creatori* facta sunt illa omnia et humanis sensibus pro dispensatione congrua præsentata, nisi forte quia dictum est: *Moyses autem intravit in nebulam ubi erat Deus*, hoc arbitrabitur carnalis cogitatio, a populo quidem nebulam visam, intra nebulam vero Moysen oculis carneis vidisse Filium Dei quem delirantes hæretici in sua substantia visum volunt. Sane viderit eum Moyses oculis carneis si oculis carneis potest videri non modo *Sapientia Dei* quod est Christus, sed vel ipsa cuiuslibet hominis et qualiscumque sapientis. Aut quia scriptum est: *de senioribus Israel* quia *viderunt* *locum ubi steterat Deus Israel* et quia *sub pedibus eius tamquam opus lapidis sapphiri et tamquam aspectus firmamenti* cæli, propterea credendum est Verbum et Sapientiam Dei per suam substantiam in spatio loci terreni stetisse, quæ *pertendit a fine usque in finem fortiter et disponit omnia suaviter*, et ita esse mutabile *Verbum Dei per quod facta sunt omnia* ut modo se contrahat modo distendat? *Mundet* Dominus a talibus cogitationibus *corda fidelium suorum*. Sed per subiectam ut sæpe diximus, creaturam exhibentur hæc omnia visibilia et sensibilia ad significandum *invisibilem* atque intellegibilem *Deum*, non solum Patrem sed et Filium et Spiritum Sanctum, *ex quo omnia, per quem omnia, in quo omnia;* quamvis *invisibilia Dei a creatura mundi per ea quæ facta sunt intellecta conspiciantur, sempiterna quoque virtus eius ac divinitas.*

Si hic una ex Trinitate persona potest intellegi, cur non Spiritum Sanctum potius intellegimus?

15. 26. Sed quod attinet ad id quod nunc suscepimus nec in monte Sina video quemadmodum appareat per illa omnia quæ mortalium sensibus terribiliter ostendebantur utrum Deus Trinitas an Pater an Filius an Spiritus Sanctus proprie loquebatur. Verumtamen si quid hinc sine affirmandi temeritate modeste atque cunctanter coniectare conceditur, si una ex Trinitate Persona potest intellegi, cur non Spiritum Sanctum potius intellegimus quando et tabulis lapideis lex ipsa quæ ibi data est *digito Dei* scripta dicitur, quo nomine Spiritum Sanctum in Evangelio significari novimus. Et quinquaginta dies numerantur ab occisione agni et celebratione Paschæ usque ad diem quo hæc fieri cœpta sunt in monte sina, sicut post Domini passionem ab eius resurrectione quinquaginta dies numerantur et venit promissus a Filio Dei Spiritus Sanctus. Et in ipso eius adventu, quem in Apostolorum Actibus legimus, per divisionem linguarum ignis apparuit qui *et insedit super unumquemque eorum*, quod Exodo congruit ubi scriptum est: *Sina autem mons fumabat totus propterea quod descendisset in eum Deus in igne*, et aliquanto post: *Aspectus*, inquit, *maiestatis Domini tamquam ignis ardens super verticem montis coram filiis Israel.* Aut si hæc ideo facta sunt quia nec Pater nec Filius illic eo modo præsentari poterant sine Spiritu Sancto quo ipsam Legem scribi oportebat, Deum quidem non per substantiam suam quæ invisibilis et incommutabilis manet sed per illam speciem creaturæ illic apparuisse cognoscimus. Sed aliquam ex Trinitate Personam signo quodam proprio, quantum ad mei sensus capacitatem pertinet, non videmus.

Deum ipsum Moyses non vidit.

16. 27. Est etiam quo plerique moveri solent quia scriptum est: *Et locutus est Dominus ad Moysen facie ad faciem sicut quis loquitur ad amicum suum*, cum paulo post dicat idem Moyses: *Si ergo inveni gratiam ante te, ostende mihi temetipsum manifeste ut videam te, ut sim inveniens gratiam ante te et ut sciam quia populus tuus est gens hæc*, et paulo post iterum: *Dixitque Moyses ad Dominum: Ostende mihi maiestatem tuam*. Quid est hoc quod in omnibus quæ supra fiebant Deus videri per suam substantiam putabatur, unde a miseris creditus est non per creaturam sed per se ipsum visibilis Filius Dei, et quod intraverat *in nebulam Moyses* ad hoc intrasse videbatur ut oculis quidem populi ostenderetur caligo nebulosa, ille autem intus verba Dei tamquam eius faciem contemplatus audiret? Et quomodo dictum est: *Locutus est Dominus ad Moysen facie ad faciem sicut quis loquitur ad amicum suum?* Ecce idem dicit: *Si inveni gratiam in conspectu tuo, ostende mihi temetipsum manifeste*. Noverat utique quod corporaliter videbat, et veram visionem Dei spiritaliter requirebat. Locutio quippe illa quæ fiebat in vocibus sic modificabatur tamquam esset amici loquentis ad amicum. Sed Deum Patrem quis corporeis oculis videt? Et quod *in principio erat Verbum et Verbum erat apud Deum et Deus erat Verbum per quod facta sunt omnia*, quis corporeis oculis videt? Et Spiritum sapientiæ quis corporeis oculis videt? Quid est autem: *Ostende mihi temetipsum manifeste ut videam te*, nisi "ostende mihi substantiam tuam"? Hoc autem si non dixisset Moyses, utcumque ferendi essent stulti qui putant per ea quæ supra gesta vel dicta sunt substantiam Dei oculis eius fuisse conspicuam; cum vero hic apertissime demonstretur nec desideranti hoc fuisse concessum, quis audeat dicere per similes formas quæ huic quoque visibiliter apparuerant non creaturam Deo servientem sed hoc ipsum quod Deus est cuiusquam oculis apparuisse mortalium?

16. 28. Et hic quidem quod postea Dominus dicit ad Moysen: *Non poteris videre faciem meam et vivere; non enim videbit homo faciem meam et vivet. Et ait Dominus: Ecce locus penes me, et stabis super petram statim ut transiet mea maiestas, et ponam te in spelunca petræ. Et tegam manu mea super te donec transeam, et auferam manum, et tunc videbis posteriora mea; nam facies mea non apparebit tibi.*

Posteriora Dei, Caro Christi.

17. 28. Non incongruenter ex persona Domini nostri Iesu Christi præfiguratum solet intellegi ut posteriora eius accipiantur caro eius in qua de Virgine natus est et mortuus et resurrexit, sive propter postremitatem mortalitatis *posteriora* dicta sint, sive quod eam prope in fine sæculi, hoc est posterius, suscipere dignatus est. *Facies* autem eius illa *Dei forma* in qua non *rapinam arbitratus esse æqualis Deo Patri*, quod *nemo* utique *potest videre et vivere*; sive quia post hanc vitam in qua *peregrinamur a Domino* et ubi *corpus quod corrumpitur aggravat animam, videbimus facie ad faciem* sicut dicit Apostolus. De hac enim vita in Psalmis dicitur: *Verumtamen universa vanitas omnis homo vivens* et iterum: *Quoniam non iustificabitur in conspectu tuo omnis vivens.* In qua vita etiam secundum Ioannem *nondum apparuit quod erimus. Scimus*, inquit, *quia cum apparuerit, similes ei erimus quoniam videbimus eum sicuti est*; quod utique post hanc vitam intellegi voluit cum mortis debitum solverimus et resurrectionis promissum receperimus, sive quod etiam nunc in quantum *Dei Sapientiam per quam facta sunt omnia* spiritaliter intellegimus, in tantum carnalibus affectibus morimur ut mortuum nobis hunc mundum deputantes nos quoque ipsi huic mundo moriamur et dicamus quod ait Apostolus: *Mundus mihi crucifixus est et ego mundo.* De hac enim morte item dicit: *Si autem mortui estis cum Christo, quid adhuc velut viventes de hoc mundo decernitis?* Non ergo immerito nemo poterit *faciem*, id est ipsam manifestationem Sapientiæ Dei, *videre et vivere.* Ipsa est enim species cui contemplandæ suspirat omnis qui affectat *diligere Deum ex toto corde et ex tota anima et ex tota mente*; ad quam contemplandam etiam proximum quantum potest ædificat qui *diligit et proximum sicut se ipsum, in quibus duobus præceptis tota Lex pendet et Prophetæ.* Quod significatur etiam in ipso Moyse. Nam cum dixisset propter dilectionem Dei qua præcipue flagrabat: *Si inveni gratiam in conspectu tuo, ostende mihi temetipsum manifeste ut sim inveniens gratiam ante te*, continuo propter dilectionem etiam proximi subiecit atque ait: *Et ut sciam quia populus tuus est gens hæc.* Illa est ergo species quæ rapit omnem animam rationalem desiderio sui tanto ardentiorem quanto mundiorem et tanto mundiorem quanto ad spiritalia resurgentem, tanto autem ad spiritalia resurgentem quanto a carnalibus morientem. Sed *dum peregrinamur a Domino et per fidem ambulamus non per speciem*, posteriora Christi, hoc est carnem, per ipsam fidem videre debemus, id est in solido fidei fundamento stantes quod significat petra, et eam de tali tutissima specula intuentes, in catholica scilicet Ecclesia de qua dictum est: *Et super hanc petram ædificabo Ecclesiam meam.* Tanto enim certius diligimus quam videre desideramus faciem Christi quanto in posterioribus eius agnoscimus quantum *nos prior dilexerit Christus.*

In ipsa Carne fides resurrectionis eius nos salvos facit.

17. 29. Sed in ipsa carne fides resurrectionis eius salvos facit atque iustificat. *Si enim credideris*, inquit, *in corde tuo quia Deus illum suscitavit a mortuis, salvus eris*, et iterum: *Qui traditus est*, inquit, *propter delicta nostra et resurrexit propter iustificationem nostram* . Ideoque meritum fidei nostræ resurrectio corporis Domini est. Nam mortuam esse illam carnem in cruce passionis etiam inimici eius credunt, sed resurrexisse non credunt. Quod firmissime nos credentes tamquam de petræ soliditate contuemur, unde certa spe *adoptionem exspectamus redemptionem corporis nostri* quia hoc in membris Christi speramus quæ nos ipsi sumus quod perfectum esse in ipso tamquam in capite nostro fidei sanitate cognoscimus. Inde non vult nisi cum transierit videri posteriora sua ut in eius resurrectionem credatur. *Pascha* enim Hebræum verbum dicitur quod *transitum* interpretamur. Unde et Ioannes Evangelista dicit: *Ante diem autem festum Paschæ sciens Iesus quia venit eius hora ut transeat de hoc mundo ad Patrem.*

In Ecclesia catholica tantum posteriora Dei videt qui credit in resurrectionem Christi.

17. 30. Hoc autem qui credunt nec tamen in Catholica sed in schismate aliquo aut in hæresi credunt non de loco qui est penes eum vident posteriora Domini. Quid enim sibi vult quod ait Dominus: *Ecce locus est penes me, et stabis super petram?* Quis locus terrenus est penes Dominum nisi hoc est penes eum quod eum spiritaliter attingit? Nam quis locus non est penes Dominum qui *attingit a fine usque ad finem fortiter et disponit omnia suaviter*, et cuius dictum est *cælum sedes et terra scabellum pedum* eius, et qui dixit: *Quam domum ædificabitis mihi? Aut quis locus quietis meæ? Nonne manus mea fecit hæc omnia?* Sed videlicet intellegitur locus penes eum in quo statur super petram ipsa Ecclesia catholica ubi salubriter videt *Pascha* Domini, *id est transitum Domini*, et posteriora eius, id est corpus eius, qui credit in resurrectionem eius. *Et stabis*, inquit, *super petram statim ut transiet mea maiestas* . Re vera enim *statim ut transiit maiestas* Domini in clarificatione Domini qua resurgens *ascendit ad Patrem* solidati sumus *super petram*. Et ipse Petrus tunc solidatus est ut cum fiducia prædicaret quem priusquam esset solidatus ter timore negaverat, iam quidem prædestinatione positus in specula petræ sed adhuc manu Domini sibi superposita ne videret. Posteriora enim eius visurus erat et nondum ille transierat utique *a morte ad vitam*; nondum resurrectione clarificatus erat.

Multi Israëlitæ post resurrectionem Domini crediderunt in eum.

17. 31. Nam et quod sequitur in exodo et dicit: *Tegam manu mea super te donec transeam, et auferam manum et tunc videbis posteriora mea.* Multi Israëlitæ quorum tunc erat figura Moyses post resurrectionem Domini crediderunt in eum, tamquam iam videntes posteriora eius remota manu eius ab oculis suis. Unde et Isaiæ talem prophetiam Evangelista commemorat: *Incrassa cor populi huius et aures eorum oppila* *et oculos eorum grava.* Denique in Psalmo non absurde intellegitur ex eorum persona dici: *Quoniam die ac nocte gravata est super me manus tua; die* fortasse cum manifesta miracula faceret nec ab eis agnosceretur; *nocte* autem cum in passione moreretur quando certius putaverunt sicut quemlibet hominem peremptum et exstinctum. Sed quoniam cum transisset ut eius posteriora viderentur prædicante sibi apostolo Petro *quia oportebat Christum pati et resurgere,* compuncti sunt dolore pœnitentiæ ut fieret in baptizatis quod in capite Psalmi eius dicitur: *Beati quorum remissæ sunt iniquitates et quorum tecta sunt peccata.* Propterea cum dictum esset: *Gravata est super me manus tua,* tamquam Domino transeunte ut iam removeret manum et viderentur posteriora eius, sequitur vox dolentis et confitentis et ex fide resurrectionis Domini peccatorum remissionem accipientis: *Conversus sum,* inquit, *in ærumnam dum confringeretur spina. Peccatum meum cognovi et iniustitiam meam non operui. Dixi: Pronuntiabo adversum me iniustitiam meam Domino, et tu dimisisti impietatem cordis mei.* Neque enim tanto carnis nubilo debemus involvi ut putemus faciem quidem esse Domini invisibilem, dorsum vero visibile, quandoquidem in *forma servi* utrumque visibiliter apparuit; in forma autem *Dei* absit ut tale aliquid cogitetur. Absit ut Verbum Dei et Sapientia Dei ex una parte habeat faciem, ex alia dorsum sicut corpus humanum, aut omnino ulla specie vel motione sive loco sive tempore commutetur.

Nimis temerarium dicere Deum Patrem numquam Patribus per aliquas visibiles formas apparuisse.

17. 32. Quapropter si in illis vocibus quæ fiebant in Exodo et illis omnibus corporalibus demonstrationibus Dominus Iesus Christus ostendebatur, aut alias Christus sicut loci huius consideratio persuadet, alias Spiritus Sanctus sicut ea quæ supra diximus admonent, non hoc efficitur ut Deus Pater numquam tali aliqua specie Patribus visus sit. Multa enim talia visa facta sunt illis temporibus non evidenter nominato et designato in eis vel Patre vel Filio vel Spiritu Sancto, sed tamen per quasdam valde probabiles significationes nonnullis indiciis exsistentibus ut nimis temerarium sit dicere Deum Patrem numquam Patribus aut Prophetis per aliquas visibiles formas apparuisse. Hanc enim opinionem illi pepererunt qui non potuerunt in unitate Trinitatis intellegere quod dictum est: *Regi autem sæculorum immortali, invisibili soli Deo,* et: *Quem nemo hominum vidit nec videre potest;* quod de ipsa substantia summa summeque divina et incommutabili ubi et Pater et Filius et Spiritus Sanctus *unus* et *solus Deus* per sanam fidem intellegitur. Visiones autem illæ per creaturam commutabilem Deo incommutabili subditam factæ sunt, non proprie sicuti est, sed significative sicut pro rerum causis et temporibus oportuit ostendentes Deum.

Visio Danielis.

18. 33. Quamquam nescio quemadmodum isti intellegant quod Danieli apparuerit *Antiquus dierum,* a quo Filius hominis quod propter nos esse dignatus est accepisse intellegitur regnum, ab illo scilicet qui ei dicit in Psalmis: *Filius meus es tu; ego hodie genui te; postula a me, et dabo tibi gentes hæreditatem tuam, et qui omnia subiecit sub pedibus eius.* Si ergo Danieli et Pater dans regnum et Filius accipiens apparuerunt in specie corporali, quomodo isti dicunt: *Patrem* numquam visum esse Prophetis et ideo solum debere intellegi *invisibilem, quem nemo hominum vidit nec videre potest?* Ita enim narravit Daniel: *Aspiciebam,* inquit, *donec throni positi sunt, et Vetustus dierum sedebat. Et indumentum eius quasi nix album, et capillus capitis eius quasi lana munda; thronus eius flamma ignis, rotæ eius ignis flagrans, et flumen ignis trahebat in conspectu eius. Et mille milia deserviebant ei, et dena milia denum milium assistebant ei. Et iudicium collocavit, et libri aperti sunt,* et cetera. Et paulo post: *Aspiciebam,* inquit, *in visu noctis; et ecce cum cæli nubibus quasi Filius hominis veniens erat, et usque ad Veterem dierum pervenit et oblatus est ei. Et ipsi datus est principatus et honor et regnum; et omnes populi, tribus, linguæ ipsi servient. Potestas eius potestas æterna quæ non præteribit, et regnum eius non corrumpetur.* Ecce Pater dans et Filius accipiens regnum sempiternum, et sunt ambo in conspectu prophetantis visibili specie, non ergo inconvenienter creditur etiam Deus Pater eo modo solere apparere mortalibus.

Obiectio.

18. 34. Nisi forte aliquis dicet ideo non esse visibilem Patrem quia in conspectu somniantis apparuit, ideo autem Filium visibilem et Spiritum Sanctum quia Moyses illa omnia vigilans viderit. Quasi vero Verbum et *Sapientiam Dei* viderit Moyses carnalibus oculis, aut videri *spiritus* vel *humanus* potest *qui* carnem istam *vivificat* vel ipse corporeus qui *ventus* dicitur, quanto minus ille Spiritus Dei qui omnium hominum et angelorum mentes ineffabili excellentia divinæ substantiæ supergreditur; aut quisquam tali præcipitetur errore ut audeat dicere Filium et Spiritum Sanctum etiam vigilantibus hominibus esse visibilem, Patrem autem non nisi somniantibus? Quomodo ergo de Patre solo accipiunt: *Quem nemo hominum vidit nec videre potest?* An cum dormiunt homines, tunc non sunt homines? Aut qui formare similitudinem corporis potest ad se significandum per visa somniantium non potest formare ipsam corpoream creaturam ad se significandum oculis vigilantium, cum eius ipsa substantia qua est ipse quod est nulla corporis similitudine dormienti, nulla corporea specie vigilanti possit ostendi, sed non solum Patris verum etiam Filii et Spiritus Sancti? Et certe qui vigilantium visis moventur ut non Patrem sed tantum Filium vel Spiritum Sanctum credant corporalibus hominum apparuisse conspectibus, ut omittam tantam latitudinem sanctarum Paginarum et tam multiplicem earum intellegentiam unde nemo sani capitis affirmare debet nusquam personam Patris per aliquam speciem corporalem vigilantium oculis demonstratam; sed ut hoc, ut dixi, omittam, quid dicunt de patre nostro Abraham cui certe vigilanti et ministranti, cum Scriptura præmisisset dicens: *Visus est Dominus Abrahæ*, non unus aut duo sed *tres apparuerunt viri*, quorum nullus excelsius aliis eminuisse dictus est, nullus honoratius effulsisse, nullus imperiosius egisse?

Natura Dei invisibilis, sed tres Personas corporali specie significationem sui dare potuisse credendum est.

18. 35. Quapropter quoniam in illa tripertita nostra distributione primum quærere instituimus utrum Pater an Filius an Spiritus Sanctus; an aliquando Pater, aliquando Filius, aliquando Spiritus Sanctus; an sine ulla distinctione Personarum sicut dicitur Deus unus et solus, id est ipsa Trinitas, per illas creaturæ formas Patribus apparuerit; interrogatis quæ potuimus quantum sufficere visum est sanctarum Scripturarum locis, nihil aliud, quantum existimo, divinorum sacramentorum modesta et cauta consideratio persuadet nisi ut temere non dicamus quænam ex Trinitate Persona cuilibet Patrum vel Prophetarum in aliquo corpore vel similitudine corporis apparuerit nisi cum continentia lectionis aliqua probabilia circumponit indicia. Ipsa enim natura vel substantia vel essentia vel quolibet alio nomine appellandum est idipsum quod Deus est, quidquid illud est, corporaliter videri non potest. Per subiectam vero creaturam non solum Filium vel Spiritum Sanctum sed etiam Patrem corporali specie sive similitudine mortalibus sensibus significationem sui dare potuisse credendum est. *Quæ cum ita sint*, ne immoderatius progrediatur secundi huius voluminis longitudo, ea quæ restant in consequentibus videamus.

LIBER TERTIUS

Prœmium Augustini laboris ratio.

1. 1.Credant qui volunt malle me legendo quam legenda dictando laborare. Qui autem hoc nolunt credere, experiri vero et possunt et volunt, dent quæ legendo vel meis inquisitionibus respondeantur, vel interrogationibus aliorum quas pro mea persona quam in servitio Christi gero et pro studio quo fidem nostram adversus errorem carnalium et animalium hominum muniri inardesco necesse est me pati, et videant quam facile ab isto labore me temperem et quanto etiam gaudio stilum possim habere feriatum. Quod si ea quæ legamus de his rebus sufficienter edita in latino sermone aut non sunt aut non inveniuntur aut certe difficile a nobis inveniri queunt, Græcæ autem linguæ non sit nobis tantus habitus ut talium rerum libris legendis et intellegendis ullo modo reperiamur idonei, quo genere litterarum ex his quæ nobis pauca interpretata sunt non dubito cuncta quæ utiliter quærere possumus contineri; fratribus autem non valeam resistere iure quo eis servus factus sum flagitantibus ut eorum in Christo laudabilibus studiis lingua ac stilo meo quas bigas in me caritas agitat maxime serviam; egoque ipse multa quæ nesciebam scribendo me didicisse confitear; non debet labor hic meus cuiquam pigro aut multum docto videri superfluus cum multis impigris multisque indoctis inter quos etiam mihi non parva ex parte sit necessarius. Ex his igitur quæ ab aliis de hac re scripta iam legimus plurimum adminiculati et adiuti ea quæ de Trinitate uno summo summeque bono Deo pie quæri et disseri posse arbitror ipso exhortante quærenda atque adiuvante disserenda suscepi, ut si alia non sunt huiusmodi scripta, sit quod habeamus, et legant qui voluerint et valuerint; si autem iam sunt, tanto facilius aliqua inveniantur quanto talia plura esse potuerint.

Prœmium Non solum pium lectorem, sed etiam liberum correctorem desiderat.

1. 2. Sane cum in omnibus litteris meis non solum pium lectorem sed etiam liberum correctorem desiderem, multo maxime in his ubi ipsa magnitudo quæstionis utinam tam multos inventores habere posset quam multos contradictores habet. Verumtamen sicut lectorem meum nolo esse mihi deditum, ita correctorem nolo sibi. Ille me non amet amplius quam catholicam fidem; ille se non amet amplius quam catholicam veritatem. Sicut illi dico: Noli meis litteris quasi Scripturis canonicis in servire, sed in illis et quod non credebas cum inveneris incunctanter crede, in istis autem quod certum non habebas nisi certum intellexeris noli firme retinere; ita illi dico: Noli meas litteras ex tua opinione vel contentione, sed ex divina lectione vel inconcussa ratione corrigere; si quid in eis veri comprehenderis, exsistendo non est meum at intellegendo et amando et tuum sit et meum; si quid autem falsi conviceris, errando fuerit meum sed iam cavendo nec tuum sit nec meum.

Prœmium Quid dictum sit in superiore libro.

1. 3. Hinc itaque tertius iste liber sumit exordium quousque secundus pervenerat. Cum enim ad id ventum esset ut vellemus ostendere non ideo minorem Patre Filium quia ille misit, hic missus est, nec ideo minorem utroque Spiritum Sanctum quia et ab illo et ab illo missus in Evangelio legitur, suscepimus hoc quærere cum illuc missus sit Filius ubi erat quia in *hunc mundum venit* et in *hoc mundo erat,* cum illuc etiam Spiritus Sanctus ubi et ipse erat, *quoniam Spiritus Domini replevit orbem terrarum, et hoc quod continet omnia scientiam habet vocis,* utrum propterea missus sit Dominus quia ex occulto in carne natus est et de sinu Patris ad oculos hominum in *forma servi* tamquam egressus apparuit; ideo etiam Spiritus Sanctus quia et ipse *corporali specie quasi columba* visus est *et linguis divisis velut ignis* ; ut hoc eis fuerit mitti, ad aspectum mortalium in aliqua forma corporea de spiritali secreto procedere, quod Pater quoniam non fecit tantummodo misisse non etiam missus esse dictus sit. Deinde quæsitum est cur et Pater non aliquando dictus sit missus si per illas species corporales quæ oculis antiquorum apparuerunt ipse demonstrabatur. Si autem Filius tunc demonstrabatur, cur tanto post missus diceretur *cum plenitudo temporis venit* ut ex femina nasceretur, quandoquidem et antea mittebatur cum in illis formis corporaliter apparebat. Aut si non recte missus diceretur nisi cum *Verbum caro factum est,* cur Spiritus Sanctus missus legatur cuius incarnatio talis non facta est. Si vero per illas antiquas demonstrationes nec Pater nec Filius sed Spiritus Sanctus ostendebatur, cur etiam ipse nunc diceretur missus cum illis modis et antea mitteretur. Deinde subdivisimus ut hæc diligentissime tractarentur, et tripertitam fecimus quæstionem cuius una pars in secundo libro explicata est, duæ sunt reliquæ de quibus deinceps disserere aggrediar. Iam enim quæsitum atque tractatum est in illis antiquis corporalibus formis et visis non tantummodo Patrem nec tantummodo Filium nec tantummodo Spiritum Sanctum apparuisse, sed aut indifferenter Dominum Deum qui Trinitas ipsa intellegitur aut quamlibet ex Trinitate Personam quam lectionis textus indiciis circumstantibus significaret.

Quæsitum secundum: num formabatur creatura nova, in qua Deus ostenderetur, aut mittebantur Angeli?

1. 4. Nunc ergo primum quærimus quod sequitur. Nam secundo loco in illa distributione positum est utrum ad hoc opus tantummodo creatura formata sit in qua Deus, sicut tunc oportuisse iudicavit, humanis ostenderetur aspectibus; an Angeli qui iam erant ita mittebantur ut ex persona Dei loquerentur, assumentes corporalem speciem de creatura corporea in usum ministerii sui; aut ipsum corpus suum cui non subduntur sed subditum regunt mutantes atque vertentes in species quas vellent accommodatas atque aptas actionibus suis secundum attributam sibi a Creatore potentiam. Qua parte quæstionis quantum Dominus dederit pertractata postremo erit videndum id quod institueramus inquirere, utrum Filius et Spiritus Sanctus et antea mittebantur, et si ita est quid inter illam missionem et eam quam in Evangelio legimus distet; an missus non sit aliquis eorum nisi cum vel Filius factus est ex Maria virgine vel cum Spiritus Sanctus visibili specie sive in columba sive in igneis linguis apparuit.

Augustinus fatetur excedere vires intentionis suæ utrum Angeli aliquid ex inferioribus elementis assumant an propria corpora transforment.

1. 5. Sed fateor excedere vires intentionis meæ utrum Angeli manente spiritali sui corporis qualitate per hanc occultius operantes assumant ex inferioribus elementis corpulentioribus quod sibi coaptatum quasi aliquam vestem mutent et vertant in quaslibet species corporales etiam ipsas veras sicut *aqua* vera *in* verum *vinum conversa est* a Domino, an ipsa propria corpora sua transforment in quod voluerint accommodate ad id quod agunt. Sed quodlibet horum sit ad præsentem quæstionem non pertinet. Et quamvis hæc quoniam homo sum nullo experimento possim comprehendere sicut Angeli qui hæc agunt, et magis ea norunt quam ego novi quatenus mutetur corpus meum in affectu voluntatis meæ sive quod in me sive quod ex aliis expertus sum; quid horum tamen ex divinarum Scripturarum auctoritatibus credam nunc non opus est dicere ne cogar probare et fiat sermo longior de re qua non indiget præsens quæstio.

Nunc videndum utrum Angeli agebant illas corporum species et illas voces.

1. 6. Illud nunc videndum est utrum Angeli tunc agebant et illas corporum species apparentes oculis hominum et illas voces auribus insonantes cum ipsa sensibilis creatura ad nutum serviens Conditoris in quod opus erat pro tempore vertebatur sicut in libro Sapientiæ scriptum est: *Creatura enim tibi factori deserviens extenditur in tormentum adversus iniustos, et lenior fit ad benefaciendum his qui in te confidunt.*

Propter hoc et tunc in omnia se transfigurans omnium nutrici gratiæ tuæ deserviebat ad voluntatem horum quia te desiderabant. Pervenit enim potentia voluntatis Dei per creaturam spiritalem usque ad effectus visibiles atque sensibiles creaturæ corporalis. *Ubi* enim non operatur quod *vult Dei* omnipotentis *Sapientia* quæ *pertendit a fine usque ad finem fortiter et disponit omnia suaviter?*

Voluntas Dei superior cæteris omnibus causa.

2. 7. Sed alius est ordo naturalis in conversione et mutabilitate corporum qui quamvis etiam ipse ad nutum Dei serviat perseverantia tamen consuetudinis amisit admirationem, sicuti sunt quæ vel brevissimis vel certe non longis intervallis temporum cælo, terra, marique mutantur sive nascentibus sive occidentibus rebus sive alias aliter atque aliter apparentibus; alia vero quamvis ex ipso ordine venientia tamen propter longiora intervalla temporum minus usitata, quæ licet multi stupeant ab inquisitoribus huius sæculi comprehensa sunt et progressu generationum quo sæpius repetita et a pluribus cognita eo minus mira sunt, sicuti sunt defectus luminarium et raro exsistentes quædam species siderum et terræ motus et monstrosi partus animantium et quæque similia, quorum nihil fit nisi Dei voluntate sed plerisque non apparet. Itaque licuit vanitati philosophorum etiam causis aliis ea tribuere vel veris sed proximis, cum omnino videre non possent superiorem ceteris omnibus causam, id est voluntatem Dei, vel falsis et ne ab ipsa quidem pervestigatione corporalium rerum atque motionum sed a sua suspicione et errore prolatis.

Exempla.

2. 8. Dicam si potero quiddam exempli gratia quo hæc apertiora sint. Est certe in corpore humano quædam moles carnis et formæ species et ordo distinctioque membrorum et temperatio valetudinis. Hoc corpus inspirata anima regit eademque rationalis, et ideo quamvis mutabilis, tamen quæ possit illius incommutabilis sapientiæ particeps esse, ut sit *participatio eius in idipsum*, sicut in Psalmo scriptum est de omnibus sanctis ex quibus tamquam lapidibus vivis *ædificatur* illa *Ierusalem* mater nostra æterna in cælis. Ita enim canitur: *Ierusalem quæ ædificatur ut civitas, cuius participatio eius in idipsum. Idipsum* quippe hoc loco illud summum et incommutabile Bonum intellegitur quod Deus est atque sapientia voluntasque ipsius, cui cantatur alio loco: *Mutabis ea et mutabuntur; tu autem idem ipse es.*

Voluntas Dei causa suprema agit per animam iustam.

3. 8. Constituamus ergo animo talem sapientem cuius anima rationalis iam sit particeps incommutabilis æternæque veritatis quam de omnibus suis actionibus consulat, nec aliquid omnino faciat quod non in ea cognoverit esse faciendum ut ei subditus eique obtemperans recte faciat. Iste si consulta summa ratione divinæ iustitiæ quam in secreto audiret aure cordis sui eaque sibi iubente in aliquo officio misericordiæ corpus labore fatigaret ægritudinemque contraheret, consultisque medicis ab alio diceretur causam morbi esse corporis siccitatem, ab alio autem humoris immoderationem; unus eorum veram causam diceret, alter erraret, uterque tamen de proximis causis, id est corporalibus pronuntiaret. At si illius siccitatis causa quæreretur et inveniretur voluntarius labor, iam ventum esset ad superiorem causam quæ ab anima proficisceretur ad afficiendum corpus quod regit; sed nec ipsa prima esset. Illa enim procul dubio superior erat in ipsa incommutabili Sapientia cui hominis sapientis anima in caritate serviens, et ineffabiliter iubenti obediens, voluntarium laborem susceperat. Ita non nisi Dei voluntas causa prima illius ægritudinis veracissime reperiretur. Iam vero si in labore officioso et pio adhibuisset ille sapiens ministros collaborantes secum in opere bono, nec tamen eadem voluntate Deo servientes sed ad carnalium cupiditatum suarum mercedem pervenire cupientes vel incommoda carnalia devitantes; adhibuisset etiam iumenta si hoc exigeret illius operis implendi procuratio, quæ utique iumenta irrationalia essent animantia nec ideo moverent membra sub sarcinis quod aliquid de illo bono opere cogitarent sed naturali appetitu suæ voluptatis et devitatione molestiæ; postremo adhibuisset ipsa etiam corpora omni sensu carentia quæ illi operi essent necessaria, frumentum scilicet, vinum, oleum, vestem, nummum, codicem, et si qua huiusmodi. In his certe omnibus in illo opere versantibus corporibus sive animatis sive inanimis quæcumque moverentur, attererentur, repararentur, exterminarentur, reformarentur, alio atque alio modo locis et temporibus affecta mutarentur - num alia esset istorum omnium visibilium et mutabilium factorum causa nisi illa invisibilis et incommutabilis voluntas Dei per animam iustam, sicut sedem Sapientiæ, cunctis utens, et malis et irrationalibus animis et postremo corporibus, sive quæ illis inspirarentur et animarentur sive omni sensu carentibus, cum primitus uteretur ipsa bona anima et sancta quam sibi ad pium et religiosum obsequium subdidisset?

Dei voluntas utitur omnibus rebus ad incommutabile arbitrium sapientiæ suæ.
4. 9. Quod ergo de uno sapiente quamvis adhuc corpus mortale gestante, quamvis *ex parte* vidente, posuimus exempli gratia, hoc de aliqua domo ubi aliquorum talium societas est, hoc de civitate vel etiam de orbe terrarum licet cogitare si penes sapientes sancteque ac perfecte Deo subditos sit principatus et regimen *rerum humanarum.* Sed

hoc quia nondum est (oportet enim nos in hac peregrinatione prius mortaliter exerceri et per vires mansuetudinis et patientiæ in flagellis erudiri), illam ipsam supernam atque cælestem unde peregrinamur patriam cogitemus. Illic enim Dei voluntas *qui facit Angelos suos spiritus et ministros suos ignem ardentem,* in spiritibus summa pace atque amicitia copulatis et in unam voluntatem quodam spiritali caritatis igne conflatis tamquam in excelsa et sancta et secreta sede præsidens velut in domo sua et in templo suo. Inde se quibusdam ordinatissimis creaturæ motibus primo spiritalibus deinde corporalibus per cuncta diffundit et utitur omnibus ad incommutabile arbitrium sententiæ suæ, sive incorporeis sive corporeis rebus, sive rationalibus sive irrationalibus spiritibus, sive bonis per eius gratiam sive malis per propriam voluntatem. Sed quemadmodum corpora crassiora et inferiora per subtiliora et potentiora quodam ordine reguntur, ita omnia corpora per spiritum vitæ, et spiritus vitæ irrationalis per spiritum vitæ rationalem, et spiritus vitæ rationalis desertor atque peccator per spiritum vitæ rationalem pium et iustum, et ille per ipsum Deum, ac sic universa creatura per Creatorem suum ex quo et per quem et in quo etiam condita atque instituta est; ac per hoc voluntas Dei est prima et summa causa omnium corporalium specierum atque motionum. Nihil enim fit visibiliter et sensibiliter quod non de interiore invisibili atque intellegibili aula summi Imperatoris, aut iubeatur, aut permittatur secundum ineffabilem iustitiam præmiorum atque pœnarum, gratiarum et retributionum, in ista totius creaturæ amplissima quadam immensaque republica.

Effectus Dei in sacramentum Corporis Christi.

4. 10. Si ergo apostolus Paulus quamvis adhuc portaret sarcinam corporis *quod corrumpitur et aggravat animam,* quamvis adhuc *ex parte* atque *in ænigmate* videret, *optans dissolvi et esse cum Christo* et *in semetipso ingemiscens, adoptionem exspectans redemptionem corporis sui,* potuit tamen significando prædicare Dominum Iesum Christum, aliter per linguam suam, aliter per epistulam, aliter per sacramentum corporis et sanguinis eius; nec linguam quippe eius nec membranas et atramentum nec significantes sonos lingua editos nec signa litterarum conscripta pelliculis corpus Christi et sanguinem dicimus, sed illud tantum quod ex fructibus terræ acceptum et prece mystica consecratum rite sumimus ad salutem spiritalem in memoriam pro nobis Dominicæ passionis, quod cum per manus hominum ad illam visibilem speciem perducatur non sanctificatur ut sit tam magnum sacramentum nisi operante invisibiliter Spiritu Dei, cum hæc omnia quæ per corporales motus in illo opere fiunt Deus operetur movens primitus invisibilia ministrorum sive animas hominum sive occultorum spirituum sibi subditas servitutes; quid mirum si etiam in creatura cæli et terræ, maris et æris, facit Deus quæ vult sensibilia atque visibilia ad se ipsum in eis sicut oportere ipse novit significandum et demonstrandum, non ipsa sua qua est apparente substantia quæ omnino incommutabilis est omnibusque spiritibus quos creavit interius secretiusque sublimior?

Deus ipse operatur inusitata magnalia.

5. 11. Vi enim divina totam spiritalem corporalemque administrante creaturam, omnium annorum certis diebus advocantur aquæ maris et effunduntur super faciem terræ. Sed cum hoc orante sancto Elia factum est quia præcesserat tam continua et tam longa serenitas ut fame deficerent homines, nec ea hora qua ille Dei servus oravit ær ipse aliqua humida facie mox futuræ pluviæ signa prætulerat, consecutis tantis et tam velociter imbribus apparuit vis divina quibus illud dispensabatur dabaturque miraculum. Ita Deus operatur solemnia fulgura atque tonitrua. Sed quia in monte Sina inusitato modo fiebant vocesque illæ non strepitu confuso edebantur sed eis quædam signa dari certissimis indiciis apparebat, miracula erant. Quis attrahit humorem per radicem vitis ad botrum et vinum facit nisi Deus qui et homine plantante et rigante *incrementum dat?* Sed cum ad nutum Domini *aqua in vinum* inusitata celeritate *conversa est,* etiam stultis fatentibus vis divina declarata est. Quis arbusta fronde ac flore solemniter vestit nisi Deus? Verum cum floruit virga sacerdotis Aaron, collocuta est quodam modo cum dubitante humanitate divinitas. Et lignis certe omnibus et omnium animalium carnibus gignendis atque formandis communis est terrena materies, et quis ea facit nisi qui dixit ut hæc terra produceret, et in eodem verbo suo quæ creavit regit atque agit? Sed cum eamdem materiam ex virga Moysi in carnem serpentis proxime ac velociter vertit, miraculum fuit, rei quidem mutabilis sed tamen inusitata mutatio. Quis autem animat quæque viva nascentia nisi qui et illum serpentem ad horam sicut opus fuerat animavit?

5. 11. Et quis reddidit cadaveribus animas suas cum resurgerent mortui nisi qui animat carnes in uteris matrum ut oriantur morituri? Sed cum fiunt illa continuato quasi quodam fluvio labentium manantiumque rerum et ex occulto in promptum atque ex prompto in occultum usitato itinere transeuntium, naturalia dicuntur; cum vero admonendis hominibus inusitata mutabilitate ingeruntur, magnalia nominantur.

Magicæ artes nihil possunt, nisi data desuper potestate.

7. 12. Hic video quid infirmæ cogitationi possit occurrere, cur scilicet ista miracula etiam magicis artibus fiant. Nam et magi Pharaonis similiter serpentes fecerunt et alia similia. Sed illud amplius est admirandum quomodo magorum illa potentia quæ serpentes facere potuit ubi ad muscas minutissimas ventum est omnino defecit. Scinifes enim musculæ sunt brevissimæ qua tertia plaga superbus Aegyptiorum populus cædebatur. Ibi certe deficientes magi dixerunt: *Digitus Dei est hoc.* Unde intellegi datur ne ipsos quidem transgressores angelos et ærias potestates in imam istam caliginem tamquam in sui generis carcerem ab illius sublimis ætheriæ puritatis habitatione detrusas, per quas magicæ artes possunt quidquid possunt, valere aliquid *nisi data desuper potestate.* Datur autem vel ad fallendos fallaces sicut in Aegyptios et in ipsos etiam magos data est ut in eorum spirituum seductione viderentur admirandi a quibus fiebant, a Dei veritate damnandi; vel ad admonendos fideles ne tale aliquid facere pro magno desiderent, propter quod etiam nobis Scripturæ auctoritate sunt prodita; vel ad exercendam, probandam manifestandamque iustorum patientiam. Neque enim parva visibilium miraculorum potentia Iob cuncta quæ habebat amisit et filios et ipsam corporis sanitatem.

Deus creator omnium rerum, mali angeli non sunt creatores in magicis artibus.

8. 13. Nec ideo putandum est istis transgressoribus angelis ad nutum servire hanc visibilium rerum materiam, sed Deo potius a quo hæc potestas datur quantum in sublimi et spiritali sede incommutabilis iudicat. Nam et damnatis iniquis etiam in metallo servit aqua et ignis et terra ut faciant inde quod volunt, sed quantum sinitur. Nec sane creatores illi mali angeli dicendi sunt quia per illos magi resistentes famulo Dei ranas et serpentes fecerunt; non enim eas ipsi creaverunt. Omnium quippe rerum quæ corporaliter visibiliterque nascuntur occulta quædam semina in istis corporeis mundi huius elementis latent. Alia sunt enim hæc iam conspicua oculis nostris ex fructibus et animantibus; alia vero illa occulta istorum seminum semina unde iubente Creatore produxit aqua prima natatilia et volatilia, terra autem prima sui generis germina et prima sui generis animalia. Neque enim tunc in huiuscemodi fetus ita producta sunt ut in eis quæ producta sunt vis illa consumpta sit, sed plerumque desunt congruæ temperamentorum occasiones quibus erumpant et species suas peragant. Ecce enim brevissimus surculus semen est; nam convenienter mandatus terræ arborem facit. Huius autem surculi subtilius semen aliquod eiusdem generis granum est et huc usque nobis visibile. Iam vero huius etiam grani semen quamvis oculis videre nequeamus, ratione tamen conicere possumus quia nisi talis aliqua vis esset in istis elementis, non plerumque nascerentur ex terra quæ ibi seminata non essent, nec animalia tam multa nulla marium feminarumque commixtione præcedente sive in

terra sive in aqua, quæ tamen crescunt et cœundo alia pariunt, cum illa nullis
cœuntibus parentibus orta sint. Et certe apes semina filiorum non cœundo concipiunt
sed tamquam sparsa per terras ore colligunt. *Invisibilium* enim seminum *Creator* ipse
Creator est *omnium rerum*, quoniam quæcumque nascendo ad oculos nostros exeunt
ex occultis seminibus accipiunt progrediendi primordia et incrementa debitæ
magnitudinis distinctionesque formarum ab originalibus tamquam regulis sumunt.
Sicut ergo nec parentes dicimus creatores hominum nec agricolas creatores frugum,
quamvis eorum extrinsecus adhibitis motibus ista creanda Dei virtus interius operetur,
ita non solum malos sed nec bonos angelos fas est putare creatores si pro subtilitate
sui sensus et corporis semina rerum istarum nobis occultiora noverunt et ea per
congruas temperationes elementorum latenter spargunt atque ita et gignendarum
rerum et accelerandorum incrementorum præbent occasiones. Sed nec boni hæc nisi
quantum Deus iubet, nec mali hæc iniuste faciunt nisi quantum iuste ipse permittit.
Nam iniqui malitia voluntatem suam habent iniustam; potestatem autem non nisi iuste
accipiunt sive ad suam pœnam sive ad aliorum vel pœnam malorum vel laudem
bonorum.

Etiam mentem nostram iustificando formare non potest nisi Deus.
8. 14. Itaque apostolus Paulus discernens interius Deum creantem atque formantem
ab operibus creaturæ quæ admoventur extrinsecus et de agricultura similitudinem
assumens ait: *Ego plantavi, Apollo rigavit, sed Deus incrementum dedit*. Sicut ergo in
ipsa vita nostra mentem iustificando formare non potest nisi Deus, prædicare autem
extrinsecus Evangelium et homines possunt non solum boni per veritatem, sed etiam
mali per occasionem ; ita creationem rerum visibilium Deus interius operatur,
exteriores autem operationes sive bonorum sive malorum vel Angelorum vel
hominum, sive etiam quorumcumque animalium, secundum imperium suum et a se
impertitas distributiones potestatum et appetitiones commoditatum ita rerum naturæ
adhibet in qua creat omnia quemadmodum terræ agriculturam. Quapropter ita non
possum dicere angelos malos magicis artibus evocatos creatores fuisse ranarum atque
serpentium , sicut non possum dicere homines malos segetis esse creatores quam per
eorum operam videro exortam .

Nec Iacob creator colorum in pecoribus fuit.
8. 15. Sicut nec Iacob creator colorum in pecoribus fuit quia bibentibus in conceptu
matribus variatas virgas quas intuerentur apposuit. Sed nec ipsæ pecudes creatrices
fuerunt varietatis prolis suæ quia inhæserat animæ illarum discolor phantasia ex

contuitu variarum virgarum per oculos impressa, quæ non potuit nisi corpus quod sic affecto spiritu animabatur ex compassione commixtionis afficere unde teneris fetuum primordiis colore tenus aspergeretur . Ut enim sic ex semetipsis afficiantur vel anima ex corpore vel corpus ex anima, congruentiæ rationis id faciunt quæ incommutabiliter vivunt in ipsa summa *Dei Sapientia* quam nulla spatia locorum capiunt; et cum sit ipsa incommutabilis, nihil eorum quæ vel mutabiliter sunt deserit quia *nihil* eorum nisi *per ipsam creatum est* . Ut enim de pecoribus non virgæ sed pecora nascerentur, fecit hoc incommutabilis et invisibilis ratio sapientiæ Dei *per quam creata sunt omnia;* ut autem de varietate virgarum pecorum conceptorum color aliquid duceret, fecit hoc anima gravidæ pecudis per oculos affecta forinsecus et interius secum pro suo modulo formandi regulam trahens quam de intima potentia sui Creatoris accepit. Sed quanta sit vis animæ ad afficiendam atque mutandam materiam corporalem (cum tamen creatrix corporis dici non possit quia omnis causa mutabilis sensibilisque substantiæ omnisque modus et numerus et pondus eius unde efficitur ut et sit et natura ita vel ita sit ab intellegibili et incommutabili vita quæ super omnia est exsistit et pervenit usque ad extrema atque terrena), multus sermo est neque nunc necessarius. Verum propterea factum Iacob de pecoribus commemorandum arbitratus sum ut intellegeretur si homo qui virgas illas sic posuit dici non potest creator colorum in agnis et hædis, nec ipsæ matrum animæ quæ conceptam per oculos corporis phantasiam varietatis seminibus carne conceptis quantum natura passa est asperserunt, multo minus dici posse ranarum serpentiumque creatores angelos malos, per quos magi Pharaonis tunc illa fecerunt.

Solus Deus condit et administrat creaturam; creaturæ possunt tantum aliquam operationem forinsecus admovere.

9. 16. Aliud est enim ex intimo ac summo causarum cardine condere atque administrare creaturam, quod qui facit *solus Creator est Deus* ; aliud autem pro distributis ab illo viribus et facultatibus aliquam operationem forinsecus admovere ut tunc vel tunc sic vel sic exeat quod creatur. Ista quippe originaliter ac primordialiter in quadam textura elementorum cuncta iam creata sunt sed acceptis opportunitatibus prodeunt. Nam sicut matres gravidæ sunt fetibus, sic ipse mundus gravidus est causis nascentium quæ in illo non creantur nisi ab illa summa essentia ubi nec oritur nec moritur aliquid nec incipit esse nec desinit. Adhibere autem forinsecus accedentes causas quæ tametsi non sunt naturales tamen secundum naturam adhibentur ut ea quæ secreto naturæ sinu abdita continentur erumpant quodam modo et foris creentur explicando mensuras et numeros et pondera sua quæ in occulto acceperunt ab illo qui *omnia in mensura et numero et pondere disposuit*, non solum mali angeli sed etiam mali homines possunt sicut exemplo agriculturæ supra docui.

Quasdam celeritates incrementorum homines mirantur.

9. 17. Sed ne de animalibus quasi diversa ratio moveat quod habent spiritum vitæ cum sensu appetendi quæ secundum naturam sunt vitandique contraria, etiam hoc est videre quam multi homines noverint ex quibus herbis aut carnibus aut quarumque rerum quibuslibet sucis et humoribus vel ita positis vel ita obrutis vel ita contritis vel ita commixtis quæ animalia nasci soleant. Quorum se quis tam demens audeat dicere creatorem? Quid ergo mirum si quemadmodum potest nosse quilibet nequissimus homo unde illi vel illi vermes muscæque nascantur, ita mali angeli pro subtilitate sui sensus in occultioribus elementorum seminibus norunt unde ranæ serpentesque nascantur, et hæc per certas et notas temperationum opportunitates occultis motibus adhibendo faciunt creari non creant? Sed illa homines quæ solent ab hominibus fieri non mirantur. Quod si quisquam celeritates incrementorum forte miratur quod illa animantia tam cito facta sunt, attendat quemadmodum et ista pro modulo facultatis humanæ ab hominibus procurentur. Unde enim fit ut eadem corpora citius vermescant æstate quam hieme, citius in calidioribus quam in frigidioribus locis? Sed hæc ab hominibus tanto difficilius adhibentur quanto desunt sensuum subtilitates et corporum mobilitates in membris terrenis et pigris. Unde qualibuscumque angelis vicinas causas ab elementis contrahere quanto facilius est tanto mirabiliores in huiusmodi operibus eorum exsistunt celeritates.

Unus creator Deus.

9. 18. Sed non est creator, nisi qui principaliter ista format, nec quisquam hoc potest nisi ille penes quem primitus sunt omnium quæ sunt mensuræ, numeri et pondera et ipse *est unus creator Deus*, ex cuius ineffabili potentatu fit etiam ut quod possent hi angeli si permitterentur ideo non possint quia non permittuntur. Neque enim occurrit alia ratio cur non potuerint facere minutissimas muscas qui ranas serpentesque fecerunt, nisi quia maior aderat dominatio prohibentis Dei per Spiritum Sanctum, quod etiam ipsi magi confessi sunt dicentes: *Digitus Dei est hoc*. Quid autem possint per naturam nec possint per prohibitionem et quid per ipsius naturæ suæ conditionem facere non sinantur homini explorare difficile est, immo vero impossibile nisi per illud *donum Dei* quod Apostolus commemorat dicens: *Alii diiudicatio spirituum*. Novimus enim hominem posse ambulare et neque hoc posse si non permittatur, volare autem non posse etiamsi permittatur. Sic et illi angeli quædam possunt facere si permittantur ab angelis potentioribus ex imperio Dei; quædam vero non possunt nec si ab eis permittantur, quia ille non permittit a quo illis est talis naturæ modus, qui etiam per angelos suos et illa plerumque non permittit quæ concessit ut possint.

Non in omnibus quæ nobis a Deo annuntiantur, ipsius Dei persona suscipitur.
9. 19. Exceptis igitur illis quæ usitatissimo transcursu temporum in rerum naturæ ordine corporaliter fiunt, sicuti sunt ortus occasusque siderum, generationes et mortes animalium, seminum et germinum innumerabiles diversitates, nebulæ et nubes, nives et pluviæ, fulgura et tonitrua, fulmina et grandines, venti et ignes, frigus et æstus, et omnia talia; exceptis etiam illis quæ in eodem ordine rara sunt, sicut defectus luminum et species inusitatæ siderum et monstra et terræ motus et similia; exceptis ergo istis omnibus quorum quidem prima et summa causa non est nisi voluntas Dei; unde et in Psalmo cum quædam huius generis commemorata essent: *Ignis, grando, nix, glacies, spiritus tempestatis* , ne quis ea vel fortuitu, vel causis tantummodo corporalibus vel etiam spiritalibus tamen præter voluntatem Dei exsistentibus agi crederet, continuo subiecit: *Quæ faciunt verbum eius* .

10. 19. Sed his ut dicere cœperam exceptis, alia sunt illa quæ quamvis ex eadem materia corporali ad aliquid tamen divinitus annuntiandum nostris sensibus admoventur, quæ proprie miracula et signa dicuntur, nec in omnibus quæ nobis a Domino Deo annuntiantur ipsius Dei persona suscipitur. Cum autem suscipitur, aliquando in Angelo demonstratur, aliquando in ea specie quæ non est quod angelus quamvis per Angelum disposita ministretur; rursus cum in ea specie suscipitur quæ non est quod angelus, aliquando iam erat ipsum corpus et ad hoc demonstrandum in aliquam mutationem assumitur, aliquando ad hoc exoritur et re peracta rursus absumitur. Sicut etiam cum homines annuntiant, aliquando ex sua persona verba Dei loquuntur sicuti cum præmittitur: *Dixit dominus* , aut: *Hæc dicit Dominus* , aut tale aliquid; aliquando autem nihil tale præmittentes ipsam Dei personam in se suscipiunt sicuti est: *Intellectum dabo tibi et constituam te in via hac qua ingredieris* . Sic non solum in dictis verum etiam in factis Dei persona significanda imponitur Prophetæ ut eam gerat in ministerio prophetiæ, sicut eius personam gerebat qui vestimentum suum divisit in duodecim partes et ex eis decem servo regis Salomonis dedit regi futuro Israel; aliquando etiam res quæ non erat quod propheta et erat iam in terrenis rebus in huiusmodi significationem assumpta est, sicut somnio viso evigilans Iacob fecit de lapide quem dormiens habebat ad caput; aliquando ad hoc fit eadem species vel aliquantum mansura, sicut potuit serpens ille æneus exaltatus in heremo, sicut possunt et litteræ; vel peracto ministerio transitura sicut panis ad hoc factus in accipiendo sacramento consumitur.

Non omnia quæ nobis a Deo annuntiantur, stuporem tamquam mira habere possunt.

10. 20. Sed quia hæc hominibus nota sunt quippe quia per homines fiunt, honorem tamquam religiosa possunt habere, stuporem tamquam mira non possunt. Itaque illa quæ per Angelos fiunt quo difficiliora et ignotiora eo mirabiliora sunt nobis, illis autem tamquam suæ actiones notæ atque faciles. Loquitur ex persona Dei angelus homini dicens: *Ego sum Deus Abraham et Deus Isaac et Deus Iacob* , cum Scriptura prædixisset: *Visus est ei Angelus Domini* ; loquitur et homo ex persona Dei dicens: *Audi populus meus et loquar, Israel, et testificabor tibi: Deus, Deus tuus sum ego* . Assumpta est *virga* ad significationem et *in serpentem* angelica facultate *mutata est* ; quæ facultas cum desit homini, assumptus est tamen et ab homine lapis ad talem aliquam significationem . Inter factum angeli et factum hominis plurimum distat. Illud et mirandum est et intellegendum, hoc autem tantummodo intellegendum. Quod ex utroque intellegitur fortassis unum est, at illa ex quibus intellegitur diversa sunt, tamquam si Domini nomen et auro et atramento scribatur. Illud est pretiosius, illud vilius; quod tamen utroque significatur idipsum est. Et quamvis idem significaverit serpens ex virga Moysi, quod lapis Iacob, melius tamen aliquid lapis Iacob quam serpentes magorum . Nam sicut unctio lapidis Christum in carne in qua unctus est *oleo exsultationis præ participibus suis* , ita *virga* Moysi *conversa in serpentem* , ipsum Christum *factum obedientem usque ad mortem crucis* . Unde ait: *Sicut exaltavit Moyses serpentem in heremo, sic oportet exaltari Filium hominis ut omnis qui credit in eum non pereat sed habeat vitam æternam,* sicut intuentes illum serpentem exaltatum in heremo serpentium morsibus non peribant. *Vetus* enim *homo noster confixus est cruci cum illo ut evacuetur corpus peccati.* Per serpentem autem mors intellegitur quæ facta est a serpente in paradiso modo locutionis per efficientem id quod efficitur demonstrante. Ergo *virga in serpentem* , Christus in mortem, et serpens rursus in virgam, Christus in resurrectionem totus cum *corpore suo quod est Ecclesia,* quod in fine temporis erit quem serpentis cauda significat quam Moyses tenuit ut redigeretur in virgam. Serpentes autem magorum tamquam mortui sæculi nisi credentes in Christum tamquam devorati in corpus eius intraverint resurgere in illo non poterunt. Lapis ergo Iacob, ut dixi, melius aliquid significavit quam serpentes magorum; at enim factum magorum multo mirabilius. Verum hæc ita non præiudicant rebus intellegendis tamquam si hominis nomen scribatur auro et Dei atramento.

Quemadmodum hæc faciant Angeli comprehendere non valet Augustinus.
10. 21. Illas etiam nubes et ignes quomodo fecerint vel assumpserint Angeli ad significandum quod annuntiabant etiam si Dominus vel Spiritus Sanctus illis corporalibus formis ostendebatur, quis novit hominum? Sicut infantes non noverunt quod in altari ponitur et peracta pietatis celebratione consumitur unde vel quomodo conficiatur, unde in usum religionis assumatur. Et si numquam discant experimento vel suo vel aliorum et numquam illam speciem rerum videant nisi inter celebrationem sacramentorum cum offertur et datur, dicaturque illis auctoritate gravissima cuius corpus et sanguis sit, nihil aliud credent nisi omnino in illa specie Dominum oculis apparuisse mortalium et de latere tali percusso liquorem illum omnino fluxisse . Mihi autem utile est ut meminerim virium mearum, fratresque meos admoneam ut meminerint suarum, ne ultra quam tutum est humana progrediatur infirmitas. Quemadmodum enim hæc faciant Angeli vel potius Deus quemadmodum hæc faciat per Angelos suos , et quantum fieri velit etiam per angelos malos sive sinendo sive iubendo sive cogendo ex occulta sede altissimi imperii sui, nec oculorum acie penetrare nec fiducia rationis enucleare nec provectu mentis comprehendere valeo ut tam certus hinc loquar ad omnia quæ requiri de his rebus possunt quam si essem angelus aut propheta aut apostolus. *Cogitationes enim mortalium timidæ, et incertæ providentiæ nostræ. Corpus enim quod corrumpitur aggravat animam, et deprimit terrena inhabitatio sensum multa cogitantem. Et difficile æstimamus quæ in terra sunt, et quæ in prospectu sunt invenimus cum labore. Quæ in cælis sunt autem quis investigavit?* Sed quia sequitur et dicit: *Sensum vero tuum quis scit nisi tu dederis sapientiam et miseris Spiritum Sanctum tuum de altissimis?* quæ in cælis sunt quidem, non investigamus quo rerum genere et corpora angelica secundum propriam dignitatem et eorum quædam corporalis actio continetur; secundum Spiritum tamen Dei missum nobis de altissimis et impertitam eius gratiam mentibus nostris audeo fiducialiter dicere nec Deum Patrem nec Verbum eius nec Spiritum eius, quod *Deus unus est*, per id quod est atque idipsum est ullo modo esse mutabilem ac per hoc multo minus visibilem. Quoniam sunt quædam quamvis mutabilia non tamen visibilia, sicut nostræ cogitationes et memoriæ et voluntates et omnis incorporea creatura; visibile autem quidquam non est quod non sit mutabile.

Essentia Dei nullo modo potest ipsa per semetipsam esse visibilis.
11. 21. Quapropter substantia vel si melius dicitur essentia Dei, ubi pro nostro modulo ex quantulacumque particula intelligimus Patrem et Filium et Spiritum Sanctum, quandoquidem nullo modo mutabilis est, nullo modo potest ipsa per semetipsam esse

visibilis.

Omnia quæ Patribus visa sunt per Angelos facta.

11. 22. Proinde illa omnia quæ Patribus visa sunt cum Deus illis secundum suam dispensationem temporibus congruam præsentaretur per creaturam facta esse manifestum est. Et si nos latet quomodo ea ministris Angelis fecerit, per Angelos tamen esse facta non ex nostro sensu dicimus ne cuiquam videamur *plus sapere præter quam oportet sapere, sed* sapimus *ad temperantiam sicut Deus* nobis *partitus est mensuram fidei , et credimus propter quod et loquimur .* Exstat enim auctoritas divinarum Scripturarum unde mens nostra deviare non debet, nec relicto solidamento divini eloquii per suspicionum suarum abrupta præcipitari ubi nec sensus corporis regit nec perspicua ratio veritatis elucet. Apertissime quippe scriptum est in Epistula ad Hebræos, cum dispensatio Novi Testamenti a dispensatione Veteris Testamenti secundum congruentiam sæculorum ac temporum distingueretur, non tantum illa visibilia sed ipsum etiam sermonem per Angelos factum. Sic enim dicit: *Ad quem autem Angelorum dixit aliquando: Sede ad dexteram meam donec ponam inimicos tuos scabellum pedum tuorum? Nonne omnes sunt ministri spiritus ad ministrationem missi propter eos qui futuri sunt hæreditate possidere salutem ?* Hinc ostendit illa omnia non solum *per Angelos,* facta sed etiam propter nos facta, id est populum Dei cui promittitur hæreditas *vitæ æternæ .* Sicut ad Corinthios etiam scriptum est: *Omnia autem hæc in figura contingebant illis; scripta sunt autem ad correptionem nostram in quos finis sæculorum obvenit .* Deinde quia tunc *per Angelos* nunc autem per Filium *sermo factus est,* consequenter aperteque demonstrans: *Propterea,* inquit, *abundantius debemus attendere nos ea quæ audivimus ne forte defluamus. Si enim qui per Angelos dictus sermo factus est firmus, et omnis prævaricatio et inobedientia iustam accepit mercedis retributionem, quomodo nos effugiemus tantam neglegentes salutem ?* Et quasi quæreres quam *salutem,* ut ostenderet se de Novo Testamento iam dicere, id est sermonem qui non *per Angelos,* sed *per Dominum factus est: Quæ cum initium accepisset,* inquit, *ut enarraretur per Dominum, ab his qui audierunt in nos confirmata est, contestante Deo signis et portentis et variis virtutibus et Spiritus Sancti divisionibus secundum suam voluntatem.*

Deus loquitur per Angelos.

11. 23. "Sed", ait aliquis, "cur ergo scriptum est: *Dixit Dominus ad Moysen,* et non potius: *Dixit* Angelus *ad Moysen*"? Quia cum verba iudicis præco pronuntiat, non scribitur in gestis: "Ille præco dixit", sed: "Ille iudex". Sic etiam loquente Propheta sancto etsi dicamus: "Propheta dixit", nihil aliud quam Dominum dixisse intellegi volumus. Et si dicamus: *Dominus dixit*, Prophetam non subtrahimus, sed quis per eum dixerit admonemus. Et illa quidem Scriptura sæpe aperit Angelum esse Domini quo loquente identidem dicitur: *Dominus dixit*, sicut iam demonstravimus . Sed propter eos qui cum Scriptura illic Angelum nominat ipsum per se ipsum Filium Dei volunt intellegi quia propter annuntiationem paternæ ac suæ voluntatis a propheta dictus est Angelus, propterea volui ex hac epistula manifestius testimonium dare ubi non dictum est: "per Angelum", sed: *Per Angelos.*

Dominus apparuit Moysi per Angelum.

11. 24. Nam et Stephanus in Actibus Apostolorum eo more narrat hæc quo etiam in veteribus Libris conscripta sunt: *Viri fratres et patres, audite*, inquit: *Deus gloriæ apparuit Abrahæ patri nostro, cum esset in Mesopotamia* . Ne quis autem arbitraretur tunc Deum gloriæ per id quod in se ipso est cuiusquam oculis apparuisse mortalium, in consequentibus dicit quod Moysi Angelus apparuerit. *Fugit*, inquit, *Moyses in verbo isto, et factus est inquilinus in terra Madian ubi genuit Filios duos. Et completis illic annis quadraginta apparuit illi in deserto montis Sina Angelus Domini in flamma ignis in rubo. Moyses autem videns mirabatur visum. Qui cum accederet considerare, facta est vox Domini: Ego Deus patrum tuorum, Deus Abraham et Deus Isaac et Deus Iacob. Tremefactus autem Moyses non audebat considerare. Dixitque illi Dominus: Solve calceamentum pedum tuorum*, et cetera. Hic certe et Angelum et Dominum dicit eumdemque Deum Abraham et Deum Isaac et Deum Iacob sicut in Genesi scriptum est.

Etiam Abrahæ apparuit per Angelum.

11. 25. An forte quisquam dicturus est quod Moysi per Angelum apparuit Dominus, Abrahæ vero per se ipsum? At hoc ab Stephano non quæramus. Ipsum librum interrogemus unde Stephanus ista narravit. Numquid enim quia scriptum est: *Et dixit Dominus Deus ad Abraham* , et paulo post: *Et visus est Dominus Deus Abrahæ* , propterea ista non per Angelos facta sunt? Cum alio loco similiter dicat: *Visus est autem ei Deus ad ilicem Mambre, sedente eo ad ostium tabernaculi sui meridie* , et tamen consequenter adiungat: *Respiciens autem oculis suis vidit, et ecce tres viri stabant super eum* , de quibus iam diximus . Quomodo enim poterunt isti qui vel a verbis ad intellectum nolunt assurgere vel facile se ab intellectu in verba præcipitant, quomodo poterunt explicare visum esse Deum in viris tribus nisi eos, sicut etiam consequentia docent, angelos fuisse fateantur? An quia non dictum est, "Angelus ei locutus est" vel "apparuit", propterea dicere audebunt Moysi quidem illam visionem ac vocem per angelum factam quia ita scriptum est, Abrahæ autem quia commemoratio angeli facta non est per substantiam suam Deum apparuisse atque sonuisse? Quid quod nec apud Abraham de angelo tacitum est? Nam ita legitur cum immolandus eius Filius præciperetur. *Et factum est post hæc verba temptavit Deus Abraham et dixit ad eum: Abraham, Abraham. Et ille dixit: Ecce ego. Et dixit ei: Accipe Filium tuum dilectum quem diligis, Isaac, et vade in terram excelsam et offeres eum ibi holocaustum super unum montium quem tibi dixero*. Certe hic Deus non angelus commemoratus est. Paulo post vero ita se habet Scriptura: *Extendens autem Abraham manum suam sumpsit gladium occidere Filium suum. Et vocavit eum Angelus Domini de cælo et dixit ei: Abraham, Abraham. Et dixit: Ecce ego. Et dixit: Ne inicias manum tuam super puerum neque facias ei quidquam*. Quid ad hæc respondetur? An dicturi sunt Deum iussisse ut occideretur Isaac et Angelum prohibuisse ; porro ipsum patrem adversus Dei præceptum qui iusserat ut occideret obtemperasse Angelo ut parceret? Ridendus et abiciendus hic sensus est. Sed neque huic tam grosso et abiecto ullum locum esse Scriptura permittit continuo subiungens: *Nunc enim cognovi quia times Deum tu et non pepercisti Filio tuo dilecto propter me* . Quid est, *propter me*, nisi propter eum qui occidi iusserat? Idem igitur *Deus* Abrahæ qui *Angelus*, an potius per Angelum Deus? Accipe sequentia; certe iam hic *angelus* manifestissime expressus est. Attende tamen quid contexatur: Respiciens Abraham oculis suis vidit, et ecce aries unus tenebatur in arbore Sabech cornibus; et abiit Abraham et accepit arietem et obtulit eum holocaustum pro Isaac Filio suo. *Et cognominavit Abraham nomen loci illius: Dominus vidit, ut dicant hodie quod in monte Dominus visus est* . Sicut paulo ante quod dixit Deus per angelum: *Nunc enim cognovi quia times Deum*, non tunc Deus cognovisse intellegendus est sed egisse ut per Deum ipse Abraham cognosceret quantas haberet vires cordis ad obediendum Deo usque ad immolationem unici filii, illo modo locutionis quo significatur per efficientem id quod efficitur, sicut dicitur frigus pigrum, quod pigros facit, ut ideo cognovisse diceretur, quia ipsum Abraham cognoscere fecerat quem poterat latere fidei suæ firmitas nisi tali experimento probaretur; ita et hic *cognominavit Abraham nomen loci illius: Dominus vidit* , id est quod videri se fecit. Nam continuo secutus ait: *Ut dicant hodie quod in monte Dominus visus est* . Ecce idem *Angelus Dominus* dicitur. Quare nisi quia per angelum Dominus? Iam vero in eo quod sequitur prophetice omnino *angelus* loquitur et prorsus aperit quod per angelum Deus loquatur. *Et vocavit*, inquit, *Angelus Domini Abraham iterum de cælo dicens: Per me iuravi, dicit Dominus, propter quod fecisti hoc verbum et non pepercisti filio tuo dilecto propter me* , et cetera. Hæc certe verba ut dicat ille per quem loquitur Dominus: *Hæc dicit Dominus*, etiam

Prophetæ solent habere. An *Filius Dei* de Patre ait: *Dicit Dominus*, et ipse est ille *Angelus*Patris? Quid ergo de illis tribus viris, nonne respiciunt quomodo urgeantur qui visi sunt Abrahæ cum prædictum esset: *Visus est ei Dominus*? An quia *viri* dicti sunt non erant Angeli? Danielem legant dicentem: *Et ecce vir Gabriel*.

In edictis Angelorum Lex data est.

11. 26. Sed quid ultra differimus ora eorum evidentissimo atque gravissimo alio documento oppilare ubi non *angelus* singulariter, nec *viri* pluraliter, sed omnino Angeli dicuntur, per quos non *sermo* quilibet *factus* sed Lex ipsa data manifestissime ostenditur, quam certe nullus fidelium dubitat Deum dedisse Moysi ad subiugandum populum Israel sed tamen *per Angelos* datam? Ita Stephanus loquitur: *Dura cervice*, inquit, *et non circumcisi corde et auribus, vos semper Spiritui Sancto restitistis sicut et patres vestri. Quem Prophetarum non persecuti sunt patres vestri? Et occiderunt eos qui prænuntiabant de adventu Iusti, cuius nunc vos proditores et interfectores fuistis qui accepistis legem in edictis Angelorum nec custodistis*. Quid hoc evidentius? Quid tanta auctoritate robustius? *In edictis* quidem *Angelorum* illi populo *Lex data* est, sed *Domini Iesu Christi* per eam disponebatur et prænuntiabatur *adventus*, et ipse tamquam *Verbum Dei* miro et ineffabili modo erat in *Angelis,* in quorum *edictis* Lex dabatur. Unde dicit in Evangelio: *Si crederetis Moysi, crederetis et mihi; de me enim ille scripsit*. *Per Angelos* ergo tunc Dominus loquebatur, *per Angelos Filius Dei Mediator Dei et* hominum futurus ex semine Abrahæ suum disponebat adventum ut inveniret a quibus reciperetur, confitentes se reos quos Lex non impleta fecerat *transgressores.* Unde et Apostolus ad Galatas dicit: *Quid ergo Lex? Transgressionis gratia proposita est donec veniret semen cui promissum est, dispositum per Angelos in manu Mediatoris*. (Hoc est *dispositum per Angelos in manu* sua. Non enim *natus est* per conditionem sed per potestatem). Quod autem non aliquem ex Angelis dicit Mediatorem sed ipsum *Dominum Iesum Christum* in quantum *homo* fieri dignatus est habes alio loco: *Unus,* inquit, *Deus, unus et Mediator Dei et hominum homo Christus Iesus*. Hinc illud Pascha in interfectione agni; hinc illa omnia quæ de Christo venturo in carne atque passuro sed et resurrecturo in Lege figurantur quæ *data* est *in edictis Angelorum*, in quibus Angelis erat utique et Pater et Filius et Spiritus Sanctus; et aliquando Pater, aliquando Filius, aliquando Spiritus Sanctus, aliquando sine ulla distinctione personæ Deus per illos figurabatur etsi visibilibus et sensibilibus formis apparens, per creaturam tamen suam non per substantiam suam cui videndæ corda mundantur per hæc omnia quæ oculis videntur et auribus audiuntur.

Cum Deus Patribus apparere dicebatur, voces et species corporales per Angelos factæ sunt. Quæsitum tertium in sequenti libro tractandum: de missionibus Filii et Spiritus Sancti.

11. 27. Sed iam satis quantum existimo pro captu nostro disputatum et demonstratum est quod in hoc libro susceperamus ostendere, constititque et probabilitate rationis quantum homo vel potius quantum ego potui, et firmitate auctoritatis quantum de Scripturis sanctis divina eloquia patuerunt, quod antiquis Patribus nostris ante incarnationem Salvatoris, cum Deus apparere dicebatur voces illæ ac species corporales per Angelos factæ sunt, sive ipsis loquentibus vel agentibus aliquid ex persona Dei sicut etiam Prophetas solere ostendimus, sive assumentibus ex creatura quod ipsi non essent ubi Deus figurate demonstraretur hominibus, quod genus significationum nec prophetas omisisse multis exemplis docet Scriptura. Superest igitur iam ut videamus cum et nato *per virginem* Domino et *corporali specie sicut columba* descendente Spiritu Sancto visisque igneis linguis sonitu facto de cælo *die Pentecostes post ascensionem Domini* , non ipsum Dei Verbum per substantiam qua Patri æquale atque coæternum est, nec Spiritus Patris et Filii per substantiam qua et ipse utrique coæqualis atque coæternus est, sed utique creatura quæ illis modis formari et exsistere potuit corporeis atque mortalibus sensibus apparuerit; quid inter illas demonstrationes et has proprietates filii Dei et Spiritus Sancti quamvis per creaturam visibilem factas intersit, quod ab alio volumine commodius ordiemur.

LIBER QUARTUS

Prœmium Meliores sunt qui scientiæ terrestrium cælestiumque rerum præponunt nosse semetipsos. Dei essentia nihil mutabile habet.

1. 1. Scientiam terrestrium cælestiumque rerum magni æstimare solet genus humanum. In quo profecto meliores sunt qui huic scientiæ præponunt nosse semetipsos, laudabiliorque est animus cui nota est vel infirmitas sua quam qui ea non respecta vias siderum scrutatur etiam cogniturus aut qui iam cognitas tenet ignorans ipse qua ingrediatur ad salutem ac firmitatem suam. Qui vero iam evigilavit in Deum, Spiritus Sancti calore excitatus atque in eius amore coram se viluit, ad eumque intrare volens nec valens eoque sibi lucente attendit in se invenitque se suamque ægritudinem illius munditiæ contemperari non posse cognovit, flere dulce habet et eum deprecari ut etiam atque etiam misereatur donec exuat totam miseriam, et precari cum fiducia iam gratuito pignore salutis accepto per eius unicum Salvatorem hominis et illuminatorem; hunc ita egentem ac dolentem *scientia* non *inflat* quia *caritas ædificat*. Præposuit enim scientiam scientiæ; præposuit scire infirmitatem suam magis quam scire *mundi mœnia*, fundamenta terrarum et fastigia cælorum, et hanc apponendo scientiam apposuit dolorem, dolorem peregrinationis suæ ex desiderio patriæ suæ et conditoris eius beati Dei sui. In hoc genere hominum, in familia Christi tui, Domine Deus meus, si inter pauperes tuos gemo, da mihi de pane tuo respondere hominibus qui non *esuriunt et sitiunt iustitiam* sed satiati sunt et abundant. Satiavit autem illos phantasma eorum non veritas tua quam repellendo resiliunt et in suam vanitatem cadunt. Ego certe sentio quam multa figmenta pariat cor humanum. Et quid est cor meum nisi cor humanum? Sed hoc oro Deum cordis mei ut nihil ex eis figmentis pro solido vero eructuem in has litteras, sed inde veniat in eas quidquid per me venire potuerit unde mihi, quamvis proiecto *a facie oculorum* suorum et de longinquo redire conanti per viam quam stravit humanitate divinitatis Unigeniti sui, aura veritatis eius aspergitur. Quam in tantum licet mutabilis haurio in quantum in ea nihil mutabile video, nec locis et temporibus sicut corpora, nec solis temporibus et quasi locis sicut spirituum nostrorum cogitationes, nec solis temporibus et nulla vel imagine locorum sicut quædam nostrarum mentium ratiocinationes. Omnino enim Dei essentia qua est nihil habet mutabile nec in æternitate nec in veritate nec in voluntate, quia æterna ibi est veritas, æterna caritas; et vera ibi est caritas, vera æternitas; et cara ibi est æternitas, cara veritas.

Persuadendum nobis erat quantum et quales nos dilexerit Deus.

1. 2. Sed quoniam exsulavimus ab incommutabili gaudio, nec tamen inde præcisi atque abrupti sumus ut non etiam in istis mutabilibus et temporalibus æternitatem, veritatem, beatitatem quæreremus (nec mori enim nec falli nec perturbari volumus), missa sunt nobis divinitus visa congrua peregrinationi nostræ quibus admoneremur non hic esse quod quærimus sed illuc ab ista esse redeundum unde nisi penderemus hic ea non quæreremus . Ac primum nobis persuadendum fuit quantum nos diligeret Deus ne desperatione non auderemus erigi in eum . Quales autem dilexerit ostendi oportebat ne tamquam de meritis nostris superbientes magis ab eo resiliremus et in nostra fortitudine magis deficeremus, ac per hoc egit nobiscum ut per eius fortitudinem potius proficeremus atque ita in infirmitate humilitatis perficeretur virtus caritatis. Hoc significat in Psalmo ubi ait: *Pluviam voluntariam segregans, Deus, hæreditati tuæ, et infirmata est; tu vero perfecisti eam . Pluviam* quippe *voluntariam* non nisi gratiam vult intellegi, non meritis redditam sed gratis datam unde et gratia nominatur; dedit enim eam non quia digni eramus sed quia voluit. Hoc cognoscentes non fidentes in nobis erimus, et hoc est infirmari. Ipse vero perficit nos qui etiam Paulo apostolo dixit: *Sufficit tibi gratia mea; nam virtus in infirmitate perficitur .* Persuadendum ergo erat homini quantum nos dilexerit Deus et quales dilexerit: quantum ne desperaremus, quales ne superbiremus. Hunc locum Apostolus pernecessarium sic explicat: *Commendat autem,* inquit, *suam caritatem Deus in nobis quoniam cum adhuc peccatores essemus, Christus pro nobis mortuus est; multo magis iustificati nunc in sanguine ipsius salvi erimus ab ira per ipsum. Si enim cum inimici essemus, reconciliati sumus Deo per mortem Filii eius, multo magis reconciliati salvi erimus in vita ipsius .* Item alio loco: *Quid ergo dicemus,* inquit, *ad hæc? Si Deus pro nobis, quis contra nos? Qui Filio proprio non pepercit sed pro nobis omnibus tradidit eum, quomodo non et cum illo omnia nobis donavit ?* Quod autem factum nobis annuntiatur, hoc futurum ostendebatur et antiquis iustis, ut per eamdem fidem etiam ipsi humiliati infirmarentur et infirmati perficerentur.

Verbum Dei, per quod facta sunt omnia, lux rationalium mentium.

1. 3. Quia igitur unum est Verbum Dei, per quod facta sunt omnia, quod est incommutabilis veritas ubi principaliter atque incommutabiliter sunt omnia simul, non solum quæ nunc sunt in hac universa creatura, verum etiam quæ fuerunt et quæ futura sunt. Ibi autem nec fuerunt nec futura sunt sed tantummodo sunt; et omnia vita sunt et omnia unum sunt et magis unum est et una est vita. Sic enim *omnia per ipsum facta sunt* ut quidquid *factum est* in his, *in illo vita* sit; et facta non sit quia *in principio* non factum est Verbum, sed *erat Verbum, et Verbum erat apud Deum, et Deus erat Verbum*, et *omnia per ipsum facta sunt*; nec *per ipsum omnia facta* essent nisi ipsum esset ante omnia factumque non esset. In his autem quæ *per ipsum facta sunt* etiam corpus quod vita non est per ipsum non fieret nisi in illo antequam fieret vita esset. Quod enim factum est in illo iam vita erat, et non qualiscumque vita; nam et anima vita est corporis, sed et hæc facta est quia mutabilis est, et per quid facta est nisi per Dei Verbum incommutabile? *Omnia* enim *per ipsum facta sunt, et sine ipso factum est nihil. Quod* ergo *factum est* iam *in illo vita erat*, et non qualiscumque vita, sed *vita erat lux hominum*; lux utique rationalium mentium per quas homines a pecoribus differunt et ideo sunt homines. Non ergo lux corporea, quæ lux est carnium sive de cælo fulgeat, sive terrenis ignibus accendatur, nec humanarum tantum carnium sed etiam belluinarum et usque ad minutissimos quosque vermiculos. Omnia enim hæc vident istam lucem; at illa *vita lux hominum erat,nec longe posita ab unoquoque nostrum; in illa enim vivimus et movemur et sumus.*

Per Verbum incarnatum reddimur habiles percipiendæ Veritati.

2. 4. Sed *lux in tenebris lucet, et tenebræ eam non comprehenderunt*. Tenebræ autem sunt stultæ mentes hominum prava cupiditate atque infidelitate cæcatæ. Has ut curaret atque sanaret *Verbum, per quod facta sunt omnia, caro factum est et habitavit in nobis*. Illuminatio quippe nostra participatio Verbi est, illius scilicet vitæ quæ *lux est hominum*. Huic autem participationi prorsus inhabiles et minus idonei eramus propter immunditiam peccatorum; mundandi ergo eramus. Porro iniquorum et superborum una mundatio est *sanguis iusti* et humilitas Dei, ut ad contemplandum Deum quod natura non sumus per eum mundaremur factum quod natura sumus et quod peccato non sumus. Deus enim natura non sumus; homines natura sumus; iusti peccato non sumus. Deus itaque factus homo iustus intercessit Deo pro homine peccatore. Non enim congruit peccator iusto, sed congruit homini homo. Adiungens ergo nobis similitudinem humanitatis suæ abstulit dissimilitudinem iniquitatis nostræ, et factus particeps mortalitatis nostræ, fecit participes divinitatis suæ. Merito quippe mors peccatoris veniens ex damnationis necessitate soluta est per mortem iusti venientem ex misericordiæ voluntate dum simplum eius congruit duplo nostro. Hæc enim congruentia, sive convenientia vel concinentia vel consonantia commodius dicitur quod est unum ad duo, in omni compaginatione vel si melius dicitur coaptatione creaturæ valet plurimum. Hanc enim coaptationem, sicut mihi nunc occurrit, dicere volui, quam Græci vocant. Neque nunc locus est ut ostendam quantum valeat consonantia simpli ad duplum quæ maxima in nobis reperitur et sic nobis insita naturaliter (a quo utique nisi ab eo qui nos creavit?) ut nec imperiti possint eam non sentire, sive ipsi cantantes, sive alios audientes. Per hanc quippe voces acutiores gravioresque concordant ita ut quisquis ab ea dissonuerit non scientiam, cuius expertes sunt plurimi, sed ipsum sensum auditus nostri vehementer offendat. Sed hoc ut demonstretur longo sermone opus est; ipsis autem auribus exhiberi potest ab eo qui novit in regulari monochordo.Simplum Iesu Christi duplo nostro concinit ad salutem.

3. 5. Verum quod instat in præsentia quantum donat Deus edisserendum est, quemadmodum simplum Domini et Salvatoris nostri Iesu Christi duplo nostro congruat et quodam modo concinat ad salutem. Nos certe, quod nemo Christianus ambigit, et anima et corpore mortui sumus, anima propter peccatum, corpore propter pœnam peccati, ac per hoc et corpore *propter peccatum*. Utrique autem rei nostræ, id est et animæ et corpori, medicina et resurrectione opus erat ut in melius renovaretur quod erat in deterius commutatum. Mors autem animæ impietas est et mors corporis corruptibilitas per quam fit et animæ a corpore abscessus. Sicut enim anima Deo deserente sic corpus anima deserente moritur, unde illa fit insipiens, hoc exanime. Resuscitatur ergo anima per pœnitentiam, et in corpore adhuc mortali renovatio vitæ inchoatur a fide qua creditur *in eum qui iustificat impium*, bonisque moribus augetur et roboratur *de die in diem* cum magis magisque *renovatur interior homo*. Corpus vero tamquam *homo exterior* quanto est hæc vita diuturnior, magis magisque *corrumpitur,* vel ætate, vel morbo vel variis afflictationibus, donec veniat ad ultimam quæ ab omnibus mors vocatur. Eius autem resurrectio differtur in finem cum et ipsa iustificatio nostra perficietur ineffabiliter. Tunc enim *similes ei erimus quoniam videbimus eum sicuti est*. Nunc vero quamdiu *corpus quod corrumpitur aggravat animam*, et: *vita humana super terram tota temptatio est, non iustificatur in conspectu eius omnis vivens* in comparatione iustitiæ qua æquabimur Angelis et gloriæ *quæ revelabitur in nobis*. De morte autem animæ a morte corporis distinguenda quid plura documenta commemorem, cum Dominus in una evangelica sententia utramque mortem cuivis facile discernendam posuerit ubi ait: *Sine mortuos sepelire mortuos suos?* Sepeliendum quippe corpus mortuum erat; sepultores autem eius per infidelitatem impietatis in anima mortuos intellegi voluit quales excitantur cum dicitur: *Surge qui dormis et exsurge a mortuis, et illuminabit te Christus*. Detestatur autem quamdam mortem Apostolus dicens de vidua: *Quæ autem in deliciis agit vivens mortua est.* Anima igitur iam pia quæ fuit impia propter *iustitiam fidei* dicitur ex morte revixisse atque vivere. Corpus autem non tantum moriturum propter animæ abscessum qui futurus est, sed propter tantam infirmitatem carnis et sanguinis, quodam loco in

Scripturis etiam mortuum dicitur loquente Apostolo: *Corpus quidem*, inquit, *mortuum est propter peccatum; spiritus autem vita est propter iustitiam*. Hæc vita ex fide facta est quoniam *iustus ex fide vivit*. Sed quid sequitur? *Si autem Spiritus eius qui suscitavit Iesum ex mortuis habitat in vobis, qui suscitavit Iesum Christum a mortuis vivificabit et mortalia corpora vestra per inhabitantem Spiritum eius in vobis.*

Duplæ morti nostræ Salvator noster impendit simplam suam.

3. 6. Huic ergo duplæ morti nostræ Salvator impendit simplam suam, et ad faciendam utramque resuscitationem nostram in sacramento et exemplo præposuit et proposuit unam suam. Neque enim fuit peccator aut impius ut ei tamquam spiritu mortuo in interiore homine renovari opus esset, et tamquam resipiscendo ad vitam iustitiæ revocari, sed indutus carne mortali et sola moriens, sola resurgens, ea sola nobis ad utrumque concinuit cum in ea fieret interioris hominis sacramentum, exterioris exemplum. Interioris enim hominis nostri sacramento data est illa vox pertinens ad mortem animæ nostræ significandam non solum in Psalmo verum etiam in cruce: *Deus meus, Deus meus, ut quid me dereliquisti*? Cui voci congruit Apostolus dicens: *Scientes quia vetus homo noster simul crucifixus est ut evacuetur corpus peccati, ut ultra non serviamus peccato*. Crucifixio quippe interioris hominis pœnitentiæ dolores intelleguntur et continentiæ quidam salubris cruciatus, per quam mortem mors impietatis perimitur in qua nos non relinquit Deus. Et ideo per talem crucem *evacuatur corpus peccati*, ut iam non exhibeamus *membra* nostra *arma iniquitatis peccato*. Quia et *interior homo*, si utique *renovatur de die in diem*, profecto *vetus* est antequam renovetur. *Intus* namque agitur quod idem Apostolus dicit: *Exuite vos veterem hominem et induite novum*. Quod ita consequenter exponit: *Quapropter deponentes mendacium loquimini veritatem*. Ubi autem deponitur mendacium nisi *intus* ut inhabitet *in monte sancto* Dei, *qui loquitur veritatem in corde* suo? Resurrectio vero corporis Domini ad sacramentum interioris resurrectionis nostræ pertinere ostenditur ubi postquam resurrexit ait mulieri: *Noli me tangere; nondum enim ascendi ad Patrem meum*. Cui mysterio congruit Apostolus dicens: *Si autem resurrexistis cum Christo, quæ sursum sunt quærite ubi Christus est in dextera Dei sedens; quæ sursum sunt sapite*. Hoc est enim Christum non tangere nisi cum ascenderit ad Patrem, non de Christo carnaliter sapere. Iam vero ad exemplum mortis exterioris hominis nostri Dominicæ carnis mors pertinet, quia per talem passionem maxime hortatus est servos suos ut non timeant *eos qui corpus occidunt, animam autem non possunt occidere*. Propter quod dicit Apostolus: *Ut suppleam quæ desunt pressurarum Christi in carne mea*. Et ad exemplum resurrectionis exterioris hominis nostri pertinere invenitur resurrectio corporis

Domini quia discipulis ait: *Palpate et videte, quia spiritus ossa et carnem non habet, sicut me videtis habere.* Et *unus ex discipulis eius* etiam cicatrices eius contrectans exclamavit dicens: *Dominus meus et Deus meus!* Et cum illius carnis tota integritas appareret, demonstratum est in ea quod suos exhortans dixerat: *Capillus capitis vestri non peribit*. Unde enim primo: *Noli me tangere; nondum enim ascendi ad Patrem meum*, et unde antequam ascendat ad Patrem a discipulis tangitur, nisi quia illic insinuabatur interioris hominis sacramentum, hic præbebatur exterioris exemplum? An forte quisquam ita est absurdus atque aversus a vero ut audeat dicere a viris eum tactum antequam ascenderet, a mulieribus autem cum ascendisset? Propter hoc exemplum futuræ nostræ resurrectionis in corpore quod præcessit in Domino dicit Apostolus: *Initium Christus, deinde qui sunt Christi.* De corporis enim resurrectione illo loco agebatur propter quam etiam dicit: *Transfiguravit corpus humilitatis nostræ, conforme corpori gloriæ suæ.* Una ergo mors nostri salvatoris duabus mortibus nostris saluti fuit. Et una eius resurrectio duas nobis resurrectiones præstitit cum corpus eius in utraque re, id est et in morte et in resurrectione, et in sacramento interioris hominis nostri et exemplo exterioris medicinali quadam convenientia ministratum est.

Ratio simpli ad duplum ex perfectione senarii numeri.

4. 7. Hæc autem ratio simpli ad duplum oritur quidem a ternario numero; unum quippe ad duo tria sunt. Sed hoc totum quod dixi ad senarium pervenit; unum enim et duo et tria sex fiunt. Qui numerus propterea perfectus dicitur quia partibus suis completur; habet enim eas tres: sextam, tertiam, dimidiam; nec ulla pars alia quæ dici possit quota sit invenitur in eo. Sexta ergo eius unum est, tertia duo, dimidia tria. Unum autem et duo et tria consummant eundem senarium. Cuius perfectionem nobis sancta Scriptura commendat, in eo maxime quod *Deus sex diebus perfecit opera sua*, et sexto die *factus est homo ad imaginem Dei.* Et sexta ætate generis humani *Filius Dei venit*, et factus est *Filius hominis* ut nos reformaret *ad imaginem Dei*. Ea quippe nunc ætas agitur sive milleni anni singulis distribuantur ætatibus, sive in divinis Litteris memorabiles atque insignes quasi articulos temporum vestigemus ut prima ætas inveniatur ab Adam usque ad Nœ, inde secunda usque ad Abraham, et deinceps sicut Matthæus evangelista distinxit: *ab Abraham usque ad David, a David usque ad transmigrationem in Babyloniam*, atque inde usque ad Virginis partum. Quæ tres ætates coniunctæ illis duabus quinque faciunt. Proinde sextam inchoavit nativitas Domini, quæ nunc agitur usque ad occultum temporis finem. Hunc senarium numerum quamdam temporis gerere figuram etiam in illa ratione tripartitæ distributionis agnoscimus, qua unum tempus computamus *ante Legem*, alterum *sub*

Lege, tertium *sub gratia*. In quo tempore sacramentum renovationis accipimus ut in fine temporis etiam resurrectione carnis omni ex parte renovati ab universa non solum animi verum etiam corporis infirmitate sanemur. Unde intellegitur illa mulier in typo Ecclesiæ a Domino sanata et erecta quam curvaverat infirmitas alligante satana. De talibus enim occultis hostibus plangit illa vox Psalmi: *Curvaverunt animam meam*. Hæc autem mulier decem et octo annos habebat in infirmitate, quod est ter seni. Menses autem annorum decem et octo inveniuntur in numero solidi quadrati senarii, quod est sexies seni et hoc sexies. Iuxta quippe est in eodem Evangelii loco arbor quoque illa ficulnea cuius miseram sterilitatem etiam tertius annus arguebat. Sed ita pro illa intercessum est ut dimitteretur illo anno, ut si fructum ferret, bene; sin aliter, excideretur. Nam et tres anni ad eamdem tripartitam distributionem pertinent, et menses trium annorum quadratum senarium faciunt, quod est sexies seni.

In anni cursu senarius numerus plurimum valet.

4. 8. Annus etiam unus si duodecim menses integri considerentur quos triceni dies complent (talem quippe mensem veteres observaverunt quem circuitus lunaris ostendit), senario numero pollet. Quod enim valent sex in primo ordine numerorum qui constat ex unis ut perveniatur ad decem, hoc valent sexaginta in secundo ordine qui constat ex denis ut perveniatur ad centum. Sexagenarius ergo numerus dierum sexta pars anni est. Proinde per senarium primi versus multiplicatur tamquam senarius secundi versus et fiunt sexies sexageni, trecenti et sexaginta dies, qui sunt integri duodecim menses. Sed quoniam sicut mensem circuitus lunæ ostendit hominibus sic annus circuitu solis animadversus est, restant autem quinque dies et quadrans diei ut sol impleat cursum suum annumque concludat; quattuor enim quadrantes faciunt unum diem quem necesse est intercalari excurso quadriEnnius quod bissextum vocant, ne temporum ordo turbetur. Etiam ipsos quinque dies et quadrantem si consideremus, senarius numerus in eis plurimum valet; primo quia sicut fieri solet ut a parte totum computetur, non sunt iam dies quinque sed potius sex ut quadrans ille accipiatur pro die; deinde quia in ipsis quinque diebus sexta pars mensis est, ipse autem quadrans sex horas habet; totus enim dies, id est cum sua nocte, viginti quattuor horæ sunt quarum pars quarta qui est quadrans diei sex horæ inveniuntur. Ita in anni cursu senarius numerus plurimum valet.

Senarius numerus in ædificatione Corporis Christi.

5. 9. Nec immerito in ædificatione Dominici corporis, in cuius figura templum a Iudæis destructum triduo se resuscitaturum esse dicebat, numerus ipse senarius pro anno positus intellegitur. Dixerunt enim: *Quadraginta et sex annis ædificatum est templum* . Et quadragies sexies seni, fiunt ducenti septuaginta sex. Qui numerus dierum complet novem menses et sex dies qui tamquam decem menses parientibus feminis imputantur, non quia omnes ad sextum diem post nonum mensem perveniunt, sed quia ipsa perfectio corporis Domini tot diebus ad partum perducta comperitur sicut a maioribus traditum suscipiens Ecclesiæ custodit auctoritas. Octavo enim Kalendas Aprilis conceptus creditur quo et passus; ita *monumento novo,* quo sepultus est *ubi nullus erat positus mortuorum,* nec ante nec postea congruit uterus Virginis quo conceptus est ubi nullus seminatus est mortalium . Natus autem traditur octavo Kalendas Ianuarias; ab illo ergo die usque ad istum computati ducenti septuaginta et sex reperiuntur dies, qui senarium numerum quadragies sexies habet. Quo numero annorum *templum ædificatum est* , quia eo numero senariorum corpus Domini perfectum est quod mortis passione destructum triduo resuscitavit. *Dicebat enim hoc de templo corporis sui* , sicut evidentissimo et robustissimo Evangelii testimonio declaratur, quo ait: *Sicut fuit Ionas in ventre ceti tribus diebus et tribus noctibus, sic erit Filius hominis in corde terræ tribus diebus et tribus noctibus* .

Triduum resurrectionis, in quo etiam apparet ratio simpli ad duplum.

6. 10. Ipsum autem triduum non totum et plenum fuisse Scriptura testis est; sed primus dies a parte extrema totus annumeratus est; dies vero tertius a parte prima et ipse totus; medius autem inter eos, id est secundus dies, absolute totus viginti quattuor horis suis, duodecim nocturnis et duodecim diurnis. Crucifixus est enim primo Iudæorum vocibus *hora tertia,* cum esset dies sexta sabbati , deinde in ipsa cruce suspensus *hora sexta,* et spiritum tradidit *hora nona* ; sepultus est autem *cum iam sero factum esset*, sicut sese habent verba Evangelii, quod intellegitur in fine diei. Undelibet ergo incipias etiam si alia ratio reddi potest quomodo non sit contra Evangelium Ioannis ut hora tertia ligno suspensus intellegatur, totum diem primum non comprehendis. Ergo a parte extrema totus computabitur sicut tertius a parte prima. Nox enim usque ad diluculum quo Domini resurrectio declarata est ad tertium pertinet diem *quia Deus qui dixit de tenebris lumen clarescere,* ut per gratiam Novi Testamenti et participationem resurrectionis Christi audiremus: *Fuistis enim aliquando tenebræ, nunc autem lux in Domino,* insinuat nobis quodam modo quod a nocte dies sumat initium. Sicut enim primi dies propter futurum hominis lapsum a luce in noctem, ita isti propter hominis reparationem a tenebris ad lucem computantur. Ab hora ergo mortis usque ad diluculum resurrectionis horæ sunt quadraginta, ut et ipsa nona connumeretur. Cui numero congruit etiam vita eius super terram post resurrectionem in quadraginta diebus. Et est iste numerus in Scripturis frequentissimus ad insinuandum mysterium perfectionis in quadripertito mundo; habent enim quandam perfectionem decem, et ea quater multiplicata faciunt quadraginta. A vespera autem sepulturæ usque ad diluculum resurrectionis triginta sex horæ sunt, qui est quadratus senarius. Refertur autem ad illam rationem simpli ad duplum ubi est coaptationis maxima consonantia. Duodecim enim ad viginti quattuor simplo ad duplum conveniunt et fiunt triginta sex, nox tota cum die toto et nocte tota, neque hoc sine illo sacramento quod supra memoravi. Non absurde quippe spiritum diei comparamus, corpus autem nocti. Dominicum enim corpus in morte ac resurrectione, et spiritus nostri figuram, et corporis gerebat exemplum. Etiam sic ergo apparet illa ratio simpli ad duplum in horis triginta sex cum duodecim ad viginti quattuor conferuntur. Et horum quidem numerorum causas cur in Scripturis sanctis positi sint potest alius alias indagare vel quibus istæ quas ego reddidi præponendæ sint vel æque probabiles vel istis etiam probabiliores; frustra tamen eos esse in Scripturis positos et nullas esse causas mysticas cur illic isti numeri commemorentur, nemo tam stultus ineptusque contenderit. Ego autem quas reddidi vel ex Ecclesiæ auctoritate a maioribus tradita vel ex divinarum Scripturarum testimonio vel ex ratione numerorum similitudinumque collegi. Contra rationem nemo sobrius, contra Scripturas nemo christianus, contra Ecclesiam nemo pacificus senserit.

Evanueramus in multa per unum Mediatorem colligimur in Unum.

7. 11. Hoc sacramentum, hoc sacrificium, hic sacerdos, hic Deus antequam missus veniret factus ex femina, omnia quæ sacrate atque mystice patribus nostris per angelica miracula apparuerunt sive quæ per ipsos facta sunt similitudines huius fuerunt ut omnis creatura factis quodam modo loqueretur unum futurum in quo esset salus universorum a morte reparandorum. Quia enim ab uno Deo summo et vero per impietatis iniquitatem resilientes et dissonantes defluxeramus, et evanueramus in multa discissi per multa et inhærentes in multis, oportebat nutu et imperio Dei miserantis ut ipsa multa venturum conclamarent unum, et a multis conclamatus veniret unus, et multa contestarentur venisse unum, et a multis exonerati veniremus ad unum, et multis *peccatis* in anima *mortui* et *propter peccatum* in carne morituri amaremus sine peccato mortuum in carne pro nobis unum, et in resuscitatum credentes et cum illo *per fidem* spiritu resurgentes iustificaremur in uno iusto facti unum, nec in ipsa carne nos resurrecturos desperaremus cum multa *membra* intueremur præcessisse nos *caput unum* in quo *nunc per fidem* mundati et *tunc per speciem* redintegrati et per Mediatorem Deo reconciliati hæreamus Uni, fruamur Uno, permaneamus Unum.

Ut in nobis unum sint.

8. 12.Sic ipse *Filius Dei, Verbum Dei et idem ipse Mediator Dei et hominum Filius hominis, æqualis Patris* per divinitatis unitatem et particeps noster per humanitatis susceptionem, Patrem interpellans pro nobis per id quod homo erat, nec tamen tacens quod Deus cum Patre unum erat et inter cetera ita loquitur: *Non pro his autem rogo,* inquit, *tantum sed et pro eis qui credituri sunt per verbum eorum in me ut omnes unum, sint sicut tu Pater in me et ego in te, ut et ipsi in nobis unum sint, ut mundus credat quia tu me misisti. Et ego claritatem quam dedisti mihi dedi illis, ut sint unum sicut et nos unum sumus.*

Unum etiam per eamdem dilectionis societatem.

9. 12. Non dixit: "Ego et ipsi unum", quamvis per id quod *Ecclesiæ caput est et corpus eius* Ecclesia posset dicere: "Ego et ipsi" non unum sed "unus", quia *caput* et *corpus unus est Christus.* Sed divinitatem suam consubstantialem Patri ostendens (propter quod et alio loco dicit: *Ego et Pater unum* sumus), in suo genere, hoc est in eiusdem naturæ consubstantiali parilitate, vult esse suos *unum,* sed in ipso quia in se ipsis non possent dissociati ab invicem per diversas voluntates et cupiditates et immunditiam peccatorum; unde mundantur per Mediatorem *ut sint* in illo *unum;* non tantum per eamdem naturam qua omnes ex hominibus mortalibus *æquales Angelis fiunt* , sed etiam per eamdem in eamdem beatitudinem conspirantem concordissimam voluntatem in unum spiritum quodam modo caritatis igne conflatam. Ad hoc enim valet quod ait: *Ut sint unum sicut et nos unum sumus,* ut quemadmodum Pater et Filius, non tantum æqualitate substantiæ, sed etiam voluntate *unum* sunt, ita et hi inter quos et Deum *Mediator* est Filius, non tantum per id quod eiusdem naturæ sunt, sed etiam per eamdem dilectionis societatem *unum sint.* Deinde idipsum quod *Mediator* est per quem reconciliamur Deo sic indicat: *Ego,* inquit, *in eis et tu in me ut sint consummati in unum.*

Diabolus hominem subditum tenebat.

10. 13. Hæc est vera pax et cum Creatore nostro nobis firma connexio, purgatis et reconciliatis per Mediatorem vitæ, sicut maculati et alienati ab eo recesseramus per mediatorem mortis. Sicut enim diabolus superbus hominem superbientem perduxit ad mortem, ita Christus humilis hominem obedientem reduxit ad vitam; quia sicut ille elatus cecidit et deiecit consentientem, sic iste humiliatus surrexit, et erexit credentem . Quia enim non pervenerat diabolus quo ipse perduxerat (mortem quippe spiritus in impietate gestabat sed mortem carnis non subierat quia nec indumentum susceperat), magnus homini videbatur princeps in legionibus dæmonum, per quos fallaciarum regnum exercet. Sic hominem per elationis typhum, potentiæ quam iustitiæ cupidiorem, aut per falsam philosophiam magis inflans, aut per sacra sacrilega irretiens, in quibus etiam magicæ fallaciæ curiosiores superbioresque animas deceptas illusasque præcipitans, subditum tenet; pollicens etiam purgationem animæ per eas quas appellant, transfigurando *se in angelum lucis* per multiformem machinationem *in signis et prodigiis mendacii* .Miracula dæmonum spernenda.

11. 14. Facile est enim spiritibus nequissimis per æria corpora facere multa, quæ mirentur animæ terrenis corporibus aggravatæ, etiam melioris affectus . Si enim corpora ipsa terrena nonnullis artibus et exercitationibus modificata, in spectaculis theatricis tanta miracula hominibus exhibent, ut hi qui numquam talia viderunt narrata vix credant, quid magnum est diabolo et angelis eius de corporeis elementis per æria corpora facere quæ caro miretur; aut etiam occultis inspirationibus ad illudendos humanos sensus phantasmata imaginum machinari, quibus vigilantes dormientesve decipiat, vel furentes exagitet? Sed sicut fieri potest ut homo vita ac moribus melior spectet nequissimos homines, vel in fune ambulantes, vel multimodis motibus corporum multa incredibilia facientes, nec ullo modo talia facere concupiscat nec eos propterea sibi præponendos existimet, sic anima fidelis et pia non solum si videat, verum etiam si propter fragilitatem carnis exhorreat miracula dæmonum; non ideo tamen aut non se posse talia dolebit aut ob hoc illos meliores esse iudicabit, cum sit præsertim in societate sanctorum qui per virtutem Dei cui cuncta subiecta sunt, et minime fallacia, et multo maiora fecerunt, sive homines, sive Angeli boni.

Diabolus mediator mortis.

12. 15. Nequaquam igitur per sacrilegas similitudines et impias curiositates et magicas consecrationes animæ purgantur et reconciliantur Deo; quia falsus mediator non traicit ad superiora, sed potius obsidens intercludit viam per affectus quos tanto maligniores quanto superbiores suæ societatis inspirat; qui non possunt ad evolandum pinnas nutrire virtutum, sed potius ad demergendum pondera exaggerare vitiorum tanto gravius animæ ruturæ, quanto sibi videtur evecta sublimius. Proinde sicut Magi fecerunt divinitus moniti, quos ad humilitatem Domini adorandam stella perduxit, ita et nos non qua venimus, sed *per aliam viam in patriam* redire debemus, quam rex humilis docuit et quam rex superbus humili regi adversarius obsidere non possit. Et nobis enim ut adoremus humilem Christum, cæli enarraverunt gloriam Dei cum *in omnem terram exiit sonus eorum et in fines orbis terræ verba eorum* . Via nobis fuit ad mortem per peccatum in Adam: *Per unum* quippe *hominem peccatum intravit in* *mundum, et per peccatum mors, et ita in omnes homines pertransiit in quo omnes peccaverunt* . Huius viæ mediator diabolus fuit, persuasor peccati et præcipitator in mortem ; nam et ipse ad operandam duplam mortem nostram simplam attulit suam. Per impietatem namque mortuus in spiritu, carne utique mortuus non est; nobis autem et impietatem persuasit et propter hanc ut in mortem carnis venire mereremur effecit. Unum ergo appetivimus iniqua suasione; alterum nos secutum est iusta damnatione. Propterea quippe scriptum est: *Deus mortem non fecit* , quia causa mortis ipse non fuit; sed tamen per eius retributionem iustissima mors irrogata est peccatori; sicut supplicium iudex irrogat reo, causa tamen supplicii non est iustitia iudicis sed meritum criminis. Quo ergo nos mediator mortis transmisit et ipse non venit, id est ad mortem carnis, ibi nobis Dominus Deus noster medicinam emendationis inseruit quam ille non meruit occulta et nimis arcana ordinatione divinæ altæque iustitiæ. Ut ergo sicut *per unum hominem mors, ita per unum hominem* fieret *resurrectio mortuorum* , quia magis vitabant homines quod evitare non poterant mortem carnis quam mortem spiritus, id est magis pœnam quam meritum pœnæ (nam non peccare aut non curatur aut parum curatur; non mori autem quamvis non obtineatur vehementer satagitur); vitæ Mediator ostendens quam non sit mors timenda quæ per humanam conditionem iam evadi non potest, sed potius impietas quæ per fidem caveri potest, occurrit nobis ad finem quo venimus sed non qua venimus. Nos enim ad mortem per peccatum venimus, ille per iustitiam; et ideo cum sit mors nostra pœna peccati, mors illius facta est hostia pro peccato.

Christus mortuus est quia voluit.

13. 16. Quapropter cum spiritus corpori præponatur, morsque sit spiritus a Deo deseri, mors autem corporis ab spiritu deseri eaque sit pœna in morte corporis ut quia spiritus volens deseruit Deum, deserat corpus invitus ut cum spiritus Deum deseruerit quia voluit, deserat corpus etiamsi noluerit; nec deserat cum voluerit, nisi aliquam sibi vim, qua ipsum corpus perimatur intulerit, demonstravit spiritus Mediatoris quam nulla pœna peccati usque ad mortem carnis accesserit quia non eam deseruit invitus sed quia voluit, quando voluit, quomodo voluit. Quippe Dei Verbo ad unitatem commixtus hinc ait: *Potestatem habeo ponendi animam meam et potestatem habeo iterum sumendi eam. Nemo tollit eam a me, sed ego pono eam a me, et iterum sumo eam* . Et hoc maxime mirati sunt sicut Evangelium loquitur qui præsentes erant cum post illam vocem in qua figuram peccati nostri edidit, continuo tradidit spiritum. Longa enim morte cruciabantur ligno suspensi. Unde latronibus ut iam morerentur et de ligno ante sabbatum deponerentur crura confracta sunt. Ille autem quia mortuus inventus est miraculo fuit. Hoc etiam Pilatum legimus fuisse miratum, cum ab illo sepeliendum corpus Domini peteretur.

Verus vitæ Mediator mediatorem mortis a spiritibus in se credentium foras misit.

13. 17. Ille itaque deceptor qui fuit homini mediator ad mortem, falsoque se opponit ad vitam nomine purgationis per sacra et sacrificia sacrilega, quibus superbi seducuntur quia nec participationem mortis nostræ habere potuit, nec resurrectionem suæ, simplam quidem suam mortem ad duplam nostram potuit afferre; simplam vero resurrectionem in qua et sacramentum esset renovationis nostræ et eius quæ in fine futura est evigilationis exemplum non utique potuit. Ille proinde qui spiritu vivus carnem suam mortuam resuscitavit, verus vitæ Mediator illum spiritum mortuum et mortis mediatorem a spiritibus in se credentium foras misit, ut non regnaret intrinsecus sed forinsecus oppugnaret nec tamen expugnaret. Cui se ipse quoque temptandum præbuit ut ad superandas etiam temptationes eius mediator esset non solum per adiutorium, verum etiam per exemplum. At ille primitus ubi per omnes aditus ad interiora moliens irrepere expulsus est, post baptismum in heremo completa omni temptatione illecebrosa, quia vivum spiritum, mortuus spiritu non invasit, quoquo modo avidus mortis humanæ convertit se ad faciendam mortem quam potuit et permissus est in illud quod ex nobis mortale vivus Mediator acceperat. Et ubi potuit aliquid facere ibi ex omni parte devictus est, et unde accepit exterius potestatem Dominicæ carnis occidendæ, inde interior qua nos tenebat potestas eius occisa est . Factum est enim ut vincula peccatorum multorum in multis mortibus per unius unam mortem quam peccatum nullum præcesserat solverentur . Quam propterea Dominus pro nobis indebitam reddidit ut nobis debita non noceret. Neque enim cuiusquam iure potestatis exutus est carne, sed ipse se exuit. Nam qui posset non mori si nollet, procul dubio quia voluit mortuus est, et ideo *principatus et potestates exemplavit fiducialiter triumphans eas in semetipso* . Morte sua quippe uno verissimo sacrificio pro nobis oblato quidquid culparum erat unde nos principatus et potestates ad luenda supplicia iure detinebant purgavit, abolevit, exstinxit, et sua resurrectione in novam vitam nos *prædestinatos vocavit, vocatos iustificavit, iustificatos glorificavit*. Ita diabolus hominem quem per consensionem seductum tamquam iure integro possidebat, et ipse nulla corruptione carnis et sanguinis septus, per istam corporis mortalis fragilitatem, nimis egeno et infirmo, tanto superbior quanto velut ditior et fortior, quasi pannoso et ærumnoso dominabatur, in ipsa morte carnis amisit. Quo enim cadentem non secutus impulit peccatorem, illuc descendentem persecutus compulit Redemptorem. Sic in mortis consortio Filius Dei nobis fieri dignatus est amicus, quo non perveniendo meliorem se nobis atque maiorem putabat inimicus. Dicit enim Redemptor noster: *Maiorem dilectionem nemo habet, quam ut animam suam ponat pro amicis suis* . Quocirca etiam ipso Domino se credebat diabolus superiorem, in quantum illi Dominus in passionibus cessit; quia et de ipso intellectum est quod in Psalmo legitur: *Minuisti eum paulo minus ab* Angelis, ut ab iniquo velut æquo iure adversus nos agente, ipse occisus innocens eum iure æquissimo superaret, atque ita captivitatem propter peccatum factam captivaret, nosque liberaret a captivitate propter peccatum iusta, suo iusto sanguine iniuste fuso mortis *chirographum delens* et iustificandos redimens peccatores.

Excelsissima sapientia Dei utitur diabolo ad salutem fidelium suorum.

13. 18. Hic etiam diabolus adhuc suos illudit quibus se per sua sacra velut purgandis, et potius implicandis atque mergendis, falsus mediator, opponit quod superbis facillime persuadet irridere atque contemnere mortem Christi a qua ipse quanto est alienior, tanto ab eis creditur sanctior atque divinior. Qui tamen apud eum paucissimi remanserunt, agnoscentibus gentibus et pia humilitate bibentibus pretium suum, eiusque fiducia deserentibus hostem suum, et concurrentibus ad Redemptorem suum. Nescit enim diabolus quomodo illo et insidiante et furente utatur ad salutem fidelium suorum excelsissima sapientia Dei, a fine superiore, quod est initium spiritalis creaturæ, usque ad finem inferiorem, quod est mors corporis, *pertendens fortiter et disponens omnia suaviter. Attingit enim ubique propter suam munditiam, et nihil inquinatum in eam incurrit.* A morte autem carnis alieno diabolo, unde nimium superbus incedit, mors alterius generis præparatur in æterno igne Tartari, quo non solum cum terrenis, sed etiam cum æreis corporibus excruciari spiritus possint. Superbi autem homines quibus Christus, quia mortuus est, viluit, ubi nos tam magno emit, et istam mortem reddunt cum hominibus conditioni ærumnosæ naturæ, quæ trahitur a primo peccato, et in illam cum illo præcipitabuntur. Quem propterea Christo præposuerunt, quia eos in istam deiecit, quo per distantem naturam ipse non cecidit et quo propter eos per ingentem misericordiam ille descendit, et tamen se dæmonibus esse meliores non dubitant credere, eosque maledictis omnibus insectari detestarique non cessant, quos certe alienos ab huius mortis passione noverunt, propter quam Christum contemnunt. Nec sic volunt considerare quam fieri potuerit ut in se manens nec per se ipsum ex ulla parte mutabile Verbum Dei per inferioris tamen naturæ susceptionem aliquid inferius pati posset, quod immundus dæmon quia terrenum corpus non habet, pati non possit. Sic cum sint ipsi dæmonibus meliores, tamen quia carnem portant mori sic possunt quemadmodum mori dæmones quia non eam portant non utique possunt. Et cum de mortibus sacrificiorum suorum multum præsumant quæ se fallacibus superbisque spiritibus immolare non sentiunt, aut si etiam sentiunt, aliquid sibi prodesse arbitrantur perfidorum et invidorum amicitiam quorum intentionis nullum negotium est nisi impeditio reditus nostri.

Unus Mediator per sacrificium pacis reconciliat nos Deo.

14. 19. Non intellegunt ne ipsos quidem superbissimos spiritus honoribus sacrificiorum gaudere potuisse, nisi uni vero Deo pro quo coli volunt, verum sacrificium deberetur. Neque id posse rite offerri nisi per sacerdotem sanctum et iustum; nec nisi ab eis accipiatur quod offertur, pro quibus offertur, atque id sine vitio sit ut pro vitiosis mundandis possit offerri. Hoc certe omnes cupiunt, qui pro se offerri sacrificium Deo volunt. Quis ergo tam iustus et sanctus sacerdos quam unicus Dei Filius, qui non opus haberet per sacrificium sua purgare peccata, nec originalia nec ex humana vita quæ adduntur? Et quid tam congruenter ab hominibus sumeretur quod pro eis offerretur, quam humana caro? Et quid tam aptum huic immolationi, quam caro mortalis? Et quid tam mundum pro mundandis vitiis mortalium, quam sine ulla contagione carnalis concupiscentiæ caro nata in utero et ex utero virginali? Et quid tam grate offerri et suscipi posset quam caro sacrificii nostri corpus effectum sacerdotis nostri? Ut quoniam quattuor considerantur in omni sacrificio: cui offeratur, a quo offeratur, quid offeratur, pro quibus offeratur; idem ipse unus verusque Mediator, per sacrificium pacis reconcilians nos Deo , unum cum illo maneret cui offerebat, unum in se faceret pro quibus offerebat, unus ipse esset qui offerebat et quod offerebat.

Illos qui putant ad contemplandum Deum virtute propria posse purgari, ipsa superbia maxime maculat.

15. 20. Sunt autem quidam qui se putant ad contemplandum Deum et inhærendum Deo virtute propria posse purgari, quos ipsa superbia maxime maculat. Nullum enim vitium est cui magis divina lege resistitur et in quod maius accipiat dominandi ius ille superbissimus spiritus ad ima mediator, ad summa interclusor, nisi occulte insidians alia via devitetur, aut per populum deficientem, quod interpretatur Amalech aperte sæviens, et ad terram promissionis repugnando transitum negans, per crucem Domini quæ Moysi manibus extentis est præfigurata superetur . Hinc enim sibi purgationem isti virtute propria pollicentur, quia nonnulli eorum potuerunt aciem mentis ultra omnem creaturam transmittere, et lucem incommutabilis veritatis quantulacumque ex parte contingere, quod christianos multos ex fide interim sola viventes, nondum potuisse derident . Sed quid prodest superbienti et ob hoc erubescenti lignum conscendere, de longinquo prospicere patriam transmarinam ? Aut quid obest humili de tanto intervallo non eam videre, in illo ligno ad eam venienti, quo dedignatur ille portari?

Philosophi quæ ad historiam pertinent in æternis rationibus videre non potuerunt.

16. 21. Hi etiam resurrectionem carnis nos credere reprehendunt, sibique potius etiam de his rebus credi volunt, quasi vero quia præcelsam incommutabilemque substantiam per illa quæ facta sunt intellegere potuerunt, propterea de conversione rerum mutabilium, aut de contexto sæculorum ordine consulendi sunt. Numquid enim quia verissime disputant, et documentis certissimis persuadent, æternis rationibus omnia temporalia fieri, propterea potuerunt in ipsis rationibus perspicere, vel ex ipsis colligere quot sint animalium genera, quæ semina singulorum in exordiis, qui modus in incrementis, qui numeri per conceptus, per ortus, per ætates, per occasus, qui motus in appetendis quæ secundum naturam sunt, fugiendisque contrariis? Nonne ista omnia, non per illam incommutabilem sapientiam, sed per locorum ac temporum historiam quæsierunt et ab aliis experta atque conscripta crediderunt? Quo minus mirandum est nullo modo eos potuisse prolixiorum sæculorum seriem vestigare, et quamdam metam huius excursus, quo tamquam fluvio genus decurrit humanum, atque inde conversionem, ad suum cuique debitum terminum. Ista enim nec historici scribere potuerunt longe futura et a nullo experta atque narrata. Nec isti philosophi ceteris meliores in illis summis æternisque rationibus intellectu talia contemplati sunt; alioquin non eiusdem generis præterita quæ potuerunt historici inquirerent, sed potius et futura prænoscerent; quod qui potuerunt, ab eis vates, a nostris prophetæ appellati sunt.

Futurorum præscientia.

17. 22. Quamquam et Prophetarum nomen non omnino alienum est a litteris eorum. Sed plurimum interest utrum experimento præteritorum futura coniciantur, sicut medici multa prævidendo etiam litteris mandaverunt quæ ipsi experta notaverant, sicut denique agricolæ vel etiam nautæ multa prænuntiant (talia enim si ex longis intervallis temporum fiant divinationes putantur); an vero iam ventura præcesserint, et longe visa venientia nuntientur pro acuto sensu videntium, quod cum faciunt æreæ potestates divinare creduntur, tamquam si quisquam de montis vertice aliquem longe videat venientem, et proxime in campo habitantibus ante nuntiet; an ab Angelis sanctis, quibus ea Deus per Verbum Sapientiamque suam indicat, ubi et futura et præterita stant, vel quibusdam prænuntientur hominibus, vel ab eis audita rursus ad alios homines transmittantur; an ipsorum hominum quorumdam mentes in tantum evehantur Spiritu Sancto ut non per Angelos, sed per se ipsas futurorum instantes causas in ipsa summa rerum arce conspiciant. Audiunt enim ista et æriæ potestates, sive Angelis ea nuntiantibus, sive hominibus; et tantum audiunt quantum opus esse ille iudicat cui subiecta sunt omnia. Multa etiam prædicuntur instinctu quodam et impulso spiritu nescientium, sicut *Caiphas,* nescivit quid dixit, sed *cum esset pontifex prophetavit.*

De successionibus sæculorum et de resurrectione mortuorum philosophi non sunt consulendi.

17. 23. Ergo de successionibus sæculorum et de resurrectione mortuorum philosophos nec illos consulere debemus, qui Creatoris æternitatem *in quo vivimus, movemur et sumus* , quantum potuerunt intellexerunt; *quia per ea quæ facta sunt cognoscentes Deum, non sicut Deum glorificaverunt, aut gratias egerunt, sed dicentes se esse sapientes stulti facti sunt* . Et cum idonei non essent in æternitatem spiritalis incommutabilisque naturæ aciem mentis tam constanter infigere ut in ipsa sapientia Creatoris atque Rectoris universitatis viderent volumina sæculorum, quæ ibi iam essent et semper essent, hic autem futura essent ut non essent, atque ut ibi viderent conversiones in melius, non solum animorum, sed etiam corporum humanorum usque ad sui modi perfectionem; cum ergo ad hæc ibi videnda nullo modo essent idonei, ne ad illud quidem digni habiti sunt, ut eis ista per sanctos Angelos nuntiarentur sive forinsecus per sensus corporis sive interioribus revelationibus in spiritu expressis; sicut patribus nostris vera pietate præditis hæc demonstrata sunt qui ea prædicentes et vel de præsentibus signis, vel de proximis rebus ita ut prædixerant, factis fidem facientes, auctoritatem cui de longe futuris usque in sæculi finem crederetur, habere meruerunt. Potestates autem æreæ superbæ atque fallaces etiam si quædam de societate et civitate sanctorum et de vero Mediatore a sanctis Prophetis, vel Angelis audita per suos vates dixisse reperiuntur id egerunt, ut per hæc aliena vera etiam fideles Dei si possent ad sua falsa traducerent . Deus autem per nescientes id egit, ut veritas undique resonaret, fidelibus in adiutorium, impiis in testimonium.

Filius Dei venit et ipse in se excepit fidem nostram qua nos perduceret ad veritatem suam.

18. 24. Quia igitur ad æterna capessenda idonei non eramus, sordesque peccatorum nos prægravabant temporalium rerum amore contractæ, et de propagine mortalitatis tamquam naturaliter inolitæ, purgandi eramus. Purgari autem ut contemperaremur æternis, non nisi per temporalia possemus qualibus iam contemperati tenebamur. Sanitas enim a morbo plurimum distat, sed media curatio nisi morbo congruat non perducit ad sanitatem. Inutilia temporalia decipiunt ægrotos; utilia temporalia suscipiunt sanandos, et traiciunt ad æterna sanatos. Mens autem rationalis sicut purgata contemplationem debet rebus æternis, sic purganda temporalibus fidem. Dixit quidam et illorum, qui quondam apud Græcos sapientes habiti sunt: *Quantum ad id quod ortum est æternitas valet, tantum ad fidem veritas*. Et profecto est vera sententia. Quod enim nos temporale dicimus, hoc ille *quod ortum est* appellavit. Ex quo genere etiam nos sumus, non tantum secundum corpus, sed etiam secundum animi mutabilitatem. Non enim proprie vocatur æternum, quod aliqua ex parte mutatur. In quantum igitur mutabiles sumus, in tantum ab æternitate distamus. Promittitur autem nobis vita æterna per veritatem, a cuius perspicuitate rursus tantum distat fides nostra, quantum ab æternitate mortalitas. Nunc ergo adhibemus fidem rebus temporaliter gestis propter nos, et per ipsam mundamur; ut cum ad speciem venerimus, quemadmodum succedit fidei veritas, ita mortalitati succedat æternitas. Quapropter quoniam fides nostra fiet veritas, cum ad id quod nobis credentibus promittitur venerimus; promittitur autem nobis vita æterna, et dixit Veritas, (non quæ fiet sicut futura est fides nostra, sed quæ semper est Veritas, quia ibi est æternitas); dixit ergo Veritas: *Hæc est autem vita æterna, ut cognoscant te unum verum Deum, et quem misisti Iesum Christum*, cum fides nostra videndo fiet veritas, tunc mortalitatem nostram commutatam tenebit æternitas. Quod donec fiat, et ut fiat, quia rebus ortis accommodamus fidem credulitatis, sicut in æternis speramus veritatem contemplationis, ne fides mortalis vitæ dissonaret a veritate æternæ vitæ, ipsa Veritas Patri coæterna *de terra orta est*, cum Filius Dei sic venit ut fieret filius hominis, et ipse in se exciperet fidem nostram, qua nos perduceret ad Veritatem suam, qui sic suscepit mortalitatem nostram, ut non amitteret æternitatem suam. *Quantum* enim *ad id quod ortum est æternitas valet, tantum ad fidem veritas*. Ita ergo nos purgari oportebat, ut ille nobis fieret ortus qui maneret æternus, ne alter nobis esset in fide, alter in veritate. Nec ab eo quod orti sumus ad æterna transire possemus, nisi æterno per ortum nostrum nobis sociato ad æternitatem ipsius traiceremur. Nunc itaque illuc quodam modo secuta est fides nostra, quo ascendit in quem credidimus, ortus, mortuus, resuscitatus, assumptus. Horum quattuor, duo priora noveramus in nobis; scimus enim homines et oriri et mori. Duo autem reliqua, id est resuscitari et assumi, iuste in nobis futura speramus, quia in illo facta credidimus. Itaque in illo quia et id quod ortum erat transiit ad æternitatem, transiturum est et nostrum cum fides pervenerit ad veritatem.

Iam enim credentibus ut in verbo fidei manerent, et inde ad veritatem, ac per hoc ad æternitatem perducti a morte liberarentur ita loquitur: *Si manseritis in verbo meo, vere discipuli mei estis* . Et quasi quærerent: "Quo fructu?", secutus ait: *Et cognoscetis veritatem* . Rursus quasi dicerent: "Quid prodest mortalibus veritas?". *Et veritas*, inquit, *liberabit vos.* Unde nisi a morte, a corruptione, a mutabilitate? Veritas quippe immortalis, incorrupta, incommutabilis permanet. Vera autem immortalitas, vera incorruptibilitas, vera incommutabilitas, ipsa est æternitas.

Missionis Filii testimonia.

19. 25. Ecce ad quod missus est Filius Dei; immo vero ecce quod est missum esse Filium Dei? Quæcumque propter faciendam fidem, qua mundaremur ad contemplandam veritatem, in rebus ortis ab æternitate prolatis et ad æternitatem relatis temporaliter gesta sunt, aut testimonia missionis huius fuerunt, aut ipsa missio Filii Dei. Sed testimonia quædam venturum prænuntiaverunt; quædam venisse testata sunt. Factum quippe creaturam per quem facta est omnis creatura, omnem creaturam testem habere oportebat. Nisi enim multis missis prædicaretur unus, non multis dimissis teneretur unus. Et nisi talia essent testimonia quæ parvis magna viderentur, non crederetur, ut magnos faceret magnus, qui ad parvos missus est parvus. Incomparabiliter enim maiora Filii Dei *facta sunt cælum et terra et omnia quæ in eis sunt* , quia *omnia per ipsum facta sunt* , quam signa atque portenta quæ in eius testimonium proruperunt. Sed tamen homines, ut hæc magna per eum facta parvi crederent, illa parva tamquam magna tremuerunt.

Christus manifestus ut minor Patre, incognitus ut æqualis Patri.

19. 26. *Cum* ergo venit *plenitudo temporis, misit Deus Filium suum factum ex muliere, factum sub Lege* , usque adeo parvum, ut factum; eo itaque missum, quo factum. Si ergo maior mittit minorem, fatemur et nos factum minorem, et in tantum minorem in quantum factum, et in tantum factum in quantum missum. *Misit* enim *Filium suum factum ex muliere, per quem* tamen quia *facta sunt omnia,* non solum priusquam factus mitteretur, sed priusquam essent omnia, eumdem mittenti confitemur æqualem quem dicimus missum minorem. Quomodo ergo ante istam plenitudinem temporis, qua eum mitti oportebat, priusquam missus esset videri a Patribus potuit, cum eis angelica quædam visa demonstrarentur, quando nec iam missus sicut æqualis est Patri videbatur? Unde enim dicit Philippo, a quo utique sicut a ceteris, et ab ipsis a quibus crucifixus est in carne videbatur: *Tanto tempore vobiscum sum et non cognovistis me? Philippe, qui me vidit vidit et Patrem,* nisi quia videbatur et non videbatur? Videbatur sicut missus factus erat; non videbatur sicut *per eum omnia facta* erant. Aut unde etiam illud dicit: *Qui habet mandata mea et servat ea ipse est qui me diligit, et qui me diligit diligetur a Patre meo, et ego diligam eum et manifestabo ei me ipsum*, cum esset manifestus ante oculos hominum, nisi quia carnem quod Verbum in plenitudine temporis factum erat suscipiendæ nostræ fidei porrigebat; ipsum autem *Verbum per quod omnia facta* erant purgatæ per fidem menti contemplandum in æternitate servabat?

Filius consubstantialis Patri et tamen missus.

20. 27. Si autem secundum hoc missus a Patre Filius dicitur, quia ille Pater est, ille Filius, nullo modo impedit ut credamus æqualem Patri esse Filium et consubstantialem et coæternum, et tamen a Patre missum Filium. Non quia ille maior est et ille minor; sed quia ille Pater est, ille Filius; ille genitor, ille genitus; ille a quo est qui mittitur, ille qui est ab eo qui mittit. Filius enim a Patre est, non Pater a Filio. Secundum hoc iam potest intellegi non tantum ideo dici missus Filius quia *Verbum caro factum est* , sed ideo missus ut Verbum caro fieret, et per præsentiam corporalem illa quæ scripta sunt operaretur; id est ut non tantum homo missus intellegatur, quod Verbum factum est, sed et Verbum missum ut homo fieret, quia non secundum imparem potestatem vel substantiam, vel aliquid quod in eo Patri non sit æquale missus est, sed secundum id quod Filius a Patre est, non Pater a Filio. Verbum enim Patris est Filius, quod et Sapientia eius dicitur. Quid ergo mirum si mittitur, non quia inæqualis est Patri, sed quia *est manatio quædam claritatis omnipotentis Dei sinceris* ? Ibi autem quod manat et de quo manat, unius eiusdemque substantiæ est. Neque enim sicut aqua de foramine terræ aut lapidis manat sed sicut lux de luce. Nam quod dictum est: *Candor est enim lucis æternæ* , quid aliud dictum est quam Lux est *lucis æternæ*? Candor quippe lucis quid, nisi lux est? Et ideo coæterna luci de qua lux est. Maluit autem dicere *Candor lucis*, quam Lux lucis, ne obscurior putaretur ista quæ manat quam illa de qua manat. Cum enim auditur *candor* eius esse ista, facilius est ut per hanc lucere illa quam hæc minus lucere credatur. Sed quia cavendum non erat, ne minor lux illa putaretur quæ istam genuit (hoc enim nullus umquam hæreticus ausus est dicere nec credendum est aliquem ausurum), illi cogitationi occurrit Scriptura, qua posset videri obscurior lux ista quæ manat, quam illa de qua manat, quam suspicionem tulit cum ai: *Candor est illius*, id est *lucis æternæ*; atque ita ostendit æqualem. Si enim hæc minor est, obscuritas illius est, non *candor* illius. Si autem maior est, non ex ea manat; non enim vinceret de qua genita est. Quia ergo ex illa manat non est maior quam illa; quia vero non obscuritas illius, sed *candor* illius est, non est minor; æqualis est ergo. Neque hoc movere debet quia dicta est *manatio quædam claritatis omnipotentis Dei sinceris*, tamquam ipsa non sit omnipotens sed Omnipotentis manatio. Mox enim de illa dicitur: *Et cum sit una, omnia potest*. Quis est autem omnipotens, nisi qui omnia potest? Ab illo itaque mittitur a quo emanat. Sic enim et petitur ab illo qui amabat eam et desiderabat: *Emitte*, inquit, *illam de sanctis cælis tuis et mitte illam a sede magnitudinis tuæ*, ut *mecum sit et mecum laboret* ; id est: "Doceat me laborare, ne laborem". Labores enim eius virtutes sunt. Sed aliter mittitur ut sit cum homine; aliter missa est ut ipsa sit homo. *In animas* enim *sanctas se transfert atque amicos Dei et Prophetas constituit*, sicut etiam implet sanctos Angelos et omnia talibus ministeriis congrua per eos operatur. *Cum autem venit plenitudo temporis*, missa est non ut impleret Angelos, nec ut esset Angelus nisi in quantum consilium Patris annuntiabat quod et ipsius erat, nec ut esset cum hominibus aut in hominibus, hoc enim et antea in Patribus et Prophetis; sed ut ipsum Verbum caro fieret, id est homo fieret, in quo futuro revelato sacramento, etiam eorum sapientium atque sanctorum salus esset, qui priusquam ipse de Virgine nasceretur, de mulieribus nati sunt, et in quo facto atque prædicato salus sit omnium credentium, sperantium, diligentium. *Hoc est* enim *magnum pietatis sacramentum, quod manifestatum est in carne, iustificatum est in spiritu, apparuit Angelis, prædicatum est in gentibus, creditum est in mundo, assumptum est in gloria*.

Filius missus ut in carne natus et ut in mente perceptus.

20. 28. Ab illo ergo mittitur Dei Verbum cuius est Verbum; ab illo mittitur de quo natum est. Mittit qui genuit; mittitur quod genitum est. Et tunc unicuique mittitur cum a quoquam cognoscitur atque percipitur quantum cognosci et percipi potest pro captu vel proficientis in Deum, vel perfectæ in Deo animæ rationalis. Non ergo eo ipso quo de Patre natus est missus dicitur Filius, sed vel eo quod apparuit huic mundo *Verbum caro factum*, unde dicit: *A Patre exii et veni in hunc mundum*, vel eo quod ex tempore cuiusquam mente percipitur sicut dictum est: *Mitte illam ut mecum sit et mecum laboret*. Quod ergo natum est ab æterno in æternum est: *Candor est enim lucis æternæ*. Quod autem mittitur ex tempore a quoquam cognoscitur. Sed cum in carne manifestatus est Filius Dei, in hunc mundum missus est in plenitudine temporis, factus ex femina. *Quia enim in sapientia Dei non poterat mundus cognoscere per sapientiam Deum*, quoniam *lux lucet in tenebris, et tenebræ eam non comprehenderunt; placuit Deo per stultitiam prædicationis salvos facere* credentes, ut Verbum caro fieret et habitaret in nobis. Cum autem ex tempore cuiusque profectus mente percipitur, mitti quidem dicitur, sed non *in hunc mundum*; neque enim sensibiliter apparet, id est corporeis sensibus præsto est. Quia et nos secundum quod mente aliquid æternum quantum possumus capimus, non in hoc mundo sumus, et omnium iustorum spiritus etiam adhuc in hac carne viventium in quantum divina sapiunt non sunt in hoc mundo. Sed Pater cum ex tempore a quoquam cognoscitur, non dicitur missus; non enim habet de quo sit aut ex quo procedat. *Sapientia* quippe dicit: *Ego ex ore Altissimi prodivi* , et de Spiritu Sancto: *A Patre procedit* ; Pater vero, a nullo.

Spiritui Sancto mitti est cognosci qua a Patre procedit.

20. 29. Sicut ergo Pater genuit, Filius genitus est; ita Pater misit, Filius missus est. Sed quemadmodum qui genuit, et qui genitus est, ita et qui misit et qui missus est unum sunt, quia Pater et Filius *unum sunt*. Ita etiam Spiritus Sanctus unum cum eis est quia *hæc tria unum sunt*. Sicut enim natum esse est Filio a Patre esse, ita mitti est Filio cognosci quod ab illo sit. Et sicut Spiritui Sancto donum Dei esse est a Patre procedere, ita mitti est cognosci quod ab illo procedat. Nec possumus dicere quod Spiritus Sanctus et a Filio non procedat; neque enim frustra idem Spiritus et Patris et Filii Spiritus dicitur . Nec video quid aliud significare voluerit cum *sufflans in faciem discipulorum ait: Accipite Spiritum Sanctum*. Neque enim flatus ille corporeus cum sensu corporaliter tangendi procedens ex corpore substantia Spiritus Sancti fuit, sed demonstratio per congruam significationem non tantum a Patre sed et a Filio procedere Spiritum Sanctum. Quis enim dementissimus dixerit alium fuisse Spiritum quem sufflans dedit et alium quem post ascensionem suam misit? Unus enim Spiritus est Spiritus Dei, Spiritus Patris et Filii, Spiritus Sanctus, *qui operatur omnia in omnibus* . Sed quod bis datus est dispensatio certe significationis fuit, de qua suo loco quantum Dominus dederit disseremus. Quod ergo ait Dominus: *Quem ego mittam vobis a Patre* , ostendit Spiritum et Patris et Filii. Quia etiam cum dixisset: *Quem mittet Pater*, addidit: *in nomine meo* ; non tamen dixit: "*Quem mittet Pater* a me", quemadmodum dixit: *Quem ego mittam vobis a Patre*, videlicet ostendens quod totius divinitatis, vel si melius dicitur deitatis, principium Pater est. Qui ergo ex Patre procedit et Filio, ad eum refertur a quo natus est Filius. Et quod dicit Evangelist: *Spiritus nondum erat datus quia Iesus nondum fuerat clarificatus* , quomodo intellegitur nisi quia certa illa Spiritus Sancti datio vel missio post clarificationem Christi futura erat, qualis numquam antea fuerat? Neque enim antea nulla erat, sed talis non fuerat. Si enim antea Spiritus Sanctus non dabatur, quo impleti Prophetæ locuti sunt? Cum aperte Scriptura dicat et multis locis ostendat Spiritu Sancto eos locutos fuisse, cum et de Ioanne Baptista dictum sit: *Spiritu Sancto replebitur iam inde ab utero matris suæ*, et *Spiritu Sancto repletus Zacharias* invenitur pater eius ut de illo talia diceret, et Spiritu Sancto Maria, ut talia de Domino quem gestabat utero, prædicaret, Spiritu Sancto Simeon et Anna ut magnitudinem Christi parvuli agnoscerent; quomodo ergo *Spiritus nondum erat datus quia Iesus nondum erat clarificatus*, nisi quia illa datio vel donatio vel missio Spiritus Sancti habitura erat quamdam proprietatem suam in ipso adventu, qualis antea numquam fuit? Nusquam enim legimus linguis quas non noverant homines locutos veniente in se Spiritu Sancto, sicut tunc factum est, cum oporteret eius adventum signis sensibilibus demonstrari ut ostenderetur totum orbem terrarum atque omnes gentes in linguis variis constitutas, credituras in Christum per donum Spiritus Sancti, ut impleretur quod in Psalmo canitur: *Non sunt loquelæ neque sermones quorum non audiantur voces eorum; in omnem terram exivit sonus eorum, et in fines orbis terræ verba eorum.*

20. 30. Verbo itaque Dei ad unitatem personæ copulatus, et quodam modo commixtus est homo cum veniente plenitudine temporis missus est in hunc mundum factus ex femina Filius Dei, ut esset et Filius hominis propter filios hominum . Hanc personam angelica natura figurare antea potuit, ut prænuntiaret; non expropriare ut ipsa esset.

Trinitas inseparabiliter operatur sed non potest per creaturam inseparabiliter demonstrari.

21. 30. De sensibili autem demonstratione Spiritus Sancti sive per columbæ speciem, sive per linguas igneas , cum eius substantiam Patri et Filio coæternam pariterque incommutabilem subdita et serviens creatura temporalibus motibus et formis ostenderet, cum ad eius personæ unitatem sicut *caro* quod *Verbum factum est* non copularetur, non audeo dicere nihil tale factum esse antea. Sed plane fidenter dixerim Patrem et Filium et Spiritum Sanctum unius eiusdemque substantiæ Deum creatorem, Trinitatem omnipotentem inseparabiliter operari. Sed ita non posse per longe imparem maximeque corpoream creaturam inseparabiliter demonstrari, sicut per voces nostras quæ utique corporaliter sonant non possunt Pater et Filius et Spiritus Sanctus nisi suis et propriis intervallis temporum certa separatione distinctis, quæ sui cuiusque vocabuli syllabæ occupant nominari. In sua quippe substantia qua sunt *tria unum sunt*, Pater et Filius et Spiritus Sanctus, nullo temporali motu super omnem creaturam idipsum sine ullis intervallis temporum vel locorum, et simul unum atque idem ab æternitate in æternitatem tamquam ipsa æternitas quæ sine veritate et caritate non est; in meis autem vocibus separati sunt Pater et Filius et Spiritus Sanctus nec simul dici potuerunt, et in litteris visibilibus sua separatim locorum spatia tenuerunt. Et quemadmodum cum memoriam meam et intellectum et voluntatem nomino, singula quidem nomina ad res singulas referuntur, sed tamen ab omnibus tribus singula facta sunt; nullum enim horum trium nominum est quod non et memoria et intellectus et voluntas mea simul operata sint; ita Trinitas simul operata est, et vocem Patris et carnem Filii et columbam Spiritus Sancti cum ad personas singulas hæc singula referantur. Qua similitudine utcumque cognoscitur inseparabilem in se ipsa Trinitatem per visibilis creaturæ speciem separabiliter demonstrari, et inseparabilem Trinitatis operationem etiam in singulis esse rebus, quæ vel ad Patrem, vel ad Filium, vel ad Spiritum Sanctum demonstrandum proprie pertinere dicuntur.

Incarnatio a cæteris missionibus distinguitur.

21. 31. Si ergo a me quæritur, quomodo factæ sint vel voces vel sensibiles formæ atque species ante incarnationem Verbi Dei quæ hoc futurum præfigurarent, per Angelos ea Deum operatum esse respondeo, quod etiam Scripturarum sanctarum testimoniis, quantum existimo, satis ostendi . Si autem quæritur ipsa incarnatio quomodo facta sit, ipsum Verbum Dei dico carnem factum, id est hominem factum, non tamen in hoc quod factum est conversum atque mutatum, ita sane factum ut ibi sit non tantum Verbum Dei et hominis caro, sed etiam rationalis hominis anima, atque hoc totum et Deus dicatur propter Deum, et homo propter hominem. Quod si difficile intellegitur, mens fide purgetur magis magisque abstinendo a peccatis et bene operando et orando cum gemitu desideriorum sanctorum ut per divinum adiutorium proficiendo et intellegat et amet. Si autem quæritur post incarnationem Verbi quomodo facta sit vel vox Patris vel species corporalis qua Spiritus Sanctus demonstratus est, per creaturam quidem facta ista non dubito. Sed utrum tantummodo corporalem atque sensibilem, an adhibito spiritu etiam rationali vel intellectuali (hoc enim quibusdam placuit appellare, quod Græci dicunt), non quidem ad unitatem personæ (quis enim hoc dixerit ut quidquid illud est creaturæ per quod sonuit vox Patris ita sit Deus Pater, aut quidquid illud est creaturæ in quo per columbæ speciem, vel per igneas linguas Spiritus Sanctus demonstratus est ita sit Spiritus Sanctus, sicut est Dei Filius homo ille qui ex Virgine factus est?), sed tantummodo ad ministerium peragendæ significationis sicut oportuisse Deus iudicavit, an aliquid aliud intellegendum sit invenire difficile est, et temere affirmare non expedit. Quomodo tamen ista sine rationali vel intellectuali creatura potuerint fieri non video. Neque adhuc locus est explicare cur ita sentiam quantum vires Dominus dederit. Prius enim sunt discutienda et refellenda hæreticorum argumenta quæ non ex divinis Libris, sed ex rationibus suis proferunt quibus se vehementer cogere arbitrantur testimonia Scripturarum, quæ de Patre et Filio et Spiritu Sancto sunt ita esse intellegenda ut ipsi volunt.Filius et Spiritus Sanctus non minoris quia missi.

21. 32. Nunc autem non ideo minorem Filium quia missus est a Patre, nec ideo minorem Spiritum Sanctum, quia et Pater eum misit et Filius sufficienter quantum arbitror demonstratum est. Sive enim propter visibilem creaturam sive potius propter principii commendationem, non propter inæqualitatem vel imparilitatem vel dissimilitudinem substantiæ in Scripturis hæc posita intelleguntur, quia etiam si voluisset Deus Pater per subiectam creaturam visibiliter apparere, absurdissime tamen aut a Filio quem genuit aut ab Spiritu Sancto qui de illo procedit missus diceretur. Iste igitur sit huius voluminis modus; deinceps in ceteris, adiuvante Domino, illa hæreticorum versutissima argumenta qualia sint, et quemadmodum redarguantur videbimus.

LIBER QUINTUS

Quid a Deo, quid a lectoribus Augustinus exposcat.

1. 1. Hinc iam exordiens ea dicere, quæ dici ut cogitantur vel ab homine aliquo, vel certe a nobis non omni modo possunt; quamvis et ipsa nostra cogitatio, cum de Deo Trinitate cogitamus, longe se illi de quo cogitat, imparem sentiat, neque ut est eum capiat sed, ut scriptum est, etiam a tantis quantus Paulus Apostolus hic erat, *per speculum in* ænigmate videatur, primum ab ipso Domino Deo nostro, de quo semper cogitare debemus, et de quo digne cogitare non possumus, cui laudando reddenda est omni tempore benedictio, et cui enuntiando nulla competit dictio, et adiutorium ad intellegenda atque explicanda quæ intendo, et veniam precor sicubi offendo. Memor enim sum, non solum voluntatis, verum etiam infirmitatis meæ. Ab his etiam qui ista lecturi sunt, ut ignoscant peto, ubi me magis voluisse quam potuisse dicere adverterint, quod vel ipsi melius intellegunt, vel propter mei eloquii difficultatem non intellegunt; sicut ego eis ignosco ubi propter suam tarditatem intellegere non possunt.

Deus aliquid longe melius meliore nostro.

1. 2. Facilius autem nobis invicem ignoscimus, si noverimus, aut certe credendo firmum tenuerimus ea quæ de natura incommutabili et invisibili summeque vivente ac sibi sufficiente dicuntur, non ex consuetudine visibilium atque mutabilium et mortalium vel egenarum rerum esse metienda. Sed cum in his etiam quæ nostris corporalibus adiacent sensibus, vel quod nos ipsi in interiore homine sumus, scientia comprehendendis laboremus, nec sufficiamus; non tamen impudenter in illa quæ supra sunt divina et ineffabilia pietas fidelis ardescit, non quam suarum virium inflat arrogantia, sed quam gratia ipsius Creatoris et Salvatoris inflammat. Nam quo intellectu homo Deum capit qui ipsum intellectum suum quo eum vult capere nondum capit? Si autem hunc iam capit, attendat diligenter nihil eo esse in sua natura melius, et videat utrum ibi videat ulla lineamenta formarum, nitores colorum, spatiosam granditatem, partium distantiam, molis distensionem, aliquas per locorum intervalla motiones, vel quid eiusmodi. Nihil certe istorum invenimus in eo, quo in natura nostra nihil melius invenimus, id est, in nostro intellectu, quo sapientiam capimus quantæ capaces sumus. Quod ergo non invenimus in meliore nostro, non debemus in illo quærere, quod longe melius est meliore nostro; ut sic intellegamus Deum, si possumus, quantum possumus, sine qualitate bonum, sine quantitate magnum, sine indigentia creatorem, sine situ præsentem, sine habitu omnia continentem, *sine loco ubique* *totum*, sine tempore sempiternum, sine ulla sui mutatione mutabilia facientem, nihilque patientem. Quisquis Deum ita cogitat, etsi nondum potest omni modo invenire quid sit; pie tamen cavet, quantum potest, aliquid de illo sentire quod non sit.

Deus est ipsum esse.

2. 3. Est tamen sine dubitatione substantia, vel, si melius hoc appellatur, essentia, quam Græci vocant. Sicut enim ab eo quod est sapere dicta est sapientia, et ab eo quod est scire dicta est scientia, ita ab eo quod est esse dicta est essentia. Et quis magis est,quam ille qui dixit famulo suo Moysi: *Ego sum qui sum* , et: *Dices filiis Israel: Qui est misit me ad vos* ? Sed aliæ quæ dicuntur essentiæ, sive substantiæ capiunt accidentias quibus in eis fiat vel magna vel quantacumque mutatio; Deo autem aliquid eiusmodi accidere non potest. Et ideo sola est incommutabilis substantia vel essentia, quæ Deus est, cui profecto ipsum esse, unde essentia nominata est, maxime ac verissime competit. Quod enim mutatur, non servat ipsum esse; et quod mutari potest, etiamsi non mutetur, potest quod fuerat non esse; ac per hoc illud solum quod non tantum non mutatur, verum etiam mutari omnino non potest, sine scrupulo occurrit quod verissime dicatur esse.Arianorum argumentum.

3. 4. Quamobrem ut iam etiam de his quæ nec dicuntur ut cogitantur nec cogitantur ut sunt, respondere incipiamus fidei nostræ adversariis; inter multa quæ Ariani adversus catholicam fidem solent disputare, hoc sibi maxime callidissimum machinamentum proponere videntur, cum dicunt: "Quidquid de Deo dicitur vel intellegitur, non secundum accidens, sed secundum substantiam dicitur. Quapropter ingenitum esse Patri secundum substantiam est, et genitum esse Filio secundum substantiam est. Diversum est autem ingenitum esse et genitum esse; diversa est ergo substantia Patris et Filii" . Quibus respondemus: "Si quidquid de Deo dicitur, secundum substantiam dicitur; ergo quod dictum est: *Ego et Pater unum sumus* , secundum substantiam dictum est". Una est igitur substantia Patris et Filii. Aut si hoc non secundum substantiam dictum est, dicitur ergo aliquid de Deo non secundum substantiam; et ideo iam non cogimur secundum substantiam intellegere ingenitum et genitum. Item dictum est de Filio: *Non rapinam arbitratus est esse æqualis Deo.* Quærimus secundum quid æqualis. Si enim non secundum substantiam dicitur æqualis, admittunt ut dicatur aliquid de Deo, non secundum substantiam; admittant ergo non secundum substantiam dici ingenitum et genitum. Quod si propterea non admittunt, quia omnia de Deo secundum substantiam dici volunt, secundum substantiam Filius æqualis est Patri.

Accidens arguit semper aliquam rei mutationem.

4. 5. Accidens autem dici, non solet nisi quod aliqua mutatione eius rei cui accidit amitti potest. Nam etsi quædam dicuntur accidentia inseparabilia, quæ appellantur Græce, sicuti est plumæ corvi color niger; amittit eum tamen, non quidem quamdiu pluma est, sed quia non semper est pluma. Quapropter ipsa materies mutabilis est, et ex eo quod desinit esse illud animal vel illa pluma, totumque illud corpus in terram *mutatur et vertitur*, amittit utique etiam illum colorem. Quamvis et accidens quod separabile dicitur, non separatione, sed mutatione amittatur; sicuti est capillis hominum nigritudo, quoniam dum capilli sunt possunt albescere; separabile accidens dicitur, sed diligenter intuentibus satis apparet, non separatione quasi emigrare aliquid a capite dum canescit, ut nigritudo inde candore succedente discedat et aliquo eat, sed illam qualitatem coloris ibi verti atque mutari. Nihil itaque accidens in Deo, quia nihil mutabile aut amissibile. Quod si et illud dici accidens placet, quod licet non amittatur, minuitur tamen vel augetur, sicuti est animæ vita (nam et quamdiu anima est, tamdiu vivit, et quia semper anima est, semper vivit, sed quia magis vivit cum sapit, minusque dum desipit, fit etiam hic aliqua mutatio, non ut desit vita, sicuti deest insipienti sapientia, sed ut minus sit), nec tale aliquid in Deo fit, quia omnino incommutabilis manet.In Deo nihil secundum accidens dicitur, sed secundum substantiam aut secundum relativum, quod non est accidens, quia non est mutabile.

5. 6. Quamobrem nihil in eo secundum accidens dicitur, quia nihil ei accidit; nec tamen omne quod dicitur, secundum substantiam dicitur. In rebus enim creatis atque mutabilibus quod non secundum substantiam dicitur, restat ut secundum accidens dicatur. Omnia enim accidunt eis, quæ vel amitti possunt vel minui, et magnitudines et qualitates; et quod dicitur ad aliquid sicut amicitiæ, propinquitates, servitutes, similitudines, æqualitates, et si qua huiusmodi; et situs et habitus, et loca et tempora, et opera atque passiones . In Deo autem nihil quidem secundum accidens dicitur, quia nihil in eo mutabile est; nec tamen omne quod dicitur, secundum substantiam dicitur. Dicitur enim ad aliquid sicut Pater ad Filium, et Filius ad Patrem, quod non est accidens: quia et ille semper Pater, et ille semper Filius; et non ita semper quasi ex quo natus est Filius, aut ex eo quod numquam desinat esse Filius, Pater esse non desinat Pater, sed ex eo quod semper natus est Filius, nec cœpit umquam esse Filius. Quod si aliquando esse cœpisset, aut aliquando esse desineret Filius, secundum accidens diceretur. Si vero quod dicitur Pater, ad se ipsum diceretur, non ad Filium; et quod dicitur Filius, ad se ipsum diceretur, non ad Patrem; secundum substantiam diceretur et ille Pater et ille Filius. Sed quia et Pater non dicitur Pater nisi ex eo quod est ei Filius, et Filius non dicitur nisi ex eo quod habet Patrem, non secundum substantiam hæc dicuntur; quia non quisque eorum ad se ipsum, sed ad invicem atque ad alterutrum ista dicuntur; neque secundum accidens, quia et quod dicitur Pater, et quod dicitur Filius, æternum atque incommutabile est eis. Quamobrem quamvis diversum sit Patrem esse et Filium esse, non est tamen diversa substantia, quia hoc non secundum substantiam dicuntur, sed secundum relativum; quod tamen relativum non est accidens quia non est mutabile.

Arianorum argumentum de "Ingenito".

6. 7. Si autem huic sic putant resistendum esse sermoni, quod Pater quidem ad Filium dicitur, et Filius ad Patrem, ingenitus tamen et genitus ad se ipsos dicuntur non ad alterutrum; non enim hoc est dicere ingenitum quod est Patrem dicere; quia et si Filium non genuisset nihil prohiberet dicere eum ingenitum, et si gignat quisque filium non ex eo ipse est ingenitus, quia geniti homines ex aliis hominibus, gignunt et ipsi alios; inquiunt ergo: "Pater ad Filium dicitur, et Filius ad Patrem; ingenitus autem ad se ipsum et genitus ad se ipsum dicitur. Et ideo si quidquid ad se ipsum dicitur secundum substantiam dicitur; diversum est autem ingenitum esse et genitum esse; diversa igitur substantia est". Hoc si dicunt non intellegunt de ingenito quidem aliquid se dicere quod diligentius pertractandum sit, quia nec ideo quisque pater quia ingenitus nec ingenitus ideo quia Pater, et propterea non ad aliquid sed ad se dici putatur ingenitus; genitum vero mira cæcitate non advertunt dici non posse, nisi ad aliquid. Ideo quippe filius quia genitus, et quia filius utique genitus. Sicut autem filius ad patrem, sic genitus ad genitorem refertur, et sicut pater ad filium ita genitor ad genitum. Ideoque alia notio est qua intellegitur genitor, alia qua ingenitus. Nam quamvis de Patre Deo utrumque dicatur, illud tamen ad genitum, id est ad Filium dicitur, quod nec illi negant; hoc autem quod ingenitus dicitur ad se ipsum dici perhibent. Dicunt ergo: "Si aliquid ad se ipsum dicitur Pater, quod ad se ipsum dici non potest Filius, et quidquid ad se ipsum dicitur, secundum substantiam dicitur, et ad se ipsum dicitur ingenitus, quod dici non potest Filius, ergo secundum substantiam dicitur ingenitus, quod Filius quia dici non potest, non est eiusdem substantiæ". Cui versutiæ respondetur ita ut ipsi cogantur dicere secundum quid sit æqualis Filius Patri, utrum secundum id quod ad se dicitur an secundum id quod ad Patrem dicitur. Non enim secundum id quod ad Patrem dicitur, quoniam ad patrem filius dicitur; ille autem non filius sed pater est. Quia non sic ad se dicuntur pater et filius quomodo amici aut vicini. Relative quippe amicus dicitur ad amicum, et si æqualiter se diligunt, eadem in utroque amicitia est; et relative vicinus dicitur ad vicinum, et quia æqualiter sibi vicini sunt (quantum enim iste illi, tantum et ille huic vicinatur), eadem in utroque vicinitas. Quia vero Filius non ad Filium relative dicitur sed ad Patrem, non secundum hoc quod ad Patrem dicitur æqualis est Filius Patri. Restat ut secundum id æqualis sit quod ad se dicitur. Quidquid autem ad se dicitur, secundum substantiam dicitur. Restat ergo ut secundum substantiam sit æqualis. Eadem est igitur utriusque substantia. Cum vero ingenitus dicitur Pater, non quid sit, sed quid non sit dicitur . Cum autem relativum negatur, non secundum substantiam negatur quia ipsum relativum non secundum substantiam dicitur.

Negativa particula id tantum negatur, quod sine illa aiebatur.

7. 8. Hoc exemplis planum faciendum est. Ac primum videndum est hoc significari cum dicitur genitus, quod significatur cum dicitur filius. Ideo enim filius quia genitus, et quia filius utique genitus. Quod ergo dicitur ingenitus, hoc ostenditur quod non sit filius. Sed genitus et ingenitus commode dicuntur; filius autem latine dicitur, sed "infilius" ut dicatur non admittit loquendi consuetudo. Nihil tamen intellectui demitur si dicatur non Filius, quemadmodum etiam si dicatur non genitus pro eo quod dicitur ingenitus nihil aliud dicitur. Sic enim et vicinus et amicus relative dicuntur, nec tamen potest "invicinus" dici, quomodo dicitur inimicus. Quamobrem non est in rebus considerandum quid vel sinat vel non sinat dici usus sermonis nostri, sed quis rerum ipsarum intellectus eluceat. Non ergo iam dicamus ingenitum quamvis dici latine possit, sed pro eo dicamus non genitum quod tantum valet. Num ergo aliud dicimus quam non filium? Negativa porro ista particula non id efficit ut quod sine illa relative dicitur eadem præposita substantialiter dicatur, sed id tantum negatur quod sine illa aiebatur, sicut in ceteris prædicamentis. Velut cum dicimus: "Homo est", substantiam designamus. Qui ergo dicit: "Non homo est", non aliud genus prædicamenti enuntiat, sed tantum illud negat. Sicut ergo secundum substantiam aio: "Homo est", sic secundum substantiam nego cum dico: "Non homo est". Et cum quæritur, quantus sit et aio: "Quadripedalis est", id est quattuor pedum, secundum qualitatem aio, qui dicit: "Non quadripedalis est", secundum quantitatem negat. "Candidus est", secundum qualitatem aio; "Non candidus est", secundum qualitatem nego. "Propinquus est", secundum relativum aio; "Non propinquus est", secundum relativum nego. Secundum situm aio cum dico: "Iacet", secundum situm nego cum dico: "Non iacet". Secundum habitum aio cum dico: "Armatus est"; secundum habitum nego cum dico: "Non armatus est", tantumdem autem valet si dicam: "Inermis est". Secundum tempus aio cum dico: "Hesternus est"; secundum tempus nego cum dico: "Non hesternus est". Et cum dico: "Romæ est", secundum locum aio; et secundum locum nego cum dico: "Non

Romæ est". Secundum id quod est facere aio cum dico: "Cædit"; si autem dicam: "Non cædit", secundum id quod est facere nego, ut ostendam non hoc facere. Et cum dico: "Vapulat", secundum prædicamentum aio quod pati vocatur; et secundum id nego cum dico: "Non vapulat". Et omnino nullum prædicamenti genus est secundum quod aliquid aiere volumus, nisi ut secundum idipsum prædicamentum negare convincamur si præponere negativam particulam voluerimus . *Quæ cum ita sint*, si substantialiter aierem dicendo "Filius'" substantialiter negarem dicendo "Non filius'" Quia vero relative aio cum dico: "Filius est", ad Patrem enim refero; relative nego si dico: "Non filius est", ad parentem enim eamdem negationem refero, volens ostendere quod ei parens non sit. At si quantum valet quod dicitur "filius", tantundem valet quod dicitur "genitus", sicut prælocuti sumus, tantundem ergo valet quod dicitur "non genitus" quantum valet quod dicitur "non filius". Relative autem negamus dicendo "non filius"; relative igitur negamus dicendo "non genitus". Ingenitus porro quid est, nisi non genitus? Non ergo receditur a relativo prædicamento cum ingenitus dicitur. Sicut enim genitus non ad se ipsum dicitur, sed quod ex genitore sit; ita cum dicitur ingenitus non ad se ipsum dicitur sed quod ex genitore non sit ostenditur. In eodem tamen prædicamento quod relativum vocatur utraque significatio vertitur. Quod autem relative pronuntiatur non indicat substantiam. Ita quamvis diversum sit genitus et ingenitus, non indicat diversam substantiam, quia sicut filius ad patrem et non filius ad non patrem refertur, ita genitus ad genitorem, et non genitus ad non genitorem referatur necesse est.

Aliqua dicuntur in Deo secundum substantiam, aliqua secundum relationem, aliqua translate.

8. 9. Quapropter illud præcipue teneamus, quidquid ad se dicitur præstantissima illa et divina sublimitas substantialiter dici; quod autem ad aliquid non substantialiter, sed relative; tantamque vim esse eiusdem substantiæ in Patre et Filio et Spiritu Sancto, ut quidquid de singulis ad se ipsos dicitur, non pluraliter in summa, sed singulariter accipiatur. Quemadmodum enim Deus est Pater, et Filius Deus est, et Spiritus Sanctus Deus est, quod secundum substantiam dici nemo dubitat, non tamen tres deos sed unum Deum dicimus eam ipsam præstantissimam Trinitatem. Ita magnus Pater, magnus Filius, magnus et Spiritus Sanctus; nec tamen tres magni sed unus magnus. Non enim de Patre solo sicut illi perverse sentiunt, sed de Patre et Filio et Spiritu Sancto scriptum est: *Tu es solus Deus, magnus.* Et bonus Pater, bonus Filius, bonus et Spiritus Sanctus; nec tres boni, sed unus bonus, de quo dictum est: *Nemo bonus, nisi unus Deus* . Etenim Dominus Iesus ne ab illo qui dixerat: *Magister bone*, tamquam hominem compellans secundum hominem tantummodo intellegeretur, ideo non ait: "Nemo bonus nisi solus Pater", sed: *Nemo bonus nisi unus Deus.* In Patris enim nomine ipse per se Pater pronuntiatur, in Dei vero et ipse et Filius et Spiritus Sanctus, quia Trinitas unus Deus. Situs vero et habitus et loca et tempora non proprie sed translate ac per similitudines dicuntur in Deo. Nam et sedere *super Cherubim* dicitur, quod ad situm dicitur; et: *Abyssus tamquam vestimentum amictus ipsius*, quod ad habitum; et: *Anni tui non deficient*, quod ad tempus; et: *Si ascendero in cælum, tu ibi es*, quod ad locum. Quod autem ad faciendum attinet fortassis de solo Deo verissime dicatur; solus enim Deus facit et ipse non fit, neque patitur quantum ad eius substantiam pertinet qua Deus est. Itaque omnipotens Pater, omnipotens Filius, omnipotens Spiritus Sanctus, nec tamen tres omnipotentes sed unus Omnipotens; *ex quo omnia, per quem omnia, in quo omnia; ipsi gloria.* Quidquid ergo ad se ipsum dicitur Deus, et de singulis Personis ter dicitur, Patre et Filio et Spiritu Sancto, et simul de ipsa Trinitate, non pluraliter, sed singulariter dicitur. Quoniam quippe non aliud est Deo esse et aliud magnum esse, sed hoc idem illi est esse quod magnum esse, propterea sicut non dicimus tres essentias, sic non dicimus tres magnitudines, sed unam essentiam et unam magnitudinem. Essentiam dico quæ Græce dicitur, quam usitatius, substantiam, vocamus.

Una essentia, tres Personæ.

8. 10. Dicunt quidem et illi, sed nescio quid volunt interesse inter et ita ut plerique nostri qui hæc Græco tractant eloquio dicere consuerint,, quod est latine: *unam essentiam, tres substantias.*

9. 10. Sed quia nostra loquendi consuetudo iam obtinuit ut hoc intellegatur cum dicimus essentiam quod intellegitur cum dicimus substantiam, non audemus dicere unam essentiam, tres substantias, sed unam essentiam, vel substantiam, tres autem personas; multi Latini ista tractantes et digni auctoritate dixerunt, cum alium modum aptiorem non invenirent quo enuntiarent verbis quod sine verbis intellegebant. Revera enim quod Pater non sit Filius, et Filius non sit Pater, et Spiritus Sanctus ille qui etiam *donum Dei* vocatur, nec Pater sit nec Filius, tres utique sunt. Ideoque pluraliter dictum est: *Ego et Pater unum sumus*. Non enim dixit: "Unum est", quod Sabelliani dicunt, sed unum sumus. Tamen cum quæritur quid Tres, magna prorsus inopia humanum laborat eloquium. Dictum est tamen "tres personæ", non ut illud diceretur, sed ne taceretur.

In Deo non tres magnitudines, neque tres magni.

10. 11. Sicut ergo non dicimus tres essentias, ita non dicimus tres magnitudines neque tres magnos. In rebus enim quæ participatione magnitudinis magnæ sunt quibus aliud est esse, aliud magnas esse sicut magna domus et magnus mons et magnus animus, in his ergo rebus aliud est magnitudo, aliud quod ab ea magnitudine magnum est, et prorsus non hoc est magnitudo quod est magna domus. Sed illa est vera magnitudo qua non solum magna est domus quæ magna est et qua magnus est mons quisquis magnus est, sed etiam qua magnum est quidquid aliud magnum dicitur, ut aliud sit ipsa magnitudo, aliud ea quæ ab illa magna dicuntur. Quæ magnitudo utique primitus magna est multoque excellentius quam ea quæ participatione eius magna sunt. Deus autem quia non ea magnitudine magnus est quæ non est quod ipse, ut quasi particeps eius sit Deus cum magnus est (alioquin illa erit maior magnitudo quam Deus; Deo autem non est aliquid maius), ea igitur magnitudine magnus est qua ipse est eadem magnitudo. Et ideo sicut non dicimus tres essentias, sic nec tres magnitudines; hoc est enim Deo esse quod est magnum esse. Eadem causa nec magnos tres dicimus, sed unum magnum, quia non participatione magnitudinis Deus magnus est, sed se ipso magno magnus est quia ipse sua est magnitudo. Hoc et de bonitate et de æternitate et de omnipotentia Dei dictum sit omnibusque omnino prædicamentis, quæ de Deo possunt pronuntiari, quod ad se ipsum dicitur non translate ac per similitudinem sed proprie, si tamen de illo proprie aliquid ore hominis dici potest.

Quid in Trinitate relative dicatur. Relatio non apparet cum dicitur "Spiritus Sanctus" apparet autem cum dicitur "Donum".

11. 12. Quod autem proprie singula in eadem Trinitate dicuntur nullo modo ad se ipsa, sed ad invicem aut ad creaturam dicuntur, et ideo relative non substantialiter ea dici manifestum est. Sicut enim Trinitas unus Deus dicitur magnus, bonus, æternus, omnipotens, idemque ipse sua sic dici potest deitas, ipse sua magnitudo, ipse sua bonitas, ipse sua æternitas, ipse sua omnipotentia; non sic dici potest Trinitas Pater, nisi forte translate ad creaturam propter adoptionem filiorum. Quod enim scriptum est: *Audi, Israël: Dominus Deus tuus Dominus unus est* , non utique excepto Filio aut excepto Spiritu Sancto oportet intellegi, quem unum Dominum Deum nostrum, recte dicimus etiam: *Patrem nostrum* , per gratiam suam nos regenerantem. Trinitas autem Filius nullo modo dici potest . Spiritus vero Sanctus, secundum id quod scriptum est: *Quoniam Deus Spiritus est*, potest quidem universaliter dici quia et Pater Spiritus et Filius Spiritus, et Pater sanctus et Filius sanctus. Itaque Pater et Filius et Spiritus Sanctus, quoniam unus Deus et utique Deus sanctus est, et Deus Spiritus est potest appellari Trinitas et Spiritus et Sanctus . Sed tamen ille Spiritus Sanctus qui non

Trinitas sed in Trinitate intellegitur in eo quod proprie dicitur Spiritus Sanctus, relative dicitur cum et ad Patrem et ad Filium refertur, quia Spiritus Sanctus et Patris et Filii Spiritus est . Sed ipsa relatio non apparet in hoc nomine; apparet autem cum dicitur *donum Dei* . Donum enim est Patris et Filii, quia et a *Patre procedit*, sicut Dominus dicit, et quod Apostolus ait: *Qui Spiritum Christi non habet, hic non est eius*, de ipso utique Spiritu Sancto ait. "Donum" ergo "donatoris" et "donator doni", cum dicimus,relative utrumque ad invicem dicimus. Ergo Spiritus Sanctus ineffabilis quædam Patris Filiique communio, et ideo fortasse sic appellatur, quia Patri et Filio potest eadem appellatio convenire. Nam hoc ipse proprie dicitur quod illi communiter quia et Pater spiritus et Filius spiritus, et Pater sanctus, et Filius sanctus. Ut ergo ex nomine quod utrique convenit utriusque communio significetur, vocatur *donum* amborum Spiritus Sanctus. Et hæc Trinitas unus Deus, solus, bonus, magnus, æternus, omnipotens; ipse sibi unitas, deitas, magnitudo, bonitas, æternitas, omnipotentia.

In multis relativis non invenitur vocabulum quo sibi vicissim respondeant quæ ad se referuntur.

12. 13. Nec movere debet, quoniam diximus relative dici Spiritum Sanctum, (non ipsam Trinitatem sed eum qui est in Trinitate), quia non ei videtur vicissim respondere vocabulum eius ad quem refertur. Non enim, sicut dicimus servum domini et dominum servi, filium patris et patrem filii, quoniam ista relative dicuntur, ita etiam hic possumus dicere. Dicimus enim Spiritum Sanctum Patris , sed non vicissim dicimus Patrem Spiritus Sancti, ne filius eius intellegatur Spiritus Sanctus. Item dicimus Spiritum sanctum Filii , sed non dicimus Filium Spiritus sancti ne pater eius intellegatur Spiritus Sanctus. In multis enim relativis hoc contingit, ut non inveniatur vocabulum quo sibi vicissim respondeant quæ ad se referuntur. Quid enim tam manifeste relative dicitur quam pignus? Ad id quippe refertur cuius pignus est, et semper pignus alicuius rei pignus est. Num ergo cum dicimus pignus Patris et Filii , possumus vicissim dicere Patrem pignoris aut Filium pignoris? At vero cum dicimus donum Patris et Filii, non quidem possumus dicere Patrem doni aut Filium doni, sed ut hæc vicissim respondeant,dicimus donum donatoris, et donatorem doni; quia hic potuit inveniri usitatum vocabulum, illic non potuit.

Principium in Trinitate relative dicitur.

13. 14. Dicitur ergo relative Pater idemque relative dicitur principium, et si quid forte aliud; sed Pater ad Filium dicitur, principium vero ad omnia quæ ab ipso sunt. Item dicitur relative Filius; relative dicitur et Verbum et Imago, et in omnibus his vocabulis

ad Patrem refertur; nihil autem horum Pater dicitur. Et principium dicitur Filius; cum enim diceretur ei: *Tu quis es?*, respondit: *Principium, qui et loquor vobis*. Sed numquid Patris principium? Creatorem se quippe ostendere voluit, cum se dixit esse principium, sicut et Pater principium est creaturæ, eo quod ab ipso sunt omnia. Nam et creator relative dicitur ad creaturam, sicut dominus ad servum. Et ideo cum dicimus et Patrem principium, et Filium principium, non duo principia creaturæ dicimus, quia Pater et Filius simul ad creaturam unum principium est, sicut *unus Creator*, sicut unus Deus. Si autem quidquid in se manet et gignit aliquid vel operatur, principium est ei rei quam gignit vel ei quam operatur; non possumus negare etiam Spiritum Sanctum recte dici principium, quia non eum separamus ab appellatione Creatoris. Et scriptum est de illo quod operetur, et utique in se manens operatur; non enim in aliquid eorum quæ operatur ipse *mutatur et vertitur*. Et quæ operatur vide: *Unicuique autem*, inquit, *datur manifestatio Spiritus ad utilitatem. Alii quidem datur per Spiritum sermo sapientiæ; alii sermo scientiæ secundum eundem Spiritum; alteri autem fides in eodem Spiritu; alii donatio curationum in uno Spiritu; alii operationes virtutum; alii prophetia; alii diiudicatio spirituum; alteri genera linguarum. Omnia autem hæc operatur unus atque idem Spiritus, dividens propria unicuique prout vult*, utique sicut Deus. Quis enim tanta illa potest operari nisi Deus? *Idem autem Deus qui operatur omnia in omnibus*. Nam et singillatim si interrogemur de Spiritu Sancto, verissime respondemus quod Deus sit, et cum Patre et Filio simul unus Deus est. Unum ergo principium ad creaturam dicitur Deus, non duo vel tria principia.

Pater et Filius principium Spiritus Sancti.

14. 15. Ad se autem invicem in Trinitate si gignens ad id quod gignit principium est, Pater ad Filium principium est quia genuit eum. Utrum autem et ad Spiritum Sanctum principium sit Pater, quoniam dictum est: *De Patre procedit*, non parva quæstio est. Quia si ita est, non iam principium ei tantum rei erit quam gignit aut facit, sed etiam ei quam dat. Ubi et illud elucescit, ut potest,quod solet multos movere, cur non sit Filius etiam Spiritus Sanctus, cum et ipse a Patre exeat, sicut in Evangelio legitur. Exit enim, non quomodo natus, sed quomodo datus, et ideo non dicitur Filius quia neque natus est sicut Unigenitus, neque factus ut per gratiam in adoptionem nasceretur sicuti nos. Quod enim de Patre natum est, ad Patrem solum refertur cum dicitur Filius, et ideo Filius Patris est, non et noster. Quod autem datum est et ad eum qui dedit refertur et ad eos quibus dedit; itaque Spiritus Sanctus non tantum Patris et Filii qui dederunt, sed etiam noster dicitur qui accepimus, sicut dicitur: *Domini salus* qui dat salutem, eadem etiam *nostra salus* est qui accepimus. Spiritus ergo et Dei qui dedit,

et noster qui accepimus. Non ille spiritus noster quo sumus, quia ipse spiritus est
hominis qui in ipso est , sed alio modo iste noster, quo dicimus et: *Panem nostrum da
nobis*. Quamquam et illum spiritum qui hominis dicitur, utique accepimus. Quid enim
habes, inquit, *quod non accepisti*? Sed aliud est quod accepimus ut essemus, aliud quod
accepimus ut sancti essemus. Unde scriptum est et de Ioanne quod *in spiritu et virtute
Eliæ* veniret; dictus est Eliæ spiritus, sed Spiritus Sanctus quem accepit Elias. Hoc et
de Moyse intellegendum est, cum ait ei Dominus: *Tollam de spiritu tuo et dabo eis* , hoc
est dabo illis de Spiritu Sancto quem iam tibi dedi. Si ergo et quod datur principium
habet eum a quo datur quia non aliunde accepit illud quod ab ipso procedit, fatendum
est Patrem et Filium principium esse Spiritus Sancti, non duo principia, sed sicut Pater
et Filius unus Deus, et ad creaturam relative unus Creator et unus Dominus, sic
relative ad Spiritum Sanctum unum principium; ad creaturam vero Pater et Filius et
Spiritus Sanctus unum principium sicut unus Creator et unus Dominus.

An Spiritus Sanctus esset donum et antequam daretur.

15. 16. Interius autem quæritur, utrum quemadmodum Filius non hoc tantum habet
nascendo ut Filius sit,sed omnino ut sit; sic et Spiritus Sanctus eo quo datur habeat,
non tantum ut donum sit, sed omnino ut sit; utrum ergo erat antequam daretur sed
nondum erat donum, an eo ipso quo daturus erat eum Deus iam donum erat, et
antequam daretur. Sed si non procedit nisi cum datur, nec procederet utique
priusquam esset cui daretur. Quomodo iam erat ipsa substantia si non est nisi quia
datur, sicut Filius non tantum ut sit Filius, quod relative dicitur, sed omnino ut sit ipsa
substantia nascendo habet? An semper procedit Spiritus Sanctus, et non ex tempore,
sed ab æternitate procedit; sed quia sic procedebat, ut esset donabile, iam donum erat
et antequam esset cui daretur? Aliter enim intellegitur cum dicitur donum, aliter cum
dicitur donatum. Nam donum potest esse et antequam detur; donatum autem nisi
datum fuerit nullo modo dici potest.

Quod de Deo ex tempore dicitur relative dicitur, non accidentaliter, quia in creatura fit mutatio, non in Deo.

16. 17. Nec moveat quod Spiritus Sanctus, cum sit coæternus Patri et Filio, dicitur
tamen aliquid ex tempore veluti hoc ipsum quod donatum diximus. Nam sempiterne
Spiritus donum, temporaliter autem donatum . Nam et si dominus non dicitur, nisi
cum habere incipit servum, etiam ista appellatio relativa ex tempore est Deo; non enim
sempiterna creatura est cuius est ille Dominus. Quomodo ergo obtinebimus nec ipsa
relativa esse accidentia, quoniam nihil accidit Deo temporaliter, quia non est mutabilis

sicut in exordio huius disputationis tractavimus? Ecce Dominum esse non sempiternum habet ne cogamur etiam creaturam sempiternam dicere, quia ille sempiterne non dominaretur nisi etiam ista sempiterne famularetur. Sicut autem non potest esse servus, qui non habet dominum, sic nec dominus qui non habet servum. Et quisquis exstiterit qui æternum quidem Deum solum dicat, tempora autem non esse æterna propter varietatem et mutabilitatem, sed tamen tempora non in tempore esse cœpisse (non enim erat tempus antequam inciperent tempora, et ideo non in tempore accidit Deo ut Dominus esset, quia ipsorum temporum Dominus erat, quæ utique non in tempore esse cœperunt), quid respondebit de homine qui in tempore factus est, cuius utique Dominus non erat antequam esset cui esset? Certe vel ut Dominus hominis esset ex tempore accidit Deo, et ut omnis auferri videatur controversia, certe ut tuus Dominus esset, aut meus, qui modo esse cœpimus, ex tempore accidit Deo. Aut si et hoc propter obscuram quæstionem animæ videtur incertum, quid ut esset Dominus populi Isræl? Quia etsi iam erat animæ natura quam ille populus habebat (quomodo non quærimus), tamen ille populus nondum erat, et quando esse cœpit apparet. Postremo ut Dominus esset huius arboris et huius segetis, ex tempore accidit, quæ modo esse cœperunt. Quia etsi materies ipsa iam erat, aliud est tamen dominum esse materiæ, aliud esse dominum iam factæ naturæ. Alio enim tempore est etiam homo dominus ligni, et alio tempore est dominus arcæ, quamvis ex ipso ligno fabricatæ, quod utique non erat cum ligni dominus iam esset. Quomodo igitur obtinebimus nihil secundum accidens dici Deum, nisi quia ipsius naturæ nihil accidit quo mutetur, ut ea sint accidentia relativa, quæ cum aliqua mutatione rerum de quibus dicuntur accidunt? Sicut amicus relative dicitur, neque enim esse incipit nisi cum amare cœperit; fit ergo aliqua mutatio voluntatis ut amicus dicatur. Nummus autem cum dicitur pretium, relative dicitur, nec tamen mutatus est cum esse cœpit pretium neque cum dicitur pignus et si qua similia. Si ergo nummus potest nulla sui mutatione totiens dici relative, ut neque cum incipit dici neque cum desinit aliquid in eius natura vel forma qua nummus est mutationis fiat; quanto facilius de illa incommutabili Dei substantia debemus accipere, ut ita dicatur relative aliquid ad creaturam ut, quamvis temporaliter incipiat dici, non tamen ipsi substantiæ Dei accidisse intellegatur, sed illi creaturæ ad quam dicitur? *Domine*, inquit, *refugium factum es nobis* . Refugium ergo nostrum Deus, relative dicitur ad nos enim refertur; et tunc refugium nostrum fit cum ad eum refugimus. Numquid tunc fit aliquid in eius natura quod antequam ad eum refugeremus non erat? In nobis ergo fit aliqua mutatio; deteriores enim fuimus antequam ad eum refugeremus, et efficimur ad eum refugiendo meliores; in illo autem nulla. Sic et Pater noster esse incipit cum per eius gratiam regeneramur, quoniam *dedit* nobis *potestatem filios Dei fieri* . Substantia itaque nostra mutatur in melius, cum filii eius efficimur; simul ille Pater noster esse incipit, sed nulla suæ commutatione substantiæ. Quod ergo temporaliter dici incipit Deus quod antea non dicebatur manifestum est relative dici, non tamen secundum accidens Dei quod ei aliquid acciderit, sed plane secundum accidens eius ad quod dici aliquid Deus incipit relative. Et quod *amicus Dei* , iustus esse incipit ipse mutatur; Deus autem absit ut temporaliter aliquem diligat, quasi nova dilectione quæ in ipso ante non erat apud quem nec præterita transierunt, et futura iam facta sunt. Itaque omnes sanctos suos *ante mundi constitutionem dilexit* , sicut prædestinavit, sed cum convertuntur et inveniunt illum, tunc incipere ab eo diligi dicuntur, ut eo modo dicatur quo potest humano affectu capi quod dicitur. Sic etiam cum iratus malis dicitur et placidus bonis, illi mutantur non ipse; sicut lux infirmis oculis aspera, firmis lenis est, ipsorum scilicet mutatione, non sua.

LIBER SEXTUS

Nonnulli arguebant contra Arianos ex eo quod scriptum est: *Christum Dei virtutem et Dei sapientiam.*

1. 1. Aequalitatem Patris et Filii et Spiritus Sancti putant nonnulli ex hoc impediri quominus intellegatur, quia scriptum est: *Christum Dei virtutem et Dei sapientiam*, ut ideo non videatur æqualitas, quia non est Pater ipse virtus et sapientia, sed genitor virtutis et sapientiæ. Et revera non mediocri intentione quæri solet quomodo dicatur Deus virtutis et sapientiæ Pater. Ait enim Apostolus: *Christum Dei virtutem et Dei sapientiam*. Et hinc nonnulli nostri adversus Arianos hoc modo ratiocinati sunt, eos dumtaxat qui prius se adversus catholicam fidem extulerunt. Nam ipse Arius dixisse fertur: *Si filius est, natus est. Si natus est, erat tempus quando non erat filius*, non intellegens etiam natum esse Deo sempiternum esse, ut sit coæternus Patri Filius, sicut splendor qui gignitur ab igne atque diffunditur, coævus est illi, et esset coæternus, si esset ignis æternus. Unde quidem posteriores Ariani abiecerunt istam sententiam, fassique sunt, non ex tempore cœpisse Filium Dei. Sed inter disputationes quas habebant nostri adversus eos qui dicebant: *Erat tempus quando non erat Filius*, hanc etiam nonnulli ratiocinationem inserebant: "Si Dei Filius virtus et sapientia Dei est, nec umquam Deus sine virtute et sapientia fuit, coæternus est Deo Patri Filius. Dicit autem Apostolus: *Christum Dei virtutem et Dei sapientiam*; et Deum aliquando non habuisse virtutem aut sapientiam, dementis est dicere. Non igitur *erat tempus quando non erat Filius*".

Difficultas quæ oritur ex ea arguendi ratione.

1. 2. Quæ ratiocinatio ad id cogit, ut dicamus Deum Patrem non esse sapientem, nisi habendo sapientiam quam genuit, non exsistendo per se Pater ipsa sapientia. Deinde si ita est, Filius quoque ipse sicut dicitur Deus de Deo, lumen de lumine, videndum est utrum possit sapientia de sapientia dici, si non est Deus Pater ipsa sapientia, sed tantum genitor sapientiæ. Quod si tenemus, cur non et magnitudinis suæ, et bonitatis, et æternitatis et omnipotentiæ suæ genitor sit, ut non ipse sit sua magnitudo, et sua bonitas, et sua æternitas, et sua omnipotentia, sed ea magnitudine magnus sit quam genuit, et ea bonitate bonus, et ea æternitate æternus et ea omnipotentia omnipotens quæ de illo nata est, sicut non ipse sua sapientia est, sed ea sapientia sapiens est quæ de illo nata est? Nam illud non est formidandum, ne cogamur multos filios Dei dicere, præter adoptionem creaturæ, coæternos Patri, si magnitudinis suæ genitor est, et bonitatis, et æternitatis, et omnipotentiæ. Huic enim calumniæ facile respondetur, sic non effici, quia multa nominata sunt, ut ille multorum filiorum coæternorum sit pater; quemadmodum non efficitur ut duorum sit,cum dicitur: *Christus Dei virtus et Dei sapientia* . Eadem quippe virtus quæ sapientia, et eadem sapientia quæ virtus. Itane igitur etiam de ceteris, ut eadem sit magnitudo quæ virtus, et si qua alia, vel supra commemorata sunt, vel commemorari adhuc possunt.

Quidquid dicuntur quod substantiam eorum ostendat, Pater et Filius simul dicuntur.

2. 3. Sed si non dicitur in se ipso nisi quod ad Filium dicitur, id est pater vel genitor, vel principium eius; si etiam gignens ei quod de se gignit, consequenter principium est; quidquid autem aliud dicitur, cum Filio dicitur, vel potius in Filio, sive magnus ea magnitudine quam genuit, sive iustus ea iustitia quam genuit, sive bonus ea bonitate quam genuit, sive potens ea potentia vel virtute quam genuit, sive sapiens ea sapientia quam genuit: magnitudo autem ipsa non dicitur Pater, sed magnitudinis generator; Filius vero sicut in se ipso dicitur Filius, quod non cum Patre dicitur, sed ad Patrem, non sic et in se ipso magnus, sed cum Patre cuius ipse magnitudo est; sic et sapiens cum Patre dicitur, cuius ipse sapientia est; sicut ille sapiens cum Filio, quia ea sapientia sapiens est quam genuit ; quidquid ergo ad se dicuntur, non dicitur alter sine altero, id est,quidquid dicuntur quod substantiam eorum ostendat, ambo simul dicuntur. Si hæc ita sunt, iam ergo nec Deus est Pater sine Filio nec Filius Deus sine Patre, sed ambo simul Deus. Et quod dictum est: *In principio erat Verbum*; in Patre erat Verbum, intellegitur. Aut si *in principio* sic dictum est, ac si diceretur "Ante omnia", quod sequitur: *Et Verbum erat apud Deum* , Verbum quidem solus Filius accipitur, non simul Pater et Filius, tamquam ambo unum Verbum. (Sic enim *Verbum* quomodo *Imago* ; non autem Pater et Filius simul ambo imago, sed Filius solus imago Patris, quemadmodum et Filius; non enim ambo simul Filius). Quod vero adiungitur: *Et Verbum erat apud Deum* , multum est ut sic intellegatur: *Verbum*, quod solus est Filius, *erat apud Deum*, quod non solus est Pater, sed Pater et Filius simul Deus. Sed quid mirum si in duabus quibusdam rebus longe inter se diversis potest hoc dici? Quid enim tam diversum, quam animus et corpus? Potest tamen dici: "Animus erat apud hominem", id est in homine, cum animus non sit corpus, homo autem animus simul et corpus sit . Ut etiam quod consequenter scriptum est: *Et Deus erat Verbum,* sic intellegatur: Verbum quod non est Pater, Deus erat simul cum Patre. Ita ne ergo dicimus, ut Pater sit generator magnitudinis, hoc est generator virtutis, vel generator sapientiæ suæ; Filius autem magnitudo, *virtus et sapientia* ; Deus vero magnus, omnipotens, sapiens, ambo simul? Quomodo ergo Deus de Deo, lumen de lumine? Non enim simul ambo Deus de Deo,

sed solus Filius de Deo, scilicet Patre; nec ambo simul lumen de lumine, sed solus Filius de lumine Patre. Nisi forte ad insinuandum et brevissime inculcandum quod coæternus est Patri Filius, ita dictum est Deus de Deo, et lumen de lumine, et si quid hoc modo dicitur, ac si diceretur: Hoc quod non est Filius sine Patre, de hoc quod non est Pater sine Filio, id est, hoc lumen quod lumen non est sine Patre, de hoc lumine Patre quod lumen non est sine Filio; ut cum dicitur Deus, quod non est Filius sine Patre, et de Deo, quod non est Pater sine Filio, perfecte intellegatur quod non præcessit genitor illud quod genuit. Quod si ita est, hoc solum de eis dici non potest, illud de illo, quod simul ambo non sunt. Sicut Verbum de verbo dici non potest, quia non simul ambo Verbum, sed solus Filius; nec Imago de imagine, quia non simul ambo Imago; nec Filius de Filio, quia non simul ambo Filius, secundum quod dicitur: *Ego et Pater unum sumus. Unum sumus* enim dictum est; quod ille, hoc et ego secundum essentiam, non secundum relativum.

Pater et Filius unum sunt secundum unitatem substantiæ.

3. 4. Et nescio utrum inveniatur in Scripturis dictum "unum sunt", quorum est diversa natura. Si autem et aliqua plura eiusdem naturæ sint et diversa sentiant, non sunt unum in quantum diversa sentiunt. Nam si iam unum essent ex eo quod homines erant, non diceret: *Ut sint unum sicut et nos unum*, cum suos discipulos Patri commendaret. At vero Paulus et Apollo, quia et ambo homines et idem sentiebant: *Qui plantat*, inquit, *et qui rigat unum sunt*. Cum ergo sic dicitur unum, ut non addatur quid unum et plura unum dicantur, eadem natura atque essentia non dissidens neque dissentiens significatur. Cum vero additur quid unum, potest aliquid significari ex pluribus unum factum quamvis diversis natura. Sicut anima et corpus non sunt utique unum (quid enim tam diversum?), nisi addatur aut subintellegatur quid unum, id est unus homo aut unum animal. Inde Apostolus: *Qui adhæret meretrici*, inquit, *unum corpus est*. Non dixit "unum sunt" aut "unum est", sed addidit *corpus*, tamquam ex duobus diversis masculino et feminino *unum corpus* adiunctione compositum. Et: *Qui adhæret*, inquit, *Domino unus spiritus est*. Non dixit "*qui adhæret Domino unus* est", aut "unum sunt", sed addidit *spiritus*. Diversum enim natura spiritus hominis et spiritus Dei, sed inhærendo fit unus spiritus ex diversis duobus, ita ut sine humano spiritu beatus sit Dei spiritus atque perfectus, beatus autem hominis spiritus non nisi cum Deo . Nec frustra, ut existimo, cum tanta in Evangelio secundum Ioannem et totiens diceret Dominus de ipsa unitate, vel sua cum Patre, vel nostra invicem nobiscum, nusquam dixit: "Ut nos et ipsi unum", sed: Ut sint unum, sicut et nos unum . Pater ergo et Filius unum sunt utique secundum unitatem substantiæ, et unus Deus est, et unus magnus, et unus sapiens, sicut tractatum est.

Filius æqualis Patri in omnibus quæ de substantia eius dicuntur.

3. 5. Unde ergo *maior Pater* ? Si enim maior, magnitudine maior. Cum autem magnitudo eius Filius sit, nec ille utique maior est eo qui se genuit, nec ille maior est ea magnitudine qua magnus est; ergo æqualis. Nam unde æqualis, si non eo quo est cui non est aliud esse et aliud magnum esse? Aut si æternitate *Pater maior est,* non est æqualis Filius quacumque re. Unde enim æqualis? Si magnitudine dixeris, non est par magnitudo quæ minus æterna est atque ita cetera. An forte in virtute æqualis est, in sapientia vero non est æqualis? Sed quomodo est æqualis virtus quæ minus sapit? An in sapientia æqualis est, in virtute autem non est æqualis? Sed quomodo æqualis sapientia, quæ minus potens est? Restat itaque ut si in ulla re æqualis non est, non sit æqualis. At Scriptura clamat: *Non rapinam arbitratus est esse æqualis Deo* . Cogitur ergo quivis adversarius veritatis qui modo tenetur auctoritate Apostolica in qualibet vel una re æqualem Deo Filium confiteri. Eligat quam voluerit. Hinc ei ostendetur in omnibus esse æqualem, quæ de substantia eius dicuntur.

Exemplum de virtute humana.

4. 6. Si enim virtutes quæ sunt in animo humano, quamvis alio atque alio modo singulæ intellegantur, nullo modo tamen separantur ab invicem, ut quicumque fuerint æquales, verbi gratia, in fortitudine, æquales sint et prudentia et iustitia et temperantia. Si enim dixeris æquales esse istos fortitudine, sed illum præstare prudentia, sequitur ut huius fortitudo minus prudens sit ac per hoc nec fortitudine æquales sunt quando est illius fortitudo prudentior, atque ita de ceteris virtutibus invenies, si omnes eadem consideratione percurras. Non enim de viribus corporis agitur, sed de animi fortitudine. Quanto ergo magis in illa incommutabili æternaque substantia incomparabiliter simpliciore quam est animus humanus hæc ita se habent? Humano quippe animo non hoc est esse quod est fortem esse, aut prudentem, aut iustum, aut temperantem; potest enim esse animus et nullam istarum habere virtutem. Deo autem hoc est esse quod est potentem esse aut iustum esse, aut sapientem esse et si quid de illa simplici multiplicitate vel multiplici simplicitate dixeris quo substantia eius significetur. Quamobrem sive ita dicatur Deus de Deo, ut et singulis hoc nomen conveniat, non tamen ut ambo simul duo dii, sed unus Deus sit, (ita enim sibi cohærent quod etiam in distantibus diversisque substantiis fieri Apostolus testis est, nam et solus *Dominus spiritus est* et solus *hominis spiritus* ; utique spiritus est, tamen *si hæreat Domino unus spiritus est* ; quanto magis ibi ubi est omnino inseparabilis atque æterna connexio ne absurde dici videatur quasi Filius amborum cum dicitur *Filius Dei* , si id quod dicitur Deus non nisi de ambobus simul dicitur), sive quidquid de Deo dicitur quod substantiam eius indicet, non nisi de ambobus simul, immo de ipsa simul Trinitate dicitur; sive ergo hoc sive illud sit, quod diligentius discutiendum est, nunc unde agitur satis est videre nullo modo Filium æqualem esse Patri, si in aliquo scilicet quod pertinet ad significandam eius substantiam inæqualis invenitur, sicut iam ostendimus. Apostolus autem dixit æqualem. In omnibus ergo æqualis est Patri Filius , et est unius eiusdemque substantiæ.

Spiritus "Caritas" Patris et Filii et illis æqualis in omnibus.

5. 7. Quapropter etiam Spiritus Sanctus in eadem unitate substantiæ et æqualitate consistit. Sive enim sit unitas amborum, sive sanctitas sive caritas, sive ideo unitas quia caritas et ideo caritas, quia sanctitas, manifestum est quod non aliquis duorum est quo uterque coniungitur, quo genitus a gignente diligatur generatoremque suum diligat, sintque non participatione, sed essentia sua, neque dono superioris alicuius sed suo proprio *servantes unitatem spiritus in vinculo pacis* . Quod imitari per gratiam, et ad Deum et ad nos ipsos iubemur , *in quibus duobus præceptis tota Lex pendet et Prophetæ* . Ita sunt illa Tria Deus unus, solus, magnus, sapiens, sanctus, beatus. Nos autem *ex ipso, et per ipsum, et in ipso* beati quia ipsius munere inter nos unum; cum illo autem *unus spiritus* , quia agglutinatur anima nostra post eum. Et nobis *hærere Deo bonum est* , quia *perdet omnem qui fornicatur ab eo* . Spiritus ergo Sanctus commune aliquid est Patris et Filii, quidquid illud est, aut ipsa communio consubstantialis et coæterna; quæ si amicitia convenienter dici potest, dicatur, sed aptius dicitur caritas; et hæc quoque substantia, quia Deus substantia et *Deus caritas* , sicut scriptum est. Sicut autem simul substantia cum Patre et Filio, ita simul magna et simul bona et simul sancta et quidquid aliud ad se dicitur, quoniam non aliud est Deo esse, et aliud magnum esse vel bonum, et cetera sicut supra ostendimus. Si enim minus magna est ibi caritas quam sapientia, minus quam est diligitur sapientia; æqualis est igitur ut quanta est sapientia tantum diligatur. Est autem sapientia *æqualis Patri* , sicut supra disputavimus; æqualis est igitur etiam Spiritus Sanctus, et si æqualis in omnibus æqualis, propter summam simplicitatem quæ in illa substantia est. Et ideo non amplius quam tria sunt: unus diligens eum qui de illo est, et unus diligens eum de quo est, et ipsa dilectio. Quæ si nihil est, quomodo *Deus dilectio est* ? Si non est substantia, quomodo Deus substantia est?

Quomodo simplex et multiplex sit substantia Dei.

6. 8. Si autem quæritur quomodo simplex et multiplex sit illa substantia, animadvertenda est primo creatura quare sit multiplex, nullo autem modo vere simplex. Et prius corpus universum utique partibus constat, ita ut sit ibi alia pars maior, alia minor, et maius sit universum, quam pars quælibet aut quantalibet. Nam et cælum et terra partes sunt universæ mundanæ molis, et sola terra vel solum cælum innumerabilibus partibus constat, et in tertia sui parte minor est quam in cetera, et in dimidia minor quam in tota, et totum mundi corpus quod duabus plerumque partibus appellari solet, id est cælum et terra, utique maius est quam solum cælum aut sola terra. Et in unoquoque corpore aliud est magnitudo, aliud color, aliud figura. Potest enim et deminuta magnitudine manere idem color et eadem figura, et colore mutato manere eadem figura et eadem magnitudo, et figura eadem non manente tam magnum esse et eodem modo coloratum, et quæcumque alia simul dicuntur de corpore possunt, et simul et plura sine ceteris commutari. Ac per hoc multiplex esse convincitur natura corporis, simplex autem nullo modo. Creatura quoque spiritalis, sicut est anima, est quidem in corporis comparatione simplicior; sine comparatione autem corporis multiplex est, etiam ipsa non simplex. Nam ideo simplicior est corpore, quia non mole diffunditur per spatium loci sed in unoquoque corpore, et in toto tota est et in qualibet parte eius tota est; et ideo cum fit aliquid in quamvis exigua particula corporis quod sentiat anima, quamvis non fiat in toto corpore, illa tamen tota sentit, quia totam non latet. Sed tamen etiam in anima cum aliud sit artificiosum esse, aliud inertem, aliud acutum, aliud memorem, aliud cupiditas, aliud timor, aliud lætitia, aliud tristitia; possintque et alia sine aliis et alia magis, alia minus, innumerabilia et innumerabiliter in animæ natura inveniri; manifestum est non simplicem sed multiplicem esse naturam. Nihil enim simplex mutabile est; omnis autem creatura mutabilis.

Nec quoniam Trinitas est ideo Deus triplex putandus est.

7. 8. Deus vero multipliciter quidem dicitur magnus, bonus, sapiens, beatus, verus, et quidquid aliud non indigne dici videtur; sed eadem magnitudo eius est quæ sapientia (non enim mole magnus est, sed virtute), et eadem bonitas quæ sapientia et magnitudo, et eadem veritas quæ illa omnia; et non est ibi aliud beatum esse et aliud magnum, aut sapientem aut verum, aut bonum esse, aut omnino ipsum esse.

7. 9. Nec quoniam Trinitas est, ideo triplex putandus est; alioquin minor erit Pater solus, aut Filius solus quam simul Pater et Filius. Quamquam non invenitur quomodo dici possit aut Pater solus, aut Filius solus cum semper atque inseparabiliter, et ille cum Filio sit et ille cum Patre, non ut ambo sint Pater aut ambo Filius, sed quia semper in invicem neuter solus. Quia vero dicimus et Deum solum ipsam Trinitatem, quamvis semper sit cum spiritibus et animabus sanctis, sed solum dicimus quod Deus est, quia non et illi cum illo Deus sunt, ita solum Patrem dicimus Patrem non quia separatur a Filio, sed quia non simul ambo Pater est.

Dei naturæ nulla fit accessio ex numero.

8. 9. Cum itaque tantus est solus Pater, vel solus Filius, vel solus Spiritus Sanctus, quantus est simul Pater et Filius et Spiritus Sanctus, nullo modo triplex dicendus est. Corpora quippe adiunctione sua crescunt. Quamvis enim: *qui adhæret uxori suæ unum corpus sit*, maius tamen corpus fit, quam si solius viri esset, aut solius uxoris. In rebus autem spiritalibus, cum minor maiori adhæret sicut creatura Creatori, illa fit maior quam erat, non ille. In his enim quæ non mole magna sunt hoc est maius esse quod est melius esse. Melior fit autem spiritus alicuius creaturæ cum adhæret Creatori, quam si non adhæreat, et ideo etiam maior quia melior. *Qui ergo adhæret Domino unus spiritus est*, sed tamen Dominus non ideo fit maior, quamvis fiat ille *qui Domino adhæret*. In ipso igitur Deo cum adhæret æquali Patri Filius æqualis, aut Spiritus Sanctus Patri et Filio æqualis, non fit maior Deus quam singuli eorum, quia non est quo crescat illa perfectio. Perfectus autem sive Pater, sive Filius, sive Spiritus Sanctus, et perfectus Deus Pater et Filius et Spiritus Sanctus, et ideo Trinitas potius quam triplex.

Ipsa Trinitas unus verus Deus.

9. 10. Et quoniam ostendimus quomodo possit dici solus Pater quia non nisi ipse ibi Pater, consideranda est illa sententia, qua dicitur: Deum verum solum, non esse Patrem solum sed Patrem et Filium et Spiritum Sanctum. Si quis enim interroget Pater solus utrum sit Deus, quomodo respondebitur non esse, nisi forte ita dicamus esse quidem Patrem Deum, sed non eum esse solum Deum, esse autem solum Deum Patrem et Filium et Spiritum Sanctum? Sed quid agimus de illo testimonio Domini? Patri enim dicebat, et Patrem nominaverat ad quem loquebatur cum ait: *Hæc est autem vita æterna, ut cognoscant te unum verum Deum*. Quod quidem Ariani sic solent accipere, quasi non sit Filius Deus verus. Quibus exclusis videndum est an intellegere cogamur, cum dictum est Patri: *Ut cognoscant te unum verum Deum*, tamquam hoc insinuare voluerit quia et solus Pater Deus verus est, ne non intellegeremus Deum nisi ipsa Tria simul, Patrem et Filium et Spiritum Sanctum. Num ergo ex Domini testimonio, et Patrem unum verum Deum dicimus, et Filium unum verum Deum, et Spiritum Sanctum unum verum Deum, et simul Patrem et Filium et Spiritum Sanctum, id est simul ipsam Trinitatem, non tres veros deos, sed unum verum Deum ? An quoniam addidit: *et quem misisti Iesum* Christum, subaudiendum est "unum verum Deum"; et ordo verborum est: "ut te et quem misisti Iesum Christum cognoscant unum verum Deum"? Cur ergo tacuit de Spiritu Sancto? An quoniam consequens est, ut ubicumque nominatur unum tanta pace uni adhærens, ut per hanc utrumque unum sit, iam ex hoc intellegatur etiam ipsa pax quamvis non commemoretur? Nam et illo loco Apostolus videtur quasi prætermittere Spiritum Sanctum, et tamen ibi intellegitur ubi ait: *Omnia vestra; vos autem Christi; Christus autem Dei* ; et iterum: *Caput mulieris vir; caput viri Christus; caput autem Christi Deus* . Sed rursus si Deus non nisi omnia simul Tria, quomodo *caput Christi Deus,* id est caput Christi Trinitas, cum in Trinitate sit Christus, ut sit Trinitas? An quod est Pater cum Filio caput est ei quod est solus Filius? Cum Filio enim Pater Deus; solus autem Filius Christus est, maxime quia iam *Verbum caro factum* loquitur, secundum quam humilitatem eius etiam maior est Pater, sicut dicit: *Quoniam Pater maior me est* , ut hoc ipsum Deum esse quod illi cum Patre unum est caput sit hominis Mediatoris, quod ipse solus est. Si enim mentem recte dicimus principale hominis, id est tamquam caput humanæ substantiæ, cum ipse homo cum mente sit homo, cur non multo congruentius multoque magis Verbum cum Patre, quod simul Deus est caput est Christi, quamvis *Christus homo* , nisi cum Verbo quod *caro factum est* intellegi non possit? Sed hoc, ut iam diximus, aliquanto diligentius postea considerabimus. Nunc autem æqualitas Trinitatis et una eademque substantia, quantum breviter potuimus, demonstrata est ut, quoquo modo se habeat ista quæstio quam discutiendam acriore intentione distulimus, nihil impediat, quominus fateamur summam æqualitatem Patris et Filii et Spiritus Sancti.

Personarum propria secundum Hilarium.

10. 11. Quidam cum vellet brevissime singularum in Trinitate Personarum insinuare propria: *Aeternitas,* inquit, *in Patre, species in Imagine, usus in Munere* . Et quia non mediocris auctoritatis in tractatione Scripturarum et assertione fidei vir exstitit; Hilarius enim hoc in libris suis posuit; horum verborum, id est Patris et Imaginis et Muneris, æternitatis et speciei et usus, abditam scrutatus intellegentiam quantum valeo, non eum secutum arbitror in æternitatis vocabulo, nisi quod Pater non habet Patrem de quo sit, Filius autem de Patre est, ut sit atque ut illi coæternus sit. Imago enim si perfecte implet illud cuius imago est, ipsa coæquatur ei, non illud imagini suæ. In qua imagine speciem nominavit, credo, propter pulchritudinem ubi iam est tanta congruentia et prima æqualitas et prima similitudo nulla in re dissidens et nullo modo inæqualis et nulla ex parte dissimilis, sed ad identidem respondens ei cuius imago est;

ubi est prima et summa vita, cui non est aliud vivere et aliud esse, sed idem et esse et vivere, et primus ac summus intellectus, cui non est aliud vivere et aliud intellegere, sed id quod est intellegere, hoc vivere , hoc esse est unum omnia tamquam Verbum perfectum, cui non desit aliquid et ars quædam omnipotentis atque sapientis Dei plena omnium rationum viventium incommutabilium, et omnes unum in ea sicut ipsa unum de uno cum quo unum. Ibi novit omnia Deus quæ fecit per ipsam, et ideo cum decedant et succedant tempora, non decedit aliquid vel succedit scientiæ Dei. Non enim hæc quæ creata sunt ideo sciuntur a Deo quia facta sunt, ac non potius ideo facta sunt, vel mutabilia quia immutabiliter ab eo sciuntur. Ille igitur ineffabilis quidam complexus Patris et Imaginis non est sine perfruitione, sine caritate, sine gaudio. Illa ergo dilectio, delectatio, felicitas vel beatitudo, si tamen aliqua humana voce digne dicitur, usus ab illo appellatus est breviter, et est in Trinitate Spiritus Sanctus, non genitus, sed genitoris genitique suavitas ingenti largitate atque ubertate perfundens omnes creaturas pro captu earum, ut ordinem suum teneant et locis suis acquiescant.

Trinitatis in creatura apparet vestigium.

10. 12. Hæc igitur omnia quæ arte divina facta sunt et unitatem quamdam in se ostendunt et speciem et ordinem. Quidquid enim horum est et unum aliquid est, sicut sunt naturæ corporum ingeniaque animarum, et aliqua specie formatur, sicut sunt figuræ vel qualitates corporum ac doctrinæ vel artes animarum, et ordinem aliquem petit aut tenet, sicut sunt pondera vel collocationes corporum atque amores aut delectationes animarum. Oportet igitur ut Creatorem *per ea quæ facta sunt intellecta conspicientes* Trinitatem intellegamus, cuius in creatura quomodo dignum est apparet *vestigium* . In illa enim Trinitate summa origo est rerum omnium et perfectissima pulchritudo et beatissima delectatio. Itaque illa tria et a se invicem determinari videntur et in se infinita sunt. Sed hic in rebus corporeis non tantum est una quantum tres simul, et plus aliquid sunt duæ quam una res; ceterum in summa Trinitate tantum est una quantum tres simul, nec plus aliquid sunt duæ quam una, et in se infinita sunt. Ita et singula sunt in singulis, et omnia in singulis, et singula in omnibus, et omnia in omnibus, et unum omnia. Qui videt hoc vel *ex parte*, vel *per speculum in ænigmate*, gaudeat cognoscens Deum, et sicut Deum honoret et gratias agat; qui autem non videt, tendat per pietatem ad videndum, non per cæcitatem ad calumniandum; quoniam unus est Deus, sed tamen Trinitas. Nec confuse accipiendum est, *ex quo omnia, per quem omnia, in quem omnia* ; nec diis multis, sed: *Ipsi gloria in sæcula sæculorum. Amen.*

LIBER SEPTIMUS

Augustinus redit ad quæstionem: an qualibet Trinitatis persona per se sit Sapientia.

1. 1. Iam nunc quæramus diligentius, quantum dat Deus, quod paulo ante distulimus: Utrum et singula quæque in Trinitate Persona possit et per se ipsam non cum ceteris duabus dici Deus, aut magnus, aut sapiens, aut verus, aut omnipotens aut iustus, et si quid aliud de Deo dici potest, non relative, sed ad se ipsum; an vero non dicantur ista, nisi cum Trinitas intellegitur. Hoc enim quæstionem facit, quia scriptum est: *Christum Dei virtutem, et Dei sapientiam* ; utrum ita sit pater sapientiæ atque virtutis suæ, ut hac sapientia sapiens sit quam genuit, et hac virtute potens quam genuit, et quia semper potens et sapiens , semper genuit virtutem et sapientiam. Dixeramus enim, si ita est, cur non et magnitudinis suæ pater sit qua magnus est, et bonitatis qua bonus, et iustitiæ qua iustus, et alia si qua sunt? Aut si hæc omnia pluribus vocabulis in eadem sapientia et virtute intelleguntur, ut ea sit magnitudo quæ virtus, ea bonitas quæ sapientia, et ea rursus sapientia quæ virtus, sicut iam tractavimus, meminerimus cum aliquid horum nomino sic accipiendum esse, ac si omnia commemorem. Quæritur ergo an Pater etiam singulus sit sapiens atque ipsa sibi ipse sapientia, an ita sit sapiens quomodo dicens. Verbo enim quod genuit dicens est, non verbo quod profertur et sonat et transit, sed Verbo quod *erat apud Deum et Deus erat Verbum* , et *omnia per ipsum facta sunt* , Verbo æquali sibi, quo semper atque incommutabiliter dicit se ipsum. Non est enim ipse verbum, sicut nec filius, nec imago. Dicens autem (exceptis illis temporalibus vocibus Dei, quæ in creatura fiunt, nam sonant et transeunt), dicens ergo illo coæterno Verbo, non singulus intellegitur, sed cum ipso Verbo, sine quo non est utique dicens. Itane et sapiens sicut dicens ut ita sit sapientia, sicut Verbum, et hoc sit Verbum esse quod est esse sapientiam, hoc etiam esse virtutem, ut virtus et sapientia et Verbum idem sit, et relative dicatur sicut Filius et Imago, atque ille non singulus potens vel sapiens, sed cum ipsa virtute atque sapientia quam genuit; sicut non singulus dicens, sed eo Verbo et cum eo Verbo quod genuit, atque ita magnus ea et cum ea magnitudine quam genuit? Et si non alio magnus, alio Deus, sed eo magnus quo Deus, quia non aliud illi est magnum esse, aliud Deum esse, consequens est ut nec Deus singulus, sed ea et cum ea deitate quam genuit ut sic sit Filius deitas Patris, sicut sapientia et virtus Patris, et sicuti est Verbum et Imago Patris . Et quia non aliud illi est esse, aliud Deum esse, ita sit etiam essentia Patris Filius, sicuti est Verbum et Imago eius. Ac per hoc etiam excepto eo quod Pater est, non sit aliquid Pater, nisi quia est ei Filius, ut non tantum id quod dicitur Pater, quod manifestum est eum non ad se ipsum, sed ad Filium relative dici, et ideo Patrem quia est ei Filius, sed omnino ut sit quod ad se ipsum est, ideo sit quia genuit essentiam suam. Sicut enim magnus est non nisi ea quam genuit magnitudine, ita et est non nisi ea quam genuit essentia; quia non aliud est illi esse, aliud magnum esse. Itane igitur pater est essentiæ suæ, sicut pater est magnitudinis suæ, sicut pater est virtutis et sapientiæ suæ? Eadem quippe eius magnitudo quæ virtus, et eadem essentia quæ magnitudo.

Quæstio proposita solvitur: Filius est sapientia de sapientia sicut est lumen de lumine.

1. 2. Hæc disputatio nata est ex eo quod scriptum est: *Christum esse Dei virtutem, et Dei sapientiam*. Quapropter in eas angustias sermo coartatur, cum ineffabilia fari cupimus, ut aut dicamus *Christum* non esse *Dei virtutem, et Dei sapientiam*, atque ita impudenter et impie resistamus Apostolo; aut *Christum* quidem *Dei virtutem, et Dei sapientiam* esse fateamur, sed eius Patrem non esse patrem virtutis, et sapientiæ suæ, quod non minus impium est, sic enim nec Christi erit Pater, quia *Christus Dei virtus et Dei sapientia* est; aut non esse Patrem virtute sua potentem, neque sapientia sua sapientem, quod quis audeat dicere? Aut aliud in Patre intellegi esse, aliud sapientem esse, ut non hoc ipso sit quo sapiens est, quod de anima intellegi solet quæ alias insipiens, alias sapiens est, velut natura mutabilis et non summe perfecteque simplex; aut Patrem non esse aliquid ad se ipsum, et non solum quod Pater est, sed omnino quod est, ad Filium relative dici. Quomodo ergo, eiusdem essentiæ Filius cuius Pater, quandoquidem ad se ipsum nec essentia est, nec omnino est ad se ipsum, sed etiam esse ad Filium illi est? At enim multo magis unius eiusdemque essentiæ, quia una eademque essentia Pater et Filius, quandoquidem Patri non ad se ipsum est ipsum esse, sed ad Filium quam essentiam genuit et qua essentia est quidquid est. Neuter ergo ad se est, et uterque ad invicem relative dicitur. An Pater solus non solum quod Pater dicitur, sed omnino quidquid dicitur relative ad Filium dicitur, ille autem dicitur et ad se? Et si ita est, quid dicitur ad se? An ipsa essentia? Sed Patris essentia est Filius, sicut Patris virtus et sapientia, sicut Verbum Patris et Imago Patris. Aut si essentia dicitur ad se Filius, Pater autem non est essentia, sed genitor essentiæ, non est autem ad se ipsum, sed hac ipsa essentia quam genuit, sicut hac ipsa magnitudine magnus quam genuit, ergo et magnitudo dicitur ad se Filius, ergo et virtus et sapientia et Verbum et Imago. Quid autem absurdius, quam imaginem ad se dici? Aut si non idipsum est Imago et Verbum, quod est virtus et sapientia, sed illa relative dicuntur, hæc autem ad se non ad aliud, incipit non ea sapientia quam genuit, sapiens esse Pater, quia non potest ipse ad eam relative dici, et illa ad eum relative non dici. Omnia enim quæ relative dicuntur ad invicem dicuntur. Restat itaque ut etiam essentia Filius relative dicatur ad Patrem. Ex quo conficitur inopinatissimus sensus, ut ipsa essentia non sit essentia, vel certe cum dicitur essentia, non essentia, sed relativum indicetur.

Quomodo cum dicitur dominus, non essentia indicatur sed relativum quod refertur ad servum; cum autem homo dicitur, vel aliquid tale quod ad se non ad aliud dicitur, tunc indicatur essentia. Homo ergo cum dicitur dominus, ipse homo essentia est, dominus vero relative dicitur; homo enim ad se dicitur, dominus ad servum. Hoc autem unde agimus, si essentia ipsa relative dicitur, essentia ipsa non est essentia. Huc accedit quia omnis essentia quæ relative dicitur est etiam aliquid excepto relativo, sicut homo dominus et homo servus et equus iumentum et nummus arra; homo et equus et nummus ad se dicuntur et substantiæ sunt vel essentiæ; dominus vero et servus et iumentum et arra ad aliquid relative dicuntur. Sed si non esset homo, id est aliqua substantia, non esset qui relative dominus diceretur; et si non esset equus quædam essentia, non esset quod iumentum relative diceretur; ita si nummus non esset aliqua substantia, nec arra posset relative dici. Quapropter si et Pater non est aliquid ad se ipsum, non est omnino qui relative dicatur ad aliquid . Non enim, sicut ad aliquid coloratum refertur color eius, nec omnino ad se dicitur color, sed semper alicuius colorati est; illud autem cuius color est, etiam si eo quod coloratum dicitur, ad colorem refertur, tamen id quod corpus dicitur ad se dicitur, ullo modo ita putandum est Patrem non dici aliquid ad se ipsum, sed quidquid dicitur ad Filium dici; eundem vero Filium et ad se ipsum dici et ad Patrem, cum dicitur magnitudo magna et virtus potens utique ad se ipsum, et magnitudo atque virtus magni et potentis Patris, qua Pater magnus et potens est. Non ergo ita, sed utrumque substantia et utrumque una substantia. Sicut autem absurdum est dicere candidum non esse candorem; sic absurdum est dicere sapientem non esse sapientiam; et sicut candor ad se ipsum candidus dicitur, ita et sapientia ad se ipsam dicitur sapiens. Sed candor corporis non est essentia, quoniam ipsum corpus essentia est et illa eius qualitas, unde et ab ea dicitur candidum corpus cui non hoc est esse quod candidum esse. Aliud enim ibi forma et aliud color et utrumque non in se ipso, sed in aliqua mole, quæ moles nec forma nec color est, sed formata atque colorata. Sapientia vero et sapiens est et se ipsa sapiens est. Et quoniam quæcumque anima participatione sapientiæ fit sapiens, si rursus desipiat, manet tamen in se sapientia; nec cum fuerit anima in stultitiam commutata, illa mutatur. Non ita est in eo qui ex ea fit sapiens quemadmodum candor in corpore quod ex illo candidum est. Cum enim corpus in alium colorem fuerit commutatum, non manebit candor ille atque omnino esse desinet. Quod si et Pater qui genuit sapientiam ex ea fit sapiens, neque hoc est illi esse quod sapere, qualitas eius est Filius, non proles eius, et non ibi erit iam summa simplicitas. Sed absit ut ita sit quia vere ibi est summe simplex essentia; hoc ergo est ibi esse quod sapere. Quod si hoc est ibi esse quod sapere, non per illam sapientiam quam genuit sapiens est Pater; alioquin non ipse illam, sed illa eum genuit. Quid enim aliud dicimus, cum dicimus hoc illi est esse quod sapere, nisi eo est quo sapiens est? Quapropter quæ causa illi est, ut sapiens sit, ipsa illi causa est ut sit. Proinde si sapientia quam genuit causa est illi ut sapiens sit, etiam ut sit ipsa illi causa est. Quod fieri non potest nisi gignendo eum, aut faciendo. Sed neque genitricem neque conditricem Patris ullo modo quisquam dixerit sapientiam. Quid enim est insanius? Ergo et Pater ipse sapientia est, et ita dicitur Filius *sapientia* Patris, quomodo dicitur *lumen* Patris, id est, ut quemadmodum lumen de lumine, et utrumque unum lumen, sic intellegatur sapientia de sapientia, et utrumque una sapientia. Ergo et una essentia quia hoc est ibi esse quod sapere. Quod enim est sapientiæ sapere et potentiæ posse, æternitati æternam esse, iustitiæ iustam esse, magnitudini magnam esse, hoc est essentiæ ipsum esse. Et quia in illa simplicitate non est aliud sapere quam esse, eadem ibi sapientia quæ essentia.

Pater et Filius una essentia, non tamen simul unum Verbum.

2. 3. Pater igitur et Filius simul una essentia, et una magnitudo, et una veritas, et una sapientia. Sed non Pater et Filius simul ambo unum verbum quia non simul ambo unus Filius. Sicut enim Filius ad Patrem refertur, non ad se ipsum dicitur, ita et Verbum ad eum cuius Verbum est refertur, cum dicitur Verbum. Eo quippe Filius quo verbum et eo Verbum quo Filius. Quoniam igitur Pater et Filius simul non utique unus Filius, consequens est, ut Pater et Filius simul non ambo unum Verbum. Et propterea non eo Verbum quo sapientia, quia Verbum non ad se dicitur, sed tantum relative ad eum cuius Verbum est, sicut Filius ad Patrem; sapientia vero eo quo essentia. Et ideo quia una essentia, una sapientia. Quoniam vero et Verbum sapientia est, sed non eo Verbum quo sapientia (Verbum enim relative, sapientia essentialiter intellegitur), id dici accipiamus, cum dicitur Verbum ac si dicatur *nata sapientia* , ut sit et *Filius et Imago* . Et hæc duo cum dicuntur, id est, *nata sapientia*, in uno eorum eo quod est *nata* et Verbum et Imago et Filius intellegatur, et in his omnibus nominibus non ostendatur essentia, quia relative dicuntur; at in altero quod est "sapientia", quoniam et ad se dicitur (se ipsa enim sapiens est), etiam essentia demonstretur et hoc eius esse quod sapere . Unde Pater et Filius simul una sapientia quia una essentia, et singillatim

sapientia de sapientia sicut essentia de essentia. Quapropter non quia Pater non est Filius, et Filius non est Pater, aut ille ingenitus, ille autem genitus, ideo non una essentia quia his nominibus relativa eorum ostenduntur. Uterque autem simul una sapientia et una essentia, ubi hoc est esse quod sapere; non autem simul uterque Verbum aut Filius, quia non hoc est esse quod Verbum esse, aut Filium esse, sicut iam satis ostendimus, ista relative dici.

In Scripturis Sapientia ostenditur genita.

3. 4. Cur ergo in Scripturis nusquam fere de *sapientia* quidquam dicitur nisi ut ostendatur a Deo *genita, vel creata? Genita* scilicet *per quam facta sunt omnia; creata* vero vel *facta,* sicut in hominibus cum ad eam quæ non creata et facta, sed genita est convertuntur et illustrantur; in ipsis enim fit aliquid quod vocetur eorum sapientia; vel illud Scripturis prænuntiantibus aut narrantibus, quod *Verbum caro factum est et habitavit in nobis;* hoc modo enim Christus *facta sapientia* est, quia factus est homo. An propterea non loquitur in illis Libris sapientia vel de illa dicitur aliquid nisi quod eam de Deo natam ostendat aut factam, quamvis sit et Pater ipsa sapientia, quia illa nobis sapientia commendanda erat et imitanda cuius imitatione formamur ? Pater enim eam dicit ut Verbum eius sit; non quomodo profertur ex ore verbum sonans, aut ante pronuntiationem cogitatur; spatiis enim temporum hoc completur, illud autem æternum est, et illuminando dicit nobis et de se et de Patre, quod dicendum est hominibus. Ideoque ait: *Nemo novit Filium, nisi Pater, et nemo novit Patrem, nisi Filius, et cui voluerit Filius revelare* , quia per Filium revelat Pater, id est, per Verbum suum. Si enim hoc verbum quod nos proferimus temporale et transitorium, et se ipsum ostendit et illud de quo loquimur, quanto magis *Verbum Dei per quod facta sunt omnia* ? Quod ita ostendit Patrem sicuti est Pater, quia et ipsum ita est, et hoc est quod Pater, secundum quod sapientia est et essentia. Nam secundum quod Verbum non hoc est quod Pater quia Verbum non est Pater, et Verbum relative dicitur, sicut Filius, quod utique non Pater. Et ideo *Christus virtus et sapientia Dei* , quia de Patre virtute et sapientia etiam ipse virtus et sapientia est, sicut lumen de Patre lumine et *fons vitæ* apud Deum Patrem, utique fontem vitæ. *Quoniam apud te,* inquit, *fons vitæ, in lumine tuo videbimus lumen* , quia s*icut Pater habet vitam in semetipso, sic dedit Filio vitam habere in semetipso;* et: *erat lumen verum quod illuminat omnem hominem venientem in hunc mundum* , et lumen hoc *Verbum erat apud Deum,* sed *et Deus erat Verbum. Deus* autem *lumen est, et tenebræ in eo non sunt ullæ;* lumen vero non corporale sed spiritale, neque ita spiritale ut illuminatione factum sit, quemadmodum dictum est Apostolis: *Vos estis lumen mundi* , sed *lumen quod illuminat omnem hominem* , ea ipsa et summa sapientia Deus unde nunc agimus . Sapientia ergo Filius de sapientia Patre sicut *lumen de lumine*, et *Deus de Deo*, ut et singulus Pater lumen, et singulus Filius lumen; et singulus Pater Deus, et singulus Filius Deus; ergo et singulus Pater sapientia, et singulus Filius sapientia. Et sicut utrumque simul unum lumen et unus Deus, sic utrumque una sapientia. Sed Filius *factus est nobis sapientia a Deo et iustitia et sanctificatio*, quia temporaliter nos ad illum convertimur, id est, ex aliquo tempore, ut cum illo maneamus in æternum. Et ipse ex quodam tempore *Verbum caro factum est et habitavit in nobis.*

Sapientia illa sine exemplo nobis exemplum.
3. 5. Propterea igitur cum pronuntiatur in Scripturis aut enarratur aliquid de sapientia, sive dicente ipsa, sive cum de illa dicitur, Filius nobis potissimum insinuatur. Cuius imaginis exemplo et nos non discedamus a Deo, quia et nos *imago Dei* sumus, non quidem æqualis, facta quippe a Patre per Filium, non nata de Patre sicut illa. Et nos quia illuminamur lumine, illa vero, quia lumen illuminans, et ideo illa sine exemplo nobis exemplum est. Neque enim imitatur præcedentem aliquem ad Patrem a quo numquam est omnino separabilis quia idipsum est quod ille de quo est. Nos autem nitentes imitamur manentem et sequimur stantem et in ipso ambulantes tendimus ad ipsum quia factus est nobis via temporalis per humilitatem quæ mansio nobis æterna est per divinitatem. Quoniam quippe spiritibus mundis intellectualibus qui superbia non lapsi sunt *in forma Dei*, et *Deo æqualis*, et Deus præbet exemplum, ut se idem exemplum redeundi etiam lapso præberet homini qui propter immunditiam peccatorum pœnamque mortalitatis Deum videre non poterat *semetipsum exinanivit*, non mutando divinitatem suam, sed nostram mutabilitatem assumendo; et *formam servi accipiens, venit* ad nos *in hunc mundum*, qui *in hoc mundo erat*, quia *mundus per eum factus est*; ut exemplum sursum videntibus Deum, exemplum deorsum mirantibus hominem, exemplum sanis ad permanendum, exemplum infirmis ad convalescendum, exemplum morituris ad non timendum, exemplum mortuis ad resurgendum esset, *in omnibus ipse primatum tenens*. Quia enim homo ad beatitudinem sequi non debebat nisi Deum et sentire non poterat Deum, sequendo Deum hominem factum sequeretur simul et quem sentire poterat, et quem sequi debebat. Amemus ergo eum et inhæreamus illi, caritate *diffusa in cordibus nostris per Spiritum Sanctum qui datus est nobis*. Non igitur mirum si propter exemplum quod nobis ut reformemur ad imaginem Dei præbet *imago æqualis Patri*, cum de Sapientia Scriptura loquitur, de Filio loquitur, quem sequimur vivendo sapienter; quamvis et Pater sit sapientia, sicut lumen et Deus. Spiritus Sanctus simul cum Patre et Filio una Sapientia.

3. 6. Spiritus quoque Sanctus sive sit summa caritas utrumque coniungens nosque subiungens, quod ideo non indigne dicitur quia scriptum est: *Deus caritas est*; quomodo non est etiam ipse sapientia, cum sit lumen, quoniam *Deus lumen est*? Sive alio modo essentia Spiritus Sancti singillatim ac proprie nominanda est, quoniam Deus est utique lumen est, et quoniam lumen est utique sapientia est. Deum autem esse Spiritum Sanctum Scriptura clamat apud Apostolum qui dicit: *Nescitis quia templum Dei estis?* Statimque subiecit: *Et Spiritus Dei habitat in vobis*. *Deus* enim *habitat in templo suo*. Non enim tamquam minister habitat Spiritus Dei in templo Dei, cum alio loco evidentius dicat: *Nescitis quia corpora vestra templum in vobis est Spiritus Sancti quem habetis a Deo et non estis vestri? Empti enim estis pretio magno. Glorificate ergo Deum in corpore vestro*. Quid est autem sapientia nisi lumen spiritale et incommutabile? Est enim et sol iste lumen, sed corporale est; et spiritalis creatura lumen, sed non incommutabile. Lumen ergo Pater, lumen Filius, lumen Spiritus Sanctus; simul autem non tria lumina, sed unum Lumen. Et ideo sapientia Pater, sapientia Filius, sapientia Spiritus Sanctus; et simul non tres sapientiæ, sed una Sapientia; et quia hoc est ibi esse quod sapere, una essentia Pater et Filius et Spiritus Sanctus. Nec aliud est ibi esse quam Deum esse. *Unus* ergo *Deus Pater et Filius et Spiritus Sanctus*.

Una essentia, tre Personæ.

4. 7. Itaque loquendi causa de ineffabilibus ut fari aliquo modo possemus quod effari nullo modo possumus dictum est a nostris Græcis *una essentia, tres substantiæ*, a Latinis autem *una essentia,* vel *substantia, tres Personæ*, quia sicut iam diximus non aliter in sermone nostro, id est latino, essentia quam substantia solet intellegi. Et dum intellegatur saltem *in ænigmate* quod dicitur placuit ita dici ut diceretur aliquid, cum quæreretur quid tria sint, quæ tria esse fides vera pronuntiat cum et Patrem non dicit esse Filium, et Spiritum Sanctum quod est *donum Dei*, nec Patrem dicit esse, nec Filium. Cum ergo quæritur quid tria vel quid Tres, conferimus nos ad inveniendum aliquod speciale vel generale nomen quo complectamur hæc tria, neque occurrit animo quia excedit supereminentia divinitatis usitati eloquii facultatem. Verius enim cogitatur Deus quam dicitur, et verius est quam cogitatur. Cum enim dicimus non eundem esse Iacob qui est Abraham, Isaac autem nec Abraham esse nec Iacob, tres esse utique fatemur, Abraham, Isaac et Iacob. Sed cum quæritur quid tres, respondemus tres homines nomine speciali eos pluraliter appellantes; generali autem si dicamus tria animali, *homo* enim sicut veteres definierunt: a*nimal est rationale, mortale*; aut sicut Scripturæ nostræ loqui solent, tres animas, cum a parte meliore totum appellari placet, id est ab anima, et corpus et animam quod est totus homo. Ita quippe dictum est in Aegyptum descendisse cum Iacob animas septuaginta quinque, pro tot hominibus. Item cum dicimus equum tuum non eum esse qui meus est, et tertium alicuius alterius nec meum esse nec tuum, fatemur tres esse, et interroganti quid tres, respondemus tres equos nomine speciali, generali autem animalia tria. Itemque cum dicimus bovem non esse equum, canem vero nec bovem esse nec equum, tria quædam dicimus; et percontantibus quid tria non iam speciali nomine dicimus tres equos, aut tres boves, aut tres canes, quia non eadem specie continentur; sed generali, tria animalia, sive superiore genere, tres substantias, vel tres creaturas, vel tres naturas. Quæcumque autem plurali numero enuntiantur specialiter uno nomine etiam generaliter enuntiari possunt. Non autem omnia quæ generaliter nomine uno appellantur, etiam specialiter appellare uno nomine possumus. Nam tres equos, quod est nomen speciale, etiam animalia tria dicimus; equum vero, et bovem, et canem, animalia tantum tria dicimus vel substantias, quæ sunt generalia nomina, et si quid aliud de his generaliter dici potest; tres vero equos, aut boves, aut canes, quæ specialia vocabula sunt, non ea possumus dicere. Ea quippe uno nomine quamvis pluraliter enuntiamus quæ communiter habent illud quod eo nomine significatur. Abraham quippe et Isaac et Iacob commune habent id quod est homo, itaque dicuntur tres homines; equus quoque, et bos, et canis commune habent id quod est animal, dicuntur ergo tria animalia. Ita tres aliquas lauros, etiam tres arbores dicimus; laurum vero et myrtum et oleam, tantum tres arbores, vel tres substantias, aut naturas. Atque ita tres lapides, etiam tria corpora; lapidem vero et lignum et ferrum, tantum tria corpora vel si quo etiam superiore generali nomine dici possunt. Pater ergo et Filius et Spiritus Sanctus quoniam tres sunt , quid tres sint quæramus, quid commune habeant. Non enim commune illis est id quod Pater est ut invicem sibi sint patres; sicut amici, cum relative ad alterutrum dicantur, possunt dici tres amici quod invicem sibi sunt; non autem hoc ibi quia tantum Pater ibi pater, nec duorum pater sed unici Filii. Nec tres filii cum Pater ibi non sit Filius, nec Spiritus Sanctus. Nec tres spiritus sancti, quia et Spiritus Sanctus propria significatione qua etiam *donum Dei* dicitur, nec Pater nec Filius. Quid igitur tres? Si enim *tres Personæ* , commune est eis id quod persona est. Ergo speciale hoc aut generale nomen est eis, si consuetudinem loquendi respicimus. Sed ubi est naturæ nulla diversitas, ita generaliter enuntiantur aliqua plura, ut etiam specialiter enuntiari possint. Naturæ enim differentia facit ut laurus et myrtus et olea, aut equus et bos et canis non dicantur speciali nomine, istæ, tres lauri, aut illi, tres boves, sed generali, et istæ, tres arbores; et illa, tria animalia. Hic vero ubi nulla est essentiæ diversitas, oportet et speciale nomen habeant hæc tria, quod tamen non invenitur. Nam persona generale nomen est, in tantum ut etiam homo possit hoc dici, cum tantum intersit inter hominem et Deum.

Scriptura nullibi dicit tres Personas in Deo.

4. 8. Deinde in ipso generali vocabulo, si propterea dicimus tres Personas, quia commune est eis id quod persona est (alioquin nullo modo possunt ita dici, quemadmodum non dicuntur tres filii quia non commune est eis id quod est filius); cur non etiam tres deos dicimus? Certe enim quia Pater persona, et Filius persona, et Spiritus Sanctus persona, ideo tres Personae. Quia ergo Pater Deus, et Filius Deus, et Spiritus Sanctus Deus, cur non tres dii? Aut quoniam propter ineffabilem coniunctionem haec tria simul unus Deus, cur non etiam una persona, ut ita non possimus dicere tres personas, quamvis singulam quamque appellemus personam, quemadmodum non possumus dicere tres deos, quamvis singulum quemque appellemus Deum, sive Patrem, sive Filium sive Spiritum Sanctum? An quia Scriptura non dicit tres deos? Sed nec tres personas alicubi Scripturam commemorare invenimus. An quia nec tres, nec unam personam Scriptura dicit haec tria (legimus enim personam Domini, non personam Dominum), propterea licuit loquendi et disputandi necessitate tres personas dicere, non quia Scriptura dicit, sed quia Scriptura non contradicit, si autem diceremus tres deos, contradiceret Scriptura dicens: *Audi, Israel: Dominus Deus tuus, Deus unus est* ? Cur ergo et tres essentias non licet dicere quod similiter Scriptura sicut non dicit, ita nec contradicit? Nam essentia si speciale nomen est commune tribus, cur non dicantur tres essentiae, sicut Abraham, Isaac et Iacob, tres homines, quia homo speciale nomen est commune omnibus hominibus? Si autem speciale nomen non est essentia sed generale, quia homo et pecus et arbor et sidus et angelus dicitur essentia, cur non dicuntur istae tres essentiae, sicut tres equi dicuntur tria animalia, et tres lauri dicuntur tres arbores, et tres lapides tria corpora? Aut si propter unitatem Trinitatis non dicuntur tres essentiae, sed *una essentia* , cur non propter eamdem unitatem non dicuntur tres substantiae, vel tres personae, sed una substantia et una persona? Quam enim est illis commune nomen essentiae, ita ut singulus quisque dicatur essentia, tam illis commune est vel substantiae vel personae vocabulum. Quod enim de personis secundum nostram, hoc de substantiis secundum Graecorum consuetudinem ea quae diximus oportet intelligi. Sic enim dicunt illi tres substantias, unam essentiam, quemadmodum nos dicimus tres personas, unam essentiam vel substantiam.

Loquendi necessitate parta haec vocabula.

4. 9. Quid igitur restat? An ut fateamur loquendi necessitate parta haec vocabula, cum opus esset copiosa disputatione adversus insidias vel errores hæreticorum ? Cum enim conaretur humana inopia loquendo proferre ad hominum sensus, quod in secretario mentis pro captu tenet de Domino Deo creatore suo, sive per piam fidem sive per qualemcumque intellegentiam, timuit dicere tres essentias, ne intellegeretur in illa summa æqualitate ulla diversitas. Rursus non esse tria quædam non poterat dicere, quod Sabellius quia dixit in hæresim lapsus est . Certissime quippe et de Scripturis cognoscitur quod pie credendum est, et aspectu mentis indubitata perceptione perstringitur et Patrem esse, et Filium esse, et Spiritum Sanctum, nec eundem Filium esse qui Pater est, nec Spiritum Sanctum eundem Patrem esse vel Filium. Quæsivit quid tria diceret et dixit substantias sive personas, quibus nominibus non diversitatem intellegi voluit, sed singularitatem noluit ut non solum ibi unitas intellegatur ex eo quod dicitur una essentia, sed et trinitas ex eo quod dicuntur tres substantiæ vel personæ. Nam si hoc est Deo esse quod subsistere, ita non erant dicendæ tres substantiæ, ut non dicuntur tres essentiæ, quemadmodum quia hoc est Deo esse quod sapere, sicut non tres essentias, ita nec tres sapientias dicimus. Sic enim quia hoc illi est Deum esse quod est esse, tam tres essentias quam tres deos dici fas non est. Si autem aliud est Deo esse, aliud subsistere, sicut aliud Deo esse, aliud Patrem esse vel Dominum esse; quod enim est ad se dicitur, Pater autem ad Filium, et Dominus ad servientem creaturam dicitur; relative ergo subsistit, sicut relative gignit et relative dominatur; ita iam substantia non erit substantia quia relativum erit. Sicut enim ab eo quod est esse appellatur essentia, ita ab eo quod est subsistere substantiam dicimus. Absurdum est autem ut substantia relative dicatur; omnis enim res ad se ipsam subsistit. Quanto magis Deus?

In Deo substantia abusive dicitur, essentia proprie.

5. 10. Si tamen dignum est ut Deus dicatur subsistere? De his enim rebus recte intellegitur, in quibus subiectis sunt ea quæ in aliquo subiecto esse dicuntur sicut color aut forma in corpore. Corpus enim subsistit et ideo substantia est; illa vero in subsistente atque in subiecto corpore, quæ non substantiæ sunt sed in substantia; et ideo si esse desinat vel ille color vel illa forma, non adimunt corpori corpus esse, quia non hoc est ei esse quod illam vel illam formam coloremve retinere. Res ergo mutabiles neque simplices proprie dicuntur substantiæ. Deus autem si subsistit ut substantia proprie dici possit, inest in eo aliquid tamquam in subiecto, et non est simplex cui hoc sit esse quod illi est quidquid aliquid de illo ad illum dicitur sicut magnus, omnipotens, bonus, et si quid huiusmodi de Deo non incongrue dicitur. Nefas est autem dicere ut subsistat et subsit Deus bonitati suæ, atque illa bonitas non substantia sit vel potius essentia, neque ipse Deus sit bonitas sua, sed in illo sit tamquam in subiecto. Unde manifestum est Deum abusive substantiam vocari ut nomine usitatiore intellegatur essentia, quod vere ac proprie dicitur ita ut fortasse solum Deum dici oporteat essentiam. Est enim vere solus quia incommutabilis est, idque suum nomen famulo suo Moysi enuntiavit, cum ait: *Ego sum qui sum*, et: *Dices ad eos: Qui est misit me ad vos*. Sed tamen sive essentia dicatur quod proprie dicitur, sive substantia quod abusive, utrumque ad se dicitur, non relative *ad aliquid*. Unde hoc est Deo esse quod subsistere, et ideo si una essentia Trinitas, una etiam substantia. Fortassis igitur commodius dicuntur *tres Personæ*, quam *tres substantiæ*.

Cur in Trinitate non dicatur una persona et tres essentiæ.

6. 11. Sed ne nobis videatur suffragari hoc quoque requiramus, quamquam et illi si vellent, sicut dicunt *tres substantias*: tres hypostases, possent dicere *tres personas*: tria prosopa. Illud autem maluerunt quod forte secundum linguæ suæ consuetudinem aptius diceretur. Namque et in personis eadem ratio est; non enim aliud est Deo esse, aliud personam esse, sed omnino idem. Nam si esse ad se dicitur, persona vero relative. Sic dicamus tres Personas Patrem et Filium et Spiritum Sanctum, quemadmodum dicuntur aliqui tres amic, aut tres propinqui, aut tres vicini quod sint ad invicem, non quod unusquisque eorum sit ad se ipsum. Quapropter quilibet ex eis amicus est duorum ceterorum, aut propinquus aut vicinus quia hæc nomina relativam significationem habent. Quid ergo? Num placet dicamus Patrem personam esse Filii et Spiritus Sancti, aut Filium personam esse Patris et Spiritus Sancti, aut Spiritum Sanctum personam esse Patris et Filii? Sed neque persona ita dici alicubi solet, neque in hac Trinitate cum dicimus personam Patris, aliud dicimus quam substantiam Patris. Quocirca ut substantia Patris ipse Pater est, non quo Pater est, sed quo est; ita et persona Patris non aliud quam ipse Pater est. Ad se quippe dicitur persona, non ad Filium, vel Spiritum Sanctum; sicut ad se dicitur Deus et magnus et bonus et iustus et si quid aliud huiusmodi. Et quemadmodum hoc illi est esse quod Deum esse, quod magnum, quod bonum esse, ita hoc illi est esse quod personam esse. Cur ergo non hæc tria simul unam personam dicimus, sicut *unam essentiam* et unum Deum, sed dicimus *tres Personas*, cum tres deos aut tres essentias non dicamus, nisi quia volumus vel unum aliquod vocabulum servire huic significationi qua intellegitur Trinitas, ne omnino taceremus interrogati quid tres, cum tres esse fateremur? Nam si genus est essentia, species autem substantia sive persona, ut nonnulli sentiunt, omitto illud quod iam dixi, oportere appellari tres essentias, ut appellantur tres substantiæ vel personæ, sicut appellantur tres equi, eademque animalia tria, cum sit species equus, animal genus. Neque enim species ibi pluraliter dicta est, et genus singulariter, tamquam diceretur tres equi unum anim; sed sicut tres equi speciali nomine, ita tria animalia nomine generali. Quod si dicunt substantiæ vel personæ nomine non speciem significari, sed aliquid singulare atque individuum, ut substantia vel persona non ita dicatur sicut dicitur homo, quod commune est omnibus hominibus, sed quomodo dicitur hic homo, velut Abraham, velut Isaac, velut Iacob, vel si quis alius qui etiam digito præsens demonstrari possit; sic quoque illos eadem ratio consequetur. Sicut enim dicuntur Abraham, Isaac, Iacob tria individua, ita tres homines et tres animæ. Cur ergo et Pater et Filius et Spiritus Sanctus, si secundum genus et speciem et individuum etiam ista disserimus, non ita dicuntur tres essentiæ, ut tres substantiæ seu personæ? Sed hoc, ut dixi, omitto. Illud dico, si essentia genus est, una essentia iam non habet species, sicut quia genus est animal, unum animal iam non habet species. Non sunt ergo tres species unius essentiæ Pater et Filius et Spiritus Sanctus. Si autem species est essentia, sicut species est homo, tres vero illæ quas appellamus substantias sive personas, sic eamdem speciem communiter habent, quemadmodum Abraham, Isaac et Iacob speciem quæ homo dicitur, communiter habent; non sicut homo subdividitur in Abraham, Isaac et Iacob, ita unus homo et in aliquos singulos homines subdividi potest; omnino enim non potest quia unus homo iam singulus homo est. Cur ergo una essentia in tres substantias, vel personas subdividitur?

Nam si essentia species est sicut homo, sic est una essentia sicut unus homo. An sicut dicimus aliquos tres homines eiusdem sexus, eiusdem temperationis corporis, eiusdemque animi unam esse naturam tres enim sunt homines sed una natura, sic etiam ibi dicimus tres substantias unam essentiam, aut tres personas unam substantiam vel essentiam? Hoc vero utcumque simile est, quia et veteres qui latine locuti sunt antequam haberent ista nomina, quæ non diu est ut in usum venerunt, id est essentiam vel substantiam, pro his naturam dicebant. Non itaque secundum genus et species ista dicimus, sed quasi secundum communem eamdemque materiam. Sicut ex eodem auro si fierent tres statuæ, diceremus tres statuas unum aurum, nec tamen genus diceremus aurum, species autem statuas; nec aurum speciem, statuas vero individua. Nulla quippe species individua sua transgreditur ut aliquid extra comprehendat. Cum enim definiero quid sit homo, quod est nomen speciale, singuli quique homines quæ sunt individua eadem definitione continentur, nec aliquid ad eam pertinet quod homo non sit. Cum vero aurum definiero, non solæ statuæ si aureæ fuerint sed et anuli et si quid aliud de auro fuerit, ad aurum pertinebit. Etsi nihil inde fiat, aurum dicitur quia etiamsi non sint aureæ, non ideo non erunt statuæ. Item nulla species excedit definitionem generis sui. Cum enim definiero animal, quoniam generis huius species est equus, omnis equus animal est, non autem statua omnis aurum est. Ideo quamvis in tribus statuis aureis recte dicamus tres statuas unum aurum, non tamen ita dicimus ut genus aurum, statuas vero species intellegamus. Nec sic ergo Trinitatem dicimus tres Personas vel substantias unam essentiam et unum Deum, tamquam ex una materia tria quædam subsistant, etiamsi quidquid illud est in his tribus explicatum sit; non enim aliquid aliud eius essentiæ est præter istam Trinitatem. Tamen tres Personas eiusdem essentiæ, vel tres Personas unam essentiam dicimus; tres autem personas ex eadem essentia non dicimus quasi aliud ibi sit quod essentia est, aliud quod persona sicut tres statuas ex eodem auro possumus dicere; aliud enim est illic esse aurum, aliud esse statuas. Et cum dicuntur tres homines una natura, vel tres homines eiusdem naturæ, possunt etiam dici tres homines ex eadem natura quoniam ex eadem natura et alii tales homines possunt exsistere; in illa vero essentia Trinitatis nullo modo alia quælibet persona ex eadem essentia potest exsistere. Deinde in his rebus non tantum est unus homo, quantum tres homines simul, et plus aliquid sunt homines duo quam unus homo; et in statuis æqualibus plus auri est tres simul quam singulæ, et minus auri est una quam duæ. At in Deo non ita est; non enim maior essentia est Pater et Filius simul quam solus Pater aut solus Filius, sed tres simul illæ substantiæ sive Personæ, si ita dicendæ sunt, æquales sunt singulis, quod *animalis homo non percipit* . Non enim potest cogitare nisi moles et spatia, vel minuta vel grandia volitantibus in animo eius phantasmatis, tamquam imaginibus corporum.

Donec purgetur animalis homo credat; homo ad imaginem et imago Dei.
6. 12. Ex qua immunditia donec purgetur credat in Patrem et Filium et Spiritum Sanctum, unum Deum, solum, magnum, omnipotentem, bonum, iustum, misericordem, omnium visibilium et invisibilium conditorem, et quidquid de illo pro humana facultate digne vereque dici potest. Neque cum audierit Patrem solum Deum separet inde Filium aut Spiritum Sanctum , cum eo quippe solus Deus cum quo et unus Deus est, quia et Filium cum audimus solum Deum sine ulla separatione Patris aut Spiritus Sancti oportet accipere. Atque ita dicat unam essentiam ut non existimet aliud alio vel maius vel melius vel aliqua ex parte diversum, non tamen ut Pater ipse sit et Filius et Spiritus Sanctus, et quidquid aliud ad alterutrum singula dicuntur, sicut Verbum quod non dicitur nisi Filius, aut Donum quod non dicitur nisi Spiritus Sanctus . Propter quod etiam pluralem numerum admittunt, sicut in Evangelio scriptum est: *Ego et Pater unum sumus.* Et *unum* dixit et *sumus*; *unum* secundum essentiam, quod idem Deus; *sumus* secundum relativum, quod ille Pater, hic Filius. Aliquando et tacetur unitas

essentiæ et sola pluraliter relativa commemorantur: *Veniemus ad eum, ego et Pater, et habitabimus apud eum*. *Veniemus* et *habitabimus* pluralis est numerus, quia prædictum est: *Ego et Pater*, id est Filius et Pater, quæ relative ad invicem dicuntur. Aliquando latenter omnino sicut in Genesi: *Faciamus hominem ad imaginem et similitudinem nostram*. Et *faciamus* et *nostram* pluraliter dictum est, et nisi ex relativis accipi non oportet. Non enim ut facerent dii aut ad imaginem et similitudinem deorum, sed ut facerent Pater et Filius et Spiritus Sanctus *ad imaginem* ergo Patris et Filii et Spiritus Sancti ut subsisteret homo imago Dei; Deus autem Trinitas. Sed quia non omnimodo æqualis fiebat illa *imago Dei*, tamquam non ab illo nata, sed ab eo creata, huius rei significandæ causa ita imago est ut ad imaginem sit, id est non æquatur parilitate, sed quadam similitudine accedit. Non enim locorum intervallis sed similitudine acceditur ad Deum, et dissimilitudine receditur ab eo. Sunt enim qui ita distinguunt ut Imaginem velint esse Filium, hominem vero non imaginem sed *ad imaginem*. Refellit autem eos Apostolus dicens: *Vir quidem non debet velare caput cum sit imago et gloria Dei*. Non dixit: "Ad imaginem", sed *imago*. Quæ tamen *imago,* cum alibi dicitur: "Ad imaginem", non quasi ad Filium dicitur, quæ *imago æqualis* est *Patri* ; alioquin non diceret: *ad imaginem nostram*. Quomodo enim *nostram,* cum Filius solius Patris *imago* sit? Sed propter imparem ut diximus similitudinem dictus est homo *ad imaginem*, et ideo *nostram*, ut *imago* Trinitatis esset homo, non Trinitati *æqualis* sicut Filius *Patri*, sed accedens ut dictum est quadam similitudine sicut in distantibus significatur quædam vicinitas non loci, sed cuiusdam imitationis. Ad hoc enim et dicitur: *Reformamini in novitate mentis vestræ*, quibus item dicit: *Estote itaque imitatores Dei, sicut filii dilectissimi*. Novo enim homini dicitur: *Qui renovatur in agnitionem Dei secundum imaginem eius, qui creavit eum*. Aut si iam placet propter disputandi necessitatem etiam exceptis nominibus relativis pluralem numerum admittere, ut uno nomine respondeatur cum quæritur quid tria, et dicere tres substantias sive personas, nullæ moles aut intervalla cogitentur, nulla distantia quantulæcumque dissimilitudinis aut ubi intellegatur aliud alio vel paulo minus quocumque modo minus esse aliud alio potest, ut neque personarum sit confusio, nec talis distinctio qua sit impar aliquid. Quod si intellectu capi non potest, fide teneatur donec illucescat in cordibus ille, qui ait per Prophetam: *Nisi credideritis non intellegetis*.

LIBER OCTAVUS

Prœmium In Trinitate dicuntur distincte quæ relative dicuntur ad invicem, sed nulla diversitas essentiæ.

1. 1. Diximus alibi ea dici proprie in illa Trinitate distincte ad singulas Personas pertinentia quæ, relative dicuntur ad invicem, sicut Pater et Filius et utriusque *Donum* Spiritus Sanctus; non enim Pater Trinitas, aut Filius Trinitas, aut Trinitas Donum. Quod vero ad se dicuntur singuli non dici pluraliter tres, sed unum ipsam Trinitatem, sicut Deus Pater, Deus Filius, Deus Spiritus Sanctus; et bonus Pater, bonus Filius, bonus Spiritus Sanctus; et omnipotens Pater, omnipotens Filius, omnipotens Spiritus Sanctus; nec tamen tres dii aut tres boni aut tres omnipotentes, sed unus Deus, bonus, omnipotens , ipsa Trinitas, et quidquid aliud non ad invicem relative, sed ad se singuli dicuntur. Hoc enim secundum essentiam dicuntur, quia hoc est ibi esse quod magnum esse, quod bonum, quod sapientem esse, et quidquid aliud ad se unaquæque ibi Persona vel ipsa Trinitas dicitur. Ideoque dici tres Personas vel tres substantias , non ut aliqua intellegatur diversitas essentiæ, sed ut vel uno aliquo vocabulo responderi possit cum dicitur quid Tres vel quid tria; tantamque esse æqualitatem in ea Trinitate, ut non solum Pater non sit maior quam Filius, quod attinet ad divinitatem, sed nec Pater et Filius simul maius aliquid sint quam Spiritus Sanctus, aut singula quæque Persona quælibet trium minus aliquid sit quam ipsa Trinitas. Dicta sunt hæc, et si sæpius versando repetantur, familiarius quidem innotescunt; sed et modus aliquis adhibendus est Deoque supplicandum devotissima pietate ut intellectum aperiat et studium contentionis absumat quo possit mente cerni essentia veritatis, sine ulla mole, sine ulla mutabilitate. Nunc itaque in quantum ipse adiuvat Creator mire misericors attendamus hæc quæ modo interiore quam superiora tractabimus, cum sint eadem, servata illa regula ut quod intellectui nostro nondum eluxerit a firmitate fidei non dimittatur.

In Trinitate non sunt maius aliquid duæ aut tres Personæ quam una earum.

1. 2. Dicimus enim non esse in hac Trinitate maius aliquid duas aut tres Personas quam unam earum; quod non capit consuetudo carnalis , non ob aliud, nisi quia vera quæ creata sunt sentit ut potest; veritatem autem ipsam qua creata sunt non potest intueri; nam si posset, nullo modo esset lux ista corporea manifestior quam hoc quod diximus. In substantia quippe veritatis, quoniam sola vere est, non est maior aliqua, nisi quæ verius est. Quidquid autem intellegibile atque incommutabile est, non aliud alio verius est, quia æque incommutabiliter æternum est; nec quod ibi magnum dicitur, aliunde magnum est, quam eo quo vere est. Quapropter ubi magnitudo ipsa veritas est, quidquid plus habet magnitudinis, necesse est plus habeat veritatis; quidquid ergo plus veritatis non habet, non habet etiam plus magnitudinis. Porro, quidquid plus habet veritatis, profecto verius est, sicut maius est quod plus habet magnitudinis; hoc ergo ibi est maius quod verius. Non autem verius est Pater et Filius simul, quam singulus Pater, aut singulus Filius. Non igitur maius aliquid utrumque simul, quam singulum eorum. Et quoniam æque vere est etiam Spiritus Sanctus, nec Pater et Filius simul maius aliquid est quam ipse, quia nec verius. Pater quoque et Spiritus Sanctus simul, quoniam veritate non superant Filium; non enim verius sunt, nec magnitudine superant. Atque ita Filius et Spiritus Sanctus simul tam magnum aliquid sunt quam Pater solus, quia tam vere sunt. Sic et ipsa Trinitas tam magnum est, quam unaquæque ibi Persona. Non enim ibi maior est, quæ verior non est, ubi est ipsa veritas magnitudo. Quia in essentia veritatis, hoc est verum esse quod est esse; et hoc est esse quod est magnum esse; hoc ergo magnum esse, quod verum esse. Quod igitur ibi æque verum est, etiam æque magnum sit necesse est.

Deus Veritas.

2. 3. In corporibus autem fieri potest ut æque verum sit hoc aurum atque illud, sed maius hoc sit quam illud, quia non eadem ibi est magnitudo quæ veritas; aliudque illi est aurum esse, aliud magnum esse. Sic et in animi natura, secundum quod dicitur magnus animus, non secundum hoc dicitur verus animus. Animum enim verum habet etiam qui non est magnanimus; quandoquidem corporis et animi essentia, non est ipsius veritatis essentia, sicuti est Trinitas, Deus unus, solus, magnus, verus, verax, veritas. Quem si cogitare conamur, quantum sinit et donat, nullus cogitetur per locorum spatia contactus aut complexus, quasi trium corporum; nulla compago iuncturæ, sicut tricorporem Geryonem fabulæ ferunt ; sed quidquid animo tale occurrerit, ut maius sit in tribus quam in singulis, minusque in uno quam in duobus, sine ulla dubitatione respuatur; ita enim respuitur omne corporeum. In spiritalibus autem omne mutabile quod occurrerit, non putetur Deus. Non enim parvæ notitiæ pars est, cum de profundo isto in illam summitatem respiramus, si antequam scire possimus quid sit Deus, possumus iam scire quid non sit. Non est enim certe nec terra, nec cælum, nec quasi terra et cælum, nec tale aliquid quale videmus in cælo, nec quidquid tale non videmus et est fortassis in cælo. Nec si augeas imaginatione cogitationis lucem solis, quantum potes, sive quo sit maior, sive quo sit clarior, millies tantum, aut innumerabiliter, neque hoc est Deus. Nec sicut cogitantur Angeli mundi spiritus cælestia corpora inspirantes, atque ad arbitrium quo serviunt Deo mutantes atque versantes , neque si omnes, cum sint *milia millium*, in unum collati unus fiant, nec tale aliquid Deus est. Nec si eosdem spiritus sine corporibus cogites, quod quidem carnali cogitationi difficillimum est. Ecce vide, si potes, o anima prægravata corpore *quod corrumpitur*, et onusta terrenis cogitationibus multis et variis; ecce vide, si potes: Deus veritas est. Hoc enim scriptum est: *Quoniam Deus lux est;* non quomodo isti oculi vident, sed quomodo videt cor, cum audit: Veritas est. Noli quærere quid sit veritas; statim enim se opponent caligines imaginum corporalium et nubila phantasmatum, et perturbabunt serenitatem, quæ primo ictu diluxit tibi, cum dicerem: Veritas. Ecce in ipso primo ictu quo velut coruscatione perstringeris, cum dicitur: Veritas, mane si potes; sed non potes. Relaberis in ista solita atque terrena. Quo tandem pondere, quæso, relaberis nisi sordium contractarum cupiditatis visco et peregrinationis erroribus?

Deus summum Bonum.

3. 4. Ecce iterum vide, si potes. Non amas certe nisi bonum, quia bona est terra altitudine montium et temperamento collium et planitie camporum, et bonum prædium amœnum ac fertile, et bona domus paribus membris disposita et ampla et lucida, et bona animalia animata corpora, et bonus ær modestus et salubris, et bonus cibus suavis atque aptus valetudini, et bona valetudo sine doloribus et lassitudine, et bona facies hominis dimensa pariliter et affecta hilariter et luculenter colorata, et bonus animus amici consensionis dulcedine et amoris fide, et bonus vir iustus, et bonæ divitiæ, quia facile expediunt, et bonum cælum cum sole et luna et stellis suis, et boni Angeli sancta obedientia, et bona locutio suaviter docens et congruenter movens audientem, et bonum carmen canorum numeris et sententiis grave. Quid plura et plura? Bonum hoc et bonum illud. Tolle hoc et illud, et vide ipsum bonum, si potes; ita Deum videbis, non alio bono bonum, sed Bonum omnis boni. Neque enim in his omnibus bonis, vel quæ commemoravi, vel quæ alia cernuntur sive cogitantur, diceremus aliud alio melius cum vere iudicamus, nisi esset nobis impressa notio ipsius boni, secundum quod et probaremus aliquid, et aliud alii præponeremus . Sic amandus est Deus, non hoc et illud bonum, sed ipsum bonum. Quærendum enim bonum animæ, non cui supervolitet iudicando, sed cui hæreat amando; et quid hoc, nisi Deus? Non bonus animus, aut bonus angelus, aut bonum cælum, sed bonum Bonum. Sic enim forte facilius advertitur quid velim dicere. Cum enim audio, verbi gratia, quod dicitur animus bonus, sicut duo verba sunt, ita ex eis verbis duo quædam intellego; aliud quo animus est, aliud quo bonus. Et quidem ut animus esset,non egit ipse aliquid; non enim iam erat qui ageret ut esset; ut autem sit bonus animus, video agendum esse voluntate; non quia idipsum quo animus est, non est aliquid bon; nam unde iam dicitur, et verissime dicitur corpore melior? Sed ideo, nondum dicitur bonus animus, quia restat ei actio voluntatis, qua sit præstantior. Quam si neglexerit, iure culpatur, recteque dicitur non bonus animus. Distat enim ab eo qui hoc agit; et quia ille laudabilis, profecto iste qui hoc non agit, vituperabilis est. Cum vero agit hoc studio, et fit bonus animus, nisi se ad aliquid convertat quod ipse non est, non potest hoc assequi. Quo se autem convertit ut fiat bonus animus, nisi ad bonum, cum hoc amat et appetit et adipiscitur? Unde se si rursus avertat, fiatque non bonus, hoc ipso quod se avertit a bono, nisi maneat in se illud bonum unde se avertit, non est quo se iterum, si voluerit emendare; convertat.

Incommutabile Bonum et mutabilia bona.

3. 5. Quapropter nulla essent mutabilia bona, nisi esset incommutabile Bonum. Cum itaque audis bonum hoc et bonum illud, quæ possunt alias dici etiam non bona, si potueris sine illis quæ participatione boni bona sunt, perspicere ipsum bonum cuius participatione bona sunt; simul enim et ipsum intellegis, cum audis hoc aut illud bonum; si ergo potueris illis detractis per se ipsum perspicere bonum, perspexeris Deum. Et si amore inhæseris, continuo beatificaberis. Pudeat autem cum alia non amentur nisi quia bona sunt, eis inhærendo non amare Bonum ipsum unde bona sunt. Illud etiam, quod animus, tantum quia est animus, etiam nondum eo modo bonus quo se convertit ad incommutabile Bonum; sed, ut dixi, tantum animus, cum ita nobis placet ut eum omni etiam luci corporeæ cum bene intellegimus, præferamus, non in se ipso nobis placet sed in illa arte qua factus est. Inde enim approbatur factus, ubi videtur fuisse faciendus. Hæc est veritas, et simplex bonum; non enim est aliud aliquid quam ipsum bonum, ac per hoc etiam summum Bonum . Non enim minui vel augeri bonum potest, nisi quod ex alio bono bonum est. Ad hoc se igitur animus convertit ut bonus sit, a quo habet ut animus sit. Tunc ergo voluntas naturæ congruit ut perficiatur in bono animus, cum illud bonum diligitur conversione voluntatis, unde est et illud quod non amittitur nec aversione voluntatis. Avertendo enim se a summo Bono, amittit animus ut sit bonus animus; non autem amittit ut sit animus, cum et hoc iam bonum sit corpore melius; hoc ergo amittit voluntas quod voluntas adipiscitur. Iam enim erat animus, qui converti ad id vellet a quo erat; qui autem vellet esse antequam esset nondum erat. Et hoc est bonum nostrum, ubi videmus utrum esse debuerit aut debeat, quidquid esse debuisse aut debere comprehendimus, et ubi videmus esse non potuisse nisi esse debuisset, quidquid etiam quomodo esse debuerit non comprehendimus. Hoc ergo bonum *non longe positum est ab unoquoque nostrum: In illo enim vivimus, et movemur, et sumus.*

Deus per fidem diligendus ut cor mundetur.

4. 6. Sed dilectione standum est ad illud et inhærendum illi, ut præsente perfruamur a quo sumus, quo absente nec esse possemus. Cum enim *per fidem adhuc ambulamus, non per speciem*, *nondum* utique *videmus* Deum, sicut idem ait: facie ad faciem. Quem tamen nisi iam nunc diligamus, numquam videbimus. Sed quis diligit quod ignorat? Sciri enim aliquid et non diligi potest; diligi autem quod nescitur, quæro utrum possit; quia si non potest, nemo diligit Deum antequam sciat. Et quid est Deum scire, nisi eum mente conspicere, firmeque percipere? Non enim corpus est, ut carneis oculis inquiratur. Sed et priusquam valeamus conspicere atque percipere Deum, sicut conspici et percipi potest, quod mundis cordibus licet: *Beati* enim *mundicordes, quia ipsi Deum videbunt*, nisi *per fidem* diligatur, non poterit cor mundari, quo ad eum videndum sit aptum et idoneum. Ubi sunt enim illa tria propter quæ in animo ædificanda omnium divinorum Librorum machinamenta consurgunt, *fides, spes, caritas*; nisi in animo credente quod nondum videt, et sperante atque amante quod credit? Amatur ergo et quod ignoratur; sed tamen creditur. Nimirum autem cavendum est, ne credens animus id quod non videt, fingat sibi aliquid quod non est, et speret diligatque quod falsum est. Quod si fit, non erit c*aritas de corde puro et conscientia bona et fide non ficta,* qui f*inis præcepti est*, sicut idem Apostolus dicit.

Fides cognitionem præviam involvit.

4. 7. Necesse est autem, cum aliqua corporalia lecta vel audita quæ non vidimus, credimus, fingat sibi animus aliquid in lineamentis formisque corporum, sicut occurrerit cogitanti, quod aut verum non sit, aut etiam si verum est, quod rarissime potest accidere; non hoc tamen fide ut teneamus quidquam prodest, sed ad aliud aliquid utile, quod per hoc insinuatur. Quis enim legentium vel audientium quæ scripsit apostolus Paulus, vel quæ de illo scripta sunt, non fingat animo et ipsius Apostoli faciem, et omnium quorum ibi nomina commemorantur? Et cum in tanta hominum multitudine quibus illæ Litteræ notæ sunt, alius aliter lineamenta figuramque illorum corporum cogitet, quis propinquius et similius cogitet, utique incertum est. Neque ibi occupatur fides nostra, qua facie corporis fuerint illi homine; sed tantum quia per Dei gratiam ita vixerunt,et ea gesserun, quæ Scriptura illa testatur. Hoc utile est credere, et non desperandum, et appetendum. Nam et ipsius facies Dominicæ carnis, innumerabilium cogitationum diversitate variatur et fingitur, quæ tamen una erat, quæcumque erat. Neque in fide nostra quam de Domino Iesu Christo habemus, illud salubre est quod sibi animus fingit, longe fortasse aliter quam res habet, sed illud quod secundum speciem de homine cogitamus; habemus enim quasi regulariter infixam naturæ humanæ notitiam, secundum quam quidquid tale aspicimus, statim hominem esse cognoscimus, vel hominis formam.

Quomodo Trinitas diligatur incognita.

5. 7. Secundum hanc notitiam cogitatio nostra informatur, cum credimus pro nobis Deum hominem factum, ad humilitatis exemplum, et ad demonstrandam erga nos dilectionem Dei. Hoc enim nobis prodest credere, et firmum atque inconcussum corde retinere, humilitatem qua natus est Deus ex femina, et a mortalibus per tantas contumelias perductus ad mortem, summum esse medicamentum quo superbiæ nostræ sanaretur tumor, et altum sacramentum quo peccati vinculum solveretur. Sic et virtutem miraculorum et ipsius resurrectionis eius, quoniam novimus quid sit omnipotentia, de omnipotente Deo credimus, et secundum species et genera rerum vel natura insita vel experientia collecta, de factis huiuscemodi cogitamus, ut non ficta sit fides nostra. Neque enim novimus faciem virginis Mariæ, ex qua ille a viro intacta neque in ipso partu corrupta, mirabiliter natus est. Nec quibus membrorum lineamentis fuerit Lazarus, nec Bethaniam, nec sepulcrum lapidemque illum quem removeri iussit cum eum resuscitaret vidimus ; nec monumentum novum excisum in petra unde ipse resurrexit, nec montem Oliveti unde ascendit in cælum; neque omnino scimus, quicumque ista non vidimus, an ita sint ut ea cogitamus; immo vero probabilius existimamus ita non esse. Namque cum alicuius facies vel loci vel hominis vel cuiuslibet corporis eadem occurrerit oculis nostris, quæ occurrebat animo, cum eam priusquam videremus cogitabamus, non parvo miraculo movemur; ita raro et pene numquam accidit; et tamen ea firmissime credimus, quia secundum specialem generalemque notitiam quæ certa nobis est, cogitamus. Credimus enim Dominum Iesum Christum natum de Virgine quæ Maria vocabatur. Quid sit autem virgo, et quid sit nasci, et quid sit nomen proprium non credimus, sed prorsus novimus. Utrum autem illa facies Mariæ fuerit quæ occurrerit animo cum ista loquimur aut recordamur, nec novimus omnino, nec credimus. Itaque hic salva fide licet dicere: "Forte talem habebat faciem, forte non talem"; "Forte" autem "de virgine natus est Christus", nemo salva fide christiana dixerit.

De cognitione iustitiæ.

5. 8. Quamobrem quoniam Trinitatis æternitatem, et æqualitatem, et unitatem, quantum datur, intellegere cupimus, prius autem quam intellegamus credere debemus, vigilandumque nobis est,ne ficta sit fides nostra. Eadem quippe Trinitate fruendum est, ut beate vivamus ; si autem falsum de illa crediderimus, inanis erit spes, et non casta caritas. Quomodo igitur eam Trinitatem quam non novimus, credendo diligimus? An secundum specialem generalemve notitiam, secundum quam diligimus apostolum Paulum? Qui etiam si non ea facie fuit quæ nobis occurrit de illo cogitantibus, et hoc penitus ignoramus, novimus tamen quid sit homo. Ut enim longe non eamus, hoc sumus, et illum hoc fuisse, et animam eius corpori copulatam mortaliter vixisse manifestum est. Hoc ergo de illo credimus, quod invenimus in nobis, iuxta speciem vel genus, quo humana omnis natura pariter continetur. Quid igitur de illa excellentia Trinitatis sive specialiter sive generaliter novimus, quasi multæ sint tales trinitates, quarum aliquas experti sumus, ut per regulam similitudinis impressam vel specialem vel generalem notitiam, illam quoque talem esse credamus; atque ita rem quam credimus et nondum novimus, ex parilitate rei quam novimus diligamus? Quod utique non ita est. An quemadmodum diligimus in Domino Iesu Christo, quod resurrexit a mortuis, quamvis inde neminem umquam resurrexisse viderimus, ita Trinitatem quam non videmus, et qualem nullam umquam vidimus, possumus credendo diligere? Sed quid sit vivere et quid sit mori, utique scimus; quia et vivimus et mortuos ac morientes aliquando vidimus atque experti sumus. Quid est autem aliud resurgere, nisi reviviscere, id est, *ex morte ad vitam* redire? Cum ergo dicimus et credimus esse Trinitatem, novimus quid sit Trinitas, quia novimus quid sint tria; sed hoc non diligimus. Nam id ubi volumus, facile habemus, ut alia omittam, vel micando digitis tribus. An vero diligimus, non quod omnis trinitas, sed quod Trinitas, Deus? Hoc ergo diligimus in Trinitate, quod Deus est. Sed Deum nullum alium vidimus, aut novimus, *quia unus est Deus*, ille solus quem nondum vidimus, et credendo diligimus. Sed ex qua rerum notarum similitudine vel comparatione credamus, quo etiam nondum notum Deum diligamus, hoc quæritur.

De vera dilectione per quam ad cognitionem Trinitatis pervenitur.

6. 9. Redi ergo mecum, et consideremus cur diligamus Apostolum. Numquidnam propter humanam speciem, quam notissimam habemus, eo quod credimus eum hominem fuisse? Non utique; alioquin nunc non est quem diligamus, quandoquidem homo ille iam non est; anima enim eius a corpore separata est. Sed id quod in illo amamus, etiam nunc vivere credimus; amamus enim animum iustum. Ex qua ergo generali aut speciali regula, nisi quia scimus et quid sit animus, et quid sit iustus? Et animus quidem quid sit, non incongrue nos dicimus ideo nosse, quia et nos habemus animum. Neque enim umquam oculis vidimus, et ex similitudine visorum plurium notionem generalem specialemve percepimus; sed potius, ut dixi, quia et nos habemus. Quid enim tam intime scitur, seque ipsum esse sentit, quam id quo etiam cetera sentiuntur, id est, ipse animus? Nam et motus corporum, quibus præter nos alios vivere sentimus, ex nostra similitudine agnoscimus; quia et nos ita movemus corpus vivendo, sicut illa corpora moveri advertimus. Neque enim cum corpus vivum movetur, aperitur ut ulla via oculis nostris ad videndum animum, rem quæ oculis videri non potest; sed illi moli aliquid inesse sentimus, quale nobis inest ad movendam similiter molem nostram, quod est vita et anima. Neque quasi humanæ prudentiæ rationisque proprium est. Et bestiæ quippe sentiunt vivere, non tantum se ipsas, sed etiam invicem atque alterutrum, et nos ipsos. Nec animas nostras vident, sed ex motibus corporis, idque statim et facillime quadam conspiratione naturali. Animum igitur cuiuslibet ex nostro novimus, et ex nostro credimus quem non novimus. Non enim tantum sentimus animum, sed etiam scire possumus quid sit animus consideratione nostri; habemus enim animum. Sed quid sit iustus, unde novimus? Dixeramus enim Apostolum nos non alia causa diligere, nisi quod sit iustus animus. Novimus ergo et quid sit iustus, sicut et quid sit animus. Sed quid sit animus, ut dictum est, novimus ex nobis; inest enim animus nobis.

Quid autem sit iustus unde novimus, si iusti non sumus? Quod si nemo novit quid sit iustus nisi qui iustus est, nemo diligit iustum nisi iustus; non enim potest diligere quem iustum esse credit, ob hoc ipsum, quia iustum esse credit, si quid sit iustus ignorat; secundum quod superius demonstravimus, neminem diligere quod credit et non videt, nisi ex aliqua regula notitiæ generalis sive specialis. Ac per hoc si non diligit iustum nisi iustus, quomodo volet quisque iustus esse qui nondum est? Non enim vult quisquam esse quod non diligit. Ut autem sit iustus qui nondum est, volet utique iustus esse; ut autem velit, diligit iustum. Diligit ergo iustum et qui nondum iustus est. Diligere autem iustum non potest, si quid sit iustus ignorat. Proinde novit quid sit iustus, etiam qui nondum est. Ubi ergo novit? Num oculis vidit aut ullum corpus iustum, velut album, aut nigrum, aut quadrum, aut rotundum? Quis hoc dixerit? At oculis non vidit nisi corpora; iustus autem in homine non est nisi animus, et cum homo iustus dicitur, ex animo dicitur, non ex corpore. Est enim quædam pulchritudo animi iustitia, qua pulchri sunt homines, plerique etiam qui corpore distorti atque deformes sunt. Sicut autem animus non videtur oculis, ita nec pulchritudo eius. Ubi ergo novit quid sit iustus qui nondum est atque ut sit diligit iustum? An signa quædam per motum corporis emicant quibus ille aut ille homo esse iustus apparet? Sed unde novit illa signa esse animi iusti, nesciens quid omnino sit iustus? Novit ergo. Sed ubi novimus quid sit iustus, etiam cum iusti nondum sumus? Si extra quam nos novimus, in corpore aliquo novimus. Sed non est ista res corporis. In nobis igitur novimus quid sit iustus. Non enim alibi hoc invenio, cum quæro ut hoc eloquar, nisi apud me ipsum; et si interrogem alium quid sit iustus, apud se ipsum quærit quid respondeat; et quisquis hinc verum respondere potuit, apud se ipsum quid responderet invenit. Et Carthaginem quidem cum eloqui volo, apud me ipsum quæro ut eloquar, et apud me ipsum invenio phantasiam Carthaginis; sed eam per corpus accepi, id est per corporis sensum, quoniam præsens in ea corpore fui et eam vidi atque sensi, memoriaque retinui, ut apud me invenirem de illa verbum, cum eam vellem dicere. Ipsa enim phantasia eius in memoria mea verbum eius, non sonus iste trisyllabus cum Carthago nominatur, vel etiam tacite nomen ipsum per spatia temporum cogitatur; sed illud quod in animo meo cerno, cum hoc trisyllabum voce profero, vel antequam proferam. Sic et Alexandriam cum eloqui volo, quam numquam vidi, præsto est apud me phantasma eius. Cum enim a multis audissem et credidissem magnam esse illam urbem, sicut mihi narrari potuit, finxi animo imaginem eius quam potui; et hoc est apud me verbum eius, cum eam volo dicere, antequam voce quinque syllabas proferam, quod nomen eius fere omnibus notum est. Quam tamen imaginem si ex animo meo proferre possem ad oculos hominum qui Alexandriam noverunt, profecto aut omnes dicerent: "Non est ipsa"; aut si dicerent: "Ipsa est", multum mirarer, atque ipsam intuens in animo meo, id est imaginem quasi picturam eius, ipsam tamen esse nescirem, sed eis crederem qui visam tenerent. Non autem ita quæro quid sit iustus, nec ita invenio, nec ita intueor, cum id eloquor; nec ita probor, cum audior; nec ita probo, cum audio; quasi tale aliquid oculis viderim, aut ullo corporis sensu didicerim, aut ab eis qui ita didicissent audierim. Cum enim dico et sciens dico: "Iustus est animus qui scientia atque ratione in vita ac moribus *sua cuique distribuit*," non aliquam rem absentem cogito, sicut Carthaginem, aut fingo ut possum, sicut Alexandriam, sive ita sit, sive non ita; sed præsens quiddam cerno, et cerno apud me, etsi non sum ipse quod cerno, et multi si audiant, approbabunt. Et quisquis me audit atque scienter approbat, apud se et ipse hoc idem cernit, etiamsi non sit et ipse quod cernit. Iustus vero cum id dicit, id quod ipse est cernit et dicit. Et ubi etiam ipse cernit, nisi apud se ipsum? Sed hoc mirum non est; ubi enim se ipsum cerneret, nisi apud se ipsum? Illud mirabile ut apud se animus videat quod alibi nusquam vidit, et verum videat, et ipsum verum iustum animum videat, et sit ipse animus et non sit iustus animus, quem apud se ipsum videt. Num est alius animus iustus in animo nondum iusto? Aut si non est, quem ibi videt, cum videt et dicit quid sit animus iustus, nec alibi quam in se videt, cum ipse non sit animus iustus? An illud quod videt, veritas est interior præsens animo qui eam valet intueri? Neque omnes valent; et qui intueri valent, hoc etiam quod intuentur non omnes sunt, hoc est, non sunt etiam ipsi iusti animi, sicut possunt videre ac dicere quid sit iustus animus. Quod unde esse poterunt, nisi inhærendo eidem ipsi formæ quam intuentur, ut inde formentur et sint iusti animi; non tantum cernentes et dicentes iustum esse animum qui scientia atque ratione in vita ac moribus sua cuique distribuit, sed etiam ut ipsi iuste vivant iusteque morati sint, sua cuique distribuendo, *ut nemini quidquam debeant, nisi ut invicem diligant*? Et unde inhæretur illi forma, nisi amando? Cur ergo alium diligimus quem credimus iustum, et non diligimus ipsam formam ubi videmus quid sit iustus animus, ut et nos iusti esse possimus? An vero nisi et istam diligeremus, nullo modo eum diligeremus quem ex ista diligimus, sed dum iusti non sumus, minus eam diligimus quam ut iusti esse valeamus? Homo ergo qui creditur iustus, ex ea forma et veritate diligitur, quam cernit et intellegit apud se ille qui diligit; ipsa vero forma et veritas non est quomodo aliunde diligatur. Neque enim invenimus aliquid tale præter ipsam, ut eam, cum incognita est, credendo diligamus, ex eo quod iam tale aliquid novimus. Quidquid enim tale aspexeris, ipsa est; et non est quidquam tale, quoniam sola ipsa talis est, qualis ipsa est. Qui ergo amat homines, aut quia iusti sunt, aut ut iusti sint, amare debet. Sic enim et se ipsum amare debet, aut quia iustus est, aut ut iustus sit; sic enim *diligit proximum tamquam se ipsum*, sine ullo periculo. Qui enim aliter se diligit, iniuste se diligit, quoniam se ad hoc diligit ut sit iniustus; ad hoc ergo ut sit malus, ac per hoc iam non se diligit: *Qui* enim *diligit iniquitatem, odit animam suam*.

Deus interius quærendus.
7. 10. Quapropter non est præcipue videndum in hac quæstione, quæ de Trinitate nobis est, et de cognoscendo Deo, nisi quid sit vera dilectio, immo vero quid sit dilectio. Ea quippe dilectio dicenda quæ vera est; alioquin cupiditas est; atque ita cupidi abusive dicuntur diligere, quemadmodum cupere abusive dicuntur qui diligunt. Hæc est autem vera dilectio, *ut* inhærentes veritati *iuste vivamus* ; et ideo contemnamus omnia mortalia præ amore hominum, quo eos volumus iuste vivere. Ita enim et mori pro fratribus utiliter parati esse poterimus, quod nos exemplo suo Dominus Iesus Christus docuit. Cum enim duo præcepta sint *in quibus tota Lex pendet et Prophetæ, dilectio Dei*, et *dilectio proximi* , non immerito plerumque Scriptura pro utroque unum ponit. Sive tantum Dei, sicuti est illud: *Scimus quoniam diligentibus*

Deum omnia cooperantur in bonum; et iterum: *Quisquis autem diligit Deum, hic cognitus est ab illo*; et illud: *Quoniam caritas Dei diffusa est in cordibus nostris per Spiritum Sanctum qui datus est nobis*; et alia multa, quia et qui diligit Deum consequens est ut faciat quod præcepit Deus, et in tantum diligit in quantum facit; consequens ergo est ut et proximum diligat, quia hoc præcepit Deus. Sive tantum proximi dilectionem Scriptura commemorat, sicuti est illud: *Invicem onera vestra portate, et sic adimplebitis legem Christi*; et illud: *Omnis enim lex in uno sermone impletur, in eo quod scriptum est: Diliges proximum tuum tamquam te ipsum*; et in Evangelio: *Omnia quæcumque vultis ut faciant vobis homines bona, hæc et vos facite illis; hæc est enim Lex et Prophetæ* . Et pleraque alia reperimus in Litteris sanctis, in quibus sola dilectio proximi ad perfectionem præcipi videtur, et taceri de dilectione Dei; cum in utroque præcepto Lex pendeat et Prophetæ . Sed et hoc ideo, quia et qui proximum diligit, consequens est ut ipsam præcipue dilectionem diligat. *Deus* autem *dilectio est, et qui manet in dilectione, in Deo manet* . Consequens ergo est ut præcipue Deum diligat.

7. 11. Quapropter qui quærunt Deum per istas potestates, quæ mundo præsunt vel partibus mundi, auferuntur ab eo longeque iactantur; non intervallis locorum, sed diversitate affectuum ; exterius enim conantur ire, et interiora sua deserunt, quibus interior est Deus. Itaque etiamsi aliquam sanctam cælitem Potestatem vel audierint, vel utcumque cogitaverint, facta magis eius appetunt quæ humana miratur infirmitas, non imitantur pietatem qua divina requies comparatur. Malunt enim superbe hoc posse quod angelus, quam devote hoc esse quod angelus. Non enim sanctus quisquam potestate sua gaudet, sed eius a quo habet posse quidquid congruenter potest; et novit potentius esse coniungi Omnipotenti pia voluntate, quam propria voluntate posse, quod contremiscant qui talia non possunt. Itaque ipse Dominus Iesus Christus talia faciens, ut mirantes doceret ampliora, et temporalibus insolitis intentos atque suspensos ad æterna atque interiora converteret: *Venite*, inquit, *ad me qui laboratis et onerati estis, et ego vos reficiam; tollite iugum meum super vos* . Et non dixit: "Discite a me quia triduanos mortuos suscito"; sed ait: *Discite a me quia mitis sum et humilis corde*. Potentior est enim et tutior solidissima humilitas, quam ventosissima celsitudo. Et ideo sequitur dicens: *Et invenietis requiem animabus vestris*. *Dilectio* enim *non inflatur*, et: *Deus dilectio est* , et *fideles in dilectione adquiescunt illi*, revocati ab strepitu qui foris est ad gaudia silentia. Ecce: *Deus dilectio est*. Utquid imus et currimus in sublimia cælorum et ima terrarum quærentes eum qui est apud nos, si nos esse velimus apud eum?

Qui fratrem diligit ex Deo natus est et cognoscit Deum.

8. 12. Nemo dicat: "Non novi quod diligam". Diligat fratrem, et diligat eamdem dilectionem. Magis enim novit dilectionem qua diligit, quam fratrem quem diligit. Ecce iam potest notiorem Deum habere quam fratrem; plane notiorem, quia præsentiorem; notiorem, quia interiorem; notiorem, quia certiorem. Amplectere dilectionem Deum et dilectione amplectere Deum. Ipsa est dilectio quæ omnes bonos Angelos, et omnes Dei servos consociat vinculo sanctitatis, nosque et illos coniungit invicem nobis, et subiungit sibi. Quanto igitur saniores sumus a tumore superbiæ, tanto sumus dilectione pleniores. Et qui nisi Deo plenus est, qui plenus est dilectione? "At enim caritatem video, et quantum possum eam mente conspicio, et credo Scripturæ dicenti: *Quoniam Deus caritas est, et qui manet in caritate in Deo manet.* Sed cum eam video, non in ea video Trinitatem". Immo vero vides Trinitatem, si caritatem vides. Sed commonebo, si potero, ut videre te videas; adsit tantum ipsa, ut moveamur caritate ad aliquod bonum. Quia cum diligimus caritatem, aliquid diligentem diligimus, propter hoc ipsum quia diligit aliquid. Ergo quid diligit caritas, ut possit etiam ipsa caritas diligi? Caritas enim non est, quæ nihil diligit. Si autem se ipsam diligit, diligat aliquid oportet, ut caritate se diligat. Sicut enim verbum indicat aliquid, indicat etiam se ipsum, sed non se verbum indicat, nisi se aliquid indicare indicet; sic et caritas diligit quidem se, sed nisi se aliquid diligentem diligat, non caritate se diligit. Quid ergo diligit caritas, nisi quod caritate diligimus? Id autem, ut a proximo provehamur, frater est. Dilectionem autem fraternam quantum commendet Ioannes apostolus attendamus: *Qui diligit,* inquit, *fratrem suum in lumine manet, et scandalum in eo non est.* Manifestum est quod iustitiæ perfectionem in fratris dilectione posuerit; nam in quo scandalum non est, utique perfectus est. Et tamen videtur dilectionem Dei tacuisse. Quod numquam faceret, nisi quia in ipsa fraterna dilectione vult intellegi Deum. Apertissime enim in eadem Epistula, paulo post ita dicit: *Dilectissimi, diligamus invicem, quia dilectio ex Deo est; et omnis qui diligit ex Deo natus est, et cognovit Deum. Qui non diligit, non cognovit Deum; quia Deus dilectio est.* Ista contextio satis aperteque declarat, eamdem ipsam fraternam dilectionem, (nam fraterna dilectio est, qua diligimus invicem), non solum *ex Deo,* sed etiam *Deum* esse tanta auctoritate prædicari. Cum ergo de dilectione diligimus fratrem, de Deo diligimus fratrem; nec fieri potest ut eamdem dilectionem non præcipue diligamus, qua fratrem diligimus. Unde colligitur, duo illa præcepta non posse sine invicem. *Quoniam* quippe *Deus dilectio est* ; Deum certe diligit, qui diligit dilectionem; dilectionem autem necesse est diligat, qui diligit fratrem. Et ideo quod paulo post ait: *Non potest Deum diligere quem non videt, qui fratrem quem videt non diligit* ; quia hæc illi causa est non videndi Deum, quod *non diligit fratrem. Qui enim non diligit fratrem*, non est in dilectione; et qui non est in dilectione, non est in Deo: *quia Deus dilectio est*. Porro qui non est in Deo, non est in lumine: *quia Deus lumen est, et tenebræ in eo non sunt ullæ*. Qui ergo non est in lumine, quid mirum si non videt lumen, id est non videt Deum, quia *in tenebris est*? Fratrem autem videt humano visu, quo videri Deus non potest. Sed si eum quem videt humano visu, spiritali caritate diligeret, videret Deum, qui est ipsa caritas, visu interiore quo videri potest. Itaque *qui fratrem quem videt non diligit, Deum, quem* propterea *non videt, quia Deus dilectio est*, qua caret qui fratrem non diligit, quomodo *potest diligere?* Nec illa iam quæstio moveat, quantum caritatis fratri debeamus impendere, quantum Deo. Fratri enim quantum nobis ipsis; nos autem ipsos tanto magis diligimus, quanto magis diligimus Deum. Ex una igitur eademque caritate Deum proximumque diligimus, sed Deum propter Deum, nos autem, *et proximum propter Deum.*

Ex forma iustitiæ iustum diligimus.

9. 13. Quid enim est, quæso, quod exardescimus, cum audimus et legimus: *Ecce nunc tempus acceptabile, ecce nunc dies salutis. Nullam in quoquam dantes offensionem, ut non reprehendatur ministerium nostrum, sed in omnibus commendantes nosmetipsos ut Dei ministros, in multa patientia, in tribulationibus, in necessitatibus, in angustiis, in plagis, in carceribus, in iactationibus, in laboribus, in vigiliis, in ieiuniis, in castitate, in scientia, in longanimitate, in bonitate, in Spiritu Sancto, in caritate non ficta, in verbo veritatis, in virtute Dei, per arma iustitiæ dextra et sinistra, per gloriam et ignobilitatem, per infamiam et bonam famam, ut seductores et veraces, ut qui ignoramur et cognoscimur, quasi morientes et ecce vivimus, ut cœrciti et non mortificati, ut tristes semper autem gaudentes, sicut egeni multos autem ditantes, tamquam nihil habentes et omnia possidentes?* Quid est quod accendimur in dilectione Pauli apostoli, cum ista legimus, nisi quod credimus eum ita vixisse? Vivendum tamen sic esse Dei ministris, non de aliquibus auditum credimus, sed intus apud nos, vel potius supra nos, in ipsa veritate conspicimus . Illum ergo quem sic vixisse credimus, ex hoc quod videmus diligimus. Et nisi hanc formam, quam semper stabilem atque incommutabilem cernimus, præcipue diligeremus, non ideo diligeremus illum, quia eius vitam, cum in carne viveret, huic formæ coaptatam et congruentem fuisse, fide retinemus. Sed nescio quomodo amplius et in ipsius formæ caritatem excitamur, per fidem qua credimus vixisse sic aliquem; et spem, qua nos quoque ita posse vivere, qui homines sumus, ex eo quod aliqui homines ita vixerunt, minime desperamus, ut hoc et desideremus ardentius, et fidentius precemur. Ita et ipsorum vitam facit a nobis diligi formæ illius dilectio, secundum quam vixisse creduntur, et illorum vita credita in eamdem formam flagrantiorem excitat caritatem; ut quanto flagrantius diligimus Deum, tanto certius sereniusque videamus, quia in Deo conspicimus incommutabilem formam iustitiæ, secundum quam hominem vivere oportere iudicamus. Valet ergo fides ad cognitionem et ad dilectionem Dei, non tamquam omnino incogniti, aut omnino non dilecti; sed quo cognoscatur manifestius et quo firmius diligatur.

Tria quædam in Caritate velut vestigium Trinitatis.

10. 14. Quid est autem dilectio vel caritas, quam tantopere Scriptura divina laudat et prædicat, nisi amor boni? Amor autem alicuius amantis est, et amore aliquid amatur. Ecce tria sunt: amans, et quod amatur, et amor. Quid est ergo amor, nisi quædam vita duo aliqua copulans, vel copulari appetens, amantem scilicet, et quod amatur? Et hoc etiam in extremis carnalibusque amoribus ita est. Sed ut aliquid purius et liquidius hauriamus, calcata carne ascendamus ad animum. Quid amat animus in amico, nisi animum? Et illic igitur tria sunt: amans, et quod amatur, et amor. Restat etiam hinc ascendere, et superius ista quærere, quantum homini datur. Sed hic paululum requiescat intentio, non ut se iam existimet invenisse quod quærit, sed sicut solet inveniri locus, ubi quærendum est aliquid. Nondum illud inventum est, sed iam inventum est ubi quæratur. Ita hoc dixisse suffecerit, ut tamquam ab articulo alicuius exordii cetera contexamus.

LIBER NONUS

De Trinitate quomodo inquirendum.

1. 1. Trinitatem certe quærimus, non quamlibet, sed illam Trinitatem quæ Deus est, verusque ac summus et solus Deus. Exspecta ergo, quisquis hæc audis; adhuc enim quærimus, et talia quærentem nemo iuste reprehendit; si tamen in fide firmissimus quærat, quod aut nosse aut eloqui difficillimum est. Affirmantem vero cito iusteque reprehendit, quisquis melius vel videt vel docet. *Quærite*, inquit, *Dominum, et vivet anima vestra*. Et ne quisquam se tamquam apprehendisse temere gaudeat: *Quærite*, inquit, *faciem eius semper*. Et Apostolus: *Si quis se*, inquit, *putat aliquid scire, nondum scit quemadmodum scire oporteat. Quisquis autem diligit Deum, hic cognitus est ab illo*. Nec sic quidem dixit: "Cognovit illum"; quæ periculosa præsumptio est; sed: *Cognitus est ab illo*. Sic et alibi cum dixisset: *Nunc autem cognoscentes Deum*; statim corrigens: *immo cogniti*, inquit, *a Deo*. Maximeque illo loco: *Fratres*, inquit, *ego me ipsum non arbitror apprehendisse; unum autem, quæ retro oblitus, in ea quæ ante sunt extentus secundum intentionem sequor ad palmam supernæ vocationis Dei in Christo Iesu. Quotquot ergo perfecti hoc sapiamus*. Perfectionem in hac vita dicit non aliud quam ea quæ retro sunt oblivisci, et in ea quæ ante sunt extendi secundum intentionem. Tutissima est enim quærentis intentio, donec apprehendatur illud quo tendimus et quo extendimur. Sed ea recta intentio est, quæ proficiscitur a fide. Certa enim fides utcumque inchoat cognitionem; cognitio vero certa non perficietur, nisi post hanc vitam, cum videbimus *facie ad faciem*. Hoc ergo sapiamus, ut noverimus tutiorem esse affectum vera quærendi, quam incognita pro cognitis præsumendi. Sic ergo quæramus tamquam inventuri; et sic inveniamus, tamquam quæsituri. *Cum* enim *consummaverit homo, tunc incipit*. De credendis nulla infidelitate dubitemus, de intellegendis nulla temeritate affirmemus; in illis auctoritas tenenda est, in his veritas exquirenda. Quod ergo ad istam quæstionem attinet, credamus Patrem et Filium et Spiritum Sanctum esse unum Deum, universæ creaturæ conditorem atque rectorem; nec Patrem esse Filium, nec Spiritum Sanctum vel Patrem esse vel Filium; sed Trinitatem relatarum ad invicem personarum, et unitatem æqualis essentiæ. Quæramus hoc autem intellegere, ab eo ipso quem intellegere volumus, auxilium precantes, et quantum tribuitur quod intellegimus explicare tanta cura et sollicitudine pietatis, ut etiam si aliquid aliud pro alio dicimus, nihil tamen dicamus indignum. Ut si quid verbi gratia, de Patre dicimus, quod Patri proprie non conveniat, aut Filio conveniat, aut Spiritui Sancto, aut ipsi

Trinitati; et si quid de Filio, quod Filio proprie non congruat, saltem congruat Patri aut Spiritui Sancto, aut Trinitati; item si quid de Spiritu Sancto, quod proprietatem Spiritus Sancti non doceat, non tamen alienum sit a Patre aut a Filio, aut ab uno Deo ipsa Trinitate. Veluti nunc cupimus videre utrum illa excellentissima caritas proprie Spiritus Sanctus sit. Quod si non est, aut Pater est caritas, aut Filius, aut ipsa Trinitas, quoniam resistere non possumus certissimæ fidei, et validissimæ auctoritati Scripturæ dicentis: *Deus caritas est.* Non tamen debemus deviare sacrilego errore, ut aliquid de Trinitate dicamus quod non *Creatori,* sed *creaturæ potius,* conveniat, aut inani cogitatione fingatur.

Mens et amor.

2. 2. *Quæ cum ita sint,* attendamus ista tria, quæ invenisse nobis videmur. Nondum de supernis loquimur, nondum de Deo Patre et Filio et Spiritu Sancto; sed de hac impari imagine, attamen imagine, id est homine; familiarius enim eam et facilius fortassis intuetur nostræ mentis infirmitas. Ecce ego qui hoc quæro, cum aliquid amo tria sunt: ego, et quod amo, et ipse amor. Non enim amo amorem, nisi amantem amem; nam non est amor, ubi nihil amatur. Tria ergo sunt: amans, et quod amatur, et amor. Quid, si non amem nisi me ipsum? Nonne duo erunt: quod amo, et amor? Amans enim et quod amatur, hoc idem est, quando se ipse amat; sicut amare et amari, eodem modo idipsum est cum se quisque amat. Eadem quippe res bis dicitur, cum dicitur: "Amat se", et: "amatur a se". Tunc non est aliud atque aliud, amare et amari; sicut non est alius atque alius, amans et amatus. At vero amor, et quod amatur, etiam sic duo sunt. Non enim quisquis se amat amor est nisi cum amatur ipse amor. Aliud est autem amare se, aliud amare amorem suum. Non enim amatur amor, nisi iam aliquid amans; quia ubi nihil amatur, nullus est amor. Duo ergo sunt, cum se quisque amat: amor, et quod amatur. Tunc enim amans et quod amatur unum est. Unde videtur non esse consequens ut ubicumque amor fuerit, iam tria intellegatur. Auferamus enim ab hac consideratione cetera quæ multa sunt, quibus homo constat; atque ut hæc quæ nunc requirimus, quantum in his rebus possumus, liquido reperiamus, de sola mente tractemus. Mens igitur cum amat se ipsam, duo quædam ostendit: mentem, et amorem. Quid est autem amare se, nisi præsto sibi esse velle ad fruendum se? Et cum tantum se vult esse, quantum est, par menti voluntas est, et amanti amor æqualis. Et si aliqua substantia est amor, non est utique corpus, sed spiritus; nec mens corpus, sed spiritus est. Neque tamen amor et mens duo spiritus, sed unus spiritus; nec essentiæ duæ, sed una; et tamen duo quædam unum sunt: amans, et amor; sive sic dicas: "quod amatur, et amor". Et hæc quidem duo relative ad invicem dicuntur. Amans quippe ad amorem refertur, et amor ad amantem. Amans enim aliquo amore amat, et amor alicuius amantis est. Mens vero et spiritus non relative dicuntur, sed essentiam demonstrant. Non enim quia mens et spiritus alicuius hominis est, ideo mens et spiritus est. Retracto enim eo quod homo est, quod adiuncto corpore dicitur; retracto ergo corpore, mens et spiritus manet. Retracto autem amante, nullus est amor; et retracto amore, nullus est amans. Ideoque quantum ad invicem referuntur, duo sunt: quod autem ad se ipsa dicuntur, et singula spiritus, et simul utrumque unus spiritus; et singula mens, et simul utrumque una mens. Ubi ergo trinitas? Attendamus quantum possumus, et invocemus lucem sempiternam, ut illuminet tenebras nostras, et videamus in nobis quantum sinimur, *imaginem Dei.*

Mens et notitia.

3. 3. Mens enim amare se ipsam non potest, nisi etiam noverit se. Nam quomodo amat quod nescit? Aut si quisquam dicit ex notitia generali vel speciali mentem credere se esse talem, quales alias experta est, et ideo amare semetipsam, insipientissime loquitur. Unde enim mens aliquam mentem novit, si se non novit? Neque enim ut oculus corporis videt alios oculos, et se non videt; ita mens novit alias mentes, et ignorat semetipsam . Per oculos enim corporis corpora videmus, quia radios qui per eos emicant et quidquid cernimus tangunt, refringere ac retorquere in ipsos non possumus, nisi cum specula intuemur. Quod subtilissime obscurissimeque disseritur, donec apertissime demonstretur, vel ita se rem habere, vel non ita. Sed quoquo modo se habeat vis qua per oculos cernimus, ipsam certe vim, sive sint radii, sive aliud aliquid, oculis cernere non valemus; sed mente quærimus, et si fieri potest, etiam hoc mente comprehendimus. Mens ergo ipsa sicut corporearum rerum notitias per sensus corporis colligit, sic incorporearum per semetipsam. Ergo et se ipsam per se ipsam novit, quoniam est incorporea. Nam si non se novit, non se amat.

Mens, amor et notitia eius tria quædam sunt et hæc tria unum sunt et cum perfecta sunt æqualia sunt.

4. 4. Sicut autem duo quædam sunt, mens et amor eius, cum se amat; ita quædam duo sunt, mens et notitia eius, cum se novit. Ipsa igitur mens et amor et notitia eius tria quædam sunt, et hæc tria unum sunt, et cum perfecta sunt, æqualia sunt. Si enim minus se amat quam est, ut verbi gratia, tantum se amet hominis mens, quantum amandum est corpus hominis, cum plus sit ipsa quam corpus; peccat, et non est perfectus amor eius. Item si amplius se amet quam est, velut si tantum se amet, quantum amandus est Deus, cum incomparabiliter minus sit ipsa quam Deus; etiam sic nimio peccat, et non perfectum habet amorem sui. Maiore autem perversitate et iniquitate peccat, cum corpus tantum amat, quantum amandus est Deus. Item notitia si minor est, quam est illud quod noscitur, et plene nosci potest, perfecta non est. Si autem maior est, iam superior est natura quæ novit, quam illa quæ nota est, sicut maior est notitia corporis, quam ipsum corpus quod ea notitia notum est. Illa enim vita quædam est in ratione cognoscentis; corpus autem non est vita. Et vita quælibet quolibet corpore maior est, non mole, sed vi. Mens vero cum se ipsa cognoscit, non se superat notitia sua; quia ipsa cognoscit, ipsa cognoscitur. Cum ergo se totam cognoscit, neque secum quidquam aliud, par illi est cognitio sua; quia neque ex alia natura est eius cognitio, cum se ipsa cognoscit. Et cum se totam nihilque amplius percipit, nec minor nec maior est. Recte igitur diximus, hæc tria cum perfecta sunt, esse consequenter æqualia.

Hæc substantia una, tria relative.

4. 5. Simul etiam admonemur, si utcumque videre possumus, hæc in anima exsistere, et tamquam involuta evolvi ut sentiantur et dinumerentur substantialiter, vel, ut ita dicam, essentialiter, non tamquam in subiecto, ut color, aut figura in corpore, aut ulla alia qualitas aut quantitas. Quidquid enim tale est, non excedit subiectum in quo est. Non enim color iste aut figura huius corporis potest esse et alterius corporis. Mens autem amore quo se amat, potest amare et aliud præter se. Item non se solam cognoscit mens, sed et alia multa. Quamobrem non amor et cognitio tamquam in subiecto insunt menti, sed substantialiter etiam ista sunt, sicut ipsa mens; quia et si relative dicuntur ad invicem, in sua tamen sunt singula quæque substantia. Non sicut color et coloratum relative ita dicuntur ad invicem, ut color in subiecto colorato sit, non habens in se ipso propriam substantiam; quoniam coloratum corpus substantia est, ille autem in substantia; sed sicut duo amici etiam duo sunt homines, quæ sunt substantiæ; cum homines non relative dicantur, amici autem relative.

Tria hæc sunt inseparabilia.

4. 6. Sed item quamvis substantia sit amans vel sciens, substantia sit scientia, substantia sit amor, sed amans et amor, aut sciens et scientia relative ad se dicantur sicut amici; mens vero aut spiritus non sint relativa, sicut nec homines relativa sunt; non tamen sicut amici homines possunt seorsum esse ab invicem, sic amans et amor, aut sciens et scientia. Quamquam et amici corpore videntur separari posse, non animo, in quantum amici sunt, verumtamen fieri potest ut amicus amicum etiam odisse incipiat, et eo ipso amicus esse desinat, nesciente illo, et adhuc amante. Amor autem

quo se mens amat si esse desinat, simul et illa desinit esse amans. Item notitia qua se mens novit, si esse desinat, simul et illa nosse se desinet. Sicut caput capitati alicuius utique caput est,et relative ad se dicuntur, quamvis etiam substantiæ sint; nam et caput corpus est, et capitatum; et si non sit corpus, nec capitatum erit. Sed hæc præcisione ab invicem separari possunt, illa non possunt.

Hæc tria sunt unius eiusdemque substantiæ, sed nulla commixtione confusa.
4. 7. Quod si sunt aliqua corpora quæ secari omnino et dividi nequeunt, tamen nisi partibus suis constarent, corpora non essent. Pars ergo ad totum relative dicitur, quia omnis pars alicuius totius pars est, et totum omnibus partibus totum est. Sed quoniam et pars corpus est, et totum; non tantum ista relative dicuntur, sed etiam substantialiter sunt. Fortassis ergo mens totum est, et eius quasi partes amor quo se amat, et scientia qua se novit, quibus duabus partibus illud totum constat? An tres sunt æquales partes, quibus totum unum completur? Sed nulla pars totum, cuius pars est, complectitur. Mens vero cum se totam novit, hoc est perfecte novit, per totum eius est notitia eius; et cum se perfecte amat, totam se amat, et per totum eius est amor eius. Num ergo sicut ex vino et aqua et melle una fit potio, et singula per totum sunt, et tamen tria sunt (nulla enim pars est potionis, quæ non habeat hæc tria; non enim iuncta velut si aqua et oleum essent, sed omnino commixta sunt; et substantiæ sunt omnes, et totus ille liquor una quædam est ex tribus confecta substantia); tale aliquid arbitrandum est esse simul hæc tria: mentem, amorem, notitiam? Sed non unius substantiæ sunt, aqua, vinum, et mel, quamvis ex eorum commixtione fiat una substantia potionis. Quomodo autem illa tria non sint eiusdem essentiæ, non video; cum mens ipsa se amet, atque ipsa se noverit; atque ita sint hæc tria, ut non alteri alicui rerum mens vel amata vel nota sit. Unius ergo eiusdemque essentiæ necesse est hæc tria sint; et ideo si tamquam commixtione confusa essent, nullo modo essent tria, nec referri ad invicem possent. Quemadmodum si ex uno eodemque auro tres anulos similes facias, quamvis connexos sibi, referuntur ad invicem, quod similes sunt; omnis enim similis alicui similis est, et trinitas anulorum est, et unum aurum. At si misceantur sibi, et per totam singuli massam suam conspergantur, intercidet illa trinitas, et omnino non erit; ac non solum unum aurum dicetur, sicut in illis tribus anulis dicebatur, sed iam nulla aurea tria.

Ea tria sunt singula in se ipsis et invicem tota in totis.
5. 8. At in illis tribus, cum se novit mens et amat se, manet trinitas: mens, amor, notitia; et nulla commixtione confunditur, quamvis et singula sint in se ipsis, et

invicem tota in totis, sive singula in binis, sive bina in singulis. Itaque *omnia in omnibus.* Nam et mens est utique in se ipsa quoniam ad se ipsam mens dicitur; quamvis noscens, vel nota, vel noscibilis ad suam notitiam relative dicatur; amans quoque et amata vel amabilis ad amorem referatur, quo se amat. Et notitia quamvis referatur ad mentem cognoscentem vel cognitam, tamen et ad se ipsam nota et noscens dicitur; non enim sibi est incognita notitia, qua se mens ipsa cognoscit. Et amor quamvis referatur ad mentem amantem, cuius amor est, tamen et ad se ipsum est amor, ut sit etiam in se ipso, quia et amor amatur, nec alio nisi amore amari potest, id est se ipso. Ita sunt hæc singula in se ipsis. In alternis autem ita sunt, quia et mens amans in amore est, et amor in amantis notitia, et notitia in mente noscente. Singula in binis ita sunt, quia mens quæ se novit et amat, in amore et notitia sua est; et amor amantis mentis seseque scientis, in mente notitiaque eius est; et notitia mentis se scientis et amantis in mente atque in amore eius est, quia scientem se amat, et amantem se novit. Ac per hoc et bina in singulis, quia mens quæ se novit et amat, cum sua notitia est in amore, et cum suo amore in notitia; amorque ipse et notitia simul sunt in mente, quæ se amat et novit. Tota vero in totis quemadmodum sint, iam supra ostendimus cum se totam mens amat, et totam novit, et totum amorem suum novit, totamque amat notitiam suam, quando tria ista ad se ipsa perfecta sunt. Miro itaque modo tria ista inseparabilia sunt a semetipsis, et tamen eorum singulum quidque substantia est, et simul omnia una substantia vel essentia, cum et relative dicantur ad invicem.

Mentis duplex notitia.

6. 9. Sed cum se ipsam novit humana mens et amat se ipsam, non aliquid incommutabile novit et amat. Aliterque unusquisque homo loquendo enuntiat mentem suam, quid in se ipso agatur attendens; aliter autem humanam mentem speciali aut generali cognitione definit. Itaque cum mihi de sua propria loquitur, utrum intellegat hoc aut illud,an non intellegat, et utrum velit, an nolit hoc aut illud, credo; cum vero de humana specialiter aut generaliter verum dicit, agnosco et approbo. Unde manifestum est, aliud unumquemque videre in se, quod sibi alius dicenti credat, non tamen videat; aliud autem in ipsa veritate quod alius quoque possit intueri; quorum alterum mutari per tempora, alterum incommutabili æternitate consistere. Neque enim oculis corporeis multas mentes videndo, per similitudinem colligimus generalem vel specialem mentis humanæ notitiam; sed intuemur inviolabilem veritatem, ex qua perfecte, quantum possumus, definiamus, non qualis sit uniuscuiusque hominis mens, sed qualis esse sempiternis rationibus debeat.

De rationibus æternis.

6. 10. Unde etiam phantasias rerum corporalium per corporis sensum haustas, et quodam modo infusas memoriæ, ex quibus etiam ea quæ non visa sunt, ficto phantasmate cogitantur, sive aliter quam sunt, sive fortuito sicuti sunt, aliis omnino regulis supra mentem nostram incommutabiliter manentibus, vel approbare apud nosmetipsos, vel improbare convincimur, cum recte aliquid approbamus aut improbamus. Nam et cum recolo Carthaginis mœnia quæ vidi, et cum fingo Alexandriæ quæ non vidi, easdemque imaginarias formas quasdam quibusdam præferens, rationabiliter præfero. Viget et claret desuper iudicium veritatis, ac sui iuris incorruptissimis regulis firmum est; et si corporalium imaginum quasi quodam nubilo subtexitur, non tamen involvitur atque confunditur.

6. 11. Sed interest utrum ego sub illa vel in illa caligine, tamquam a cælo perspicuo secludar; an sicut in altissimis montibus accidere solet, inter utrumque ære libero fruens, et serenissimam lucem supra, et densissimas nebulas subter aspiciam. Nam unde in me fraterni amoris inflammatur ardor, cum audio virum aliquem pro fidei pulchritudine et firmitate acriora tormenta tolerasse? Et si mihi digito ostendatur ipse homo, studeo mihi coniungere, notum facere, amicitia colligare. Itaque si facultas datur, accedo, alloquor, sermonem confero, affectum meum in illum quibus verbis possum exprimo, vicissimque in eo fieri quem in me habeat atque exprimi volo, spiritalemque complexum credendo molior, quia pervestigare tam cito et cernere penitus eius interiora non possum. Amo itaque fidelem ac fortem virum amore casto atque germano. Quod si mihi inter nostras loquelas fateatur, aut incautus aliquo modo sese indicet, quod vel de Deo credat incongrua, atque in illo quoque aliquid carnale desideret, et pro tali errore illa pertulerit, vel speratæ pecuniæ cupiditate, vel inani aviditate laudis humanæ; statim amor ille, quo in eum ferebar, offensus, et quasi repercussus, atque ab indigno homine ablatus, in ea forma permanet, ex qua eum talem credens ama veram. Nisi forte ad hoc amo iam, ut talis sit, cum talem non esse comperero. At in illo homine nihil mutatum est; mutari tamen potest, ut fiat quod eum iam esse credideram. In mente autem mea mutata est utique ipsa existimatio, quæ de illo aliter se habebat, et aliter habet; idemque amor ab intentione perfruendi ad intentionem consulendi, incommutabili desuper iustitia iubente deflexus est. Ipsa vero forma inconcussæ ac stabilis veritatis, et in qua fruerer homine bonum eum credens, et in qua consulo ut bonus sit, eadem luce incorruptibilis sincerissimæque rationis et meæ mentis aspectum, et illam phantasiæ nubem, quam desuper cerno, cum eumdem hominem quem videram cogito, imperturbabili æternitate perfundit. Item cum arcum pulchre et æquabiliter intortum, quem vidi, verbi gratia, Carthagine, animo revolvo, res quædam menti nuntiata per oculos, memoriæque transfusa, imaginarium conspectum facit. Sed aliud mente conspicio, secundum quod mihi opus illud placet; unde etiam si displiceret corrigerem. Itaque de istis secundum illam iudicamus, et illam cernimus rationalis mentis intuitu. Ista vero aut præsentia sensu corporis tangimus, aut imagines absentium fixas in memoria recordamur, aut ex earum similitudine talia fingimus, qualia nos ipsi, si vellemus atque possemus, etiam opere moliremur; aliter figurantes animo imagines corporum, aut per corpus corpora videntes; aliter autem rationes artemque ineffabiliter pulchram talium figurarum super aciem mentis simplici intellegentia capientes.

Verbum dicendo intus gignimus.

7. 12. In illa igitur æterna veritate, ex qua temporalia facta sunt omnia, formam secundum quam sumus, et secundum quam vel in nobis vel in corporibus vera et recta ratione aliquid operamur, visu mentis aspicimus; atque inde conceptam rerum veracem notitiam, tamquam verbum apud nos habemus, et dicendo intus gignimus; nec a nobis nascendo discedit. Cum autem ad alios loquimur, verbo intus manenti ministerium vocis adhibemus, aut alicuius signi corporalis, ut per quandam commemorationem sensibilem tale aliquid fiat etiam in animo audientis, quale de loquentis animo non recedit. Nihil itaque agimus per membra corporis in factis dictisque nostris, quibus vel approbantur vel improbantur mores hominum, quod non verbo apud nos intus edito prævenimus. Nemo enim aliquid volens facit, quod non in corde suo prius dixerit.

7. 13. Quod verbum amore concipitur, sive creaturæ, sive Creatoris, id est, aut naturæ mutabilis, aut incommutabilis veritatis.

Verbum amore concipitur sive creaturæ, sive Creatoris.

8. 13. Ergo aut cupiditate aut caritate; non quo non sit amanda creatura, sed si ad creatorem refertur ille amor, non iam cupiditas, sed caritas erit. Tunc enim est cupiditas, cum propter se amatur creatura. Tunc non utentem adiuvat, sed corrumpit fruentem. Cum ergo aut par nobis, aut inferior creatura sit, inferiore utendum est ad Deum; pari autem fruendum, sed in Deo. Sicut enim te ipso, non in te ipso frui debes, sed in eo qui fecit te; sic etiam illo quem diligis tamquam te ipsum. Et nobis ergo et fratribus in Domino fruamur, et inde nos nec ad nosmetipsos remittere, et quasi relaxare deorsum versus audeamus. Nascitur autem verbum, cum excogitatum placet, aut ad peccandum, aut ad recte faciendum. Verbum ergo nostrum et mentem de qua gignitur, quasi medius amor coniungit, seque cum eis tertium complexu incorporeo, sine ulla confusione constringit.

In amore spiritalium conceptum verbum et natum idipsum est; in amore carnalium alius conceptus verbi, alius partus.

9. 14. Conceptum autem verbum et natum idipsum est, cum voluntas in ipsa notitia conquiescit, quod fit in amore spiritalium. Qui enim, verbi gratia, perfecte novit, perfecteque amat iustitiam, iam iustus est, etiamsi nulla exsistat secundum eam forinsecus per membra corporis operandi necessitas. In amore autem carnalium temporaliumque rerum, sicut in ipsis animalium fetibus, alius est conceptus verbi, alius partus. Illic enim quod cupiendo concipitur, adipiscendo nascitur. Quoniam non sufficit avaritiæ nosse et amare aurum, nisi et habeat; neque nosse et amare vesci, aut concumbere, nisi etiam id agat; neque nosse et amare honores et imperia, nisi proveniant. Quæ tamen omnia, nec adepta sufficiunt: *Qui enim biberit*, inquit, *ex hac aqua, sitiet* iterum. Ideoque et in Psalmis: *Concepit*, inquit, *dolorem, et peperit iniquitatem* . *Dolorem* vel *laborem* dicit concipi, cum ea concipiuntur quæ nosse ac velle non sufficit, et inardescit atque ægrotat animus indigentia, donec ad ea perveniat, et quasi pariat ea. Unde eleganter in latina lingua parta dicuntur et reperta atque comperta, quæ verba quasi a partu ducta resonant. Quia *concupiscentia cum conceperit, parit* peccatum. Unde Dominus clamat: *Venite ad me, omnes qui laboratis et onerati estis* ; et alio loco: *Væ prægnantibus et mammantibus in illis diebus* . Cum itaque ad partum verbi referret omnia vel recte facta vel peccata: *Ex ore*, inquit, *tuo iustificaberis, et ex ore tuo condemnaberis* ; os volens intellegi, non hoc visibile, sed interius invisibile cogitationis et cordis.

An tantum amata notitia sit verbum mentis.

10. 15. Recte ergo quæritur, utrum omnis notitia verbum, an tantum amata notitia. Novimus enim et ea quæ odimus; sed nec concepta, nec parta dicenda sunt animo, quæ nobis displicent. Non enim omnia quæ quoquo modo tangunt, concipiuntur, ut tantum nota sint, non tamen verba dicantur; ista de quibus nunc agimus. Aliter enim dicuntur verba quæ spatia temporum syllabis tenent, sive pronuntientur, sive cogitentur; aliter omne quod notum est, verbum dicitur animo impressum, quamdiu de memoria proferri et definiri potest, quamvis res ipsa displiceat; aliter cum placet quod mente concipitur. Secundum quod genus verbi accipiendum est quod ait Apostolus: *Nemo dicit: Dominus Iesus, nisi in Spiritu Sancto* ; cum secundum aliam verbi notionem dicant hoc et illi, de quibus ipse Dominus ait: *Non omnis qui mihi dicit: Domine, Domine, intrabit in regnum cælorum* . Verumtamen cum et illa quæ odimus, recte displicent, recteque improbantur, approbatur eorum improbatio, et placet, et verbum est. Neque vitiorum notitia nobis displicet, sed ipsa vitia. Nam placet mihi quod novi et definio quid sit intemperantia; et hoc est verbum eius. Sicuti sunt in arte nota vitia, et recte approbatur eorum notitia cum discernit cognitor speciem privationemque virtutis, sicut aiere et negare, et esse et non esse; attamen virtute privari atque in vitium deficere damnabile est. Et definire intemperantiam, verbumque eius dicere, pertinet ad artem morum; esse autem intemperantem, ad id pertinet quod illa arte culpatur. Sicut nosse ac definire quid sit solœcismus, pertinet ad artem loquendi; facere autem, vitium est quod eadem arte reprehenditur. Verbum est igitur, quod nunc discernere et insinuare volumus, cum amore notitia. Cum itaque se mens novit et amat, iungitur ei amore verbum eius. Et quoniam amat notitiam et novit amorem, et verbum in amore est et amor in verbo, et utrumque in amante atque dicente.

Mentis notitia imago et verbum eius.

11. 16. Sed omnis secundum speciem notitia, similis est ei rei quam novit. Est enim alia notitia, secundum privationem, quam cum improbamus, loquimur. Et hæc privationis improbatio speciem laudat, ideoque approbatur. Habet ergo animus nonnullam speciei notæ similitudinem, sive cum ea placet, sive cum eius privatio displicet. Quocirca in quantum Deum novimus, similes sumus; sed non ad æqualitatem similes, quia nec tantum eum novimus, quantum ipse se. Et quemadmodum cum per sensum corporis discimus corpora, fit aliqua eorum similitudo in animo nostro, quæ phantasia memoriæ est; non enim omnino ipsa corpora in animo sunt, cum ea cogitamus; sed eorum similitudines, itaque cum eas pro illis approbamus, erramus; error est namque pro alio alterius approbatio; melior est tamen imaginatio corporis in animo, quam illa species corporis, in quantum hæc in meliore natura est, id est in substantia vitali, sicuti est animus; ita cum Deum novimus, quamvis meliores efficiamur quam eramus antequam nossemus, maximeque cum eadem notitia etiam placita digneque amata verbum est, fitque aliqua Dei similitudo illa notitia; tamen inferior est, quia in inferiore natura est; creatura quippe animus, Creator autem Deus. Ex quo colligitur, quia cum se mens ipsa novit atque approbat, sic est eadem notitia verbum eius, ut ei sit par omnino et æquale, atque identidem; quia neque inferioris essentiæ notitia est, sicut corporis; neque superioris, sicut Dei. Et cum habeat notitia similitudinem ad eam rem quam novit, hoc est, cuius notitia est; hæc habet perfectam et æqualem, qua mens ipsa, quæ novit, est nota. Ideoque et imago et verbum est, quia de illa exprimitur cum cognoscendo eidem coæquatur, et est gignenti æquale quod genitum est.

Cur mens amorem suum non gignit cum se amat?

12. 17. Quid ergo? Amor non erit imago? non verbum? non genitus? Cur enim mens notitiam suam gignit, cum se novit; et amorem suum non gignit, cum se amat? Nam si propterea est notionis suæ causa, quia noscibilis est; amoris etiam sui causa est, quia est amabilis. Cur itaque non utrumque genuerit, difficile est dicere. Hæc enim quæstio etiam de ipsa summa Trinitate, omnipotentissimo creatore Deo, *ad* cuius *imaginem homo factus est* , solet movere homines, quos veritas Dei per humanam locutionem invitat ad fidem, cur non Spiritus quoque Sanctus a Patre Deo genitus vel creditur vel intelligitur, ut filius etiam ipse dicatur? Quod nunc in mente humana utcumque vestigare conamur, ut ex inferiore imagine, in qua nobis familiarius natura ipsa nostra, quasi interrogata respondet, exercitatiorem mentis aciem ab illuminata creatura ad lumen incommutabile dirigamus; si tamen veritas ipsa persuaserit, sicut *Dei* Verbum Filium esse nullus christianus dubitat, ita caritatem esse Spiritum Sanctum. Ergo ad illam imaginem quæ creatura est, hoc est, ad rationalem mentem diligentius de hac re interrogandam considerandamque redeamus, ubi temporaliter exsistens nonnullarum rerum notitia, quæ ante non erat, et aliquarum rerum amor, quæ antea non amabantur, distinctius nobis aperit quid dicamus; quia et ipsi locutioni temporaliter dirigendæ, facilior est ad explicandum res quæ in ordine temporum comprehenditur.

Solutio quæstionis. Mens et notitia eius et amor tertius imago Trinitatis.

12. 18. Primo itaque manifestum sit, posse fieri ut sit aliquid scibile, id est, quod sciri possit, et tamen nesciatur; illud autem fieri non posse, ut sciatur quod scibile non fuerit. Unde liquido tenendum est quod omnis res quamcumque cognoscimus, congenerat in nobis notitiam sui. Ab utroque enim notitia paritur, a cognoscente et cognito . Itaque mens cum se ipsa cognoscit, sola parens est notitiæ suæ; et cognitum enim et cognitor ipsa est. Erat autem sibi ipsa noscibilis, et antequam se nosset; sed notitia sui non erat in ea, cum se ipsa non noverat. Quod ergo cognoscit se, parem sibi notitiam sui gignit; quia non minus se novit quam est, nec alterius essentiæ est notitia eius, non solum quia ipsa novit, sed etiam quia se ipsam sicut supra diximus. Quid igitur de amore dicendum est, cur non etiam cum se amat, ipsum quoque amorem sui genuisse videatur? Erat enim amabilis sibi, et antequam se amaret, quia poterat se amare; sicut erat sibi noscibilis, et antequam se nosset, quia se poterat nosse. Nam si non sibi esset noscibilis, numquam se nosse potuisset; ita si non sibi esset amabilis, numquam se amare potuisset. Cur itaque amando se non genuisse dicatur amorem suum; sicut cognoscendo se genuit notitiam suam? An eo quidem manifeste ostenditur hoc amoris esse principium, unde procedit? Ab ipsa quippe mente procedit quæ sibi est amabilis antequam se amet; atque ita principium est amoris sui, quo se amat. Sed ideo non recte dicitur genitus ab ea, sicut notitia sui qua se novit, quia notitia iam inventum est, quod partum vel repertum dicitur, quod sæpe præcedit inquisitio eo fine quietura. Nam inquisitio est appetitus inveniendi, quod idem valet si dicas, reperiendi. Quæ autem reperiuntur, quasi pariuntur, unde proli similia sunt; ubi, nisi in ipsa notitia? Ibi enim quasi expressa formantur. Nam etsi iam erant res quas quærendo invenimus, notitia tamen ipsa non erat, quam sicut prolem nascentem deputamus. Porro appetitus ille, qui est in quærendo, procedit a quærente, et pendet quodam modo, neque requiescit fine quo intenditur, nisi id quod quæritur inventum quærenti copuletur. Qui appetitus, id est, inquisitio, quamvis amor esse non videatur, quod id quod notum est, amatur; hoc enim adhuc ut cognoscatur agitur; tamen ex eodem genere quiddam est. Nam voluntas iam dici potest, quia omnis qui quærit invenire vult ; et si id quæritur quod ad notitiam pertineat, omnis qui quærit nosse vult. Quod si ardenter atque instanter vult, studere dicitur; quod maxime in assequendis atque adipiscendis quibusque doctrinis dici solet. Partum ergo mentis antecedit appetitus quidam, quo id quod nosse volumus quærendo et inveniendo, nascitur proles ipsa notitia; ac per hoc appetitus ille quo concipitur pariturque notitia, partus et proles recte dici non potest. Idemque appetitus quo inhiatur rei cognoscendæ, fit amor cognitæ, dum tenet atque amplectitur placitam prolem, id est notitiam, gignentique coniungit. Et est quædam imago Trinitatis, ipsa mens, et notitia eius, quod est proles eius ac de se ipsa verbum eius, et amor tertius, *et hæc tria* unum atque una substantia. Nec minor proles dum tantam se novit mens quanta est; nec minor amor, dum tantum se diligit quantum novit et quanta est.

LIBER DECIMUS

Amor studentis animi non est amor rei incognitæ.

1. 1. Nunc ad ea ipsa consequenter enodatius explicanda limatior accedat intentio. Ac primum, quia rem prorsus ignotam amare omnino nullus potest, diligenter intuendum est cuiusmodi sit amor studentium, id est, non iam scientium, sed adhuc scire cupientium quamque doctrinam. Et in his quippe rebus in quibus non usitate dicitur studium, solent exsistere amores ex auditu, dum cuiusque pulchritudinis fama ad videndum ac fruendum animus accenditur, quia generaliter novit corporum pulchritudines, ex eo quod plurimas vidit, et inest intrinsecus unde approbetur, cui forinsecus inhiatur. Quod cum fit, non rei penitus incognitæ amor excitatur, cuius genus ita notum est. Cum autem virum bonum amamus, cuius faciem non vidimus, ex notitia virtutum amamus, quas novimus in ipsa veritate. Ad doctrinas autem cognoscendas, plerumque nos laudantium atque prædicantium accendit auctoritas; et tamen nisi breviter impressam cuiusque doctrinæ haberemus in animo notionem, nullo ad eam discendam studio flagraremus. Quis enim sciendæ, verbi gratia, rhetoricæ ullam curam et operam impenderet, nisi ante sciret eam dicendi esse scientiam? Aliquando etiam ipsarum doctrinarum fines auditos expertosve miramur, et ex hoc inardescimus facultatem comparare discendo, qua ad eos pervenire possimus. Tamquam si litteras nescienti dicatur quandam esse doctrinam, qua quisque valeat, quamvis longe absenti, verba mittere manu facta in silentio, quæ rursus ille cui mittuntur, non auribus, sed oculis colligat, idque fieri videat. Nonne, dum concupiscit nosse quo id possit, omni studio circa illum finem movetur, quem iam notum tenet? Sic accenduntur studia discentium. Nam quod quisque prorsus ignorat, amare nullo pacto potest.

Signum.

1. 2. Ita etiam signum si quis audiat incognitum, veluti verbi alicuius sonum, quo quid significetur ignorat, cupit scire quidnam sit, id est, sonus ille cui rei commemorandæ institutus sit; veluti audiat cum dicitur "temetum", et ignorans quid sit requirat. Iam itaque oportet ut noverit signum esse, id est, non esse inanem illam vocem, sed aliquid ea significari; alioquin iam notum est hoc trisyllabum, et articulatam speciem suam impressit animo per sensum aurium. Quid amplius in eo requiratur, quo magis innotescat, cuius omnes litteræ omniaque soni spatia nota sunt; nisi quia simul innotuit signum esse, movitque sciendi cupiditatem, cuius rei signum sit? Quo igitur amplius notum est, sed non plene notum est, eo cupit animus de illo nosse quod reliquum est. Si enim tantummodo esse istam vocem nosset, eamque alicuius rei signum esse non nosset, nihil iam quæreret, sensibili re, quantum poterat, sentiendo percepta. Quia vero non solum esse vocem, sed et signum esse iam novit, perfecte id nosse vult; neque ullum perfecte signum noscitur, nisi cuius rei signum sit cognoscatur. Hoc ergo qui ardenti cura quærit ut noverit, studioque accensus insistit, num potest dici esse sine amore? Quid igitur amat? Certe enim amari aliquid nisi notum non potest. Neque enim ille istas tres syllabas amat, quas iam notas habet. Quod si iam hoc in eis amat, quia scit eas significare aliquid; non inde nunc agitur, non enim hoc nosse quærit; sed in eo quod scire studet, quid amet inquirimus, quod profecto nondum novit, et propterea miramur cur amet, quoniam firmissime novimus amari nisi nota non posse. Quid ergo amat, nisi quia novit atque intuetur in rationibus rerum quæ sit pulchritudo doctrinæ, qua continentur notitiæ signorum omnium; et quæ sit utilitas in ea peritia, qua inter se humana societas sensa communicat, ne sibi hominum cœtus deteriores sint quavis solitudine, si cogitationes suas colloquendo non misceant? Hanc ergo speciem decoram et utilem cernit anima, et novit, et amat; eamque in se perfici studet, quantum potest, quisquis vocum significantium quæcumque ignorat, inquirit. Aliud est enim quod eam in veritatis luce conspicit, aliud quod in sua facultate concupiscit. Conspicit namque in luce veritatis quam magnum et quam bonum sit omnes omnium gentium linguas intellegere ac loqui, nullamque ut alienigenam audire, et a nullo ita audiri. Cuius notitiæ decus cogitatione iam cernitur, amaturque res nota; quæ ita conspicitur, atque inflammat studia discentium, ut circa eam moveantur, eique inhient in omni opera quam impendunt consequendæ tali facultati, ut etiam usu amplectantur quod ratione prænoscunt; atque ita quisque, cui facultati spe propinquat, ei ferventius amore inardescit. Eis doctrinis quippe studetur vehementius, quæ capi posse non desperantur. Nam cuius rei adipiscendæ spem quisque non gerit, aut tepide amat aut omnino non amat, quamvis quam pulchra sit videat. Quocirca, quia omnium linguarum scientia fere ab omnibus desperatur, suæ gentis quisque maxime studet, ut noverit. Quod si et illi ad perfectum percipiendæ se non sufficere sentit, nemo tamen tam desidiosus est huius notitiæ, qui non, cum audierit incognitum verbum, velit nosse quid illud sit, et si potest, quærat ac discat. Quod dum quærit, utique in studio discendi est, et videtur amare rem incognitam; quod non ita est. Species namque illa tangit animum, quam novit et cogitat, in qua elucet decus consociandorum animorum in vocibus notis audiendis atque reddendis; eaque accendit studio quærentem quidem quod ignorat, sed notam formam, quo id pertineat, intuentem et amantem. Itaque si quærenti, verbi gratia, quid sit "temetum" (hoc enim exempli causa posueram), dicatur: "Quid ad te pertinet?"; respondebit: "Ne forte audiam loquentem et non intellegam, aut uspiam forte id legam, et quid scriptor senserit, nesciam". Quis tandem huic dicat et: "Noli intellegere quod audis; noli nosse quod legis"? Omnibus enim fere animis rationalibus in promptu est ad videndum huius peritiæ pulchritudo, qua hominum inter se cogitata, significantium vocum enuntiatione noscuntur; propter hoc notum decus, et ob hoc amatum quia notum, studiose quæritur verbum illud ignotum. Itaque cum audierit atque cognoverit "temetum" a veteribus vinum appellatum , sed iam ex usu loquendi quem nunc habemus, hoc vocabulum emortuum, propter nonnullos fortasse veterum libros sibi necessarium deputabit. Si autem et illos supervacaneos habet, forte iam nec dignum quod memoriæ commendet existimat, quia videt ad illam speciem doctrinæ quam notam mente intuetur atque amat, minime pertinere.

Nemo prorsus amat incognita.

1. 3. Quamobrem omnis amor studentis animi, hoc est volentis scire quod nescit, non est amor eius rei quam nescit, sed eius quam scit, propter quam vult scire quod nescit [2]. Aut si tam curiosus est, ut non propter aliquam notam causam, sed solo amore rapiatur incognita sciendi; discernendus quidem est ab studiosi nomine iste curiosus, sed nec ipse amat incognita, immo congruentius dicitur: "Odit incognita", quæ nulla esse vult, dum vult omnia cognita. Sed ne quisquam nobis difficiliorem referat quæstionem, asserens tam non posse quemquam odisse quod nescit, quam non potest amare quod nescit, non resistimus veris; sed intellegendum est, non hoc idem dici, cum dicitur: "Amat scire incognita", ac si diceretur: "Amat incognita". Illud enim fieri potest, ut amet quisque scire incognita; ut autem amet incognita, non potest. Non enim frustra ibi est positum "scire", quoniam qui scire amat incognita, non ipsa incognita, sed ipsum scire amat. Quod nisi haberet cognitum, neque scire se quidquam posset fidenter dicere, neque nescire. Non solum enim qui dicit: "Scio", et verum dicit, necesse est ut quid sit scire sciat; sed etiam qui dicit: "Nescio", idque fidenter et verum dicit, et scit verum se dicere, scit utique quid sit scire; quia et discernit ab sciente nescientem, cum veraciter se intuens dicit: "Nescio". Et cum id se scit verum dicere, unde sciret, si quid sit scire nesciret?

Exempla.

2. 4. Quilibet igitur studiosus, quilibet curiosus non amat incognita, etiam cum ardentissimo appetitu instat scire quod nescit . Aut enim iam genere notum habet quod amat, idque nosse expetit, etiam in aliqua singula, vel in singulis rebus, quæ illi nondum notæ forte laudantur, fingitque animo imaginariam formam qua excitetur in amorem. Unde autem fingit, nisi ex his quæ iam noverat? Cuius tamen formæ animo figuratæ atque in cogitatione notissimæ, si eam quæ laudabatur dissimilem invenerit, fortasse non amabit. Quod si amaverit, ex illo amare incipiet ex quo didicit. Paulo ante quippe alia erat quæ amabatur, quam sibi animus formans exhibere consueverat. Si autem illi formæ similem invenerit quam fama prædicaverat, cui vere possit dicere: "Iam te amabam"; nec tunc utique amabat incognitam, quam in illa similitudine noverat. Aut in specie sempiternæ rationis videmus aliquid et ibi amamus, quod cum expressum in aliqua rei temporalis effigie, illis qui experti sunt laudantibus credimus et amamus, non aliquid amamus incognitum, unde iam supra satis disseruimus. Aut aliquid notum amamus propter quod ignotum aliquid quærimus; cuius ignoti amor nequaquam nos tenet, sed illius cogniti, quo pertinere novimus, ut illud etiam quod adhuc ignotum quærimus, noverimus; sicut de incognito verbo paulo ante locutus sum. Aut ipsum scire quisque amat, quod nulli scire aliquid cupienti esse incognitum potest. His causis videntur amare incognita, qui scire aliquid volunt quod nesciunt,et propter ardentiorem quærendi appetitum sine amore esse dici non possunt. Sed quam se res aliter habeat, neque omnino quidquam ametur incognitum, arbitror me persuasisse verum diligenter intuentibus. Sed quia exempla quæ dedimus, eorum sunt qui aliquid quod ipsi non sunt nosse cupiunt; videndum est ne forte aliquod novum genus appareat, cum se ipsa mens nosse desiderat.

Quærens seipsam, mens iam se novit.

3. 5. Quid ergo amat mens, cum ardenter se ipsam quærit ut noverit, dum incognita sibi est? Ecce enim mens semetipsam quærit ut noverit, et inflammatur hoc studio . Amat igitur: sed quid amat? Si se ipsam, quomodo, cum se nondum noverit, nec quisquam possit amare quod nescit? An ei fama prædicavit speciem suam, sicut de absentibus solemus audire? Forte ergo non se amat, sed quod de se fingit, hoc amat, longe fortasse aliud quam ipsa est. Aut si se mens sui similem fingit, et ideo cum hoc figmentum amat, se amat antequam noverit; quia id quod sui simile est intuetur; novit ergo alias mentes ex quibus se fingat,et genere ipso sibi nota est. Cur ergo cum alias mentes novit, se non novit, cum se ipsa nihil sibi possit esse præsentius? Quod si ut oculis corporis magis alii oculi noti sunt, quam ipsi sibi; non se ergo quærat numquam inventura . Numquam enim se oculi præter specula videbunt; nec ullo modo putandum est etiam rebus incorporeis contemplandis tale aliquid adhiberi, ut mens tamquam *in speculo* se noverit . An in ratione veritatis æternæ videt quam speciosum sit nosse semetipsam, et hoc amat quod videt, studetque in se fieri quia, quamvis sibi nota non sit, notum ei tamen est quam bonum sit, ut sibi nota sit? Et hoc quidem permirabile est, nondum se nosse, et quam sit pulchrum se nosse, iam nosse. An aliquem finem optimum, id est securitatem et beatitudinem suam videt, per quandam occultam memoriam, quæ in longimqua eam progressam non deseruit, et credit ad eundem finem, nisi se ipsam cognoverit, se pervenire non posse ? Ita dum illud amat, hoc quærit; et notum amat illud, propter quod quærit ignotum. Sed cur memoria beatitudinis suæ potuit, et memoria sui cum ea perdurare non potui, ut tam se nosset quæ vult pervenire, quam novit illud quo vult pervenire? An cum *se* nosse amat, non se quam nondum novit, sed ipsum nosse amat; acerbiusque tolerat se ipsam deesse scientiæ suæ, qua vult cuncta comprehendere? Novit autem quid sit nosse, et dum hoc amat quod novit, etiam *se* cupit *nosse.* Ubi ergo nosse suum novit, si se non novit ? Nam novit quod alia noverit , se autem non noverit; hinc enim novit et quid sit nosse. Quo pacto igitur se aliquid scientem scit, quæ se ipsam nescit? Neque enim alteram mentem scientem scit, sed se ipsam. Scit igitur se ipsam. Deinde cum se quærit ut noverit, quærentem se iam novit. Iam se ergo novit. Quapropter non potest omnino nescire se,quæ dum se nescientem scit, se utique scit. Si autem se nescientem nesciat, non se quæret ut sciat. Quapropter eo ipso quo se quærit, magis se sibi notam quam ignotam esse convincitur. Novit enim se quærentem atque nescientem, dum se quærit ut noverit.

Totam se novit.

4. 6. Quid ergo dicemus? An quod ex parte se novit, ex parte non novit? Sed absurdum est dicere, non eam totam scire quod scit. Non dico: "Totum scit"; sed: "Quod scit tota scit". Cum itaque aliquid de se scit, quod nisi tota non potest, totam se scit. Scit autem se aliquid scientem, nec potest quidquam scire nisi tota. Scit se igitur totam. Deinde quid eius ei tam notum est, quam se vivere? Non potest autem et mens esse, et non vivere, quando habet etiam amplius ut intellegat; nam et animæ bestiarum vivunt, sed non intellegunt. Sicut ergo mens tota mens est, sic tota vivit. Novit autem vivere se. Totam se igitur novit. Postremo cum *se nosse* mens quærit, mentem se esse iam novit; alioquin utrum se quærat ignorat, et aliud pro alio forsitan quærat. Fieri enim potest ut ipsa non sit mens, atque ita dum mentem nosse quærit, non se ipsam quærat. Quapropter, quoniam cum quærit mens quid sit mens, novit quod se quærat profecto novit quod ipsa sit mens. Porro si hoc in se novit quod mens est, et tota mens est, totam se novit. Sed ecce non se noverit esse mentem, cum autem se quærit; hoc tantummodo noverit quod se quærat. Potest enim etiam sic aliud pro alio quærere, si hoc nescit; ut autem non quærat aliud pro alio, procul dubio novit quid quærat. At si novit quid quærat,et se ipsam quærit, se ipsam utique novit. Quid ergo adhuc quærit?

Quod si ex parte se novit, ex parte autem adhuc quærit, non se ipsam, sed partem suam quærit. Cum enim ea ipsa dicitur, tota dicitur. Deinde quia novit nondum se a se inventam totam, novit quanta sit tota. Atque ita quærit quod deest, quemadmodum solemus quærere, ut veniat in mentem quod excidit, nec tamen penitus excidit; quia potest recognosci, cum venerit, hoc esse quod quærebatur. Sed quomodo mens veniat in mentem, quasi possit mens in mente non esse? Huc accedit, quia si parte inventa, non se totam quærit; tamen tota se quærit. Tota ergo sibi præsto est, et quid adhuc quæratur non est; hoc enim deest quod quæritur, non illa quæ quærit. Cum itaque tota se quærit, nihil eius deest. Aut si non tota se quærit, sed pars quæ inventa est quærit partem quæ nondum inventa est; non se ergo mens quærit, cuius se nulla pars quærit. Pars enim quæ inventa est, non se quærit; pars autem quæ nondum inventa est, nec ipsa se quærit, quoniam ab ea quæ iam inventa est, parte quæritur. Quocirca, quia nec tota se quærit mens, nec pars eius ulla se quærit, se mens omnino non quærit.

Animæ cur præcipitur ut se cognoscat. Aliud est nosse aliud cogitare. Unde errores mentis de se ipsa.

5. 7. Utquid ergo ei præceptum est, ut se ipsa cognoscat? Credo, ut se cogitet, et secundum naturam suam vivat, id est, ut secundum suam naturam ordinari appetat, sub eo scilicet cui subdenda est, supra ea quibus præponenda est; sub illo a quo regi debet, supra ea quæ regere debet. Multa enim per cupiditatem pravam, tamquam sui sit oblita, sic agit. Videt enim quædam intrinsecus pulchra, in præstantiore natura quæ Deus est. Et cum stare debeat ut eis fruatur, volens ea sibi tribuere, et non ex illo similis illius, sed ex se ipsa esse quod ille est, avertitur ab eo, moveturque et labitur in minus et minus, quod putatur amplius et amplius; quia nec ipsa sibi, nec ei quidquam sufficit recedenti ab illo qui solus sufficit . Ideoque per egestatem ac difficultatem fit nimis intenta in actiones suas et inquietas delectationes quas per eas colligit; atque ita cupiditate acquirendi notitias ex his quæ foris sunt, quorum cognitum genus amat et sentit amitti posse, nisi impensa cura teneantur, perdit securitatem, tantoque se ipsam minus cogitat, quanto magis secura est quod se non possit amittere. Ita cum aliud sit non se nosse, aliud non se cogitare (neque enim multarum doctrinarum peritum, ignorare grammaticam dicimus, cum eam non cogitat quia de medicinæ arte tunc cogitat); cum ergo aliud sit non se nosse, aliud non se cogitare, tanta vis est amoris, ut ea quæ cum amore diu cogitaverit, eisque curæ glutino inhæserit, attrahat se cum etiam cum ad se cogitandam quodam modo redit. Et quia illa corpora sunt, quæ foris per sensus carnis adamavit, eorumque diuturna quadam familiaritate implicata est, nec se cum potest introrsus tamquam in regionem incorporeæ naturæ ipsa corpora inferre, imagines eorum convolvit et rapit factas in semetipsa de semetipsa. Dat enim eis formandis quiddam substantiæ suæ; servat autem aliquid quo libere de specie talium imaginum iudicet, et hoc est magis mens, id est rationalis intellegentia,, quæ servatur ut iudicet. Nam illas animæ partes quæ corporum similitudinibus informantur, etiam cum bestiis nos communes habere sentimus.

6. 8. Errat autem mens, cum se istis imaginibus tanto amore coniungit, ut etiam se esse aliquid huiusmodi existimet. Ita enim conformatur eis quodam modo, non id exsistendo, sed putando; non quo se imaginem putet, sed omnino illud ipsum cuius imaginem se cum habet. Viget quippe in ea iudicium discernendi corpus quod foris relinquit, ab imagine quam de illo se cum gerit; nisi cum ita exprimuntur eædem imagines tamquam foris sentiantur, non intus cogitentur, sicut dormientibus, aut furentibus, aut in aliqua extasi accidere solet.

Philosophorum falsæ opiniones de mentis substantia.

7. 9. Cum itaque se tale aliquid putat, corpus esse se putat. Et quia sibi bene conscia est principatus sui quo corpus regit, hinc factum est ut quidam quærerent quid corporis amplius valet in corpore, et hoc esse mentem, vel omnino totam animam existimarent . Itaque alii sanguinem, alii cerebrum, alii cor, non sicut Scriptura dicit: *Confitebor tibi, Domine, in toto corde meo* ; et: *Diliges Dominum Deum tuum ex toto corde tuo* ; hoc enim abutendo vel transferendo vocabulo dicitur a corpore ad animum; sed ipsam omnino particulam corporis quam in visceribus dilaniatis videmus, eam esse putaverunt. Alii ex minutissimis individuisque corpusculis, quas atomos dicunt concurrentibus in se atque cohærentibus, eam confici crediderunt. Alii ærem, alii ignem substantiam eius esse dixerunt. Alii eam nullam esse substantiam, quia nisi corpus nullam substantiam poterant cogitare, et eam corpus esse non inveniebant; sed ipsam temperationem corporis nostri vel compagem primordiorum, quibus ista caro tamquam connectitur, esse opinati sunt. Eique omnes eam mortalem esse senserunt, quia sive corpus esset, sive aliqua compositio corporis, non posset utique immortaliter permanere . Qui vero eius substantiam vitam quamdam nequaquam corpoream; quandoquidem vitam omne vivum corpus animantem ac vivificantem esse repererunt; consequenter et immortalem, quia vita carere vita non potest, ut quisque potuit, probare conati sunt . Nam de quinto illo nescio quo corpore, quod notissimis quattuor huius mundi elementis quidam coniungentes, hinc animam esse dixerunt , hoc loco diu disserendum non puto. Aut enim hoc vocant corpus quod nos, cuius in loci spatio pars toto minor est, et in illis adnumerandi sunt qui mentem corpoream esse crediderunt;

aut si vel omnem substantiam, vel omnem mutabilem substantiam corpus appellant, cum sciant non omnem locorum spatiis aliqua longitudine et latitudine et altitudine contineri, non cum eis de vocabuli quæstione pugnandum est.

Error ex eo venit quod mens se ipsam cogitans alienum quiddam sibi adiungit.
7. 10. In his omnibus sententiis quisquis videt mentis naturam et esse substantiam, et non esse corpoream, id est, non minore sui parte minus occupare loci spatium, maiusque maiore; simul oportet videat eos qui opinantur esse corpoream, non ob hoc errare, quod mens desit eorum notitiæ, sed quod adiungunt ea sine quibus nullam possunt cogitare naturam. Sine phantasiis enim corporum quidquid iussi fuerint cogitare, nihil omnino esse arbitrantur. Ideoque non se, tamquam sibi desit, mens requirat. Quid enim tam cognitioni adest, quam id quod menti adest? aut quid tam menti adest, quam ipsa mens? Unde et ipsa quæ appellatur inventio, si verbi originem retractemus, quid aliud resonat,nisi quia invenire est in id venire quod quæritur? Propterea, quæ quasi ultro in mentem veniunt, non usitate dicuntur inventa, quamvis cognita dici possint; quia non in ea quærendo tendebamus, ut in ea veniremus, hoc est, ea inveniremus. Quapropter, sicut ea quæ oculis aut ullo alio corporis sensu requiruntur, ipsa mens quærit (ipsa enim etiam sensum carnis intendit, tunc autem invenit, cum in ea quæ requiruntur idem sensus venit); sic alia quæ non corporeo sensu internuntio, sed per se ipsam nosse debet, cum in ea venit, invenit; aut in superiore substantia, id est in Deo, aut in ceteris animæ partibus, sicut de ipsis imaginibus corporum cum iudicat; intus enim in anima eas invenit per corpus impressas.

Quomodo seipsam mens inquirat.
8. 11. Ergo se ipsam quemadmodum quærat et inveniat, mirabilis quæstio est, quo tendat ut quærat, aut quo veniat ut inveniat. Quid enim tam in mente quam mens est? Sed quia in his est quæ cum amore cogitat, sensibilibus autem, id est corporalibus, cum amore assuefacta est, non valet sine imaginibus eorum esse in semetipsa. Hinc ei oboritur erroris dedecus, dum rerum sensarum imagines secernere a se non potest, ut se solam videat. Cohæserunt enim mirabiliter glutino amoris. Et hæc est eis immunditia, quoniam dum se solam nititur cogitare, hoc se putat esse sine quo se non potest cogitare. Cum igitur ei præcipitur ut se ipsam cognoscat, non se tamquam sibi detracta sit quærat; sed id quod sibi addidit detrahat . Interior est enim ipsa, non solum quam ista sensibilia quæ manifeste foris sunt, sed etiam quam imagines eorum, quæ in parte quadam sunt animæ, quam habent et bestiæ, quamvis intellegentia careant,

quæ mentis est propria. Cum ergo sit mens interior, quodam modo exit a semetipsa, cum in hæc quasi vestigia multarum intentionum exserit amoris affectum. Quæ vestigia tamquam imprimuntur memoriæ, quando hæc quæ foris sunt corporalia sentiuntur, ut etiam cum absunt ista, præsto sint tamen imagines eorum cogitantibus. Cognoscat ergo semetipsam , nec quasi absentem se quærat, sed intentionem voluntatis qua per alia vagabatur statuat in se ipsa et se cogitet. Ita videbit quod numquam se non amaverit, numquam nescierit; sed aliud secum amando cum eo se confudit et concrevit quodam modo; atque ita dum sicut unum diversa complectitur, unum putavit esse quæ diversa sunt.

Mens eo ipso se cognoscit quo intellegit præceptum se cognoscendi.

9. 12. Non itaque velut absentem se quærat cernere, sed præsentem se curet discernere. Nec se quasi non norit cognoscat, sed ab eo quod alterum novit dignoscat . Ipsum enim quod audit: *Cognosce te ipsam* , quomodo agere curabit, si nescit, aut quid sit: *Cognosce;* aut quid sit: *Te ipsam*? Si autem utrumque novit, novit et se ipsam; quia non ita dicitur menti: *Cognosce te ipsam,* sicut dicitur: "Cognosce Cherubim et Seraphim"; de absentibus enim illis credimus, secundum quod cælestes quædam potestates esse prædicantur. Neque sicut dicitur: "Cognosce voluntatem illius hominis", quæ nobis nec ad sentiendum ullo modo, nec ad intellegendum præsto est, nisi corporalibus signis editis; et hoc ita, ut magis credamus, quam intellegamus . Neque ita ut dicitur homini: "Vide faciem tuam"; quod nisi in speculo fieri non potest. Nam et ipsa nostra facies absens ab aspectu nostro est, quia non ibi est quo ille dirigi potest. Sed cum dicitur menti: *Cognosce te ipsam* , eo ictu quo intellegit quod dictum est: *Te ipsam,* cognoscit se ipsam; nec ob aliud, quam eo quod sibi præsens est. Si autem quod dictum est non intellegit, non utique facit. Hoc igitur ei præcipitur ut faciat, quod cum præceptum ipsum intellegit facit.

Mens omnis de seipsa tria certo scit, intellegere, esse et vivere.

10. 13. Non ergo adiungat aliud ad id quod se ipsam cognoscit, cum audit ut se ipsam cognoscat. Certe enim novit sibi dici, sibi scilicet quæ est, et vivit, et intellegit. Sed est et cadaver, vivit et pecus; intellegit autem nec cadaver, nec pecus. Sic ergo se esse et vivere scit,quomodo est et vivit, intellegentia. Cum ergo, verbi gratia, mens ærem se putat, ærem intellegere putat, se tamen intellegere scit; ærem autem se esse non scit, sed putat. Secernat quod se putat, cernat quod scit; hoc ei remaneat, unde ne illi quidem dubitaverunt, qui aliud atque aliud corpus esse mentem putaverunt . Neque enim omnis mens ærem se esse existimat, sed aliæ ignem, aliæ cerebrum, aliæque aliud corpus, et aliud aliæ, sicut supra commemoravi; omnes tamen se intellegere noverunt, et esse et vivere; sed intellegere ad quod intellegunt referunt , esse autem et vivere ad se ipsas. Et nulli est dubium, nec quemquam intellegere qui non vivat, nec quemquam vivere qui non sit. Ergo consequenter et esse et vivere id quod intellegit, non sicuti est cadaver quod non vivit, nec sicut vivit anima quæ non intellegit, sed proprio quodam eodemque præstantiore modo. Item velle se sciunt, neque hoc posse quemquam qui non sit et qui non vivat, pariter sciunt; itemque ipsam voluntatem referunt ad aliquid, quod ea voluntate volunt. Meminisse etiam se sciunt; simulque sciunt quod nemo meminisset, nisi esset ac viveret; sed et ipsam memoriam referimus ad aliquid, quod ea meminimus. Duobus igitur horum trium, memoria et intellegentia, multarum rerum notitia atque scientia continetur; voluntas autem adest, per quam fruamur eis vel utamur. Fruimur enim cognitis, in quibus voluntas ipsis propter se ipsa delectata conquiescit; utimur vero eis quæ ad aliud referimus quo fruendum est. Nec est alia vita hominum vitiosa atque culpabilis, quam male utens et male fruens. De qua re non est nunc disserendi locus.

Qui dubitat, vivit.

10. 14. Sed quoniam de natura mentis agitur, removeamus a consideratione nostra omnes notitias quæ capiuntur extrinsecus per sensus corporis; et ea quæ posuimus, omnes mentes de se ipsis nosse certasque esse, diligentius attendamus. Utrum enim æris sit vis vivendi, reminiscendi, intellegendi, volendi, cogitandi, sciendi, iudicandi; an ignis, an cerebri, an sanguinis, an atomorum, an præter usitata quattuor elementa quinti nescio cuius corporis, an ipsius carnis nostræ compago vel temperamentum hæc efficere valeat, dubitaverunt homines; et alius hoc, alius illud affirmare conatus est. Vivere se tamen et meminisse, et intellegere, et velle, et cogitare, et scire, et iudicare quis dubitet? Quandoquidem etiam si dubitat, vivit; si dubitat, unde dubitet meminit; si dubitat, dubitare se intellegit; si dubitat, certus esse vult; si dubitat, cogitat; si dubitat, scit se nescire; si dubitat, iudicat non se temere consentire oportere. Quisquis igitur alicunde dubitat, de his omnibus dubitare non debet; quæ si non essent, de ulla re dubitare non posset.

10. 15. Hæc omnia, qui vel corpus vel compositionem seu temperationem corporis esse mentem putant, in subiecto esse volunt videri, ut substantia sit ær, vel ignis, sive aliud aliquod corpus, quod mentem putant; intellegentia vero ita insit huic corpori, sicut qualitas eius; ut illud subiectum sit, hæc in subiecto; subiectum scilicet mens quam corpus esse arbitrantur, in subiecto autem intellegentia, sive quid aliud eorum quæ certa nobis esse commemoravimus. Iuxta opinantur etiam illi qui mentem ipsam negant esse corpus, sed compaginem aut temperationem corporis. Hoc enim interest, quod illi mentem ipsam dicunt esse substantiam, in quo subiecto sit intellegentia; isti autem ipsam mentem in subiecto esse dicunt, corpore scilicet cuius compositio vel temperatio est. Unde consequenter etiam intellegentiam quid aliud quam in eodem subiecto corpore existimant?

Cum se mens novit, substantiam suam novit.

10. 16. Qui omnes non advertunt, mentem nosse se etiam cum quærit se, sicut iam ostendimus. Nullo modo autem recte dicitur sciri aliqua res, dum eius ignoratur substantia. Quapropter, dum se mens novit, substantiam suam novit; et cum de se certa est, de substantia sua certa est. Certa est autem de se, sicut convincunt ea quæ supra dicta sunt. Nec omnino certa est, utrum ær, an ignis sit, an aliquod corpus, vel aliquid corporis. Non est igitur aliquid eorum. Totumque illud quod se iubetur ut noverit, ad hoc pertinet ut certa sit non se esse aliquid eorum de quibus incerta est, idque solum esse se certa sit, quod solum esse se certa est. Sic enim cogitat ignem aut ærem, et quidquid aliud corporis cogitat. Neque ullo modo fieri posset ut ita cogitaret id quod ipsa est, quemadmodum cogitat, id quod ipsa non est. Per phantasiam quippe imaginariam cogitat hæc omnia, sive ignem, sive ærem, sive illud vel illud corpus, partemve illam, seu compaginem temperationemque corporis; nec utique ista omnia, sed aliquid horum esse dicitur. Si quid autem horum esset, aliter id quam cetera cogitaret, non scilicet per imaginale figmentum, sicut cogitantur absentia, quæ sensu corporis tacta sunt, sive omnino ipsa, sive eiusdem generis aliqua; sed quadam interiore, non simulata, sed vera præsentia (non enim quidquam illi est se ipsa præsentius); sicut cogitat vivere se, et meminisse, et intellegere, et velle se. Novit enim hæc in se, nec imaginatur quasi extra se illa sensu tetigerit, sicut corporalia quæque tanguntur. Ex quorum cogitationibus si nihil sibi affingat, ut tale aliquid esse se putet, quidquid ei de se remanet,hoc solum ipsa est.

Memoria, intellegentia, voluntas.

11. 17. Remotis igitur paulisper ceteris, quorum mens de se ipsa certa est, tria hæc potissimum considerata tractemus, memoriam, intellegentiam, voluntatem . In his enim tribus inspici solent etiam ingenia parvulorum cuiusmodi præferant indolem. Quanto quippe tenacius et facilius puer meminit, quantoque acrius intellegit, et studet ardentius, tanto est laudabilioris ingenii. Cum vero de cuiusque doctrina quæritur, non quanta firmitate ac facilitate meminerit, vel quanto acumine intellegat; sed quid meminerit, et quid intellegat quæritur. Et quia non tantum quam doctus sit, consideratur laudabilis animus, sed etiam quam bonus; non tantum quid meminerit et quid intellegat, verum etiam quid velit attenditur; non quanta flagrantia velit, sed quid velit prius, deinde quantum velit. Tunc enim laudandus est animus vehementer amans, cum id quod amat vehementer amandum est. Cum ergo dicuntur hæc tria: ingenium, doctrina, usus , primum horum consideratur in illis tribus quid possit quisque memoria, intellegentia, voluntate. Secundum eorum consideratur, quid habeat quisque in memoria, et intellegentia, quo studiosa voluntate pervenerit. Iam vero usus tertius in voluntate est, pertractante illa quæ memoria et intellegentia continentur, sive ad aliquid ea referat, sive eorum fine delectata conquiescat. Uti est enim assumere aliquid in facultatem voluntatis; frui est autem uti cum gaudio, non adhuc spei, sed iam rei . Proinde omnis qui fruitur, utitur; assumit enim aliquid in facultatem voluntatis, cum fine delectationis. Non autem omnis qui utitur fruitur, si id quod in facultatem voluntatis assumit, non propter illud ipsum, sed propter aliud appetivit.

Unum sunt essentialiter, tria relative.

11. 18. Hæc igitur tria, memoria, intellegentia, voluntas, quoniam non sunt tres vitæ, sed una vita; nec tres mentes, sed una mens, consequenter utique nec tres substantiæ sunt, sed una substantia . Memoria quippe, quod vita et mens et substantia dicitur, ad se ipsam dicitur; quod vero memoria dicitur, ad aliquid relative dicitur. Hoc de intellegentia quoque ed de voluntate dixerim; et intellegentia quippe et voluntas ad aliquid dicitur. Vita est autem unaquæque ad se ipsam, et mens, et essentia. Quocirca *tria hæc* eo *sunt unum* , quo una vita, una mens, una essentia; et quidquid aliud ad se ipsa singula dicuntur, etiam simul, non pluraliter, sed singulariter dicuntur. Eo vero tria quo ad se invicem referuntur. Quæ si æqualia non essent, non solum singula singulis, sed etiam omnibus singula; non utique se invicem caperent. Neque enim tantum a singulis singula, verum etiam a singulis omnia capiuntur. Memini enim me habere memoriam, et intellegentiam, et voluntatem; et intellego me intellegere, et velle, atque meminisse; et volo me velle, et meminisse, et intellegere, totamque meam memoriam, et intellegentiam, et voluntatem simul memini . Quod enim memoriæ meæ non memini, non est in memoria mea. Nihil autem tam in memoria, quam ipsa memoria est. Totam igitur memini. Item quidquid intellego, intellegere me scio et scio me velle quidquid volo; quidquid autem scio memini. Totam igitur intellegentiam, totamque voluntatem meam memini. Similiter cum hæc tria intellego, tota simul intellego. Neque enim quidquam intellegibilium non intellego, nisi quod ignoro. Quod autem ignoro, nec memini nec volo. Quidquid itaque intellegibilium non intellego, consequenter etiam nec memini, nec volo. Quidquid ergo intellegibilium memini et volo, consequenter intellego. Voluntas etiam mea totam intellegentiam totamque memoriam meam capit, dum toto utor quod intellego et memini. Quapropter quando invicem a singulis et tota et omnia capiuntur, æqualia sunt tota singula totis singulis, et tota singula simul omnibus totis; et *hæc tria unum*, una vita, una mens, una essentia.

Mens imago Trinitatis in sui ipsius memoria, intellegentia et voluntate.
12. 19. Iamne igitur ascendendum est qualibuscumque intentionis viribus ad illam summam et altissimam essentiam, cuius impar imago est humana mens, sed tamen imago? An adhuc eadem tria distinctius declaranda sunt in anima, per illa quæ extrinsecus sensu corporis capimus, ubi temporaliter imprimitur rerum corporearum notitia? Mentem quippe ipsam in memoria et intellegentia et voluntate suimetipsius talem reperiebamus, ut quoniam semper se nosse semperque se ipsam velle comprehendebatur, simul etiam semper sui meminisse, semperque se ipsam intellegere et amare comprehenderetur; quamvis non semper se cogitare discretam ab eis quæ non sunt, quod ipsa est. Ac per hoc difficile in ea dignoscitur memoria sui, et intelligentia sui. Quasi enim non sint hæc duo, sed unum duobus vocabulis appelletur, sic apparet in ea re ubi valde ista coniuncta sunt, et aliud alio nullo præceditur tempore; amorque ipse non ita sentitur esse, cum eum non prodit indigentia, quoniam semper præsto est quod amatur. Quapropter etiam tardioribus dilucescere hæc possunt, dum ea tractantur quæ ad animum tempore accedunt et quæ illi temporaliter accidunt, cum meminit quod antea non meminerat,et cum videt quod antea non videbat, et cum amat quod antea non amabat. Sed aliud hæc tractatio iam poscit exordium, propter huius libelli modum.

LIBER UNDECIMUS

Vestigium Trinitatis etiam in exteriore homine.

1. 1. Nemini dubium est, sicut interiorem hominem intellegentia, sic exteriorem sensu corporis præditum. Nitamur igitur, si possumus, in hoc quoque exteriore indagare qualecumque vestigium Trinitatis, non quia et ipse eodem modo sit *imago Dei*. Manifesta est quippe apostolica sententia, quæ interiorem hominem renovari *in Dei agnitionem* declarat *secundum imaginem eius qui creavit eum*; cum et alio loco dicat: *Et si exterior homo noster corrumpitur, sed interior renovatur de die in diem*. In hoc ergo qui corrumpitur, quæramus, quemadmodum possumus, quamdam Trinitatis effigiem, et si non expressiorem, tamen fortassis ad dignoscendum faciliorem. Neque enim frustra et iste homo dicitur, nisi quia inest ei nonnulla interioris similitudo. Et illo ipso ordine conditionis nostræ quo mortales atque carnales effecti sumus, facilius et quasi familiarius visibilia quam intellegibilia pertractamus; cum ista sint exterius, illa interius, et ista sensu corporis sentiamus, illa mente intellegamus; nosque ipsi animi non sensibiles simus, id est corpora, sed intellegibiles, quoniam vita sumus; tamen, ut dixi, tanta facta est in corporibus consuetudo, et ita in hæc miro modo relabens foras se nostra proicit intentio, ut cum ab incerto corporum ablata fuerit, ut in spiritu multo certiore ac stabiliore cognitione figatur, refugiat ad ista, et ibi appetat requiem unde traxit infirmitatem. Cuius ægritudini congruendum; est ut si quando interiora spiritalia accommodatius distinguere atque facilius insinuare conamur, de corporalibus exterioribus similitudinum documenta capiamus. Sensu igitur corporis exterior homo præditus sentit corpora; et iste sensus, quod facile advertitur, quinquepertitus est: videndo, audiendo, olfaciendo, gustando, tangendo. Sed et multum est, et non necessarium, ut omnes hos quinque sensus id quod quærimus interrogemus. Quod enim nobis unus eorum renuntiat, etiam in ceteris valet. Itaque potissimum testimonio utamur oculorum. Is enim sensus corporis maxime excellit, et est visioni mentis pro sui generis diversitate vicinior.

Trinitas quædam in visione.

2. 2. Cum igitur aliquod corpus videmus, hæc tria, quod facillimum est, consideranda sunt et dignoscenda. Primo, ipsa res quam videmus sive lapidem, sive aliquam flammam, sive quid aliud quod videri oculis potest; quod utique iam esse poterat, et antequam videretur. Deinde, visio, quæ non erat priusquam rem illam obiectam sensui sentiremus. Tertio, quod in ea re quæ videtur, quamdiu videtur sensum detinet oculorum, id est animi intentio. In his igitur tribus, non solum est manifesta distinctio, sed etiam discreta natura. Primum quippe illud corpus visibile longe alterius naturæ est, quam sensus oculorum, quo sibimet incidente fit visio. Ipsaque visio quæ quid aliud, quam sensus ex ea re quæ sentitur informatus apparet? Quamvis re visibili detracta nulla sit, nec ulla omnino esse possit talis visio, si corpus non sit quod videri queat; nullo modo tamen eiusdem substantiæ est corpus quo formatur sensus oculorum, cum idem corpus videtur, et ipsa forma quæ ab eodem imprimitur sensui, quæ visio vocatur. Corpus enim a visu in sua natura separabile est; sensus autem qui iam erat in animante, etiam priusquam videret quod videre posset, cum in aliquid visibile incurreret, vel visio quæ fit in sensu ex visibili corpore, cum iam coniunctum est et videtur; sensus ergo vel visio, id est sensus non formatus extrinsecus vel sensus formatus extrinsecus, ad animantis naturam pertinet, omnino aliam quam est illud corpus quod videndo sentimus, quo sensus non ita formatur ut sensus sit, sed ut visio sit. Nam sensus et ante obiectum rei sensibilis nisi esset in nobis, non distaremus a cæcis, dum nihil videmus, sive in tenebris, sive clausis luminibus. Hoc autem distamus, quod nobis inest et non videntibus, quo videre possimus, qui sensus vocatur; illis vero non inest, nec aliunde nisi quod eo carent, cæci appellantur. Itemque illa animi intentio, quæ in ea re quam videmus sensum tenet, atque utrumque coniungit, non tantum ab ea re visibili natura differt; quandoquidem iste animus, illud corpus est, sed ab ipso quoque sensu atque visione; quoniam solius animi est hæc intentio. Sensus autem oculorum non ob aliud sensus corporis dicitur, nisi quia et ipsi oculi membra sunt corporis, et quamvis non sentiat corpus exanime, anima tamen commixta corpori ei instrumentum sentit corporeum, et idem instrumentum sensus vocatur. Qui etiam passione corporis, cum quisque excæcatur, interceptus exstinguitur, cum idem maneat animus, et eius intentio, luminibus amissis, non habeat quidem sensum corporis quem videndo extrinsecus corpori adiungat atque in eo viso figat aspectum, nisu tamen ipso indicet se adempto corporis sensu, nec perire potuisse, nec minui. Manet enim quidam videndi appetitus integer, sive id possit fieri, sive non possit. Hæc igitur tria, corpus quod videtur, et ipsa visio, et quæ utrumque coniungit intentio, manifesta sunt ad dignoscendum, non solum propter propria singulorum, verum etiam propter differentiam naturarum.

Quomodo ex re visibili gignatur visio.

2. 3. Atque in his cum sensus non procedat ex corpore illo quod videtur, sed ex corpore sentientis animantis, cui anima suo quodam miro modo contemperatur; tamen ex corpore quod videtur gignitur visio, id est, sensus ipse formatur; ut iam non tantum sensus qui etiam in tenebris esse integer potest, dum est incolumitas oculorum, sed etiam sensus informatus sit, quæ visio vocatur. Gignitur ergo ex re visibili visio, sed non ex sola, nisi adsit et videns. Quocirca ex visibili et vidente gignitur visio, ita sane ut ex vidente sit sensus oculorum, et aspicientis atque intuentis intentio; illa tamen informatio sensus, quæ visio dicitur, a solo imprimatur corpore quod videtur, id est, a re aliqua visibili. Qua detracta, nulla remanet forma quæ inerat sensui, dum adesset illud quod videbatur; sensus tamen ipse remanet qui erat et priusquam aliquid sentiretur; velut in aqua vestigium tamdiu est, donec ipsum corpus quod imprimitur inest; quo ablato nullum erit,cum remaneat aqua, quæ erat et antequam illam formam corporis caperet. Ideoque non possumus quidem dicere quod sensum gignat res visibilis; gignit tamen formam velut similitudinem suam, quæ fit in sensu, cum aliquid videndo sentimus. Sed formam corporis quod videmus, et formam quæ ab illa in sensu videntis fit, per eumdem sensum non discernimus; quoniam tanta coniunctio est, ut non pateat discernendi locus. Sed ratione colligimus nequaquam nos potuisse sentire, nisi fieret in sensu nostro, aliqua similitudo conspecti corporis. Neque enim cum anulus ceræ imprimitur, ideo nulla imago facta est, quia non discernitur, nisi cum fuerit separata. Sed quoniam post ceram separatam manet quod factum est ut videri possit, propterea facile persuadetur, quod inerat iam ceræ forma impressa ex anulo et antequam ab illa separaretur. Si autem liquido humori adiungeretur anulus, eo detracto nihil imaginis appareret. Nec ideo tamen discernere ratio non deberet, fuisse in illo humore, antequam detraheretur, anuli formam factam ex anulo, quæ distinguenda est ab ea forma quæ in anulo est, unde ista facta est quæ detracto anulo non erit, quamvis illa in anulo maneat unde ista facta est. Sic sensus oculorum non ideo non habet imaginem corporis quod videtur quamdiu videtur quia eo detracto non remanet. Ac per hoc tardioribus ingeniis difficillime persuaderi potest, formari in sensu nostro imaginem rei visibilis, cum eam videmus, et eamdem formam esse visionem.

Exemplo clarius res demonstratur.

2. 4. Sed qui forte adverterunt quod commemorabo, non ita in hac inquisitione laborabunt. Plerumque cum diuscule attenderimus quæque luminaria, et deinde oculos clauserimus, quasi versantur in conspectu quidam lucidi colores varie sese commutantes, et minus minusque fulgentes, donec omnino desistant; quas intellegendum est reliquias esse formæ illius quæ facta erat in sensu, cum corpus lucidum videretur, paulatimque et quodam modo gradatim deficiendo variari. Nam et insertarum fenestrarum cancelli, si eos forte intuebamur, sæpe in illis apparuere coloribus; ut manifestum sit, hanc affectionem nostro sensui ex ea re quæ videbatur

impressam. Erat ergo etiam cum videremus, et illa erat clarior et expressior, sed multum coniuncta cum specie rei eius quæ cernebatur, ut discerni omnino non posset; et ipsa erat visio. Quin etiam cum lucernæ flammula modo quodam divaricatis radiis oculorum quasi geminatur, duæ visiones fiunt, cum sit res una quæ videtur. Singillatim quippe afficiuntur idem radii de suo quisque oculo emicantes, dum non sinuntur in illud corpus intuendum pariter coniuncteque concurrere, ut unus fiat ex utroque contuitus. Et ideo si unum oculum clauserimus, non geminum ignem, sed sicuti est unum videbimus. Cur autem sinistro clauso illa species videri desinit quæ ad dextrum erat vicissimque dextro clauso illa intermoritur quæ ad sinistrum erat, et longum est et rei præsenti non necessarium modo quærere atque disserere. Quod enim ad susceptam quæstionem satis est; nisi fieret in sensu nostro quædam imago simillima rei eius quam cernimus, non secundum oculorum numerum flammæ species geminaretur, cum quidam cernendi modus adhibitus fuerit, qui possit concursum separare radiorum. Ex uno quippe oculo quolibet modo deducto, aut impresso, aut intorto, si alter clausus est, dupliciter videri aliquid quod sit unum nullo pacto potest.

Tria, quæ in visione sunt, natura differunt, in unum tamen cœunt.
2. 5. *Quæ cum ita sint*, tria hæc quamvis diversa natura, quemadmodum in quamdam unitatem contemperentur meminerimus; id est, species corporis quæ videtur, et imago eius impressa sensui quod est visio sensusve formatus, et voluntas animi quæ rei sensibili sensum admovet, in eoque ipsam visionem tenet. Horum primum, id est, res ipsa visibilis, non pertinet ad animantis naturam, nisi cum corpus nostrum cernimus. Alterum autem ita pertinet, ut et in corpore fiat, et per corpus in anima; fit enim in sensu, qui neque sine corpore est, neque sine anima. Tertium vero solius animæ est, quia voluntas est. Cum igitur horum trium tam diversæ substantiæ sint, tamen in tantam cœunt unitatem, ut duo priora vix intercedente iudice ratione discerni valeant, species videlicet corporis quod videtur, et imago eius quæ fit in sensu, id est, visio. Voluntas autem tantam habet vim copulandi hæc duo, ut et sensum formandum admoveat ei rei quæ cernitur, et in ea formatum teneat. Et si tam violenta est, ut possit vocari amor, aut cupiditas, aut libido, etiam ceterum corpus animantis vehementer afficit; et ubi non resistit pigrior duriorque materies, in similem speciem coloremque commutat. Licet videre corpusculum chamæleontis ad colores quos videt facillima conversione variari. Aliorum autem animalium, quia non est ad conversionem facilis corpulentia, fetus plerumque produnt libidines matrum, quid cum magna delectatione conspexerint. Quam enim teneriora, atque, ut ita dixerim, formabiliora sunt primordia seminum, tam efficaciter et capaciter sequuntur intentionem maternæ animæ, et quæ

in ea facta est phantasia per corpus quod cupide aspexit. Sunt exempla quæ copiose commemorari possint; sed unum sufficit de fidelissimis Libris quod fecit Iacob, ut oves et capræ varios coloribus parerent, supponendo eis variata virgulta in canalibus aquarum, quæ potantes intuerentur eo tempore quo conceperant.

Tria in cogitatione memoriæ.

3. 6. Sed anima rationalis deformiter vivit, cum secundum trinitatem exterioris hominis vivit; id est, cum ad ea quæ forinsecus sensum corporis formant, non laudabilem voluntatem, qua hæc ad utile aliquid referat, sed turpem cupiditatem qua his inhærescat, accommodat. Quia etiam detracta specie corporis quæ corporaliter sentiebatur, remanet in memoria similitudo eius, quo rursus voluntas convertat aciem ut inde formetur intrinsecus, sicut ex corpore obiecto sensibili sensus extrinsecus formabatur. Atque ita fit illa trinitas ex memoria, et interna visione, et quæ utrumque copulat voluntate. Quæ tria cum in unum coguntur, ab ipso coactu cogitatio dicitur. Nec iam in his tribus diversa substantia est. Neque enim aut corpus illud sensibile ibi est,quod omnino discretum est ab animantis natura, aut sensus corporis ibi formatur ut fiat visio, aut ipsa voluntas id agit ut formandum sensum sensibili corpori admoveat, in eoque formatum detineat. Sed pro illa specie corporis quæ sentiebatur extrinsecus, succedit memoria retinens illam speciem quam per corporis sensum combibit anima; proque illa visione quæ foris erat cum sensus ex corpore sensibili formaretur, succedit intus similis visio, cum ex eo quod memoria tenet, formatur acies animi, et absentia corpora cogitantur; voluntasque ipsa quomodo foris corpori obiecto formandum sensum admovebat, formatumque iungebat, sic aciem recordantis animi convertit ad memoriam, ut ex eo quod illa retinuit, ista formetur, et fit in cogitatione similis visio. Sicut autem ratione discernebatur species visibilis qua sensus corporis formabatur, et eius similitudo quæ fiebat in sensu formato ut esset visio (alioquin ita erant coniunctæ, ut omnino una eademque putaretur); sic illa phantasia, cum animus cogitat speciem visi corporis, cum constet ex corporis similitudine quam memoria tenet, et ex ea quæ inde formatur in acie recordantis animi, tamen sic una et singularis apparet, ut duo quædam esse non inveniantur nisi iudicante ratione, qua intellegimus aliud esse illud quod in memoria manet, etiam cum aliunde cogitamus, et aliud fieri cum recordamur, id est, ad memoriam redimus, et illic invenimus eamdem speciem. Quæ si iam non ibi esset, ita oblitos nos esse diceremus, ut omnino recolere non possemus. Si autem acies recordantis non formaretur ex ea re quæ erat in memoria, nullo modo fieret visio cogitantis; sed utriusque coniunctio, id est, eius quam memoria tenet, et eius quæ inde exprimitur ut formetur acies recordantis, quia simillimæ sunt, veluti unam facit apparere. Cum autem cogitantis acies aversa inde fuerit, atque id quod in memoria cernebatur destiterit intueri, nihil formæ quæ impressa erat in eadem acie remanebit; atque inde formabitur, quo rursus conversa fuerit ut alia cogitatio fiat. Manet tamen illud quod reliquit in memoria, quo rursus cum id recordamur convertatur, et conversa formetur, atque unum cum eo fiat unde formatur.

Quomodo fiat unitas.

4. 7. Voluntas vero illa quæ hac atque hac fert et refert aciem formandam, coniungitque formatam, si ad interiorem phantasiam tota confluxerit,atque a præsentia corporum quæ circumiacent sensibus, atque ab ipsis sensibus corporis, animi aciem omnino averterit, atque ad eam quæ intus cernitur imaginem penitus converterit; tanta offunditur similitudo speciei corporalis expressa ex memoria, ut nec ipsa ratio discernere sinatur, utrum foris corpus ipsum videatur, an intus tale aliquid cogitetur. Nam interdum homines nimia cogitatione rerum visibilium vel illecti, vel territi, etiam eiusmodi repente voces ediderunt, quasi revera in mediis talibus actionibus seu passionibus versarentur. Et memini me audisse a quodam, quod tam expressam et quasi solidam speciem feminei corporis in cogitando cernere soleret, ut ei se quasi misceri sentiens, etiam genitalibus flueret. Tantum habet virium anima in corpus suum, et tantum valet ad indumenti qualitatem vertendam atque mutandam, quomodo afficiatur indutus, qui cohæret indumento suo. Ex eodem genere affectionis etiam illud est, quod in somnis per imagines ludimur. Sed plurimum differt, utrum sopitis sensibus corporis, sicuti sunt dormientium, aut ab interiore compage turbatis, sicuti sunt furentium, aut alio quodam modo alienatis, sicuti sunt divinantium, vel prophetantium, animi intentio quadam necessitate incurrat in eas quæ occurrunt imagines, sive ex memoria, sive alia aliqua occulta vi, per quasdam spiritales mixturas similiter spiritalis substantiæ; an sicut sanis atque vigilantibus interdum contingit, ut cogitatione occupata se voluntas avertat a sensibus, atque ita formet animi aciem variis imaginibus rerum sensibilium, tamquam ipsa sensibilia sentiantur. Non tantum autem cum appetendo in talia voluntas intenditur, fiunt istæ impressiones imaginum; sed etiam cum devitandi et cavendi causa rapitur animus in ea contuenda quæ fugiat. Unde non solum cupiendo, sed etiam metuendo, infertur vel sensus ipsis sensibilibus, vel acies animi formanda imaginibus sensibilium. Itaque aut metus aut cupiditas quanto vehementior fuerit, tanto expressius formatur acies, sive sentientis ex corpore quod in loco adiacet,sive cogitantis ex imagine corporis quæ memoria continetur. Quod ergo est ad corporis sensum aliquod corpus in loco; hoc est ad animi aciem similitudo corporis in memoria; et quod est aspicientis visio ad eam speciem corporis ex qua sensus formatur; hoc est visio cogitantis ad imaginem corporis in memoria constitutam ex qua formatur acies animi; et quod est intentio voluntatis ad corpus visum visionemque copulandam, ut fiat ibi quædam unitas trium, quamvis eorum sit diversa natura; hoc est eadem voluntatis intentio ad copulandam imaginem corporis quæ inest in memoria, et visionem cogitantis, id est, formam quam cepit acies animi rediens ad memoriam; ut fiat et hic quædam unitas ex tribus, non iam naturæ diversitate discretis, sed unius eiusdemque substantiæ; quia hoc totum intus est, et totum unus animus.

Trinitas hominis exterioris non est imago Dei.

5. 8. Sicut autem cum forma et species corporis interierit, non potest ad eam voluntas sensum revocare cernentis, ita cum imago quam memoria gerit, oblivione deleta est, non erit quo animi aciem formandam voluntas recordando retorqueat. Sed quia prævalet animus, non solum oblita, verum etiam non sensa nec experta confingere, ea quæ non exciderunt augendo, minuendo, commutando, et pro arbitrio componendo, sæpe imaginatur quasi ita sit aliquid quod aut scit non ita esse, aut nescit ita esse. In quo genere cavendum est, ne aut mentiatur ut decipiat, aut opinetur ut decipiatur. Quibus duobus malis evitatis, nihil ei obsunt imaginata phantasmata; sicut nihil obsunt experta sensibilia et retenta memoriter, si neque cupide appetantur si iuvant, neque turpiter fugiantur si offendunt. Cum autem in his voluntas relictis melioribus avida volutatur, immunda fit; atque ita et cum adsunt perniciose, et cum absunt perniciosius cogitantur. Male itaque vivitur et deformiter secundum trinitatem hominis exterioris; quia et illam trinitatem, quæ licet interius imaginetur, exteriora tamen imaginatur, sensibilium corporaliumque utendorum causa peperit. Nullus enim eis uti posset etiam bene, nisi sensarum rerum imagines memoria tenerentur; et nisi pars maxima voluntatis in superioribus atque interioribus habitet, eaque ipsa quæ commodatur, sive foris corporibus, sive intus imaginibus eorum, nisi quidquid in eis capit ad meliorem verioremque vitam referat, atque in eo fine cuius intuitu hæc agenda iudicat, acquiescat, quid aliud facimus, nisi quod nos Apostolus facere prohibet, dicens: *Nolite conformari huic sæculo*? Quapropter non est ista trinitas imago Dei . Ex ultima quippe, id est corporea creatura, qua superior est anima, in ipsa anima fit per sensum corporis. Nec tamen est omni modo dissimilis. Quid enim non pro suo genere ac pro suo modulo habet similitudinem Dei, quandoquidem Deus fecit *omnia bona valde* , non ob aliud nisi quia ipse summe Bonus est? In quantum ergo bonum est quidquid est, in tantum scilicet, quamvis longe distantem, habet tamen nonnullam similitudinem summi Boni; et si naturalem, utique rectam et ordinatam; si autem vitiosam, utique turpem atque perversam. Nam et animæ in ipsis peccatis suis non nisi quamdam similitudinem Dei, superba et præpostera et, ut ita dicam, servili libertate sectantur . Ita nec primis parentibus nostris persuaderi peccatum posset, nisi diceretur: *Eritis sicut dii*. Non sane omne quod in creaturis aliquo modo simile est Deo, etiam eius imago dicenda est; sed illa sola qua superior ipse solus est. Ea quippe de illo prorsus exprimitur, inter quam et ipsum nulla interiecta natura est.

Relationes inter tria in priore trinitate.

5. 9. Visionis igitur illius, id est formæ quæ fit in sensu cernentis, quasi parens est forma corporis ex qua fit. Sed parens illa non vera; unde nec ista vera proles est; neque enim omnino inde gignitur, quoniam aliquid aliud adhibetur corpori, ut ex illo formetur, id est sensus videntis. Quocirca id amare, alienari est . Itaque voluntas quæ utrumque coniungit quasi parentem et quasi prolem, magis spiritalis est quam utrumlibet illorum. Nam corpus illud quod cernitur, omnino spiritale non est. Visio vero quæ fit in sensu habet admixtum aliquid spiritale, quia sine anima fieri non potest, sed non totum ita est,quoniam ille qui formatur, corporis sensus est. Voluntas ergo quæ utrumque coniungit magis, ut dixi, spiritalis agnoscitur, et ideo tamquam personam Spiritus insinuare incipit in illa trinitate. Sed magis pertinet ad sensum formatum, quam ad illud corpus unde formatur. Sensus enim animantis et voluntas animæ est,non lapidis aut alicuius corporis quod videtur. Non ergo ab illo quasi parente procedit; sed nec ab ista quasi prole, hoc est, visione ac forma quæ in sensu est. Prius enim quam visio fieret, iam erat voluntas, quæ formandum sensum cernendo corpori admovit; sed nondum erat placitum. Quomodo enim placeret, quod nondum erat visum? Placitum autem quieta voluntas est. Ideoque nec quasi prolem visionis possumus dicere voluntatem, quia erat ante visionem; nec quasi parentem, quia non ex voluntate sed ex viso corpore formata et expressa est.

Voluntatis finis.

6. 10. Finem fortasse voluntatis et requiem possumus recte dicere visionem, ad hoc dumtaxat unum? Neque enim propterea nihil aliud volet, quia videt aliquid quod volebat. Non itaque omnino ipsa voluntas hominis, cuius finis non est nisi beatitudo , sed ad hoc unum interim voluntas videndi finem non habet nisi visionem sive id referat ad aliud sive non referat. Si enim non referat ad aliud visionem, sed tantum voluit ut videret, non est disputandum quomodo ostendatur finem voluntatis esse visionem; manifestum est enim. Si autem referat ad aliud, vult utique aliud, nec iam videndi voluntas erit; aut si videndi, non hoc videndi. Tamquam si velit quisque videre cicatricem, ut inde doceat vulnus fuisse; aut si velit videre fenestram, ut per fenestram videat transeuntes; omnes istæ atque aliæ tales voluntates suos proprios fines habent, qui referuntur ad finem illius voluntatis qua volumus *beate vivere*, et ad eam pervenire vitam quæ non referatur ad aliud, sed amanti per se ipsa sufficiat. Voluntas ergo videndi, finem habet visionem; et voluntas hanc rem videndi,, finem habet huius rei visionem. Voluntas itaque videndi cicatricem, finem suum expetit, hoc est visionem cicatricis, et ad eam ultra non pertinet; voluntas enim probandi vulnus fuisse, alia voluntas est, quamvis ex illa religetur, cuius item finis est probatio vulneris. Et voluntas videndi fenestram, finem habet fenestræ visionem; altera est enim quæ ex ista nectitur voluntas, per fenestram videndi transeuntes, cuius item finis est visio transeuntium. Rectæ autem sunt voluntates et omnes sibimet religatæ, si bona est illa quo cunctæ referuntur; si autem prava est, pravæ sunt omnes. Et ideo rectarum voluntatum conexio iter est quoddam ascendentium ad beatitudinem, quod certis velut passibus agitur; pravarum autem atque distortarum voluntatum implicatio, vinculum est quo alligabitur qui hoc agit, ut proiciatur *in tenebras exteriores* . Beati ergo qui factis et moribus cantant *canticum graduum*; et *væ his qui trahunt peccata, sicut restem longam.* Sic est autem requies voluntatis quem dicimus finem, si adhuc refertur ad aliud, quemadmodum possumus dicere requiem pedis esse in ambulando, cum ponitur unde alius innitatur cum passibus pergitur. Si autem aliquid ita placet, ut in eo cum aliqua delectatione voluntas acquiescat; nondum est tamen illud quo tenditur, sed et hoc refertur ad aliud, deputetur non tamquam patria civis; sed tamquam refectio,vel etiam mansio viatoris.

Relationes inter tria in altera trinitate.

7. 11. Iam vero in alia trinitate, interiore quidem, quam est ista in sensibilibus et in sensibus, sed tamen quæ inde concepta est, cum iam non ex corpore sensus corporis, sed ex memoria formatur acies animi, cum in ipsa memoria species inhæserit corporis quod forinsecus sensimus, illam speciem quæ in memoria est, quasi parentem dicimus eius quæ fit in phantasia cogitantis. Erat enim in memoria et priusquam cogitaretur a nobis, sicut erat corpus in loco et priusquam sentiretur, ut visio fieret. Sed cum cogitatur, ex illa quam memoria tenet, exprimitur in acie cogitantis, et reminiscendo formatur ea species,, quæ quasi proles est eius quam memoria tenet. Sed neque illa vera parens, neque ista vera proles est. Acies quippe animi quæ formatur ex memoria cum recordando aliquid cogitamus, non ex ea specie procedit quam meminimus visam; quandoquidem eorum meminisse non possemus, nisi vidissemus; acies autem animi quæ reminiscendo formatur, erat etiam priusquam corpus quod meminimus

videremus; quanto magis priusquam id memoriæ mandaremus? Quamquam itaque forma quæ fit in acie recordantis, ex ea fiat quæ inest memoriæ; ipsa tamen acies non inde exsistit, sed erat ante ista. Consequens est autem, ut si non est illa vera parens, nec ista vera sit proles. Sed et illa quasi parens, et ista quasi proles aliquid insinuant, unde interiora atque veriora exercitatius certiusque videantur.

7. 12. Difficilius iam plane discernitur, utrum voluntas quæ memoriæ copulat visionem, non sit alicuius eorum sive parens sive proles; et hanc discretionis difficultatem facit eiusdem naturæ atque substantiæ parilitas et æqualitas. Neque enim, sicut foris facile discernebatur formatus sensus a sensibili corpore, et voluntas ab utroque, propter naturæ diversitatem quæ inest ab invicem omnibus tribus, de qua satis supra disseruimus, ita et hic potest. Quamvis enim hæc trinitas, de qua nunc quæritur, forinsecus invecta est animo; intus tamen agitur et non est quidquam eius præter ipsius animi naturam. Quo igitur pacto demonstrari potest, voluntatem nec quasi parentem nec quasi prolem esse, sive corporeæ similitudinis quæ memoria continetur, sive eius quæ inde cum recordamur exprimitur, quando utrumque in cogitando ita copulat, ut tamquam unum singulariter appareat, et discerni nisi ratione non possit? Atque illud primum videndum est, non esse posse voluntatem reminiscendi, nisi vel totum, vel aliquid rei eius quam reminisci volumus, in penetralibus memoriæ teneamus. Quod enim omni modo et omni ex parte obliti fuerimus, nec reminiscendi voluntas exoritur; quoniam quidquid recordari volumus, recordati iam sumus in memoria nostra esse vel fuisse. Verbi gratia, si recordari volo quid heri cœnaverim, aut recordatus iam sum cœnasse me, aut si et hoc nondum, certe circa ipsum tempus aliquid recordatus sum, si nihil aliud, ipsum saltem hesternum diem, et eius eam partem qua cœnari solet, et quid sit cœnare. Nam si nihil tale recordatus essem, quid heri cœnaverim, recordari velle non possem. Unde intellegi potest, voluntatem reminiscendi ab his quidem rebus quæ memoria continentur procedere, adiunctis simul eis quæ inde per recordationem cernendo exprimuntur, id est, ex copulatione rei cuiusdam quam recordati sumus, et visionis quæ inde facta est in acie cogitantis cum recordati sumus. Ipsa quæ utrumque copulat voluntas, requirit et aliud quod quasi vicinum est atque contiguum recordanti. Tot igitur huius generis trinitates, quot recordationes, quia nulla est earum ubi non hæc tria sint; illud quod in memoria reconditum est etiam antequam cogitetur, et illud quod fit in cogitatione cum cernitur, et voluntas utrumque coniungens, et ex utroque ac tertia se ipsa unum aliquid complens. An potius ita cognoscitur una quædam in hoc genere trinitas, ut unum aliquid generaliter dicamus quidquid corporalium specierum in memoria latet,

et rursus unum aliquid generalem visionem animi talia recordantis atque cogitantis, quorum duorum copulationi tertia coniungitur copulatrix voluntas, ut sit hoc totum unum quiddam ex quibusdam tribus?

Vera cogitandi ratio.

8. 12. Sed quoniam non potest acies animi simul omnia quæ memoria tenet, uno aspectu contueri, alternant vicissim cedendo ac succedendo trinitates cogitationum, atque ita fit ista innumerabiliter numerosissima trinitas; nec tamen infinita, si numerus in memoria reconditarum rerum non excedatur. Ex quo enim cœpit unusquisque sentire corpora quolibet corporis sensu, etiam si posset adiungere quæ oblitus est, certus ac determinatus profecto numerus foret quamvis innumerabilis. Dicimus enim innumerabilia, non solum infinita sed etiam quæ ita finita sunt, ut facultatem numerantis excedant.

8. 13. Sed hinc adverti aliquanto manifestius potest, aliud esse quod reconditum memoria tenet, et aliud quod inde in cogitatione recordantis exprimitur, quamvis cum fit utriusque copulatio, unum idemque videatur; quia meminisse non possumus corporum species, nisi tot quot sensimus, et quantas sensimus, et sicut sensimus; ex corporis enim sensu eas in memoria combibit animus; visiones tamen illæ cogitantium ex his quidem rebus quæ sunt in memoria, sed tamen innumerabiliter atque omnino infinite multiplicantur atque variantur. Unum quippe solem memini, quia sicuti est unum vidi; si voluero autem, duos cogito, vel tres, vel quotquot volo, sed ex eadem memoria qua unum memini formatur acies multos cogitantis. Et tantum memini, quantum vidi. Si enim maiorem vel minorem memini, quam vidi, iam non memini quod vidi, et ideo nec memini. Quia vero memini, tantum memini quantum vidi. Vel maiorem tamen pro voluntate cogito, vel minorem. Et ita memini ut vidi; cogito autem sicut volo currentem, et ubi volo stantem, unde volo et quo volo venientem. Quadrum etiam mihi cogitare, in promptu est, cum rotundum meminerim, et cuiuslibet coloris, cum solem viridem numquam viderim, et ideo non meminerim; atque ut solem, ita cetera. Hæ autem rerum formæ, quoniam corporales atque sensibiles sunt, errat quidem animus, cum eas opinatur eo modo foris esse, quomodo intus cogitat, vel cum iam interierunt foris, et adhuc in memoria retinentur, vel cum aliter etiam, quod meminimus, non recordandi fide, sed cogitandi varietate formatur.

8. 14. Quamquam sæpissime credamus etiam vera narrantibus, quæ ipsi sensibus perceperunt. Quæ cum in ipso auditu quando narrantur cogitamus, non videtur ad memoriam retorqueri acies, ut fiant visiones cogitantium; neque enim ea nobis recordantibus, sed alio narrante cogitamus. Atque illa trinitas non hic videtur expleri, quæ fit cum species in memoria latens et visio recordantis tertia voluntate copulantur. Non enim quod latebat in memoria mea, sed quod audio, cogito, cum aliquid mihi narratur. Non ipsas voces loquentis dico, ne quisquam putet in illam me exisse trinitatem, quæ foris in sensibilibus et in sensibus agitur; sed eas cogito corporum species, quas narrans verbis sonisque significat; quas utique non reminiscens, sed audiens cogito. Sed si diligentius consideremus, nec tunc exceditur memoriæ modus. Neque enim vel intellegere possem narrantem, si ea quæ dicit, et si contexta tunc primum audirem, non tamen generaliter singula meminissem. Qui enim mihi narrat, verbi gratia, aliquem montem silva exutum, et oleis indutum, ei narrat qui meminerim species et montium et silvarum et olearum. Quas si oblitus essem, quid diceret omnino nescirem, et ideo narrationem illam cogitare non possem. Ita fit ut omnis qui corporalia cogitat, sive ipse aliquid confingat, sive audiat, aut legat vel præterita narrantem, vel futura prænuntiantem , ad memoriam suam recurrat, et ibi reperiat modum atque mensuram omnium formarum quas cogitans intuetur. Nam neque colorem quem numquam vidit, neque figuram corporis, nec sonum quem numquam audivit, nec saporem quem numquam gustavit, nec odorem quem numquam olfecit, nec ullam contrectationem corporis quam numquam sensit, potest quisquam omnino cogitare. At si propterea nemo aliquid corporale cogitat nisi quod sensit, quia nemo meminit corporale aliquid nisi quod sensit, sicut in corporibus sentiendi, sic in memoria est cogitandi modus. Sensus enim accipit speciem ab eo corpore quod sentimus, et a sensu memoria, a memoria vero acies cogitantis.

Voluntatis munus.

8. 15. Voluntas porro sicut adiungit sensum corpori, sic memoriam sensui, sic cogitantis aciem memoriæ. Quæ autem conciliat ista atque coniungit, ipsa etiam disiungit ac separat, id est voluntas. Sed a sentiendis corporibus motu corporis separat corporis sensus, ne aliquid sentiamus, aut ut sentire desinamus; veluti cum oculos, ab eo quod videre nolumus, avertimus, vel claudimus; sic aures a sonis, sic nares ab odoribus. Ita etiam vel os claudendo, vel aliquid ex ore respuendo a saporibus aversamur. In tactu quoque vel subtrahimus corpus ne tangamus quod nolumus, vel si iam tangebamus, abicimus aut repellimus. Ita motu corporis agit voluntas, ne sensus corporis rebus sensibilibus copuletur. Et agit hoc quantum potest. Nam cum in hac actione propter conditionem servilis mortalitatis difficultatem patitur, cruciatus est consequens, ut voluntati nihil reliqui fiat, nisi tolerantia. Memoriam vero a sensu voluntas avertit, cum in aliud intenta non ei sinit inhærere præsentia. Quod animadvertere facile est, cum sæpe coram loquentem nobis aliquem aliud cogitando non audisse nobis videmur. Falsum est autem; audivimus enim, sed non meminimus, subinde per aurium sensum labentibus vocibus alienato nutu voluntatis, per quem solent infigi memoriæ. Verius itaque dixerimus, cum tale aliquid accidit: "Non meminimus", quam: "Non audivimus". Nam et legentibus evenit, et mihi sæpissime, ut perlecta pagina vel epistula, nesciam quid legerim, et repetam. In aliud quippe intento nutu voluntatis, non sic est adhibita memoria sensui corporis, quomodo ipse sensus adhibitus est litteris. Ita et ambulantes intenta in aliud voluntate, nesciunt qua transierint. Quod si non vidissent, non ambulassent, aut maiore intentione palpando ambulassent, præsertim si per incognita pergerent; sed quia facile ambulaverunt, utique viderunt. Quia vero non sicut sensus oculorum locis quacumque pergebant, ita ipsi sensui memoria iungebatur, nullo modo id quod viderunt etiam recentissimum meminisse potuerunt. Iam porro ab eo quod in memoria est, animi aciem velle avertere, nihil est aliud quam non inde cogitare.

Species a specie vicissim gignitur.

9. 16. In hac igitur distributione cum incipimus a specie corporis, et pervenimus usque ad speciem quæ fit in contuitu cogitantis, quattuor species reperiuntur quasi gradatim natæ altera ex altera; secunda, de prima; tertia, de secunda; quarta, de tertia. A specie quippe corporis quod cernitur, exoritur ea quæ fit in sensu cernentis, et ab hac, ea quæ fit in memoria; et ab hac, ea quæ fit in acie cogitantis. Quapropter voluntas quasi parentem cum prole ter copulat: primo speciem corporis cum ea quam gignit in corporis sensu; et ipsam rursus cum ea quæ ex illa fit in memoria; atque istam quoque tertio cum ea quæ ex illa paritur in cogitantis intuitu. Sed media copula quæ secunda est, cum sit vicinior, non tam similis est primæ quam tertiæ. Visiones enim duæ sunt: una sentientis, altera cogitantis. Ut autem possit esse visio cogitantis, ideo fit in memoria de visione sentientis simile aliquid, quo se ita convertat in cogitando acies animi, sicut se in cernendo convertit ad corpus acies oculorum. Propterea duas in hoc genere trinitates volui commendare: unam, cum visio sentientis formatur ex corpore; aliam, cum visio cogitantis formatur ex memoria. Mediam vero nolui, quia non ibi solet visio dici, cum memoriæ commendatur forma, quæ fit in sensu cernentis. Ubique tamen voluntas non apparet, nisi copulatrix quasi parentis et prolis. Et ideo undecumque procedat, nec parens nec proles dici potest.

De imaginatione.

10. 17. At enim si non meminimus nisi quod sensimus, neque cogitamus nisi quod meminimus; cur plerumque falsa cogitamus, cum ea quæ sensimus non utique falso meminerimus; nisi quia voluntas illa quam coniunctricem ac separatricem huiuscemodi rerum iam quantum potui demonstrare curavi, formandam cogitantis aciem per condita memoriæ ducit ut libitum est, et ad cogitanda ea quæ non meminimus, ex eis quæ meminimus, aliud hinc, aliud inde, ut sumat impellit? Quæ in unam visionem cœuntia faciunt aliquid quod ideo falsum dicatur, quia vel non est foris in rerum corporearum natura, vel non de memoria videtur expressum, cum tale nihil nos sensisse meminimus. Quis enim vidit cycnum nigrum? Et propterea nemo meminit. Cogitare tamen quis non potest? Facile est enim illam figuram, quam videndo cognovimus, nigro colore perfundere, quem nihilominus in aliis corporibus vidimus; et quia utrumque sensimus, utrumque meminimus. Nec avem quadrupedem memini, quia non vidi; sed phantasiam talem facillime intueor, dum alicui formæ volatili qualem vidi, adiungo alios duos pedes quales itidem vidi . Quapropter, dum coniuncta cogitamus, quæ singillatim sensa meminimus, videmur non id quod meminimus cogitare; cum id agamus moderante memoria, unde sumimus omnia quæ multipliciter ac varie pro nostra voluntate componimus. Nam neque ipsas magnitudines corporum, quas numquam vidimus, sine ope memoriæ cogitamus. Quantum enim spatii solet occupare per magnitudinem mundi noster obtutus, in tantum extendimus quaslibet corporum moles, cum eas maximas cogitamus. Et ratio quidem pergit in ampliora, sed phantasia non sequitur. Sequitur quippe cum infinitatem quoque numeri ratio renuntiet, quam nulla visio corporalia cogitantis apprehendit. Eadem ratio docet minutissima etiam corpuscula infinite dividi; cum tamen ad eas tenuitates vel minutias perventum fuerit, quas visas meminimus, exiliores minutioresque phantasias iam non possumus intueri, quamvis ratio non desinat persequi ac dividere. Ita nulla corporalia, nisi aut ea quæ meminimus, aut ex his quæ meminimus, cogitamus.

Numerus, pondus, mensura.

11. 18. Sed quia numerose cogitari possunt quæ singillatim sunt impressa memoriæ, videtur ad memoriam mensura, ad visionem vero numerus pertinere, quia licet innumerabilis sit multiplicitas talium visionum, singulis tamen in memoria præscriptus est intransgressibilis modus. Mensura igitur in memoria, in visionibus numerus apparet; sicut in ipsis corporibus visibilibus mensura quædam est, cui numerosissime coaptatur sensus videndi, et ex uno visibili multorum cernentium formatur aspectus; ita ut etiam unus propter duorum oculorum numerum plerumque unam rem geminata specie videat, sicut supra docuimus. In his ergo rebus unde visiones exprimuntur, quædam mensura est; in ipsis autem visionibus, numerus. Voluntas vero quæ ista coniungit et ordinat, et quadam unitate copulat, nec sentiendi aut cogitandi appetitum nisi in his rebus unde visiones formantur, acquiescens collocat, ponderi similis est. Quapropter hæc tria: mensuram, numerum, pondus , etiam in ceteris omnibus rebus animadvertenda prælibaverim. Nunc interim voluntatem copulatricem rei visibilis atque visionis quasi parentis et prolis, sive in sentiendo, sive in cogitando, nec parentem nec prolem dici posse, quomodo valui et quibus valui demonstravi. Unde tempus admonet, hanc eamdem trinitatem in interiore homine requirere, atque ab isto de quo tamdiu locutus sum animali atque carnali, qui exterior dicitur, introrsus tendere . Ubi speramus invenire nos posse secundum trinitatem *imaginem Dei* , conatus nostros illo ipso adiuvante, quem omnia, sicut res ipsæ indicant, ita etiam sancta Scriptura *in mensura et numero et pondere* disposuisse testatur.

LIBER DUODECIMUS

Homo exterior et interior qualis.

1. 1. Age nunc, videamus ubi sit quasi quoddam hominis exterioris interiorisque confinium. Quidquid enim habemus in animo commune cum pecore, recte adhuc dicitur ad exteriorem hominem pertinere. Non enim solum corpus homo exterior deputabitur, sed adiuncta quadam vita sua, qua compages corporis et omnes sensus vigent, quibus instructus est ad exteriora sentienda. Quorum sensorum imagines infixæ in memoria, cum recordando revisuntur, res adhuc agitur ad exteriorem hominem pertinens. Atque in his omnibus non distamus a pecore, nisi quod figura corporis non proni, sed erecti sumus. Qua in re admonemur ab eo qui nos fecit, ne meliore nostri parte, id est animo, similes pecoribus simus, a quibus corporis erectione distamus. Non ut in ea quæ sublimia sunt in corporibus animum proiciamus. Nam vel in talibus quietem voluntatis appetere, prosternere est animum. Sed sicut corpus ad ea quæ sunt excelsa corporum, id est, ad cælestia naturaliter erectum est; sic animus, quæ substantia spiritalis est, ad ea quæ sunt in spiritalibus excelsa erigendus est, non elatione superbiæ sed pietate iustitiæ.

Æternarum rationum perceptio.

2. 2. Possunt autem et pecora et sentire per corporis sensus extrinsecus corporalia, et ea memoriæ fixa reminisci, atque in eis appetere conducibilia, fugere incommoda. Verum ea notare, ac non solum naturaliter rapta, sed etiam de industria memoriæ commendata retinere, et in oblivionem iamiamque labentia recordando atque cogitando rursus imprimere; ut quemadmodum ex eo quod gerit memoria cogitatio formatur, sic et hoc ipsum quod in memoria est cogitatione firmetur; fictas etiam visiones, hinc atque inde recordata quælibet sumendo et quasi assuendo, componere, inspicere quemadmodum in hoc rerum genere quæ verisimilia sunt discernantur a veris, non spiritalibus, sed ipsis corporalibus; hæc atque huiusmodi, quamvis in sensibilibus atque in eis quæ inde animus per sensum corporis traxit agantur atque versentur, non sunt tamen rationis expertia, nec hominibus pecoribusque communia. Sed sublimioris rationis est iudicare de istis corporalibus secundum rationes incorporales et sempiternas; quæ nisi supra mentem humanam essent, incommutabiles profecto non essent; atque his nisi subiungeretur aliquid nostrum, non secundum eas possemus de corporalibus iudicare . Iudicamus autem de corporalibus ex ratione dimensionum atque figurarum, quam incommutabiliter manere mens novit.

Ratio superior et inferior in mente una.

3. 3. Illud vero nostrum quod in actione corporalium atque temporalium tractandorum ita versatur, ut non sit nobis commune cum pecore, rationale est quidem, sed ex illa rationali nostræ mentis substantia, qua subhæremus intellegibili atque incommutabili veritati, tamquam ductum et inferioribus tractandis gubernandisque deputatum est. Sicut enim in omnibus pecoribus non inventum est viro adiutorium simile illi, nisi de illo detractum in coniugium formaretur; ita menti nostræ qua supernam et internam consulimus veritatem, nullum est ad usum rerum corporalium, quantum naturæ hominis satis est, simile adiutorium ex animæ partibus quas communes cum pecoribus habemus. Et ideo quiddam rationale nostrum, non ad unitatis divortium separatum, sed in auxilium societatis quasi derivatum, in sui operis dispertitur officio. Et sicut una caro est duorum in masculo et femina, sic intellectum nostrum et actionem, vel consilium et exsecutionem, vel rationem et appetitum rationalem, vel si quo alio modo significatius dici possunt, una mentis natura complectitur; ut quemadmodum de illis dictum est: *Erunt duo in carne una* ; sic de his dici possit: "Duo in mente una".

Trinitas et imago Dei in eo solo quod ad contemplationem pertinet æternorum.

4. 4. Cum igitur disserimus de natura mentis humanæ, de una quadam re disserimus, nec eam in hæc duo quæ commemoravi, nisi per officia geminamus. Itaque cum in ea quærimus trinitatem, in tota quærimus, non separantes actionem rationalem in temporalibus a contemplatione æternorum, ut tertium aliquid iam quæramus quo trinitas impleatur. Sed in tota natura mentis ita trinitatem reperiri opus est, ut si desit actio temporalium, cui operi necessarium sit adiutorium propter quod ad hæc inferiora administranda derivetur aliquid mentis, in una nusquam dispertita mente trinitas inveniatur; et facta iam ista distributione, in eo solo quod ad contemplationem pertinet æternorum, non solum trinitas, sed etiam *imago Dei* ; in hoc autem quod derivatum est in actione temporalium, etiamsi trinitas possit, non tamen *imago Dei* possit inveniri.

Non videntur probabilem afferre sententiam qui arbitrantur imaginem Dei reperiri in coniugio masculi et feminæ ac eorum prole.

5. 5. Proinde non mihi videntur probabilem afferre sententiam, qui sic arbitrantur trinitatem imaginis Dei in tribus personis, quod attinet ad humanam naturam, posse reperiri, ut in coniugio masculi et feminæ atque in eorum prole compleatur; quod quasi vir ipse Patris personam intimet; Filii vero, quod de illo ita processit ut nasceretur; atque ita tertiam personam velut Spiritus dicunt esse mulierem, quæ ita de viro processit, ut non ipsa esset filius aut filia, quamvis ea concipiente proles nasceretur. Dixit enim Dominus de Spiritu Sancto, quod *a Patre procedat*, et tamen Filius non est. In huius igitur opinionis errore, hoc solum probabiliter affertur, quod in origine factæ feminæ, secundum sanctæ Scripturæ fidem satis ostenditur, non omne quod de aliqua persona ita exsistit, ut personam alteram faciat, filium posse dici; quandoquidem de viri persona exstitit persona mulieris, nec tamen eius filia dicta est. Cetera sane ita sunt absurda, immo vero ita falsa, ut facillime redarguantur. Omitto enim quale sit, Spiritum Sanctum matrem Filii Dei putare et coniugem Patris. Fortassis quippe respondeatur hæc in carnalibus habere offensionem, dum corporei conceptus partusque cogitantur. Quamquam et hæc ipsa castissime cogitent, quibus *mundis omnia munda sunt, immundis autem et infidelibus,* quorum *polluta est et mens et conscientia,* ita *nihil est mundum,* ut quosdam eorum etiam de virgine secundum carnem natus Christus offendat. Sed tamen in spiritalibus illis summis, ubi non est aliquid violabile aut corruptibile, nec natum *ex tempore*, nec ex informi formatum, si qua dicuntur talia, ad quorum similitudinem etiam ista inferioris creaturæ genera, quamvis longe remotissime facta sunt, non debent cuiusquam sobriam perturbare prudentiam, ne cum vanum devitat horrorem, in perniciosum incurrat errorem. Assuescat in corporibus ita spiritalium reperire vestigia, ut cum inde sursum versus duce ratione ascendere cœperit, ut ad ipsam incommutabilem veritatem per quam facta sunt ista perveniat, non secum ad summa pertrahat quod contemnit in infimis. Nec enim erubuit quidam, uxorem sibi eligere sapientiam, quia nomen uxoris in prole gignenda corruptibilem concubitum ingerit cogitanti, aut vero ipsa sapientia sexu femina est quia feminini generis vocabulo et in græca et in latina lingua enuntiatur.

Cur illa opinio respuenda.

6. 6. Non ergo propterea respuimus istam sententiam, quia timemus sanctam et inviolabilem atque incommutabilem caritatem, tamquam coniugem Dei Patris de illo exsistentem, sed non sicut prolem ad gignendum Verbum *per quod facta sunt omnia* cogitare; sed quia eam falsam divina Scriptura evidenter ostendit. Dixit enim Deus: *Faciamus hominem ad imaginem et similitudinem nostram* , paulo post autem dictum est: *Et fecit Deus hominem ad imaginem Dei* . *Nostram* certe, quia pluralis est numerus, non recte diceretur, si homo ad unius personæ imaginem fieret, sive Patris, sive Filii, sive Spiritus Sancti; sed quia fiebat ad imaginem Trinitatis, propterea dictum est, *ad imaginem nostram*. Rursus autem ne in Trinitate credendos arbitraremur tres deos, cum sit eadem Trinitas unus Deus: *Et fecit,* inquit, *Deus hominem ad imaginem Dei*; pro eo ac si diceret: *Ad imaginem suam.*

6. 7. Sunt enim tales usitatæ in illis Litteris locutiones, quas nonnulli, etiamsi catholicam fidem asserunt, non tamen diligenter advertunt ut putent ita dictum: *Fecit Deus ad imaginem Dei*; quasi diceretur: "Fecit Pater ad imaginem Filii"; sic volentes asserere in Scripturis sanctis Deum dictum etiam Filium, quasi desint alia verissima et manifestissima documenta, ubi non solum Deus, sed etiam *verus Deus* dictus est Filius . In hoc enim testimonio dum aliud solvere intendunt, sic se implicant, ut expedire non possint. Si enim Pater fecit ad imaginem Filii, ita ut non sit homo imago Patris, sed Filii, dissimilis est Patri Filius. Si autem pia fides docet, sicuti docet, Filium esse ad æqualitatem essentiæ similem Patri, quod *ad similitudinem* Filii factum est, necesse est etiam ad similitudinem Patris factum sit. Deinde, si hominem Pater non *ad suam,* sed ad Filii fecit *imaginem,* cur non ait: *Faciamus hominem ad imaginem et similitudinem* "tuam", sed ait, *nostram* ; nisi quia Trinitatis imago fiebat in homine ut hoc modo esset homo *imago* unius *veri Dei* , quia ipsa Trinitas *unus verus Deus* est? Locutiones autem sunt innumerabiles tales in Scripturis, sed has protulisse suffecerit. Est in Psalmis ita dictum: *Domini est salus, et super populum tuum benedictio tua* , quasi alteri dictum sit, non ei de quo dixerat: *Domini est salus.* Et iterum: *A te,* inquit, *eruar a temptatione, et in Deo meo transgrediar murum*; quasi alteri dixerit: *A te eruar a temptatione.* Et iterum: *Populi sub te cadent in corde inimicorum regis* ; ac si diceret: *In corde inimicorum* "tuorum". Ei quippe regi dixerat, id est, Domino Iesu Christo: *Populi sub te cadent*; quem regem intellegi voluit, cum diceret: *in corde inimicorum regis.* Rarius ista in Novi Testamenti litteris inveniuntur. Sed tamen ad Romanos Apostolus: *De Filio suo,* inquit, *qui factus est ei ex semine David secundum carnem, qui prædestinatus est Filius Dei in virtute secundum Spiritum sanctificationis ex resurrectione mortuorum Iesu Christi Domini nostri* ; tamquam de alio supra diceret. Quid est enim *Filius Dei prædestinatus ex resurrectione mortuorum Iesu Christi,* nisi idem Iesus Christus *qui prædestinatus est Filius Dei?* Ergo quomodo hic cum audimus; *Filius Dei in virtute Iesu Christi,* aut: *Filius Dei secundum Spiritum sanctificationis Iesu Christi*; aut: *Filius Dei ex resurrectione mortuorum Iesu Christi*; cum dici potuisset usitate: *In virtute* "sua"; aut: *Secundum Spiritum sanctificationis* "suæ"; aut: *Ex resurrectione mortuorum* "eius", vel *mortuorum* "suorum"; non cogimur intellegere aliam personam, sed unam eamdemque, scilicet Filii Dei *Domini nostri Iesu Christi.* Ita cum audimus: *Fecit Deus hominem ad imaginem Dei* ; quamvis posset usitatius dici: *Ad imaginem suam* ; non tamen cogimur aliam personam intellegere in Trinitate, sed ipsam unam eamdemque Trinitatem, qui est *unus Deus, ad* cuius *imaginem factus est homo.*

6. 8. *Quæ cum ita sint* , si eamdem Trinitatis imaginem, non in uno, sed in tribus hominibus acceperimus, patre et matre et filio, non erat ergo *ad imaginem Dei factus homo* antequam uxor ei fieret, et antequam filium propagarent; quia nondum erat trinitas. An dicit aliquis: "Iam trinitas erat, quia etsi nondum forma propria, iam tamen originali natura et mulier erat in latere viri et filius in lumbis patris"? Cur ergo, cum Scriptura dixisset: *Fecit Deus hominem ad imaginem Dei* ; contexuit dicens: *Fecit Deus eum; masculum et feminam, fecit eos, et benedixit eos* ? Vel si ita distinguendum est: *Et fecit Deus hominem*; ut deinde inferatur, *ad imaginem Dei fecit eum*; et tertia subiunctio sit: *masculum et feminam fecit eos.* Quidam enim timuerunt dicere: *Fecit eum masculum et feminam,* ne quasi monstruosum aliquid intellegeretur, sicuti sunt quos hermaphroditos vocant ; cum etiam sic non mendaciter possit intellegi utrumque in numero singulari, propter id quod dictum est: *Duo in carne una.* Cur ergo, ut dicere cœperam, in natura hominis *ad imaginem Dei* facta, præter *masculum et feminam* non commemorat Scriptura? Ad implendam quippe imaginem Trinitatis debuit addere et filium, quamvis adhuc in lumbis patris constitutum, sicut mulier erat in latere. An forte iam facta erat et mulier, et Scriptura brevi complexione constrinxerat, quod postea quemadmodum sit factum, diligentius explicaret; et propterea filius commemorari non potuit, quia nondum erat natus? Quasi et hoc non poterat ea brevitate complecti Spiritus, suo loco postea natum filium narraturus, sicut mulierem de viri latere assumptam suo postmodum loco narravit et tamen hic eam nominare non prætermisit.

Cur et mulier non est imago Dei?

7. 9. Non itaque ita debemus intellegere *hominem factum* ad imaginem summæ Trinitatis, hoc est *ad imaginem Dei* , ut eadem imago in tribus intellegatur hominibus; præsertim cum Apostolus virum dicat esse imaginem Dei, et propterea velamentum ei capitis demat, quod mulieri adhibendum monet, ita loquens: *Vir quidem non debet velare caput cum sit imago et gloria Dei. Mulier autem gloria viri est.* Quid ergo dicemus ad hæc? Si pro sua persona mulier adimplet imaginem Trinitatis, cur ea detracta de latere viri adhuc ille *imago* dicitur? Aut si et una persona hominis ex tribus potest dici *imago Dei*, sicut in ipsa summa Trinitate, et unaquæque persona Deus est, cur et mulier non est imago Dei? Nam propterea caput velare præcipitur, quod ille quia *imago Dei* est prohibetur.

Dictum Apostoli, quod vir imago Dei sit, mulier autem gloria viri, quomodo figurate et mystice intellegendum.

7. 10. Sed videndum est quomodo non sit contrarium quod dicit Apostolus non mulierem, sed virum esse imaginem Dei, huic quod scriptum est in Genesi: *Fecit Deus hominem, ad imaginem Dei, fecit eum masculum et feminam; fecit eos et benedixit eos*. *Ad imaginem* quippe *Dei* naturam ipsam humanam factam dicit, quæ sexu utroque completur, nec ab intellegenda imagine Dei separat feminam. Dicto enim quod *fecit Deus hominem ad imaginem Dei; fecit eum*, inquit, *masculum et feminam*; vel certe alia distinctione, *masculum et feminam fecit eos*. Quomodo ergo per Apostolum audivimus virum esse *imaginem Dei*, unde caput velare prohibetur, mulierem autem non, et ideo ipsa hoc facere iubetur nisi, credo, illud esse quod iam dixi, cum de natura humanæ mentis agerem, mulierem cum viro suo esse *imaginem Dei*, ut una imago sit tota illa substantia; cum autem ad adiutorium distribuitur, quod ad eam ipsam solam attinet, non est imago Dei; quod autem ad virum solum attinet, *imago Dei est*, tam plena atque integra, quam in unum coniuncta muliere. Sicut de natura humanæ mentis diximus, quia et si tota contempletur veritatem, *imago Dei est*; et cum ex ea distribuitur aliquid, et quadam intentione derivatur ad actionem rerum temporalium, nihilominus ex qua parte conspectam consulit veritatem, *imago Dei est*; ex qua vero intenditur in agenda inferiora, non est imago Dei. Et quoniam quantumcumque se extenderit in id quod æternum est, tanto magis inde formatur a*d imaginem Dei* et propterea non est cohibenda, ut se inde contineat ac temperet; ideo *vir non debet velare caput*. Quia vero illi rationali actioni quæ in rebus corporalibus temporalibusque versatur, periculosa est nimia in inferiora progressio; debet habere potestatem super caput, quod indicat velamentum quo significatur esse cohibenda. Grata est enim sanctis Angelis sacrata et pia significatio. Nam Deus non ad tempus videt, nec aliquid novi fit in eius visione atque scientia, cum aliquid temporaliter ac transitorie geritur, sicut inde afficiuntur sensus vel carnales animalium et hominum, vel etiam cælestes Angelorum.

7. 11. In isto quippe manifesto sexu masculi et feminæ apostolus Paulus occultioris cuiusdam rei figurasse mysterium, vel hinc intellegi potest, quod cum alio loco dicat, veram viduam esse desolatam, sine filiis et nepotibus, et tamen eam sperare debere in Domino, et persistere i*n orationibus nocte et die*, hic dicat mulierem seductam in prævaricatione factam, salvam fieri *per filiorum generationem*; et addidit: *Si permanserint in fide, et dilectione, et sanctificatione cum sobrietate*. Quasi vero possit obesse bonæ viduæ, si vel filios non habuerit, vel hi quos habuerit, in bonis moribus permanere noluerint. Sed quia ea quæ dicuntur opera bona, tamquam filii sunt vitæ

nostræ, secundum quam quæritur cuius vitæ sit quisque, id est, quomodo agat hæc temporalia, quam vitam Græci non sed, vocant; et hæc opera bona maxime in officiis misericordiæ frequentari solent; opera vero misericordiæ nihil prosunt, sive Paganis, sive Iudæis, qui Christo non credunt, sive quibusque hæreticis vel schismaticis ubi fides et dilectio et sobria sanctificatio non invenitur ; manifestum est quid Apostolus significare voluerit; ideo figurate ac mystice, quia de velando muliebri capite loquebatur, quod nisi ad aliquod secretum sacramenti referatur, inane remanebit.

7. 12. Sicut enim non solum veracissima ratio, sed etiam ipsius Apostoli declarat auctoritas, non secundum formam corporis *homo factus est ad imaginem Dei*, sed secundum rationalem mentem . Cogitatio quippe turpiter vana est, quæ opinatur Deum membrorum corporalium lineamentis circumscribi atque definiri. Porro autem nonne idem beatus Apostolus dicit: *Renovamini spiritu mentis vestræ, et induite novum hominem, eum qui secundum Deum creatus est* ; et alibi apertius: *Exuentes vos*, inquit, *veterem hominem cum actibus eius, induite novum qui renovatur in agnitionem Dei secundum imaginem eius qui creavit eum?* Si ergo *spiritu mentis* nostræ renovamur, et ipse est novus homo *qui renovatur in agnitionem Dei secundum imaginem eius qui creavit eum*; nulli dubium est, non secundum corpus, neque secundum quamlibet animi partem, sed secundum rationalem mentem, ubi potest esse agnitio Dei, *hominem factum ad imaginem eius qui creavit eum.* Secundum hanc autem renovationem efficimur etiam *filii Dei* per baptismum Christi, et *induentes novum* hominem, Christum utique induimus *per fidem.* Quis est ergo qui ab hoc consortio feminas alienet, cum sint nobiscum gratiæ cohæredes; et alio loco idem Apostolus dicat: *Omnes enim filii Dei estis per fidem in Christo Iesu. Quicumque enim in Christo baptizati estis, Christum induistis. Non est Iudæus neque Græcus, non est servus neque liber, non est masculus et femina; omnes enim vos unum estis in Christo Iesu ?* Numquidnam igitur fideles feminæ sexum corporis amiserunt? Sed quia ibi *renovantur ad imaginem Dei* , ubi sexus nullus est, ibi *factus est homo ad imaginem Dei* , ubi sexus nullus est, hoc est *in spiritu mentis* suæ. Cur ergo *vir* propterea *non debet caput velare, quia imago est et gloria Dei, mulier autem* debet, quia *gloria viri est*, quasi mulier non *renovetur spiritu mentis* suæ, *qui renovatur in agnitionem Dei secundum imaginem eius qui creavit eum* ? Sed quia sexu corporis distat a viro, rite potuit in eius corporali velamento figurari pars illa rationis, quæ ad temporalia gubernanda deflectitur; ut non maneat imago Dei, nisi ex parte mens hominis æternis rationibus conspiciendis vel consulendis adhærescit, quam non solum masculos, sed etiam feminas habere manifestum est. Defluxus ab imagine Dei.

8. 13. Ergo in eorum mentibus communis natura cognoscitur; in eorum vero corporibus ipsius unius mentis distributio figuratur. Ascendentibus itaque introrsus quibusdam gradibus considerationis per animæ partes, unde incipit aliquid occurrere, quod non sit nobis commune cum bestiis, inde incipit ratio, ubi iam homo interior possit agnosci. Qui etiam ipse si per illam rationem cui temporalium rerum administratio delegata est, immoderato progressu nimis in exteriora prolabitur, consentiente sibi capite suo, id est, non eam cohibente atque refrenante illa quæ in specula consilii præsidet quasi virili portione, inveteratur inter inimicos suos virtutis invidos dæmones cum suo principe diabolo; æternorumque illa visio ab ipso etiam capite cum coniuge vetitum manducante subtrahitur, ut lumen oculorum eius non sit cum illo , ac sic ab illa illustratione veritatis ambo nudati, atque apertis oculis conscientiæ ad videndum quam inhonesti atque indecori remanserint tamquam folia dulcium fructuum, sed sine ipsis fructibus, ita sine fructu boni operis bona verba contexunt, ut male viventes quasi bene loquendo contegant turpitudinem suam.

9. 14. Potestatem quippe suam diligens anima, a communi universo ad privatam partem prolabitur, et apostatica illa *superbia,* quod *initium peccati* dicitur, cum in universitate creaturæ Deum rectorem secuta, legibus eius optime gubernari potuisset, plus aliquid universo appetens, atque id sua lege gubernare molita, quia nihil est amplius universitate, in curam partilem truditur, et sic aliquid amplius concupiscendo minuitur, unde et *avaritia* dicitur *radix omnium malorum*; totumque illud ubi aliquid proprium contra leges, quibus universitas administratur, agere nititur, per corpus proprium gerit, quod partiliter possidet; atque ita formis et motibus corporalibus delectata, quia intus ea secum non habet, cum eorum imaginibus, quas memoriæ fixit, involvitur, et phantastica fornicatione turpiter inquinatur, omnia officia sua ad eos fines referens, quibus curiose corporalia ac temporalia per corporis sensus quærit, aut tumido fastu aliis animis corporeis sensibus deditis esse affectat excelsior, aut cœnoso gurgite carnalis voluptatis immergitur.

Gradus ad turpissima
10. 15. Cum ergo bona voluntate ad interiora ac superiora percipienda, quæ non privatim, sed communiter ab omnibus qui talia diligunt, sine ulla angustia vel invidia casto possidentur amplexu, vel sibi vel aliis consulit; et si fallatur in aliquo per ignorantiam temporalium, quia et hoc temporaliter gerit, et modum agendi non teneat quem debebat, *humana temptatio* est. Et magnum est hanc vitam sic degere, quam velut viam redeuntes carpimus, ut temptatio nos non apprehendat nisi humana. Hoc

enim *peccatum extra corpus est*, nec fornicationi deputatur, et propterea facillime ignoscitur. Cum vero propter adipiscenda ea quæ per corpus sentiuntur, propter experiendi vel excellendi vel contrectandi cupiditatem, ut in his finem boni sui ponat, aliquid agit, quidquid agit, turpiter agit; et *fornicatur in corpus proprium peccans*, et corporearum rerum fallacia simulacra introrsus rapiens et vana meditatione componens, ut ei nec divinum aliquid nisi tale videatur, privatim avara fetatur erroribus, et privatim prodiga inanitur viribus. Nec ad tam turpem et miserabilem fornicationem semel ab exordio prosiliret; sed, sicut scriptum est: *qui modica spernit, paulatim decidet.*

Cum homo vult esse sicut Deus, ad ima propellitur, ad ea quibus pecora lætantur.

11. 16. Quomodo enim coluber non apertis passibus, sed squamarum minutissimis nisibus repit, sic lubricus deficiendi motus neglegentes minutatim occupat, et incipiens a perverso appetitu similitudinis Dei, pervenit ad similitudinem pecorum. Inde est quod nudati stola prima, *pelliceas tunicas* mortalitate meruerunt. Honor enim hominis verus est *imago et similitudo Dei*, quæ non custoditur nisi ad ipsum a quo imprimitur. Tanto magis itaque inhæretur Deo, quanto minus diligitur proprium. Cupiditate vero experiendæ potestatis suæ, quodam nutu suo ad se ipsum tamquam ad medium proruit. Ita cum vult esse sicut ille sub nullo, et ab ipsa sui medietate pœnaliter ad ima propellitur, id est, ad ea quibus pecora lætantur; atque ita cum sit honor eius similitudo Dei, dedecus autem eius similitudo pecoris: *Homo in honore positus non intellexit; comparatus est iumentis insensatis, et similis factus est eis*. Qua igitur tam longe transiret a summis ad infima, nisi per medium sui? Cum enim neglecta caritate sapientiæ, quæ semper eodem modo manet, concupiscitur *scientia* ex mutabilium temporaliumque experimento, *inflat*, non *ædificat*, ita prægravatus animus quasi pondere suo a beatitudine expellitur, et per illud suæ medietatis experimentum pœna sua discit, quid intersit inter bonum desertum malumque commissum, nec redire potest effusis ac perditis viribus, nisi gratia Conditoris sui ad pœnitentiam vocantis et peccata donantis. *Quis* enim infelicem animam *liberabit a corpore mortis huius,* nisi *gratia Dei per Iesum Christum Dominum nostrum*? De qua gratia suo loco quando ipse præstiterit, disseremus.

Primi peccati figurata interpretatio; quodam secretum coniugium in interiore homine.

12. 17. Nunc de illa parte rationis ad quam pertinet scientia, id est, cognitio rerum temporalium atque mutabilium navandis vitæ huius actionibus necessaria, susceptam considerationem, quantum Dominus adiuvat peragamus. Sicut enim in illo manifesto coniugio duorum hominum qui primi facti sunt, non manducavit serpens de arbore vetita, sed tantummodo manducandum persuasit; mulier autem non manducavit sola, sed viro suo dedit, et simul manducaverunt; quamvis cum serpente sola locuta, et ab eo sola seducta sit ; ita et in hoc quod etiam in homine uno geritur et dignoscitur, occulto quodam secretoque coniugio carnalis, vel, ut ita dicam, qui in corporis sensus intenditur, sensualis animæ motus, qui nobis pecoribusque communis est, seclusus est a ratione sapientiæ. Sensu quippe corporis corporalia sentiuntur; æterna vero et incommutabilia spiritalia ratione sapientiæ intelleguntur. Rationi autem scientiæ appetitus vicinus est; quandoquidem de ipsis corporalibus quæ sensu corporis sentiuntur, ratiocinatur ea quæ scientia dicitur actionis; si bene, ut eam notitiam referat ad finem summi Boni; si autem male, ut eis fruatur tamquam bonis talibus in quibus falsa beatitudine conquiescat. Cum ergo huic intentioni mentis, quæ in rebus temporalibus et corporalibus propter actionis officium ratiocinandi vivacitate versatur, carnalis ille sensus vel animalis ingerit quamdam illecebram fruendi se, id est tamquam bono quodam privato et proprio, non tamquam publico atque communi quod est incommutabile bonum, tunc velut serpens alloquitur feminam. Huic autem illecebræ consentire, de ligno prohibito manducare est. Sed iste consensus si sola cogitationis delectatione contentus est, superioris vero auctoritate consilii ita *membra* retinentur, ut *non exhibeantur iniquitatis arma peccato* ; sic habendum existimo velut cibum vetitum mulier sola comederit. Si autem in consensione male utendi rebus quæ per sensum corporis sentiuntur, ita decernitur quodcumque peccatum, ut si potestas sit, etiam corpore compleatur; intellegenda est illa mulier dedisse viro suo secum simul edendum illicitum cibum. Neque enim potest peccatum non solum cogitandum suaviter, verum etiam efficaciter perpetrandum mente decerni, nisi et illa mentis intentio, penes quam summa potestas est membra in opus movendi, vel ab opere cohibendi, malæ actioni cedat et serviat.

12. 18. Nec sane, cum sola cogitatione mens oblectatur illicitis, non quidem decernens esse facienda, tenens tamen et volvens libenter quæ statim ut attigerunt animum respui debuerunt, negandum est esse peccatum, sed longe minus quam si et opere statuatur implendum. Et ideo de talibus quoque cogitationibus venia petenda est, pectusque percutiendum, atque dicendum: *Dimitte nobis debita nostra*; faciendumque quod sequitur, atque in oratione iungendum: *sicut et nos dimittimus debitoribus nostris*. Neque enim sicut in illis duobus primis hominibus personam suam quisque portabat, et ideo si sola mulier cibum edisset illicitum, sola utique mortis supplicio plecteretur; ita dici potest in homine uno, si delectationibus illicitis, a quibus se continuo deberet avertere cogitatio, libenter sola pascatur, nec facienda decernantur mala, sed tantum suaviter in recordatione teneantur, quasi mulierem sine viro posse damnari. Absit hoc credere. Hæc quippe una persona est, unus homo est, totusque damnabitur, nisi hæc quæ sine voluntate operandi, sed tamen cum voluntate animum talibus oblectandi, solius cogitationis sentiuntur esse peccata per mediatoris gratiam remittantur.

12. 19. Hæc itaque disputatio qua in mente uniuscuiusque hominis quæsivimus quoddam rationale coniugium contemplationis et actionis, officiis per quædam singula distributis, tamen in utroque mentis unitate servata, salva illius veritatis historia, quam de duobus primis hominibus, viro scilicet eiusque muliere, de quibus propagatum est genus humanum, divina tradit auctoritas, ad hoc tantummodo audienda est, ut intellegatur Apostolus imaginem Dei viro tantum tribuendo, non etiam feminæ, quamvis in diverso sexu duorum hominum, aliquid tamen significare voluisse quod in uno homine quæreretur.

Interpretatio altera: opinio eorum qui viro mentem, muliere sensum corporis significari senserunt.

13. 20. Nec me fugit, quosdam qui fuerunt ante nos egregii defensores catholicæ fidei et divini eloquii tractatores , cum in homine uno, cuius universam animam bonam quemdam paradisum esse senserunt, duo ista requirerent, virum mentem, mulierem vero dixisse corporis sensum. Et secundum hanc autem distributionem qua vir ponitur mens, sensus vero corporis mulier, videntur apte omnia convenire si considerata tractentur; nisi quod in omnibus bestiis et volatilibus scriptum est *non* esse *inventum* viro *adiutorium simile illi* , et tunc est ei mulier facta de latere. Propter quod ego non putavi pro muliere sensum corporis esse ponendum, quem videmus nobis et bestiis esse communem; sed aliquid volui quod bestiæ non haberent; sensumque corporis magis pro serpente intellegendum existimavi, qui legitur *sapientior omnibus pecoribus terræ* . In eis quippe naturalibus bonis, quæ nobis et irrationabilibus animantibus videmus esse communia, vivacitate quadam sensus excellit; non ille de quo scriptum est in Epistula quæ est ad Hebræos, ubi legitur: *perfectorum* esse *solidum cibum, qui per habitum exercitatos habent sensus ad separandum bonum a malo* ; illi quippe sensus naturæ rationalis sunt ad intellegentiam pertinentes; sed iste sensus qui est quinquepertitus in corpore, per quem non solum a nobis, verum etiam a bestiis corporalis species motusque sentitur.

13. 21. Sed sive isto, sive illo, sive aliquo alio modo accipiendum sit, quod Apostolus virum dixit *imaginem et gloriam Dei, mulierem autem gloriam viri* ; apparet tamen cum secundum Deum vivimus, mentem nostram in invisibilia eius intentam, ex eius æternitate, veritate, caritate, proficienter debere formari; quiddam vero rationalis intentionis nostræ, hoc est eiusdem mentis, in usum mutabilium corporaliumque rerum sine quo hæc vita non agitur, dirigendum; non ut conformetur *huic sæculo* , finem constituendo in bonis talibus, et in ea detorquendo beatitudinis appetitum; sed ut quidquid in usu temporalium rationabiliter facimus, æternorum adipiscendorum contemplatione faciamus, per ista transeuntes, illis inhærentes.

De sapientia et scientia.

14. 21. Habet enim et *scientia* modum suum bonum, si quod in ea *inflat* vel inflare assolet, æternorum caritate vincatur, quæ non inflat, sed, ut scimus, *ædificat* . Sine scientia quippe nec virtutes ipsæ, quibus recte vivitur, possunt haberi, per quas hæc vita misera sic gubernetur, ut ad illam quæ vere beata est, perveniatur æternam. Inter sapientiam et scientiam quid distet.

14. 22. Distat tamen ab æternorum contemplatione actio qua bene utimur temporalibus rebus, et illa sapientiæ, hæc scientiæ deputatur. Quamvis enim et illa quæ sapientia est, possit scientia nuncupari, sicut et Apostolus loquitur, ubi dicit: *Nunc scio ex parte, tunc autem cognoscam sicut et cognitus sum* ; quam scientiam profecto contemplationis Dei vult intelligi, quod sanctorum summum erit præmium; tamen ubi dicit: *Alii quidem datur per spiritum sermo sapientiæ, alii sermo scientiæ secundum eumdem Spiritum* hæc utique duo sine dubitatione distinguit, licet non ibi explicet quid intersit, et unde possit utrumque dignosci. Verum Scripturarum sanctarum multiplicem copiam scrutatus, invenio scriptum esse in libro Iob, eodem sancto viro loquente: *Ecce pietas est sapientia; abstinere autem a malis scientia est.* In hac differentia intellegendum est ad contemplationem sapientiam, ad actionem scientiam pertinere. "Pietatem" quippe hoc loco posuit "Dei cultum", quæ græce dicitur; nam hoc verbum habet ista sententia in codicibus græcis. Et quid est in æternis excellentius quam Deus, cuius solius immutabilis est natura? Et quis cultus eius, nisi amor eius, quo nunc desideramus eum videre, credimusque et speramus nos esse visuros; et quantum proficimus *videmus nunc per speculum in ænigmate, tunc autem* "in manifestatione"? Hoc est enim quod ait Apostolus Paulus: *facie ad faciem* ; hoc etiam quod Iohannes: *Dilectissimi, nunc filii Dei sumus, et nondum apparuit quod erimus. Scimus quia cum apparuerit, similes ei erimus, quoniam videbimus eum sicuti est.* De his atque huiusmodi

sermo ipse mihi videtur esse *sermo sapientiæ. Abstinere autem a malis* , quam Iob
scientiam dixit esse, rerum procul dubio temporalium est. Quoniam secundum tempus
in malis sumus, a quibus abstinere debemus, ut ad illa bona æterna veniamus.
Quamobrem quidquid prudenter, fortiter, temperanter et iuste agimus, ad eam pertinet
scientiam sive disciplinam, qua in evitandis malis bonisque appetendis actio nostra
versatur; et quidquid propter exempla vel cavenda, vel imitanda, et propter
quarumque rerum quæ nostris accommodata sunt usibus necessaria documenta,
historica cognitione colligimus.Per sapientiam fit cognitio rerum æternarum.

14. 23. De his ergo sermo cum fit, eum scientiæ sermonem puto, discernendum a
sermone sapientiæ , ad quam pertinent ea quæ nec fuerunt, nec futura sunt, sed sunt,
et propter eam æternitatem in qua sunt, et fuisse et esse futura esse dicuntur, sine ulla
mutabilitate temporum. Non enim sic fuerunt ut esse desinerent, aut sic futura sunt
quasi nunc non sint, sed idipsum esse semper habuerunt, semper habitura sunt.
Manent autem, non tamquam in spatiis locorum fixa veluti corpora; sed in natura
incorporali sic intellegibilia præsto sunt mentis aspectibus, sicut ista in locis visibilia
vel contrectabilia corporis sensibus. Non autem solum rerum sensibilium in locis
positarum sine spatiis localibus manent intellegibiles incorporalesque rationes; verum
etiam motionum in temporibus transeuntium sine temporali transitu stant etiam ipsæ
utique intellegibiles, non sensibiles. Ad quas mentis acie pervenire paucorum est; et
cum pervenitur, quantum fieri potest, non in eis manet ipse perventor, sed veluti acies
ipsa reverberata repellitur, et fit rei non transitoriæ transitoria cogitatio. Quæ tamen
cogitatio transiens per disciplinas quibus eruditur animus, memoriæ commendatur ut
sit quo redire possit, quæ cogitur inde transire; quamvis si ad memoriam cogitatio non
rediret, atque ibi quod commendaverat inveniret, velut rudis ad hoc sicut ducta fuerat
duceretur, idque inveniret ubi primum invenerat, in illa incorporea veritate, unde
rursus quasi descriptum in memoria figeretur. Neque enim sicut manet, verbi gratia,
quadrati corporis incorporalis et immutabilis ratio, sic in ea manet hominis cogitatio;
si tamen ad eam sine phantasia spatii localis potuit pervenire. Aut si alicuius artificiosi
et musici soni per moras temporis transeuntis numerositas comprehendatur, sine
tempore stans in quodam secreto altoque silentio, tamdiu saltem cogitari potest
quamdiu potest ille cantus audiri; tamen quod inde rapuerit etsi transiens mentis
aspectus, et quasi glutiens in ventre ita in memoria reposuerit, poterit recordando
quodam modo ruminare, et in disciplinam quod sic didicerit traicere. Quod si fuerit
omnimoda oblivione deletum, rursus doctrina duce ad id venietur quod penitus
exciderat et sic invenietur ut erat.

Contra reminescentiam Platonis et Pythagoræ. Illuminationis doctrina.

15. 24. Unde Plato ille philosophus nobilis persuadere conatus est vixisse hic animas hominum, et antequam ista corpora gererent; et hinc esse quod ea quæ discuntur, reminiscuntur potius cognita, quam cognoscuntur nova . Retulit enim, puerum quemdam nescio quæ de geometrica interrogatum, sic respondisse, tamquam esset illius peritissimus disciplinæ. Gradatim quippe atque artificiose interrogatus, videbat quod videndum erat, dicebatque quod viderat . Sed si recordatio hæc esset rerum antea cognitarum, non utique omnes vel pene omnes cum illo modo interrogarentur, hoc possent. Non enim omnes in priore vita geometræ fuerunt, cum tam rari sint in genere humano, ut vix possit aliquis inveniri; sed potius credendum est mentis intellectualis ita conditam esse naturam, ut rebus intellegibilibus naturali ordine, disponente Conditore, subiuncta sic ista videat in quadam luce sui generis incorporea, quemadmodum oculus carnis videt quæ in hac corporea luce circumadiacent, cuius lucis capax eique congruens est creatus. Non enim et ipse ideo sine magistro alba et nigra discernit, quia ista iam noverat antequam in hac carne crearetur. Denique cur de solis rebus intellegibilibus id fieri potest ut bene interrogatus quisque respondeat quod ad quamque pertinet disciplinam, etiamsi eius ignarus est? Cur hoc facere de rebus sensibilibus nullus potest, nisi quas isto vidit in corpore constitutus, aut eis qui noverant indicantibus credidit, seu litteris cuiusque, seu verbis? Non enim acquiescendum est eis qui Samium Pythagoram ferunt recordatum fuisse talia nonnulla quæ fuerat expertus, cum hic alio iam fuisset in corpore; et alios nonnullos narrant alii, eiusmodi aliquid in sui mentibus passos. Quas falsas fuisse memorias, quales plerumque experimur in somnis, quando nobis videmur reminisci quasi egerimus aut viderimus, quod nec egimus omnino nec vidimus, et eo modo affectas esse illorum mentes etiam vigilantium, instinctu spirituum malignorum atque fallacium, quibus curæ est de revolutionibus animarum falsam opinionem ad decipiendos homines firmare vel serere, ex hoc conici potest quia si vere illa recordarentur quæ hic in aliis antea positi corporibus viderant, multis ac pene omnibus id contingeret; quandoquidem ut de vivis mortuos, ita de mortuis vivos, tamquam de vigilantibus dormientes, et de dormientibus vigilantes, sine cessatione fieri suspicantur.

Sapientiæ et scientiæ recta distinctio; aliqua trinitas in scientia invenitur.

15. 25. Si ergo hæc est sapientiæ et scientiæ recta distinctio, ut ad sapientiam pertineat æternarum rerum cognitio intellectualis; ad scientiam vero, temporalium rerum cognitio rationalis, quid cui præponendum, sive postponendum sit, non est difficile iudicare. Si autem alia est adhibenda discretio, qua dignoscantur hæc duo, quæ procul dubio distare Apostolus docet, dicens: *Alii quidem datur per Spiritum sermo sapientiæ, alii sermo scientiæ secundum eumdem Spiritum*; tamen etiam istorum duorum quæ nos posuimus evidentissima differentia est, quod alia sit intellectualis cognitio æternarum rerum, alia rationalis temporalium, et huic illam præferendam esse ambigit nemo. Relinquentibus itaque nobis ea quæ exterioris sunt hominis, et ab eis quæ communia cum pecoribus habemus introrsum ascendere cupientibus, antequam ad cognitionem rerum intellegebilium atque summarum quæ sempiternæ sunt veniremus, temporalium rerum cognitio rationalis occurrit. Etiam in hac igitur inveniamus, si possumus, aliquam trinitatem, sicut inveniebamus in sensibus corporis, et in his quæ per eos in animam vel spiritum nostrum imaginaliter intraverunt; ut pro corporalibus rebus quas corporeo foris positas attingimus sensu, intus corporum similitudines haberemus impressas memoriæ, ex quibus cogitatio formaretur, tertia voluntate utrumque iungente; sicut formabatur foris acies oculorum, quam voluntas, ut visio fieret, adhibebat rei visibili, et utrumque iungebat, etiam illic ipsa se admovens tertiam. Sed non est hoc coarctandum in hunc librum, ut in eo qui sequitur, si Deus adiuverit, convenienter possit inquiri, et quod inventum fuerit explicari.

LIBER TERTIUSDECIMUS

Huius libri propositum.
1. 1. In libro superiore huius operis duodecimo satis egimus discernere rationalis mentis officium in temporalibus rebus, ubi non sola cognitio, verum et actio nostra versatur, ab excellentiore eiusdem mentis officio, quod contemplandis æternis rebus impenditur, ac sola cognitione finitur. Commodius autem fieri puto, ut de Scripturis sanctis aliquid interseram, quo facilius possit utrumque dignosci.

In exordio Evangelii Ioannis aliqua ad scientiam pertinent, aliqua ad sapientiam.
1. 2. Evangelium suum Ioannes evangelista sic exorsus est: *In principio erat Verbum, et Verbum erat apud Deum, et Deus erat Verbum: hoc erat in principio apud Deum. Omnia per ipsum facta sunt, et sine ipso factum est nihil quod factum est: in ipso vita erat, et vita erat lux hominum, et lux in tenebris lucet, et tenebræ eam non comprehenderunt. Fuit homo missus a Deo, cui nomen erat Ioannes: hic venit in testimonium, ut testimonium perhiberet de lumine, ut omnes crederent per illum. Non erat ille lux, sed ut testimonium perhiberet de lumine. Erat lux vera quæ illuminat omnem hominem venientem in hunc mundum. In mundo erat, et mundus per ipsum factus est, et mundus eum non cognovit. In propria venit, et sui eum non receperunt. Quotquot autem receperunt eum, dedit eis potestatem filios Dei fieri, iis qui credunt in nomine eius: qui non ex sanguinibus, neque ex voluntate carnis, neque ex voluntate viri, sed ex Deo nati sunt. Et verbum caro factum est, et habitavit in nobis. Et vidimus gloriam eius, gloriam quasi Unigeniti a Patre, plenum gratiæ et veritatis.* Hoc totum quod ex Evangelio posui, in præcedentibus suis partibus habet quod immutabile ac sempiternum est, cuius contemplatio nos beatos facit: in consequentibus vero permixta cum temporalibus commemorantur æterna. Ac per hoc aliqua ibi ad scientiam pertinent, aliqua ad sapientiam, sicut in libro duodecimo nostra præcessit distinctio. Nam: *In principio erat Verbum, et Verbum erat apud Deum, et Deus erat Verbum: hoc erat in principio apud Deum. Omnia per ipsum facta sunt, et sine ipso factum est nihil: quod factum est in ipso vita erat, et vita erat lux hominum, et lux in tenebris lucet, et tenebræ eam non comprehenderunt*; contemplativam vitam requirit, et intellectuali mente cernendum est. Qua in re quanto magis quisque profecerit, tanto fiet sine dubitatione sapientior. Sed propter id quod ait: *Lux lucet in tenebris, et tenebræ eam non comprehenderunt;* fide utique opus erat, qua crederetur quod non videretur.

Tenebras quippe intellegi voluit, aversa ab huiusmodi luce eamque minus idonea contueri corda mortalium: propter quod adiungit et dicit: *Fuit homo missus a Deo, cui nomen erat Ioannes: hic venit in testimonium, ut testimonium perhiberet de lumine, ut omnes crederent per illum* . Hoc iam temporaliter gestum est, et ad scientiam pertinet, quæ cognitione historica continetur. Hominem autem Ioannem in phantasia cogitamus, quæ de humanæ naturæ notitia impressa est nostræ memoriæ. Et hoc eodem modo cogitant, sive qui ista non credunt, sive qui credunt. Utrisque enim notum est quid sit homo, cuius exteriorem partem, id est, corpus per corporis lumina didicerunt: interiorem vero, id est, animam in se ipsis, quia et ipsi homines sunt, et per humanam conversationem cognitam tenent: ut possint cogitare quod dicitur: *Fuit homo cui nomen erat Ioannes:* quia et nomina sciunt loquendo et audiendo. Quod autem ibi est, *missus a Deo;* fide tenent qui tenent: et qui fide non tenent, aut dubitatione ambigunt, aut infidelitate derident. Utrique tamen, si non sunt ex numero nimis insipientium, qui dicunt in corde suo: *Non est Deus* , hæc audientes verba, utrumque cogitant, et quid sit Deus, et quid sit mitti a Deo; et si non sicut res se habent, at certe sicut valent.

Quomodo fidem quæ in nobis est videmus.

1. 3. Fidem porro ipsam quam videt quisque in corde suo esse, si credit, vel non esse, si non credit, aliter novimus: non sicut corpora quæ videmus oculis corporeis, et per ipsorum imagines quas memoria tenemus, etiam absentia cogitamus; nec sicut ea quæ non vidimus, et ex iis quæ vidimus cogitatione utcumque formamus, et memoriæ commendamus, quo recurramus cum voluerimus, ut illic ea, vel potius qualescumque imagines eorum quas ibi fiximus, similiter recordatione cernamus; nec sicut hominem vivum, cuius animam etiamsi non videmus, ex nostra conicimus, et ex motibus corporalibus hominem vivum, sicut videndo didicimus, intuemur etiam cogitando. Non sic videtur fides in corde, in quo est, ab eo cuius est: sed eam tenet certissima scientia, clamatque conscientia. Cum itaque propterea credere iubeamur, quia id quod credere iubemur, videre non possumus; ipsam tamen fidem quando inest in nobis, videmus in nobis: quia et rerum absentium præsens est fides, et rerum quæ foris sunt intus est fides, et rerum quæ non videntur videtur fides, et ipsa tamen temporaliter fit in cordibus hominum; et si ex fidelibus, infideles fiunt, perit ab eis. Aliquando autem et rebus falsis accommodatur fides: loquimur enim sic, ut dicamus "Habita est ei fides, et decepit". Qualis fides, si tamen et ipsa dicenda est fides, non culpabiliter de cordibus perit, quando eam inventa veritas pellit. Optabiliter autem rerum verarum in easdem res fides transit. Non enim dicendum est: "Perit", quando ea, quæ credebantur, videntur. Numquid enim adhuc fides dicenda est, cum definita sit in Epistola ad Hebræos fides, dictumque sit eam esse *convictionem rerum quæ non videntur?*

In eadem Ioannis narratione alia sunt corporis sensu, alia animi ratione cognita.

1. 4. Deinde quod sequitur: *Hic venit in testimonium, ut testimonium perhiberet de lumine, ut omnes crederent per illum* ; actio, ut diximus, temporalis est. Temporaliter enim testimonium perhibetur etiam de re sempiterna, quod est intellegibile lumen. De quo ut testimonium perhiberet venit Ioannes, qui *non erat lux, sed ut testimonium perhiberet de lumine* . Adiungit enim: *Erat lux vera quæ illuminat omnem hominem venientem in hunc mundum. In mundo erat, et mundus per ipsum factus est, et mundus eum non cognovit. In propria venit, et sui eum non receperunt* . Hæc verba omnia qui latinam linguam sciunt, ex rebus intellegunt quas noverunt. Quarum aliquæ nobis innotuerunt per corporis sensus, sicut homo, sicut ipse mundus, cuius tam evidentem magnitudinem cernimus, sicut eorumdem verborum soni; nam et auditus sensus est corporis: aliquæ autem per animi rationem, sicut id quod dictum est: *Et sui eum non receperunt:* intellegitur enim, Non in eum crediderunt, quod quid sit, nullo corporis sensu, sed animi ratione cognovimus. Ipsorum etiam verborum, non sonos, sed significationes, partim per corporis sensum, partim per animi rationem didicimus. Nec ea verba nunc primum audivimus: sed quæ iam audieramus; et non solum ipsa, verum etiam quæ significarent, cognita memoria tenebamus, et hic agnovimus. Hoc enim nomen disyllabum cum dicitur, *mundus,* quoniam sonus est, res utique corporalis per corpus innotuit, id est, per aurem: sed etiam quod significat per corpus innotuit, id est, per oculos carnis. Mundus quippe in quantum notus est, videntibus notus est. At hoc verbum quattuor syllabarum quod est "Crediderunt", sono suo, quoniam corpus est, per aurem carnis illabitur: quod autem significat, nullo corporis sensu, sed animi ratione cognoscitur. Nisi enim quid sit: "Crediderunt", per animum nossemus, non intellegeremus quid non fecerint illi de quibus dictum est: *Et sui eum non receperunt* . Sonus ergo verbi forinsecus instrepit auribus corporis, et attingit sensum qui vocatur auditus. Species quoque hominis et in nobis ipsis nobis nota est, et forinsecus in aliis adest corporis sensibus; oculis, cum videtur; auribus, cum auditur; tactui, cum tenetur et tangitur: habet etiam in memoria nostra imaginem suam, incorporalem quidem, sed corpori similem. Mundi denique ipsius mirabilis pulchritudo forinsecus præsto est, et aspectibus nostris, et ei sensui qui dicitur tactus, si quid eius attingimus: habet etiam ipse intus in memoria nostra imaginem suam, ad quam recurrimus, cum eum vel septi parietibus, vel etiam in tenebris cogitamus. Sed de his imaginibus rerum corporalium, incorporalibus quidem, habentibus tamen similitudines corporum, et ad vitam exterioris hominis pertinentibus, iam satis in undecimo libro locuti sumus. Nunc autem agimus de homine interiore, et eius scientia, ea quæ rerum est temporalium et mutabilium: in cuius intentionem cum assumitur aliquid, etiam de rebus ad exteriorem hominem pertinentibus, ad hoc assumendum est ut aliquid inde doceatur quod rationalem adiuvet scientiam: ac per hoc rerum quas communes cum animantibus irrationalibus habemus, rationalis usus ad interiorem hominem pertinet; nec recte dici potest cum irrationalibus animantibus eum nobis esse communem.

Fides res cordis; quomodo credentium fides una.

2. 5. Fides vero de qua in hoc libro aliquanto diutius disputare certa dispositionis nostræ ratione compellimur, quam qui habent, fideles vocantur, et qui non habent, infideles, sicut ii qui *venientem in propria* Dei Filium *non receperunt* , quamvis ex auditu in nobis facta sit, non tamen ad eum sensum corporis pertinet qui appellatur auditus, quoniam non est sonus; nec ad oculos huius carnis, quoniam non est color aut corporis forma; nec ad eum qui dicitur tactus, quoniam corpulentiæ nihil habet; nec ad ullum omnino sensum corporis, quoniam cordis est res ista, non corporis; nec foris est a nobis, sed in intimis nobis; nec eam quisquam hominum videt in alio, sed unusquisque in semetipso. Denique potest et simulatione confingi, et putari esse in quo non est. Suam igitur quisque fidem apud se ipsum videt: in altero autem credit esse eam, non videt; et tanto firmius credit, quanto fructus eius magis novit, quos operari solet *fides per dilectionem.* Quamobrem omnibus de quibus Evangelista subiungit et dicit: *Quotquot autem receperunt eum, dedit eis potestatem filios Dei fieri, iis qui credunt in nomine eius, qui non ex sanguinibus, neque ex voluntate carnis, neque ex voluntate viri, sed ex Deo nati sunt,* fides ista communis est: non sicut aliqua corporis forma communis est ad videndum omnium oculis quibus præsto est; ex ipsa quippe una omnium cernentium quodam modo informatur aspectus: sed sicut dici potest omnibus hominibus esse facies humana communis; nam hoc ita dicitur, ut tamen singuli suas habeant. Ex una sane doctrina impressam fidem credentium cordibus singulorum qui hoc idem credunt verissime dicimus: sed aliud sunt ea quæ creduntur, aliud fides qua creduntur. Illa quippe in rebus sunt quæ vel esse vel fuisse vel futuræ esse dicuntur: hæc autem in animo credentis est, ei tantum conspicua cuius est; quamvis sit et in aliis, non ipsa, sed similis. Non enim numero est una, sed genere: propter similitudinem tamen et nullam diversitatem magis unam dicimus esse quam multas. Nam et duos homines simillimos cum videmus, unam faciem dicimus et miramur amborum. Facilius itaque dicitur multas animas fuisse singulas utique

singulorum, de quibus legimus in Actibus Apostolorum quod eis fuerit anima una; quam ubi dixit Apostolus: *Una fides*, tot eas audet quisquam dicere quot fideles. Et tamen qui dicit: *O mulier, magna est fides tua*; et alteri: *Modicæ fidei, quare dubitasti?* suam cuique esse significat. Sed ita dicitur eadem credentium fides una, quemadmodum eadem volentium voluntas una: cum et in ipsis qui hoc idem volunt, sua voluntas sit cuique conspicua, alterius autem lateat, quamvis idem velit ; et si aliquibus signis sese indicet, creditur potius quam videtur . Unusquisque autem sui animi conscius non credit utique hanc esse suam, sed plane pervidet voluntatem.

Voluntates quædam eædem omnium.

3. 6. Est quædam sane eiusdem naturæ viventis et ratione utentis tanta conspiratio, ut cum lateat alterum quid alter velit, nonnullæ tamen sint voluntates omnium etiam singulis notæ: et cum quisque homo nesciat quid homo alius unus velit, in quibusdam rebus possit scire quid omnes velint. Unde illa cuiusdam mimi facetissima prædicatur urbanitas, qui cum se promisisset in theatro quid in animo haberent, et quid vellent omnes, aliis ludis esse dicturum, atque ad diem constitutum ingenti exspectatione maior multitudo conflueret, suspensis et silentibus omnibus, dixisse perhibetur:

Vili vultis emere, et caro vendere.

In quo dicto levissimi scenici, omnes tamen conscientias invenerunt suas, eique vera ante oculos omnium constituta, et tamen improvisa dicenti, admirabili favore plauserunt. Cur autem tam magna exspectatio facta est illo promittente omnium voluntatem se esse dicturum, nisi quia latent hominem aliorum hominum voluntates? Sed numquid ista latuit istum? Numquid quemquam latet? Qua tandem causa, nisi quia sunt quædam quæ non inconvenienter in aliis de se quisque coniiciat, compatiente vel conspirante vitio seu natura? Sed aliud est videre voluntatem suam, aliud, quamvis certissima coniectura, conicere alienam. Nam conditam Romam tam certum habeo in rebus humanis quam Constantinopolim, cum Romam viderim oculis meis, de illa vero nihil noverim, nisi quod aliis testibus credidi. Et mimus quidem ille vel se ipsum intuendo, vel alios quoque experiendo, *vili* velle *emere, et caro vendere*, omnibus id credidit esse commune. Sed quoniam revera vitium est, potest quisque adipisci eiusmodi iustitiam, vel alicuius alterius vitii quod huic contrarium est incurrere pestilentiam, qua huic resistat et vincat. Nam scio ipse hominem, cum venalis codex ei fuisset oblatus, pretiique eius ignarum et ideo quiddam exiguum poscentem cerneret venditorem, iustum pretium quod multo amplius erat, nec opinanti dedisse. Quid, si etiam sit quisquam nequitia tanta possessus, ut vili vendat quæ dimiserunt parentes, et caro emat quæ consumant libidines? Non est, ut opinor, incredibilis ista luxuries: et si quærantur tales, reperiantur, aut etiam non quæsiti fortassis occurrant, qui nequitia maiore quam theatrica, propositioni vel pronuntiationi theatricæ insultent, magno pretio stupra emendo, parvo autem rura vendendo. Largitionis etiam gratia novimus quosdam emisse frumenta carius, et vilius vendidisse suis civibus. Illud etiam quod vetus pœta dixit Ennius:

Omnes mortales sese laudarier optant;

profecto et de se ipso et de iis quos expertus fuerat, coniecit in aliis, et videtur pronuntiasse hominum omnium voluntatem. Denique si et mimus ille dixisset: "Laudari omnes vultis, nemo vestrum vult vituperari" ; similiter quod esset omnium voluntatis dixisse videretur. Sunt tamen qui vitia sua oderint, et in quibus sibi displicent ipsi, nec ab aliis se laudari velint, gratiasque agant obiurgantium benevolentiæ, cum ideo vituperantur ut corrigantur. At si dixisset: "Omnes beati esse vultis, miseri esse non vultis" ; dixisset aliquid quod nullus in sua non agnosceret voluntate. Quidquid enim aliud quisquam latenter velit, ab hac voluntate quæ omnibus et in omnibus hominibus satis nota est, non recedit.

Beatitudinis capessendæ et retinendæ voluntas una omnium, sed de ipsa beatitudine varietas magna voluntatum.

4. 7. Mirum est autem cum capessendæ atque retinendæ beatitudinis voluntas una sit omnium, unde tanta exsistat de ipsa beatitudine rursus varietas atque diversitas voluntatum , non quod aliquis eam nolit, sed quod non omnes eam norint. Si enim omnes eam nossent, non ab aliis putaretur esse in virtute animi; aliis, in corporis voluptate; aliis, in utraque; et aliis atque aliis, alibi atque alibi . Ut enim eos quæque res maxime delectavit, ita in ea constituerunt vitam beatam. Quomodo igitur ferventissime amant omnes, quod non omnes sciunt? Quis potest amare quod nescit? sicut iam de hac re in libris superioribus disputavi. Cur ergo beatitudo amatur ab omnibus, nec tamen scitur ab omnibus? An forte sciunt omnes ipsa quæ sit, sed non omnes sciunt ubi sit, et inde contentio est? Quasi vero de aliquo mundi huius agatur loco, ubi debeat quisque velle vivere, qui vult beate vivere, ac non ita quæratur ubi sit beatitudo, sicut quæritur quæ sit. Nam utique si in corporis voluptate est, ille beatus est qui fruitur corporis voluptate: si in virtute animi, ille qui hac fruitur: si in utraque, ille qui fruitur utraque. Cum itaque alius dicit: "Beate vivere est voluptate corporis frui"; alius autem: "Beate vivere est virtute animi frui": nonne aut ambo nesciunt quæ sit beata vita, aut non ambo sciunt? Quomodo ergo ambo amant eam, si nemo potest amare quod nescit? An forte falsum est quod pro verissimo certissimoque posuimus, *beate vivere omnes homines velle?* Si enim beate vivere est, verbi gratia, secundum animi virtutem vivere; quomodo beate vivere vult, qui hoc non vult? Nonne verius dixerimus: "Homo iste non vult beate vivere, quia non vult secundum virtutem vivere, quod solum est beate vivere"? Non igitur omnes beate vivere volunt, imo pauci hoc volunt, si non est beate vivere, nisi secundum virtutem animi vivere, quod multi nolunt . Itane falsum erit, unde nec ipse (cum Academicis omnia dubia sint) Academicus ille Cicero dubitavit, qui cum vellet in Hortensio dialogo ab aliqua re certa, de qua nullus ambigeret, sumere suæ disputationis exordium: *Beati certe,* inquit, *omnes esse volumus* ? Absit ut hoc falsum esse dicamus. Quid igitur? an dicendum est etiamsi nihil sit aliud beate vivere, quam secundum virtutem animi vivere, tamen et qui hoc non vult, beate vult vivere? Nimis quidem hoc videtur absurdum. Tale est enim ac si dicamus: "Et qui non vult beate vivere, beate vult vivere". Istam repugnantiam quis audiat, quis ferat? Et tamen ad hanc contrudit necessitas, si et omnes beate velle vivere verum est, et non omnes sic volunt vivere, quomodo solum beate vivitur.

Beatus non est, nisi qui et habet omnia quæ vult, et nihil vult male.

5. 8. An forte illud est quod nos ab his angustiis possit eruere, ut quoniam diximus ibi quosque posuisse beatam vitam quod eos maxime delectavit, ut voluptas Epicurum , virtus Zenonem; sic alium aliquid aliud, nihil dicamus esse beate vivere, nisi vivere secundum delectationem suam, et ideo falsum non esse quod *omnes beate vivere* velint, quia omnes ita volunt ut quemque delectat? Nam et hoc populo si pronuntiatum esset in theatro, omnes id in suis voluntatibus invenirent. Sed hoc quoque Cicero cum sibi ex adverso proposuisset, ita redarguit, ut qui hoc sentiunt, erubescant. Ait enim: *Ecce autem non philosophi quidem, sed prompti tamen ad disputandum, omnes aiunt esse beatos, qui vivant ut ipsi velint*; hoc est quod nos diximus: "Ut quosque delectat". Sed mox ille subiecit: *Falsum id quidem. Velle enim quod non deceat, idipsum miserrimum est: nec tam miserum est non adipisci quod velis, quam adipisci velle quod non oporteat .* Præclarissime omnino atque verissime. Quis namque ita sit mente cæcus, et ab omni luce decoris alienus ac tenebris dedecoris involutus, ut eum qui nequiter vivit ac turpiter, et nullo prohibente, nullo ulciscente, et nullo saltem reprehendere audente, insuper et laudantibus plurimis, quoniam sicut ait Scriptura divina: *Laudatur peccator in desideriis animæ suæ; et qui iniqua gerit,* *benedicetur* , implet omnes suas facinorosissimas et flagitiosissimas voluntates, ideo beatum dicat, quia vivit ut vult: cum profecto quamvis et sic miser esset, minus tamen esset, si nihil eorum quæ perperam voluisset, habere potuisset? Etiam mala enim voluntate vel sola quisque miser efficitur: sed miserior potestate, qua desiderium malæ voluntatis impletur. Quapropter, quoniam verum est quod omnes homines esse beati velint, idque unum ardentissimo amore appetant, et propter hoc cetera quæcumque appetunt; nec quisquam potest amare quod omnino quid vel quale sit nescit, nec potest nescire quid sit quod velle se scit; sequitur ut omnes beatam vitam sciant. Omnes autem beati habent quod volunt, quamvis non omnes qui habent quod volunt continuo sint beati: continuo autem miseri, qui vel non habent quod volunt, vel id habent quod non recte volunt. Beatus igitur non est, nisi qui et habet omnia quæ vult, et nihil vult male.

Prima beatitudinis condicio: ut homo recte vivat seu nihil mali velit.

6. 9. Cum ergo ex his duobus beata vita constet, atque omnibus nota, omnibus cara sit; quid putamus esse causæ cur horum duorum, quando utrumque non possunt, magis eligant homines, ut omnia quæ volunt habeant, quam ut omnia bene velint etiamsi non habeant? An ipsa est pravitas generis humani, ut cum eos non lateat, nec illum beatum esse qui quod vult non habet, nec illum qui quod male vult habet; sed illum qui et habet quæcumque vult bona, et nulla vult mala, ex his duobus quibus beata vita perficitur, quando utrumque non datur, id eligatur potius, unde magis a beata vita receditur (longius quippe ab illa est quicumque adipiscitur male concupita, quam qui non adipiscitur concupita); cum potius eligi debuerit voluntas bona, atque præponi, etiam non adepta quæ appetit? Propinquat enim beato, qui bene vult quæcumque vult, et quæ adeptus cum fuerit beatus erit. Et utique non mala, sed bona beatum faciunt, quando faciunt: quorum bonorum habet aliquid iam, idque non parvi æstimandum, eam ipsam scilicet voluntatem bonam, qui de bonis quorum capax est humana natura, non de ullius mali perpetratione vel adeptione gaudere desiderat; et bona, qualia et in hac misera vita esse possunt, prudenti, temperanti, forti, et iusta mente sectatur, et quantum datur assequitur; ut etiam in malis sit bonus, et finitis malis omnibus atque impletis bonis omnibus sit beatus.

Altera condicio: ut homo quod vult habeat.

7. 10. Ac per hoc in ista mortali vita erroribus ærumnisque plenissima, præcipue fides est necessaria, qua in Deum creditur. Non enim quæcumque bona, maximeque illa quibus quisque fit bonus, et illa quibus fiet beatus, unde nisi a Deo in hominem

veniant, et homini accedant, inveniri potest. Cum autem ex hac vita ab eo qui in his
miseriis fidelis et bonus est, ventum fuerit ad beatam, tunc erit vere quod nunc esse
nullo modo potest, ut sic homo vivat quomodo vult. Non enim volet male vivere in illa
felicitate, aut volet aliquid quod deerit, aut deerit quod voluerit. Quidquid amabitur,
aderit: nec desiderabitur quod non aderit. Omne quod ibi erit, bonum erit, et summus
Deus *summum Bonum* erit, atque ad fruendum amantibus præsto erit; et quod est
omnino beatissimum, ita semper fore certum erit. Nunc vero fecerunt quidem sibi
philosophi, sicut eorum cuique placuit, vitas beatas suas, ut quasi propria virtute
possent, quod communi mortalium conditione non poterant, sic scilicet vivere ut
vellent . Sentiebant enim aliter beatum esse neminem posse, nisi habendo quod vellet,
et nihil patiendo quod nollet. Quis autem non qualemcumque vitam qua delectatur, et
ideo beatam vocat, vellet sic esse in sua potestate, ut eam posset habere perpetuam?
Et tamen quis ita est? Quis vult pati molestias quas fortiter toleret, quamvis eas velit
possitque tolerare si patitur? Quis velit in tormentis vivere, etiam qui potest in eis per
patientiam tenendo iustitiam laudabiliter vivere? Transitura cogitaverunt hæc mala,
qui ea pertulerunt, vel cupiendo habere, vel timendo amittere quod amabant, sive
nequiter sive laudabiliter. Nam multi per transitoria mala, ad bona permansura fortiter
tetenderunt. Qui profecto spe beati sunt, etiam cum sunt in transitoriis malis, per quæ
ad bona non transitura perveniunt. Sed qui spe beatus est, nondum beatus est:
exspectat namque per patientiam beatitudinem quam nondum tenet. Qui vero sine ulla
spe tali, sine ulla tali mercede cruciatur, quantamlibet adhibeat tolerantiam, non est
beatus veraciter, sed miser fortiter. Neque enim propterea miser non est, quia miserior
esset, si etiam impatienter miseriam sustineret. Porro si ista non patitur, quæ nollet
pati in suo corpore, nec tunc quidem beatus habendus est, quoniam non vivit ut vult.
Ut enim alia omittam, quæ corpore illæso ad animi pertinent offensiones, sine quibus
vivere vellemus, et sunt innumerabilia; vellet utique si posset ita salvum atque
incolume habere corpus, et nullas ex eo pati molestias, ut id haberet in potestate, aut
in ipsius incorruptione corporis: quod quia non habet, ac pendet in incerto, profecto
non vivit ut vult. Quamvis enim per fortitudinem sit paratus excipere, et æquo ferre
animo quidquid adversitatis acciderit; mavult tamen ut non accidat, et si possit facit;
atque ita paratus est in utrumque, ut quantum in ipso est alterum optet, alterum vitet,
et si quod vitat, incurrerit, ideo volens ferat, quia fieri non potuit quod volebat . Ne
opprimatur ergo sustinet: sed premi nollet. Quomodo ergo vivit ut vult? An quia
volens fortis est ad ferenda quæ nollet illata? Ideo igitur id vult quod potest, quoniam
quod vult non potest. Hæc est tota, utrum ridenda, an potius miseranda, superborum
beatitudo mortalium, gloriantium se vivere ut volunt, quia volentes patienter ferunt

quæ accidere sibi nolunt. Hoc est enim, aiunt, quod sapienter dixit Terentius:

Quoniam non potest id fieri quod vis,
Id velis quod possis .

Commode hoc dictum esse, quis negat? Sed consilium est datum misero, ne esset miserior. Beato autem, quales se esse omnes volunt, non recte nec vere dicitur, Non potest fieri quod vis. Si enim beatus est, quidquid vult fieri potest; quia non vult quod fieri non potest. Sed non est mortalitatis huius hæc vita, nec erit nisi quando et immortalitas erit. Quæ si nullo modo dari homini posset, frustra etiam beatitudo quæreretur; quia sine immortalitate non potest esse.

Beatitudo sine immortalitate non potest esse.

8. 11. Cum ergo *beati esse omnes homines volunt* , si verum volunt, profecto et esse immortales volunt: aliter enim beati esse non possunt. Denique et de immortalitate interrogati, sicut et de beatitudine, omnes eam se velle respondent. Sed qualiscumque beatitudo, quæ potius vocetur quam sit, in hac vita quæritur, imo vero fingitur, dum immortalitas desperatur, sine qua vera beatitudo esse non potest. Ille quippe beate vivit, quod iam superius diximus, et astruendo satis fiximus, qui vivit ut vult, nec male aliquid vult. Nemo autem male vult immortalitatem, si eius humana capax est Deo donante natura: cuius si non capax est, nec beatitudinis capax est. Ut enim homo beate vivat, oportet ut vivat. Quem porro morientem vita ipsa deserit, beata vita cum illo manere qui potest? Cum autem deserit, aut nolentem deserit procul dubio, aut volentem, aut neutrum. Si nolentem, quomodo beata vita est, quæ ita est in voluntate, ut non sit in potestate? Cumque beatus nemo sit aliquid volendo nec habendo, quanto minus est beatus qui non honore, non possessione, non qualibet alia re, sed ipsa beata vita nolens deseritur, quando ei nulla vita erit? Unde etsi nullus sensus relinquitur, quo sit misera (propterea enim beata vita discedit, quoniam tota vita discedit), miser est tamen, quamdiu sentit, quia scit se nolente consumi propter quod cetera et quod præ ceteris diligit. Non igitur potest vita et beata esse, et nolentem deserere: quia beatus nolens nemo fit; ac per hoc quanto magis nolentem deserendo miserum facit, quæ si nolenti præsto esset miserum faceret? Si autem volentem deserit, etiam sic quomodo beata vita erat, quam perire voluit qui habebat? Restat ut dicant neutrum esse in animo beati; id est, eum deseri a beata vita, cum per mortem deserit tota vita, nec nolle nec velle, ad utrumque enim parato et æquo corde consistere. Sed nec ista beata est vita, quæ talis est, ut quem beatum facit, amore eius indigna sit. Quomodo enim est

beata vita, quam non amat beatus? Aut quomodo amatur, quod utrum vigeat, an
pereat, indifferenter accipitur? Nisi forte virtutes, quas propter solam beatitudinem sic
amamus, persuadere nobis audent, ut ipsam beatitudinem non amemus. Quod si
faciunt, etiam ipsas utique amare desistimus, quando illam propter quam solam istas
amavimus, non amamus. Deinde quomodo erit vera tam illa perspecta, tam examinata,
tam eliquata, tam certa sententia, *beatos esse omnes homines velle*, si ipsi qui iam beati
sunt, beati esse nec nolunt, nec volunt? Aut si volunt, ut veritas clamat, ut natura
compellit, cui summe bonus et immutabiliter beatus Creator indidit hoc; si volunt,
inquam, beati esse qui beati sunt, beati non esse utique nolunt. Si autem beati non esse
nolunt, procul dubio nolunt consumi et perire quod beati sunt. Nec nisi viventes beati
esse possunt: nolunt igitur perire quod vivunt. Immortales ergo esse volunt,
quicumque vere beati vel sunt vel esse cupiunt. Non autem vivit beate, cui non adest
quod vult: nullo modo igitur esse poterit vita veraciter beata, nisi fuerit sempiterna.
Fides autem tantum totum hominem immortalem futurum non argumentatione
humana, sed divina auctoritate promittit.

9. 12. Hanc utrum capiat humana natura, quam tamen desiderabilem confitetur, non
parva quæstio est. Sed si fides adsit, quæ inest *eis* quibus *dedit potestatem* Iesus *filios
Dei fieri*, nulla quæstio est. Humanis quippe argumentationibus hæc invenire conantes,
vix pauci magno præditi ingenio, abundantes otio, doctrinisque subtilissimis eruditi,
ad indagandam solius animæ immortalitatem pervenire potuerunt . Cui tamen animæ
beatam vitam non invenerunt stabilem, id est veram: ad miserias eam quippe vitæ
huius etiam post beatitudinem redire dixerunt. Et qui eorum de hac erubuerunt
sententia, et animam purgatam in sempiterna beatitudine sine corpore collocandam
putaverunt, talia de mundi retrorsus æternitate sentiunt, ut hanc de anima sententiam
suam ipsi redarguant ; quod hic longum est demonstrare, sed in libro duodecimo *De
Civitate Dei*, satis a nobis est, quantum arbitror, explicatum . Fides autem ista totum
hominem immortalem futurum, qui utique constat ex anima et corpore , et ob hoc vere
beatum, non argumentatione humana, sed divina auctoritate promittit. Et ideo cum
dictum esset in Evangelio, quod Iesus dederit *potestatem filios Dei fieri iis qui eum
receperunt* ; et quid sit recepisse eum, breviter fuisset expositum, dicendo: *Credentibus
in nomine eius;* quoque modo filii Dei fierent, esset adiunctum: *Qui non ex sanguinibus,
neque ex voluntate carnis, neque ex voluntate viri, sed ex Deo nati sunt* ; ne ista
hominum quam videmus et gestamus infirmitas tantam excellentiam desperaret, illico
annexum est: *Et Verbum caro factum est, et habitavit in nobis* ; ut a contrario
suaderetur quod incredibile videbatur. Si enim natura Dei Filius propter filios

hominum misericordia factus est hominis filius; hoc est enim: *Verbum caro factum est, et habitavit in nobis* hominibus: quanto est credibilius, natura filios hominis gratia Dei filios Dei fieri, et habitare in Deo, in quo solo et de quo solo esse possunt beati participes immortalitatis eius effecti; propter quod persuadendum Dei Filius particeps nostræ mortalitatis effectus est?

Incarnatio Verbi mentes mortalium ab immortalitatis desperatione liberat.
10. 13. Eos itaque qui dicunt: "Itane defuit Deo modus alius quo liberaret homines a miseria mortalitatis huius, ut unigenitum Filium Deum sibi coæternum, hominem fieri vellet, induendo humanam animam et carnem, mortalemque factum mortem perpeti?" parum est sic refellere, ut istum modum quo nos per *Mediatorem Dei et hominum hominem Christum Iesum* Deus liberare dignatur, asseramus bonum et divinæ congruum dignitati: verum etiam ut ostendamus non alium modum possibilem Deo defuisse, cuius potestati cuncta æqualiter subiacent; sed sanandæ nostræ miseriæ convenientiorem modum alium non fuisse, nec esse oportuisse. Quid enim tam necessarium fuit ad erigendam spem nostram, mentesque mortalium conditione ipsius mortalitatis abiectas, ab immortalitatis desperatione liberandas, quam ut demonstraretur nobis quanti nos penderet Deus, quantumque diligeret? Quid vero huius rei tanto isto indicio manifestius atque præclarius, quam ut Dei Filius immutabiliter bonus, in se manens quod erat, et a nobis pro nobis accipiens quod non erat, præter suæ naturæ detrimentum, nostræ dignatus inire consortium, prius sine ullo malo suo merito mala nostra perferret; ac sic iam credentibus quantum nos diligat Deus, et quod desperabamus iam sperantibus, dona in nos sua sine ullis bonis meritis nostris, imo præcedentibus et malis meritis nostris, indebita largitate conferret? Merita quæ dicuntur nostra, dona sunt Dei.

10. 14. Quia et ea quæ dicuntur merita nostra, dona sunt eius. Ut enim *fides per dilectionem operetur*, *caritas Dei diffusa est in cordibus nostris per Spiritum Sanctum qui datus est nobis*. Tunc est autem datus, quando est Iesus resurrectione clarificatus. Tunc enim eum se missurum esse promisit et misit ; quia tunc, sicut de illo scriptum est, et ante prædictum: *Ascendit in altum, captivavit captivitatem, dedit dona hominibus*. Hæc dona sunt merita nostra, quibus ad summum bonum immortalis beatitudinis pervenimus . *Commendat autem*, inquit Apostolus, *caritatem suam Deus in nobis, quoniam cum adhuc peccatores essemus, Christus pro nobis mortuus est. Multo magis iustificati nunc in sanguine ipsius, salvi erimus ab ira per ipsum* . Adhuc addit, et dicit: *Si enim cum inimici essemus, reconciliati sumus Deo per mortem Filii eius; multo magis* *reconciliati, salvi erimus in vita ipsius* . Quos peccatores dixit prius, hos posterius inimicos Dei; et quos prius iustificatos in sanguine Iesu Christi, eos posterius reconciliatos per mortem Filii Dei; et quos prius salvos ab ira per ipsum, eos postea salvos in vita ipsius. Non ergo ante istam gratiam quoquo modo peccatores, sed in talibus peccatis fuimus, ut inimici essemus Dei. Superius autem idem apostolus nos peccatores et inimicos Dei, duobus identidem nominibus appellavit, uno velut mitissimo, alio plane atrocissimo, dicens: *Si enim Christus, cum infirmi essemus adhuc, iuxta tempus pro impiis mortuus est.* Quos *infirmos,* eosdem *impios* nuncupavit. Leve aliquid videtur infirmitas; sed aliquando talis est, ut impietas nominetur. Nisi tamen infirmitas esset, medicum necessarium non haberet: qui est hebraice Iesus, græce, nostra autem locutione Salvator. Quod verbum latina lingua antea non habebat, sed habere poterat, sicut potuit quando voluit. Hæc autem Apostoli sententia præcedens, ubi ait: *Adhuc cum infirmi essemus, iuxta tempus pro impiis mortuus est,* cohæret his duabus sequentibus, quarum in una dixit peccatores, in alia inimicos Dei, tamquam illis singulis reddiderit singula, peccatores ad infirmos, inimicos Dei referens ad impios.

Difficultas de iustificatione.

11. 15. Sed quid est, *iustificati in sanguine ipsius?* Quæ vis est sanguinis huius, obsecro, ut in eo iustificentur credentes? Et quid est, *reconciliati per mortem Filii eius?* Itane vero, cum irasceretur nobis Deus Pater, vidit mortem Filii sui pro nobis, et placatus est nobis? Numquid ergo Filius eius usque adeo nobis iam placatus erat, ut pro nobis etiam dignaretur mori: Pater vero usque adeo adhuc irascebatur, ut nisi Filius pro nobis moreretur, non placaretur? Et quid est quod alio loco idem ipse doctor Gentium: *Quid,* inquit, *ergo dicemus ad hæc? Si Deus pro nobis, quis contra nos? Qui proprio Filio suo non pepercit, sed pro nobis omnibus tradidit illum; quomodo non etiam cum illo omnia nobis donavit*? Numquid nisi iam placatus esset Pater, proprio Filio non parcens pro nobis eum traderet? Nonne videtur hæc illi velut adversa esse sententia? In illa moritur pro nobis Filius, et reconciliatur nobis Pater per mortem eius : in hac autem tamquam *prior nos dilexerit* Pater, ipse propter nos Filio non parcit, ipse pro nobis eum tradit ad mortem. Sed video quod et antea Pater dilexit nos, non solum antequam pro nobis Filius moreretur, sed antequam conderet mundum, ipso teste Apostolo qui dicit: *Sicut elegit nos in ipso ante mundi constitutionem.* Nec Filius Patre sibi non parcente pro nobis velut invitus est traditus, quia et de ipso dictum est: *Qui me dilexit, et tradidit semetipsum pro me.* Omnia ergo simul et Pater et Filius et amborum Spiritus pariter et concorditer operantur: tamen *iustificati* sumus *in Christi sanguine, et reconciliati sumus*

Deo per mortem Filii eius; et quomodo id factum sit, ut potero, etiam hic quantum satis videbitur explicabo.

Propter Adæ peccatum iusto Dei iudicio in potestatem diaboli traditum est genus humanum.

12. 16. Quadam iustitia Dei in potestatem diaboli traditum est genus humanum, peccato primi hominis in omnes utriusque sexus commixtione nascentes originaliter transeunte, et parentum primorum debito universos posteros obligante. Hæc traditio prius in Genesi significata est, ubi cum serpenti dictum esset: *Terram manducabis* ; homini dictum est: *Terra es, et in terram ibis* . Eo quod dictum est, *in terram ibis;* mors corporis prænuntiata est, quia nec ipsam fuerat experturus, si permansisset ut factus est rectus: quod vero viventi ait: *Terra es;* ostendit totum hominem in deterius commutatum. Tale est enim: *Terra es;* quale illud: *Non permanebit Spiritus meus in hominibus istis quoniam caro sunt* . Tunc ergo demonstravit eum ei traditum, cui dictum fuerat: *Terram manducabis* . Apostolus autem apertius hoc prædicat, ubi dicit: *Et vos cum essetis mortui delictis et peccatis vestris, in quibus aliquando ambulastis secundum sæculum mundi huius, secundum principem potestatis æris, spiritus huius qui nunc operatur in filiis diffidentiæ, in quibus et nos omnes aliquando conversati sumus in desideriis carnis nostræ, facientes voluntates carnis et affectionum: et eramus natura filii iræ, sicut et ceteri* . Filii diffidentiæ sunt infideles; et quis hoc non est antequam fidelis fiat? Quocirca omnes homines ab origine sub principe sunt potestatis æris, *qui operatur in filiis diffidentiæ*. Et quod dixi: Ab origine, hoc est quod dicit Apostolus, *natura* et se fuisse sicut ceteros: natura scilicet ut est depravata peccato, non ut recta creata est ab initio. Modus autem iste quo traditus est homo in diaboli potestatem, non ita debet intellegi, tamquam hoc Deus fecerit, aut fieri iusserit: sed quod tantum permiserit, iuste tamen. Illo enim deserente peccantem, peccati auctor illico invasit. Nec ita sane Deus deseruit creaturam suam, ut non se illi exhiberet Deum creantem et vivificantem, et inter pœnalia mala etiam bona malis multa præstantem. Non enim *continuit in ira sua miserationes suas* . Nec hominem a lege suæ potestatis amisit, quando in diaboli potestate esse permisit: quia nec ipse diabolus a potestate Omnipotentis alienus est, sicut neque a bonitate. Nam et maligni angeli unde qualicumque subsisterent vita, nisi per eum *qui vivificat omnia* ? Si ergo commissio peccatorum per iram Dei iustam hominem subdidit diabolo, profecto remissio peccatorum per reconciliationem Dei benignam eruit hominem a diabolo.

Non potentia Dei, sed iustitia diabolus superandus fuit.

13. 17. Non autem diabolus potentia Dei, sed iustitia superandus fuit. Nam quid Omnipotente potentius? Aut cuius creaturæ potestas potestati Creatoris comparari potest? Sed cum diabolus vitio perversitatis suæ factus sit amator potentiæ, et desertor oppugnatorque iustitiæ; sic enim et homines eum tanto magis imitantur, quanto magis neglecta, vel etiam perosa iustitia, potentiæ student, eiusque vel adeptione lætantur, vel inflammantur cupiditate: placuit Deo, ut propter eruendum hominem de diaboli potestate, non potentia diabolus, sed iustitia vinceretur; atque ita et homines imitantes Christum, iustitia quærerent diabolum vincere, non potentia. Non quod potentia quasi mali aliquid fugienda sit; sed ordo servandus est, quo prior est iustitia. Nam quanta potentia potest esse mortalium? Teneant ergo mortales iustitiam, potentia immortalibus dabitur. Cui comparata quantalibet eorum hominum qui potentes vocantur in terra, ridicula infirmitas invenitur, et ibi *foditur peccatori fovea* , ubi videntur mali plurimum posse. Cantat autem iustus et dicit: *Beatus homo quem tu erudieris, Domine, et de lege tua docueris eum: ut mitiges ei a diebus malignis, donec fodiatur peccatori fovea. Quoniam non repellet Dominus plebem suam, et hæreditatem suam non derelinquet: quoadusque iustitia convertatur in iudicium, et qui habent eam, omnes recto sunt corde* . Hoc ergo tempore quo differtur potentia populi Dei, *non repellet Dominus plebem suam, et hæreditatem suam non derelinquet;* quantalibet acerba et indigna ipsa humilis atque infirma patiatur, *quoadusque iustitia* quam nunc habet infirmitas piorum, *convertatur in iudicium,* hoc est, iudicandi accipiat potestatem: quod iustis in finem servatur, cum præcedentem iustitiam ordine suo fuerit potentia subsecuta. Potentia quippe adiuncta iustitiæ, vel iustitia accedente potentiæ, iudiciariam potestatem facit. Pertinet autem iustitia ad voluntatem bonam: unde dictum est ab Angelis nato Christo: *Gloria in excelsis Deo, et in terra pax hominibus bonæ voluntatis.* Potentia vero sequi debet iustitiam, non præire: ideo et in rebus secundis ponitur, id est prosperis: "secundæ" autem a "sequendo" sunt dictæ. Cum enim beatum faciant, sicut superius disputavimus, duæ res, bene velle, et posse quod velis, non debet esse illa perversitas, quæ in eadem disputatione notata est, ut ex duabus rebus quæ faciunt beatum, posse quod velit homo eligat, et velle quod oportet negligat; cum prius debeat habere voluntatem bonam, magnam vero postea potestatem. Bona porro voluntas purganda est a vitiis, a quibus si vincitur homo, ad hoc vincitur ut male velit, et bona iam voluntas eius quomodo erit? Optandum est itaque ut potestas nunc detur, sed contra vitia, propter quæ vincenda potentes nolunt esse homines, et volunt propter vincendos homines; utquid hoc, nisi ut vere victi falso vincant, nec sint veritate, sed opinione victores? Velit homo prudens esse, velit fortis, velit temperans, velit iustus, atque ut hæc veraciter possit, potentiam plane optet, atque appetat ut potens sit in seipso, et miro modo adversus se ipsum pro se ipso. Cetera vero quæ bene vult, et tamen non potest, sicut est immortalitas, et vera ac plena felicitas, desiderare non cesset, et patienter exspectet.

Christi mors indebita.

14. 18. Quæ est igitur iustitia, qua victus est diabolus? Quæ, nisi iustitia Iesu Christi? Et quomodo victus est? Quia cum in eo nihil morte dignum inveniret, occidit eum tamen. Et utique iustum est ut debitores quos tenebat, liberi dimittantur, in eum credentes quem sine ullo debito occidit. Hoc est quod iustificari dicimur *in Christi sanguine.* Sic quippe *in remissionem peccatorum* nostrorum innocens sanguis ille effusus est. Unde se dicit in Psalmis *in mortuis liberum .* Solus enim a debito mortis liber est mortuus. Hinc et in alio Psalmo dicit: *Quæ non rapui, tunc exsolvebam:* rapinam volens intellegi peccatum, quia usurpatum est contra licitum. Unde per os etiam carnis suæ, sicut in Evangelio legitur, dicit: *Ecce venit princeps mundi huius, et in me nihil invenit,* id est, nullum peccatum: *sed ut sciant omnes,* inquit, *quia voluntatem Patris mei facio, surgite, eamus hinc.* Et pergit inde ad passionem, ut pro debitoribus nobis quod ipse non debebat exsolveret. Numquid isto iure æquissimo diabolus vinceretur, si potentia Christus cum illo agere, non iustitia voluisset? Sed postposuit quod potuit, ut prius ageret quod oportuit. Ideo autem illum esse opus erat, et hominem, et Deum. Nisi enim homo esset, non posset occidi: nisi Deus esset, non crederetur noluisse quod potuit, sed non potuisse quod voluit; nec ab eo iustitiam potentiæ prælatam fuisse, sed ei defuisse potentiam putaremus. Nunc vero humana pro nobis passus est, quia homo erat; sed si noluisset, etiam hoc non pati potuisset, quia et Deus erat. Ideo gratior facta est in humilitate iustitia, quia posset si noluisset humilitatem non perpeti tanta in divinitate potentia: ac sic a moriente tam potente, nobis mortalibus impotentibus, et commendata est iustitia, et promissa potentia. Horum enim duorum unum fecit moriendo, alterum resurgendo. Quid enim iustius, quam *usque ad mortem crucis* pro iustitia pervenire? et quid potentius, quam resurgere a mortuis, et in cœlum cum ipsa carne in qua est occisus ascendere? Et iustitia ergo prius, et potentia postea diabolum vicit: iustitia scilicet, quia *nullum peccatum habuit ,* et ab illo iniustissime est occisus; potentia vero, quia *revixit mortuus, numquam postea moriturus .* Sed potentia diabolum vicisset, etiamsi ab illo non potuisset occidi: quamvis maioris sit potentiæ etiam ipsam mortem vincere resurgendo, quam vitare vivendo. Sed aliud est propter quod iustificamur *in Christi sanguine,* cum per remissionem peccatorum eruimur a diaboli potestate: hoc ad id pertinet, quod a

Christo iustitia diabolus vincitur, non potentia. Ex infirmitate quippe quam suscepit in carne mortali, non ex immortali potentia crucifixus est Christus: de qua tamen infirmitate ait Apostolus: *Quod infirmum est Dei, fortius est hominibus.*

15. 19. Non est itaque difficile videre diabolum victum, quando qui ab illo occisus est resurrexit. Illud est maius, et ad intellegendum profundius, videre diabolum victum, quando sibi vicisse videbatur, id est, quando Christus occisus est. Tunc enim sanguis ille, quoniam eius erat *qui nullum habuit* omnino *peccatum*, *ad remissionem* nostrorum fusus est *peccatorum*, ut quia eos diabolus merito tenebat, quos peccati reos conditione mortis obstrinxit, hos per eum merito dimitteret, quem nullius peccati reum immerito poena mortis affecit. Hac iustitia victus, et hoc vinculo vinctus est fortis, ut vasa eius eriperentur, quæ apud eum cum ipso et angelis eius fuerant *vasa iræ*, et in *vasa misericordiæ* verterentur. Hæc quippe verba ipsius Domini nostri Iesu Christi de cælo ad se facta, cum primum vocatus est, narrat apostolus Paulus. Nam inter cetera quæ audivit, etiam hoc sibi dictum sic loquitur: *Ad hoc enim tibi apparui, ut constituam te ministrum et testem eorum quæ a me vides, quibus etiam præeo tibi, liberans te de populo et de gentibus, in quas ego mitto te aperire oculos cæcorum, ut avertantur a tenebris, et a potestate satanæ ad Deum, ut accipiant remissionem peccatorum, et sortem quæ in sanctis, et fidem quæ in me est*. Unde et exhortans idem apostolus credentes ad gratiarum actionem Deo Patri: *Qui eruit nos*, inquit, *de potestate tenebrarum, et transtulit in regnum Filii caritatis suæ, in quo habemus redemptionem in remissionem peccatorum*. In hac redemptione tamquam pretium pro nobis datus est sanguis Christi, quo accepto diabolus non ditatus est, sed ligatus: ut nos ab eius nexibus solveremur, nec quemquam secum eorum quos Christus ab omni debito liber indebite fuso suo sanguine redemisset, peccatorum retibus involutum traheret ad secundæ ac sempiternæ mortis exitium; sed hactenus morerentur ad Christi gratiam pertinentes, *præcogniti* et prædestinati et electi *ante constitutionem mundi*, quatenus pro illis ipse mortuus est Christus, carnis tantum morte, non spiritus.

Sæculi huius mala prosunt electis.
16. 20. Quamvis enim et ipsa mors carnis de peccato primi hominis originaliter venerit, tamen bonus eius usus gloriosissimos martyres fecit. Et ideo non solum ipsa, sed omnia sæculi huius mala, dolores laboresque hominum, quamquam de peccatorum, et maxime de peccati originalis meritis veniant, unde facta est et ipsa vita vinculo mortis obstricta, tamen et remissis peccatis remanere debuerunt, cum quibus homo pro veritate certaret, et unde exerceretur virtus fidelium: ut novus homo per

testamentum novum, inter mala huius sæculi novo sæculo præpararetur, miseriam quam meruit vita ista damnata sapienter tolerans, et quia finietur prudenter gratulans; beatitudinem vero quam liberata vita futura sine fine habitura est, fideliter et patienter exspectans. Diabolus enim a dominatu et a cordibus fidelium foras missus, in quorum damnatione atque infidelitate licet damnatus etiam ipse regnabat, tantum pro conditione mortalitatis huius adversari sinitur, quantum eis expedire novit, de quo sacræ Litteræ personant per os apostolicum: *Fidelis Deus, qui non permittet vos temptari supra id quod potestis; sed faciet cum temptatione etiam exitum, ut possitis sustinere.* Prosunt autem ista mala quæ fideles pie perferunt, vel ad emendanda peccata, vel ad exercendam probandamque iustitiam, vel ad demonstrandam vitæ huius miseriam, ut illa ubi erit beatitudo vera atque perpetua, et desideretur ardentius, et instantius inquiratur. Sed circa eos ista servantur, de quibus Apostolus dicit: *Scimus quoniam diligentibus Deum omnia cooperantur in bonum, iis qui secundum propositum vocati sunt sancti. Quoniam quos ante præscivit, et prædestinavit conformes imaginis Filii sui, ut sit ipse primogenitus in multis fratribus. Quos autem prædestinavit, illos et vocavit; et quos vocavit, illos et iustificavit; quos autem iustificavit, ipsos et glorificavit.* Horum prædestinatorum nemo cum diabolo perit; nemo usque ad mortem sub diaboli potestate remanebit. Deinde sequitur quod iam supra commemoravi: *Quid ergo dicemus ad hæc? Si Deus pro nobis, quis contra nos? Qui Filio proprio non pepercit, sed pro nobis omnibus tradidit illum; quomodo non et cum illo omnia nobis donavit.*

Quam convenienter electa mors Christi, ut iustificaremur in sanguine ipsius.
16. 21. Cur ergo non fieret mors Christi? Imo cur non prætermissis aliis innumerabilibus modis, quibus ad nos liberandos uti posset Omnipotens, ipsa potissimum eligeretur ut fieret; ubi nec de divinitate eius aliquid imminutum est aut mutatum, et de humanitate suscepta tantum beneficii collatum est hominibus, ut a Dei Filio sempiterno eodemque hominis filio mors temporalis indebita redderetur, qua eos a sempiterna morte debita liberaret? Peccata nostra diabolus tenebat, et per illa nos merito figebat in morte. Dimisit ea ille qui sua non habebat, et ab illo immerito est perductus ad mortem. Tanti valuit sanguis ille, ut neminem Christo indutum in æterna morte debita detinere debuerit, qui Christum morte indebita vel ad tempus occidit. *Commendat* ergo *caritatem suam Deus in nobis: quoniam cum adhuc peccatores essemus, Christus pro nobis mortuus est. Multo magis iustificati nunc in sanguine ipsius, salvi erimus ab ira per ipsum. Iustificati*, inquit, *in sanguine ipsius; iustificati* plane in eo quod a peccatis omnibus liberati; liberati autem a peccatis omnibus, quoniam pro nobis est Dei Filius, *qui nullum habebat*, occisus. *Salvi* ergo *erimus ab ira per ipsum, ab ira*

utique Dei, quæ nihil est aliud quam *iusta vindicta*. Non enim sicut hominis, animi perturbatio est ira Dei: sed illius ira est, cui dicit alio loco sancta Scriptura: *Tu autem, Domine virtutum, cum tranquillitate iudicas*. Si ergo iusta divina vindicta tale nomen accepit, etiam reconciliatio Dei quæ recte intellegitur, nisi cum talis ira finitur? Nec inimici eramus Deo, nisi quemadmodum iustitiæ sunt inimica peccata, quibus remissis tales inimicitiæ finiuntur, et reconciliantur iusto quos ipse iustificat. Quos tamen etiam inimicos utique dilexit: quandoquidem *proprio Filio non pepercit, sed pro nobis omnibus,* cum adhuc inimici essemus, *tradidit eum.* Recte ergo Apostolus secutus adiunxit: *Si enim cum inimici essemus, reconciliati sumus Deo per mortem Filii eius,* per quam facta est illa remissio peccatorum; *multo magis reconciliati salvi erimus in vita ipsius.* In vita salvi, qui per mortem reconciliati. Quis enim dubitet daturum amicis vitam suam, pro quibus inimicis dedit mortem suam? *Non solum autem,* inquit, *sed et gloriamur in Deo per Dominum nostrum Iesum Christum, per quem nunc reconciliationem accepimus. Non solum,* ait, salvi erimus, *sed et gloriamur:* nec in nobis, sed *in Deo;* nec per nos, sed *per Dominum nostrum Iesum Christum, per quem nunc reconciliationem accepimus,* secundum ea quæ superius disputata sunt. Deinde subiungit Apostolus: *Propter hoc sicut per unum hominem peccatum in hunc mundum intravit, et per peccatum mors, et ita in omnes homines mors pertransiit, in quo omnes peccaverunt* : et cetera, in quibus prolixius de duobus hominibus disputat; uno eodemque primo Adam, per cuius peccatum et mortem tamquam hæreditariis malis posteri eius obligati sumus; altero autem secundo Adam, qui non homo tantum, sed etiam Deus est, quo pro nobis solvente quod non debebat, a debitis et paternis et propriis liberati sumus. Proinde quoniam propter unum illum tenebat diabolus omnes per eius vitiatam carnalem concupiscentiam generatos, iustum est ut propter hunc unum dimittat omnes per ipsius immaculatam gratiam spiritalem regeneratos.

Alia Incarnationis comoda.

17. 22. Sunt et alia multa quæ in Christi incarnatione, quæ superbis displicet, salubriter intuenda atque cogitanda sunt. Quorum est unum, quod demonstratum est homini, quem locum haberet in rebus quas condidit Deus: quandoquidem sic Deo coniungi potuit humana natura, ut ex duabus substantiis fieret una persona, ac per hoc iam ex tribus, Deo, anima et carne: ut superbi illi maligni spiritus, qui se ad decipiendum quasi ad adiuvandum medios interponunt, non ideo se audeant homini præponere, quia non habent carnem; et maxime quia et mori in eadem carne dignatus est Filius Dei, ne ideo illi tamquam deos se coli persuadeant, quia videntur esse immortales. Deinde, ut gratia Dei nobis sine ullis præcedentibus meritis in homine Christo commendaretur: quia nec ipse ut tanta unitate Deo vero coniunctus una cum illo persona Filius Dei fieret, ullis est præcedentibus meritis assecutus; sed ex quo homo esse cœpit, ex illo est et Deus: unde dictum est: *Verbum caro factum est.* Etiam illud est, ut superbia hominis quæ maximo impedimento est ne inhæreatur Deo, per tantam Dei humilitatem redargui posset atque sanari. Discit quoque homo quam longe recesserit a Deo, quod illi valeat ad medicinalem dolorem, quando per talem Mediatorem redit, qui hominibus et Deus divinitate subvenit, et homo infirmitate convenit . Quod autem maius obedientiæ nobis præberetur exemplum, qui per inobedientiam perieramus, quam Deo Patri Deus Filius *obediens usque ad mortem crucis* ? Quid, præmium ipsius obedientiæ ubi ostenderetur melius, quam in carne tanti Mediatoris, quæ ad vitam resurrexit æternam? Pertinebat etiam ad iustitiam bonitatemque Creatoris, ut per eamdem rationalem creaturam superaretur diabolus, quam se superasse gaudebat, et de ipso genere venientem, quod genus origine vitiata per unum tenebat universum.

Cur Filius Dei hominem suscepit de genere Adam et ex Virgine.

18. 23. Poterat enim utique Deus hominem aliunde suscipere, in quo esset *Mediator Dei et hominum* , non de genere illius Adam, qui peccato suo genus obligavit humanum; sicut ipsum quem primum creavit, non de genere creavit alicuius. Poterat ergo vel sic, vel alio quo vellet modo creare unum alium de quo vinceretur victor prioris: sed melius iudicavit, et de ipso quod victum fuerat genere assumere hominem Deus, per quem generis humani vinceret inimicum; et tamen ex virgine, cuius conceptum spiritus, non caro: fides, non libido prævenit . Nec interfuit carnis concupiscentia, per quam seminantur et concipiuntur ceteri, qui trahunt originale peccatum: sed ea penitus remotissima, credendo, non concumbendo sancta est fecundata virginitas; ut illud quod nascebatur ex propagine primi hominis, tantummodo generis, non etiam criminis originem duceret. Nascebatur namque non transgressionis contagione vitiata natura, sed omnium talium vitiorum sola medicina. Nascebatur homo, inquam, nullum habens, nullum habiturus omnino peccatum, per quem renascerentur liberandi a peccato, qui nasci non possent sine peccato. Quamvis enim carnali concupiscentia, quæ inest genitalibus membris, bene utatur castitas coniugalis; habet tamen motus non voluntarios, quibus ostendit vel nullam se in paradiso ante peccatum esse potuisse, vel non talem fuisse si fuit, ut aliquando resisteret voluntati. Nunc autem illam talem esse sentimus, ut repugnans legi mentis, etiam si nulla est causa generandi, stimulos ingerat cœundi: ubi si ei ceditur, peccando satietur; si non ceditur, dissentiendo frenetur: quæ duo aliena fuisse a paradiso ante peccatum, dubitare quis possit? Nam neque illa honestas faciebat aliquid indecorum, nec illa felicitas patiebatur aliquid impacatum. Oportebat itaque ut ista carnalis concupiscentia nulla ibi esset omnino, quando concipiebatur virginis partus, in quo nihil dignum morte fuerat inventurus, et eum tamen occisurus auctor mortis, auctoris vitæ morte vincendus: victor primi Adam et tenens genus humanum, victus a secundo Adam et amittens genus christianum, liberatum ex humano genere ab humano crimine, per eum qui non erat in crimine, quamvis esset ex genere; ut deceptor ille ab eo vinceretur genere, quod vicerat crimine. Et hoc ita gestum est, ut homo non extollatur; sed *qui gloriatur, in Domino glorietur*. Qui enim victus est, homo tantum erat; et ideo victus est, quia superbe deus esse cupiebat: qui autem vicit, et homo erat et Deus; et ideo sic vicit natus ex virgine, quia Deus humiliter, non quomodo alios sanctos, regebat illum hominem, sed gerebat. Hæc tanta Dei dona, et si qua alia sunt, quæ de hac re nobis et quærere nunc et disserere longum est, nisi *Verbum caro* fieret, nulla essent.

Scientia nostra Christus est, sapientia quoque nostra idem Christus est.

19. 24. Hæc autem omnia quæ pro nobis *Verbum caro factum* temporaliter et localiter fecit et pertulit, secundum distinctionem quam demonstrare suscepimus, ad scientiam pertinent, non ad sapientiam . Quod autem Verbum est sine tempore et *sine loco*, est Patri coæternum et *ubique totum*; de quo si quisquam potest, quantum potest, veracem proferre sermonem, *sermo* ille erit *sapientiæ* : ac per hoc *Verbum caro factum, quod est Christus Iesus, et sapientiæ thesauros habet et scientiæ*. Nam scribens Apostolus ad Colossenses: *Volo enim vos scire,* inquit, *quantum certamen habeam pro vobis, et pro iis qui sunt Laodiciæ, et quicumque non viderunt faciem meam in carne; ut consolentur corda eorum, copulati in caritate et in omnibus divitiis plenitudinis intellectus, ad cognoscendum mysterium Dei, quod est Christus Iesus, in quo sunt omnes thesauri sapientiæ et scientiæ absconditi*. Quatenus noverat Apostolus thesauros istos, quantum eorum penetraverat, et in eis ad quanta pervenerat, quis potest nosse? Ego tamen secundum id quod scriptum est: *Unicuique autem nostrum datur manifestatio Spiritus ad utilitatem: alii quidem datur per Spiritum sermo sapientiæ, alii sermo scientiæ secundum eumdem Spiritum* , si ita inter se distant hæc duo, ut sapientia divinis, scientia humanis attributa sit rebus, utrumque agnosco in Christo, et mecum omnis eius fidelis. Et cum lego: *Verbum caro factum est, et habitavit in nobis* ; in Verbo intellego verum Dei Filium , in carne agnosco verum *hominis filium* , et utrumque simul in unam personam Dei et hominis ineffabili gratiæ largitate coniunctum. Propter quod sequitur et dicit: *Et vidimus gloriam eius, gloriam quasi Unigeniti a Patre, plenum gratiæ et veritatis* . Si gratiam referamus ad scientiam, veritatem ad sapientiam , puto nos ab illa duarum istarum rerum distinctione, quam commendavimus, non abhorrere.

In rebus enim per tempus ortis, illa summa gratia est, quod homo in unitate personæ coniunctus est Deo: in rebus vero æternis summa veritas recte tribuitur Dei Verbo. Quod vero idem ipse est *Unigenitus a Patre plenus gratiæ et veritatis*, id actum est ut idem ipse sit in rebus pro nobis temporaliter gestis, cui per eamdem fidem mundamur, ut eum stabiliter contemplemur in rebus æternis. Illi autem præcipui gentium philosophi, qui *invisibilia Dei, per ea quæ facta sunt, intellecta conspicere potuerunt*, tamen quia sine Mediatore, id est, sine homine Christo philosophati sunt, quem nec venturum Prophetis, nec venisse Apostolis crediderunt, *veritatem detinuerunt*, sicut de illis dictum est, *in iniquitate*. Non potuerunt enim in his rerum infimis constituti, nisi quærere aliqua media per quæ ad illa quæ intellexerant sublimia pervenirent: atque ita in deceptores dæmones inciderunt, per quos factum est *ut immutarent gloriam incorruptibilis Dei, in similitudinem imaginis corruptibilis hominis et volucrum et quadrupedum et serpentium*. In talibus enim formis etiam idola instituerunt, sive coluerunt. Scientia ergo nostra Christus est, sapientia quoque nostra idem Christus est. Ipse nobis fidem de rebus temporalibus inserit, ipse de sempiternis exhibet veritatem. Per ipsum pergimus ad ipsum, tendimus per scientiam ad sapientiam: ab uno tamen eodemque Christo non recedimus, *in quo sunt omnes thesauri sapientiæ et scientiæ absconditi*. Sed nunc de scientia loquimur, post de sapientia, quantum ipse donaverit, locuturi. Nec ista duo sic accipiamus, quasi non liceat dicere, vel istam sapientiam quæ in rebus humanis est, vel illam scientiam quæ in divinis. Loquendi enim latiore consuetudine, utraque sapientia, utraque scientia dici potest. Nullo modo tamen scriptum esset apud Apostolum: *Alii datur sermo sapientiæ, alii sermo scientiæ*; nisi et proprie singulis nominibus hæc singula vocarentur, de quorum distinctione nunc agimus.

Quid actum in hoc libro.

20. 25. Iam itaque videamus quid sermo iste prolixus effecerit, quid collegerit, quo pervenerit. *Beatos esse se velle*, omnium hominum est: nec tamen omnium est fides, qua cor mundante ad beatitudinem pervenitur. Ita fit ut per istam quam non omnes volunt, ad illam tendendum sit quam nemo potest esse qui nolit. *Beatos esse se velle, omnes* in corde suo vident, tantaque est in hac re naturæ humanæ conspiratio, ut non fallatur homo qui hoc ex animo suo de animo conicit alieno; denique omnes id velle nos novimus. Multi vero immortales se esse posse desperant, cum id quod omnes volunt, id est beatus, nullus esse aliter possit: volunt tamen etiam immortales esse, si possint: sed non credendo quod possint, non ita vivunt ut possint. Necessaria ergo est fides ut beatitudinem consequamur, omnibus humanæ naturæ bonis, id est, et animi et corporis. Hanc autem fidem in Christo esse definitam, qui in carne *resurrexit a mortuis, non moriturus ulterius*; nec nisi per illum quemquam liberari a diaboli dominatu, per remissionem peccatorum: in cuius diaboli partibus necesse est miseram esse vitam, eamdemque perpetuam, quæ mors est potius dicenda quam vita, eadem fides habet. De qua et in hoc libro, sicut potui, pro spatio temporis disputavi, cum iam et in quarto libro huius operis multa de hac re dixerim; sed ibi propter aliud, hic propter aliud: ibi scilicet ut ostenderem cur et quomodo Christus in plenitudine temporis a Patre sit missus, propter eos qui dicunt, eum qui misit, et eum qui missus est, æquales natura esse non posse; hic autem, ad distinguendam activam scientiam a contemplativa sapientia.

Tria quædam in fide.

20. 26. Placuit quippe velut gradatim ascendentibus in utraque requirere apud interiorem hominem quamdam sui cuiusque generis trinitatem, sicut prius apud exteriorem quæsivimus; ut ad illam Trinitatem quæ Deus est, pro nostro modulo, si tamen vel hoc possumus, saltem *in ænigmate* et *per speculum* contuendam exercitatiore in his inferioribus rebus mente veniamus. Huius igitur verba fidei quisquis in solis vocibus memoriæ commendaverit, nesciens quid significent; sicut solent qui græce nesciunt, græca verba tenere memoriter, vel latina similiter, vel cuiusque alterius linguæ, qui eius ignari sunt! nonne habent quamdam in suo animo trinitatem, quia et in memoria sunt illi verborum soni, etiam quando inde non cogitat; et inde formatur acies recordationis eius, quando de his cogitat; et voluntas recordantis atque cogitantis utrumque coniungit? Nullo modo tamen dixerimus istum, cum hoc agit, secundum trinitatem interioris hominis agere, sed potius exterioris: quia id solum meminit, et quando vult, quantum vult intuetur, quod ad sensum corporis pertinet, qui vocatur auditus, nec aliud quam corporalium rerum, id est sonorum, tali cogitatione imagines versat. Si autem quod verba illa significant, teneat et recolat; iam quidem aliquid interioris hominis agit: sed nondum dicendus vel putandus est vivere secundum interioris hominis trinitatem, si ea non diligat quæ ibi prædicantur, præcipiuntur, promittuntur. Potest enim etiam ad hoc tenere atque cogitare, ut falsa esse existimans, conetur etiam redarguere. Voluntas ergo illa, quæ ibi coniungit ea quæ memoria tenebantur, et ea quæ inde in acie cogitationis impressa sunt, implet quidem aliquam trinitatem, cum ipsa sit tertia: sed non secundum eam vivitur, quando illa quæ cogitantur velut falsa non placent. Cum autem vera esse creduntur, et quæ ibi diligenda sunt diliguntur, iam secundum trinitatem interioris hominis vivitur: secundum hoc enim vivit quisque quod diligit. Quomodo autem diligantur quæ nesciuntur, sed tantum creduntur? Iam quæstio ista tractata est in superioribus libris, et inventum neminem diligere quod penitus ignorat; ex iis autem quæ nota sunt diligi, quando diligi dicuntur ignota. Nunc librum istum ita claudimus, ut admoneamus quod *iustus ex fide vivit; quæ fides per dilectionem operatur,* ita ut virtutes quoque ipsæ quibus prudenter, fortiter, temperanter, iusteque vivitur, omnes ad eamdem referantur fidem: non enim aliter poterunt veræ esse virtutes. Quæ tamen in hac vita non valent tantum, ut aliquando non sit hic necessaria qualiumcumque remissio peccatorum; quæ non fit nisi per eum qui sanguine suo vicit principem peccatorum. Ex hac fide et tali vita quæcumque notiones sunt in animo fidelis hominis, cum memoria continentur, et recordatione inspiciuntur, et voluntati placent, reddunt quamdam sui generis trinitatem. Sed imago Dei, de qua in eius adiutorio post loquemur, nondum in ipsa est: quod tunc melius apparebit, cum demonstratum fuerit ubi sit: quod in futuro volumine lector exspectet.

LIBER QUARTUSDECIMUS

Dei cultus sapientia.

1. 1. Nunc de sapientia nobis est disserendum: non de illa Dei, quæ procul dubio Deus est; nam sapientia Dei Filius eius unigenitus dicitur: sed loquemur de hominis sapientia, vera tamen quæ secundum Deum est, et verus ac præcipuus cultus eius est, quæ uno nomine græce appellatur. Quod nomen nostri, sicut iam commemoravimus, volentes et ipsi uno nomine interpretari, pietatem dixerunt, cum pietas apud Græcos usitatius nuncupetur: vero quia uno verbo perfecte non potest, melius duobus interpretatur, ut dicatur potius Dei cultus. Hanc esse hominis sapientiam, quod et in duodecimo huius operis volumine iam posuimus, Scripturæ sanctæ auctoritate monstratur, in libro Dei servi Iob, ubi legitur Dei sapientiam dixisse homini: *Ecce pietas est sapientia; abstinere autem a malis, scientia*; sive etiam, ut non nulli de græco interpretati sunt, *disciplina* quæ utique a discendo nomen accepit, unde et scientia dici potest. Ad hoc enim quæque res discitur, ut sciatur . Quamvis alia notione, in iis quæ pro peccatis suis mala quisque patitur ut corrigatur, dici soleat disciplina. Unde illud est in Epistola ad Hebræos: *Quis enim est filius, cui non det disciplinam pater eius?* et illud evidentius in eadem: *Omnis enim ad tempus disciplina non gaudii videtur esse, sed tristitiæ: postea vero fructum pacificum iis qui per eam certarunt, reddet iustitiæ* . Deus ergo ipse summa sapientia, cultus autem Dei sapientia est hominis, de qua nunc loquimur. Nam *sapientia huius mundi stultitia est apud Deum*. Secundum hanc itaque sapientiam, quæ Dei cultus est, ait sancta Scriptura: *Multitudo sapientium sanitas est orbis terrarum.*

Philosophus amator sapientiæ.

1. 2. Sed si de sapientia disputare sapientium est , quid agemus? Numquidnam profiteri audebimus sapientiam, ne sit nostra de illa impudens disputatio? Nonne terrebimur exemplo Pythagoræ? qui cum ausus non fuisset sapientem profiteri, philosophum potius, id est amatorem sapientiæ se esse respondit: a quo id nomen exortum ita deinceps posteris placuit, ut quantalibet de rebus ad sapientiam pertinentibus doctrina quisque vel sibi vel aliis videretur excellere, non nisi philosophus vocaretur . An ideo sapientem profiteri talium hominum nullus audebat, quia sine ullo peccato putabant esse sapientem? Hoc autem nostra Scriptura non dicit, quæ dicit: *Argue sapientem, et amabit te.* Profecto enim iudicat habere peccatum, quem censet arguendum. Sed ego nec sic quidem sapientem me audeo profiteri: satis est mihi, quod etiam ipsi negare non possunt, esse etiam philosophi, id est amatoris sapientiæ, de sapientia disputare. Non enim hoc illi facere destiterunt, qui se amatores sapientiæ potius quam sapientes esse professi sunt.

Scientia et sapientia. Scientia fidei quid.

1. 3. Disputantes autem de sapientia, definierunt eam dicentes: *Sapientia est rerum humanarum divinarumque scientia.* Unde ego quoque in libro superiore utrarumque rerum cognitionem, id est divinarum atque humanarum, et sapientiam et scientiam dici posse non tacui . Verum secundum hanc distinctionem qua dixit Apostolus: *Alii datur sermo sapientiæ, alii sermo scientiæ*; ista definitio dividenda est, ut rerum divinarum scientia proprie sapientia nuncupetur, humanarum autem proprie scientiæ nomen obtineat: de qua volumine tertio decimo disputavi, non utique quidquid sciri ab homine potest in rebus humanis, ubi plurimum supervacaneæ vanitatis et noxiæ curiositatis est, huic scientiæ tribuens, sed illud tantummodo quo fides saluberrima, quæ ad veram beatitudinem ducit, gignitur, nutritur, defenditur, roboratur: qua scientia non pollent fideles plurimi, quamvis polleant ipsa fide plurimum. Aliud est enim scire tantummodo quid homo credere debeat propter adipiscendam vitam beatam, quæ non nisi æterna est: aliud autem, scire quemadmodum hoc ipsum et piis opituletur, et contra impios defendatur , quam proprio appellare vocabulo scientiam videtur Apostolus. De qua prius cum loquerer, ipsam præcipue fidem commendare curavi, a temporalibus æterna breviter ante distinguens, atque ibi de temporalibus disserens: æterna vero in hunc librum differens, etiam de rebus æternis fidem temporalem quidem, et temporaliter in credentium cordibus habitare, necessariam tamen propter adipiscenda ipsa æterna esse monstravi . Fidem quoque de temporalibus rebus, quas pro nobis æternus fecit, et passus est in homine, quem temporaliter gessit, atque ad æterna provexit, ad eamdem æternorum adeptionem prodesse disserui: virtutesque ipsas, quibus in hac temporali mortalitate prudenter, fortiter, temperanter, et iuste vivitur, nisi ad eamdem, licet temporalem fidem, quæ tamen ad æterna perducit, referantur, veras non esse virtutes.

Trinitas quædam in fide, sed nondum imago Dei.

2. 4. Quapropter, quoniam sicut scriptum est: *Quamdiu sumus in corpore, peregrinamur a Domino; per fidem enim ambulamus, non per speciem*; profecto quamdiu *iustus ex fide vivit*, quamvis secundum hominem interiorem vivat, licet per eamdem temporalem fidem ad veritatem nitatur, et tendat æternam, tamen in eiusdem fidei temporalis retentione, contemplatione, dilectione, nondum talis est trinitas, ut Dei iam imago dicenda sit: ne in rebus temporalibus constituta videatur, quæ constituenda est in æternis. Mens quippe humana cum fidem suam videt, qua credit quod non videt, non aliquid sempiternum videt. Non enim semper hoc erit, quod utique non erit, quando ista peregrinatione finita, qua peregrinamur a Domino, ut per fidem ambulare necesse sit, species illa succedet, per quam videbimus *facie ad faciem*: sicut modo non videntes, tamen quia credimus, videre merebimur, atque ad speciem nos per fidem perductos esse gaudebimus. Neque enim iam fides erit, qua credantur quæ non videntur; sed species, qua videantur quæ credebantur. Tunc ergo etsi vitæ huius mortalis transactæ meminerimus, et credidisse nos aliquando quæ non videbamus, memoriter recoluerimus, in præteritis atque transactis deputabitur fides ista, non in præsentibus rebus semperque manentibus: ac per hoc etiam trinitas ista quæ nunc in eiusdem fidei præsentis ac manentis memoria, contuitu, dilectione consistit, tunc transacta et præterita reperietur esse, non permanens. Ex quo colligitur, ut si iam imago Dei est ista trinitas, etiam ipsa non in eis quæ semper sunt, sed in rebus sit habenda transeuntibus.

Difficultas solvitur.

3. 4. Absit autem ut cum animæ natura sit immortalis, nec ab initio quo creata est, unquam deinceps esse desistat, id quo nihil melius habet, non cum eius immortalitate perduret. Quid vero melius in eius natura creatum est, quam quod *ad* sui Creatoris *imaginem* facta est ? Non igitur in fidei retentione, contemplatione, dilectione, quæ non erit semper, sed in eo quod semper erit, invenienda est quam dici oporteat imaginem Dei.

3. 5. An adhuc utrum ita se res habeat, aliquanto diligentius atque abstrusius perscrutabimur? Dici enim potest, non perire istam trinitatem, etiam cum fides ipsa transierit: quia sicut nunc eam et memoria tenemus, et cogitatione cernimus, et voluntate diligimus; ita etiam tunc cum eam nos habuisse memoria tenebimus, et recolemus, et hoc utrumque tertia voluntate iungemus, eadem trinitas permanebit. Quoniam si nullum in nobis quasi vestigium transiens reliquerit, profecto nec in memoria nostra eius aliquid habebimus quo recurramus eam præteritam recordantes, atque id utrumque intentione tertia copulantes, et quod erat scilicet in memoria, non inde cogitantibus nobis, et quod inde cogitatione formatur. Sed qui hoc dicit, non discernit aliam nunc esse trinitatem, quando præsentem fidem tenemus, videmus, amamus in nobis; aliam tunc futuram, quando non ipsam, sed eius velut imaginarium vestigium in memoria reconditum, recordatione contuebimur, et duo hæc, id est, quod erat in memoria retinentis, et quod inde imprimitur in acie recordantis, tertia voluntate iungemus. Quod ut possit intellegi, sumamus exemplum de corporalibus rebus, de quibus in libro undecimo satis locuti sumus . Nempe ab inferioribus ad superiora ascendentes, vel ab exterioribus ad interiora ingredientes, primam reperimus trinitatem in corpore quod videtur, et acie videntis quæ cum videt, inde formatur, et in voluntatis intentione quæ utrumque coniungit. Huic trinitati similem constituamus, cum fides quæ nunc inest nobis, tamquam corpus illud in loco, ita in nostra memoria constituta est, de qua informatur cogitatio recordantis, sicut ex illo corpore acies intuentis: quibus duobus, ut trinitas impleatur, annumeratur tertia voluntas, quæ fidem in memoria constitutam et quamdam eius effigiem in contuitu recordationis impressam connectit et iungit; sicut in illa corporalis trinitate visionis, formam corporis quod videtur, et conformationem quæ fit in cernentis aspectu, coniungit intentio voluntatis. Faciamus ergo corpus illud quod cernebatur, interisse dilapsum, nec eius remansisse aliquid in ullo loco, ad quod videndum recurrat aspectus. Numquid quia imago rei corporalis iam transactæ atque præteritæ remanet in memoria, unde informetur cogitantis obtutus, atque id utrumque tertia voluntate iungatur, eadem trinitas esse dicenda est, quæ fuerat quando species in loco positi corporis videbatur? Non utique, sed prorsus alia: nam præter quod illa erat extrinsecus, hæc intrinsecus; illam profecto faciebat species præsentis corporis; hanc, imago præteriti. Sic et in hac re, de qua nunc agimus, et propter quam putavimus adhibendum illud exemplum, fides quæ nunc in animo nostro est, velut illud corpus in loco, dum tenetur, aspicitur, amatur, quamdam efficit trinitatem: sed non ipsa erit, quando fides hæc in animo, sicut corpus illud in loco iam non erit. Quæ vero tunc erit, quando eam recordabimur in nobis fuisse, non esse, alia profecto erit. Hanc enim quæ nunc est, facit res ipsa præsens et animo credentis affixa: at illam quæ tunc erit, faciet rei præteritæ imaginatio in recordantis memoria derelicta.

In anima rationalis hominis invenienda imago Dei, quæ immortaliter immortalitati eius est insita.

4. 6. Nec illa igitur trinitas, quæ nunc non est, imago Dei erit; nec ista imago Dei est, quæ tunc non erit: sed ea est invenienda in anima hominis, id est rationali, sive intellectuali, imago Creatoris, quæ immortaliter immortalitati eius est insita. Nam sicut ipsa immortalitas animæ secundum quemdam modum dicitur; habet quippe et anima mortem suam, cum vita beata caret, quæ vera animæ vita dicenda est; sed immortalis ideo nuncupatur, quoniam qualicumque vita, etiam cum miserrima est, numquam desinit vivere: ita quamvis ratio vel intellectus nunc in ea sit sopitus, nunc parvus, nunc magnus appareat, numquam nisi rationalis et intellectualis est anima humana; ac per hoc si secundum hoc facta est *ad imaginem Dei* quod uti ratione atque intellectu ad intellegendum et conspiciendum Deum potest, profecto ab initio quo esse cœpit ista tam magna et mira natura, sive ita obsoleta sit hæc imago, ut pene nulla sit, sive obscura atque deformis, sive clara et pulchra sit, semper est. Denique deformitatem dignitatis eius miserans divina Scriptura: *Quamquam,* inquit, *in imagine ambulat homo, tamen vane conturbatur: thesaurizat, et nescit cui congregabit ea.* Non itaque vanitatem imagini Dei tribueret, nisi deformem cerneret factam. Nec tantum valere illam deformitatem, ut auferat quod imago est, satis ostendit, dicendo: *Quamquam in imagine ambulat homo.* Quapropter ex utraque parte veraciter pronuntiari potest ista sententia, ut quemadmodum dictum est: *Quamquam in imagine ambulat homo, tamen vane conturbatur;* ita dicatur, Quamquam vane conturbatur homo, tamen in imagine ambulat. Quamquam enim magna natura sit, tamen vitiari potuit, quia summa non est: et quamquam vitiari potuerit, quia summa non est, tamen quia summæ naturæ capax est, et esse particeps potest, magna natura est. Quæramus igitur in hac imagine Dei quamdam sui generis trinitatem, adiuvante ipso qui nos fecit ad imaginem suam. Non enim aliter possumus hæc salubriter investigare, et secundum sapientiam quæ ab illo est aliquid invenire: sed ea quæ in superioribus libris, et maxime in decimo, de anima humana vel mente diximus, si lectoris vel memoria teneantur atque recolantur, vel diligentia in eisdem locis in quibus conscripta sunt, recenseantur, non hic desiderabit prolixiorem de rei tantæ inquisitione sermonem.

4. 7. Inter cetera ergo in libro decimo diximus, hominis mentem nosse semetipsam . Nihil enim tam novit mens, quam id quod sibi præsto est: nec menti magis quidquam præsto est, quam ipsa sibi. Et alia, quantum satis visum est, adhibuimus documenta, quibus hoc certissime probaretur.

An etiam mens infantis se nosse credenda est?
5. 7. Quid itaque dicendum est de infantis mente, ita adhuc parvuli et in tam magna demersi rerum ignorantia, ut illius mentis tenebras mens hominis quæ aliquid novit exhorreat? An etiam ipsa se nosse credenda est, sed intenta nimis in eas res quas per corporis sensus tanto maiore, quanto noviore cœpit delectatione sentire, non ignorare se potest, sed cogitare se non potest? Quanta porro intentione in ista quæ foris sunt sensibilia feratur, vel hinc solum conici potest, quod lucis huius hauriendæ sic avida est, ut si quisquam minus cautus aut nesciens quid inde possit accidere, nocturnum

lumen posuerit ubi iacet infans, in ea parte ad quam iacentis oculi possint retorqueri, nec cervix possit inflecti, sic eius inde non removetur aspectus, ut nonnullos ex hoc etiam strabones fieri noverimus, eam formam tenentibus oculis, quam teneris et mollibus consuetudo quodam modo infixit. Ita et in alios corporis sensus, quantum sinit illa ætas, intentione se quasi coarctant animæ parvulorum, ut quidquid per carnem offendit aut allicit, hoc solum abhorreant vehementer aut appetant: sua vero interiora non cogitent, nec possint admoneri ut hoc faciant; quia nondum admonentis signa noverunt, ubi præcipuum locum verba obtinent, quæ sicut alia prorsus nesciunt. Quod autem aliud sit non se nosse, aliud non se cogitare, iam in eodem volumine ostendimus.

5. 8. Sed hanc ætatem omittamus, quæ nec interrogari potest quid in se agatur, et nos ipsi eius valde obliti sumus. Hinc tantum certos nos esse suffecerit, quod cum homo de animi sui natura cogitare potuerit, atque invenire quod verum est, alibi non inveniet, quam penes se ipsum. Inveniet autem, non quod nesciebat, sed unde non cogitabat. Quid enim scimus, si quod est in nostra mente nescimus; cum omnia quæ scimus, non nisi mente scire possimus?

In mente se ipsam cogitante quædam trinitas existit.
6. 8. Tanta est tamen cogitationis vis, ut nec ipsa mens quodam modo se in conspectu suo ponat, nisi quando se cogitat: ac per hoc ita nihil in conspectu mentis est, nisi unde cogitatur, ut nec ipsa mens, qua cogitatur quidquid cogitatur, aliter possit esse in conspectu suo, nisi se ipsam cogitando. Quomodo autem, quando se non cogitat, in conspectu suo non sit, cum sine se ipsa nunquam esse possit, quasi aliud sit ipsa, aliud conspectus eius, invenire non possum. Hoc quippe de oculo corporis non absurde dicitur: ipse quippe oculus loco suo fixus est in corpore, aspectus autem eius in ea quæ extra sunt tenditur, et usque in sidera extenditur. Nec est oculus in conspectu suo; quandoquidem non conspicit se ipsum, nisi speculo obiecto, unde iam locuti sumus : quod non fit utique quando se mens in suo conspectu sui cogitatione constituit. Numquid ergo alia sua parte aliam partem suam videt, cum se conspicit cogitando, sicut aliis membris nostris, qui sunt oculi, alia membra nostra conspicimus, quæ in nostro possunt esse conspectu? Quid dici absurdius vel sentiri potest? Unde igitur aufertur mens, nisi a se ipsa? et ubi ponitur in conspectu suo, nisi ante se ipsam? Non ergo ibi erit ubi erat, quando in conspectu suo non erat; quia hic posita, inde sublata est. Sed si conspicienda migravit, conspectura ubi manebit? An quasi geminatur, ut et illic sit et hic, id est, et ubi conspicere, et ubi conspici possit; ut in se sit conspiciens,

ante se conspicua? Nihil horum nobis veritas consulta respondet: quoniam quando isto modo cogitamus, non nisi corporum fictas imagines cogitamus, quod mentem non esse paucis certissimum est mentibus, a quibus potest de hac re veritas consuli. Proinde restat ut aliquid pertinens ad eius naturam sit conspectus eius, et in eam, quando se cogitat, non quasi per loci spatium, sed incorporea conversione revocetur. Cum vero non se cogitat, non sit quidem in conspectu suo, nec de illa suus formetur obtutus, sed tamen noverit se tamquam ipsa sit sibi memoria sui. Sicut multarum disciplinarum peritus ea quæ novit, eius memoria continentur, nec est inde aliquid in conspectu mentis eius, nisi unde cogitat; cetera in arcana quadam notitia sunt recondita, quæ memoria nuncupatur. Ideo trinitatem sic commendabamus, ut illud unde formatur cogitantis obtutus, in memoria poneremus; ipsam vero conformationem, tamquam imaginem quæ inde imprimitur; et illud quo utrumque coniungitur, amorem seu voluntatem. Mens igitur quando cogitatione se conspicit, intellegit se et recognoscit: gignit ergo hunc intellectum et cognitionem suam. Res quippe incorporea intellecta conspicitur, et intellegendo cognoscitur. Nec ita sane gignit istam notitiam suam mens, quando cogitando intellectam se conspicit, tamquam sibi ante incognita fuerit: sed ita sibi nota erat, quemadmodum notæ sunt res quæ memoria continentur, etiamsi non cogitentur: quoniam dicimus hominem nosse litteras, etiam cum de aliis rebus, non de litteris cogitat. Hæc autem duo, gignens et genitum, dilectione tertia copulantur, quæ nihil est aliud quam voluntas fruendum aliquid appetens vel tenens. Ideoque etiam illis tribus nominibus insinuandam mentis putavimus trinitatem, memoria, intellegentia, voluntate.

Aliud se nosse, aliud se cogitare: mens semper sui meminit, semper se novit et amat.

6. 9. Sed quoniam mentem semper sui meminisse, semperque se ipsam intellegere et amare, quamvis non semper se cogitare discretam ab eis quæ non sunt quod ipsa est, circa eiusdem libri decimi finem diximus : quærendum est quonam modo ad cogitationem pertineat intellectus; notitia vero cuiusque rei, quæ inest menti, etiam quando non de ipsa cogitatur, ad solam dicatur memoriam pertinere. Si enim hoc ita est, non habebat hæc tria, ut et sui meminisset, et se intellegeret, et amaret: sed meminerat tantum sui, et postea cum cogitare se cœpit, tunc se intellexit atque dilexit.
7. 9. Quapropter diligentius illud consideremus exemplum, quod adhibuimus, ubi ostenderetur aliud esse rem quamque non nosse, aliud non cogitare; fierique posse ut noverit homo aliquid quod non cogitat, quando aliunde, non inde cogitat. Duarum ergo vel plurium disciplinarum peritus, quando unam cogitat, aliam vel alias etiam si

non cogitat, novit tamen. Sed numquid recte possumus dicere, Iste musicus novit quidem musicam, sed nunc eam non intellegit, quia eam non cogitat; intellegit autem nunc geometricam, hanc enim nunc cogitat? Absurda est, quantum apparet, ista sententia. Quid etiam illa, si dicamus, Iste musicus novit quidem musicam, sed nunc eam non amat, quando eam non cogitat; amat autem nunc geometricam, quoniam nunc ipsam cogitat: nonne similiter absurda est? Rectissime vero dicimus: Iste quem perspicis de geometrica disputantem, etiam perfectus est musicus; nam et meminit disciplinæ eius, et intellegit eam et diligit: sed quamvis eam noverit et amet, nunc illam non cogitat, quoniam geometricam de qua disputat, cogitat. Hinc admonemur esse nobis in abdito mentis quarumdam rerum quasdam notitias, et tunc quodam modo procedere in medium, atque in conspectu mentis velut apertius constitui, quando cogitantur: tunc enim se ipsa mens, et meminisse, et intellegere, et amare invenit, etiam unde non cogitabat, quando aliud cogitabat. Sed unde diu non cogitaverimus, et unde cogitare nisi commoniti non valemus, id nos nescio quo eodemque miro modo, si potest dici, scire nescimus. Denique recte ab eo qui commemorat, ei quem commemorat dicitur: "Scis hoc, sed scire te nescis; commemorabo, et invenies te scientem quod te nescire putaveras". Id agunt et litteræ, quæ de his rebus conscriptæ sunt, quas res duce ratione veras esse invenit lector: non quas veras esse credit ei qui scripsit, sicut legitur historia; sed quas veras esse etiam ipse invenit, sive apud se, sive in ipsa mentis duce veritate. Qui vero nec admonitus valet ista contueri, magna cæcitate cordis, tenebris ignorantiæ demersus est altius, et mirabiliore divina ope indiget, ut possit ad veram sapientiam pervenire.

7. 10. Propter hoc itaque volui de cogitatione adhibere qualecumque documentum, quo posset ostendi quomodo ex iis quæ memoria continentur, recordantis acies informetur, et tale aliquid gignatur ubi homo cogitat, quale in illo erat ubi ante cogitationem meminerat: quia facilius dignoscitur, quod tempore accedit, et ubi parens prolem spatio temporis antecedit. Nam si nos referamus ad interiorem mentis memoriam qua sui meminit, et interiorem intellegentiam qua se intellegit, et interiorem voluntatem qua se diligit, ubi hæc tria simul semper sunt, et semper simul fuerunt ex quo esse cœperunt, sive cogitarentur, sive non cogitarentur; videbitur quidem imago illius trinitatis et ad solam memoriam pertinere: sed quia ibi verbum esse sine cogitatione non potest (cogitamus enim omne quod dicimus, etiam illo interiore verbo quod ad nullius gentis pertinet linguam), in tribus potius illis imago ista cognoscitur, memoria scilicet, intellegentia, voluntate. Hanc autem nunc dico intellegentiam, qua intellegimus cogitantes, id est, quando eis repertis quæ memoriæ præsto fuerant, sed

non cogitabantur, cogitatio nostra formatur; et eam voluntatem, sive amorem, vel dilectionem, quæ istam prolem parentemque coniungit, et quodam modo utrisque communis est. Hinc factum est ut etiam per exteriora sensibilia quæ per oculos carnis videntur, legentium ducerem tarditatem, in undecimo scilicet libro ; atque inde cum eis ingrederer ad hominis interioris eam potentiam qua ratiocinatur de temporalibus rebus, differens illam principaliter dominantem qua contemplatur æterna: atque id duobus voluminibus egi, duodecimo utrumque discernens, quorum unum est superius, alterum inferius, quod superiori subditum esse debet; tertio decimo autem de munere inferioris, quo humanarum rerum scientia salubris continetur, ut in hac temporali vita id agamus quo consequamur æternam, quanta potui veritate ac brevitate disserui: quandoquidem rem tam multiplicem atque copiosam, multorum atque magnorum disputationibus multis magnisque celebratam, uno strictim volumine inclusi, ostendens etiam in ipsa trinitatem, sed nondum quæ Dei sit imago dicenda.

In principali mentis humanæ quærenda imago Dei. Mens eo ipso imago Dei est quo eius capax est.

8. 11. Nunc vero ad eam iam pervenimus disputationem, ubi principale mentis humanæ, quo novit Deum vel potest nosse, considerandum suscepimus, ut in eo reperiamus imaginem Dei. Quamvis enim mens humana non sit illius naturæ cuius est Deus: imago tamen naturæ eius qua natura melior nulla est, ibi quærenda et invenienda est in nobis, quo etiam natura nostra nihil habet melius. Sed prius mens in se ipsa consideranda est antequam sit particeps Dei, et in ea reperienda est imago eius. Diximus enim eam etsi amissa Dei participatione obsoletam atque deformem, Dei tamen imaginem permanere. Eo quippe ipso imago eius est, quo eius capax est, eiusque particeps esse potest; quod tam magnum bonum, nisi per hoc quod imago eius est, non potest. Ecce ergo mens meminit sui, intellegit se, diligit se: hoc si cernimus, cernimus trinitatem; nondum quidem Deum, sed iam imaginem Dei. Non forinsecus accepit memoria quod teneret, nec foris invenit quod aspiceret intellectus, sicut corporis oculus: nec ista duo, velut formam corporis, et eam quæ inde facta est in acie contuentis, voluntas foris iunxit: nec imaginem rei quæ foris visa est, quodam modo raptam et in memoria reconditam cogitatio cum ad eam converteretur, invenit, et inde formatus est recordantis obtutus, iungente utrumque tertia voluntate: sicut in eis ostendebamus trinitatibus fieri, quæ in rebus corporalibus reperiebantur, vel ex corporibus per sensum corporis introrsus quodam modo trahebantur; de quibus omnibus in libro undecimo disseruimus : nec sicut fiebat vel apparebat, quando de illa scientia disserebamus, iam in hominis interioris opibus constituta, quæ distinguenda fuit a sapientia; unde quæ sciuntur, velut adventicia sunt in animo, sive cognitione historica illata, ut sunt facta et dicta, quæ tempore peraguntur et transeunt, vel in natura rerum suis locis et regionibus constituta sunt, sive in ipso homine quæ non erant oriuntur, aut aliis docentibus aut cogitationibus propriis, sicut fides, quam plurimum in libro tertio decimo commendavimus ; sicut virtutes, quibus, si veræ sunt, in hac mortalitate ideo bene vivitur, ut beate in illa quæ divinitus promittitur immortalitate vivatur. Hæc atque huiusmodi habent in tempore ordinem suum, in quo nobis trinitas memoriæ visionis et amoris facilius apparebat. Nam quædam eorum præveniunt cognitionem discentium. Sunt enim cognoscibilia, et antequam cognoscantur, suique cognitionem in discentibus gignant. Sunt autem vel in locis suis, vel quæ tempore præterierunt: quamvis quæ præterierunt, non ipsa sint, sed eorum quædam signa præteritorum, quibus visis vel auditis cognoscantur fuisse atque transisse. Quæ signa vel in locis sita sunt, sicut monumenta mortuorum, et quæcumque similia: vel in litteris fide dignis, sicut est omnis gravis et approbandæ auctoritatis historia: vel in animis eorum qui ea iam noverunt; eis quippe iam nota, et aliis utique sunt noscibilia, quorum scientiam prævenerunt, et qui ea nosse, illis quibus nota sunt docentibus, possunt. Quæ omnia, et quando discuntur, quamdam faciunt trinitatem, specie sua quæ noscibilis fuit etiam antequam nosceretur, eique adiuncta cognitione discentis quæ tunc esse incipit quando discitur, ac tertia voluntate quæ utrumque coniungit. Et cum cognita fuerint, alia trinitas, dum recoluntur, fit iam interius in ipso animo, ex iis imaginibus quæ cum discerentur sunt impressæ in memoria, et informatione cogitationis ad ea converso recordantis aspectu, et ex voluntate quæ tertia duo ista coniungit. Ea vero quæ oriuntur in animo ubi non fuerunt, sicut fides, et cetera huiusmodi, etsi adventicia videntur, cum doctrina inseruntur; non tamen foris posita vel foris peracta sunt, sicut illa quæ creduntur; sed intus omnino in ipso animo esse cœperunt. Fides enim non est quod creditur, sed qua creditur: et illud creditur, illa conspicitur. Tamen quia esse cœpit in animo, qui iam erat animus antequam in illo ista esse cœpisset, adventicium quiddam videtur, et in præteritis habebitur, quando succedente specie iam esse destiterit: aliamque nunc trinitatem facit per suam præsentiam, retenta, conspecta, dilecta; aliam tunc faciet per quoddam sui vestigium, quod in memoria præteriens de reliquerit, sicut iam supra dictum est.

An virtutes desinant esse cum ad æterna perduxerint?

9. 12. Utrum autem tunc etiam virtutes, quibus in hac mortalitate bene vivitur, quia et ipsæ incipiunt esse in animo, qui cum sine illis prius esset, tamen animus erat, desinant esse cum ad æterna perduxerint, nonnulla quæstio est. Quibusdam enim visum est desituras: et de tribus quidem, prudentia, fortitudine, temperantia, cum hoc dicitur, non nihil dici videtur; iustitia vero immortalis est, et magis tunc perficietur in nobis, quam esse cessabit . De omnibus tamen quatuor magnus auctor eloquentiæ Tullius in Hortensio dialogo disputans: *Si nobis,* inquit, *cum ex hac vita emigraverimus, in beatorum insulis immortale ævum, ut fabulæ ferunt, degere liceret, quid opus esset eloquentia, cum iudicia nulla fierent; aut ipsis etiam virtutibus? Nec enim fortitudine egeremus, nullo proposito aut labore aut periculo; nec iustitia, cum esset nihil quod appeteretur alieni; nec temperantia, quæ regeret eas quæ nullæ essent libidines; nec prudentia quidem egeremus, nullo delectu proposito bonorum et malorum. Una igitur essemus beati cognitione naturæ et scientia, qua sola etiam deorum est vita laudanda. Ex quo intelligi potest, cetera necessitatis esse, unum hoc voluntatis.* Ita ille tantus orator, cum philosophiam prædicaret, recolens ea quæ a philosophis acceperat, et præclare ac suaviter explicans, in hac tantum vita, quam videmus ærumnis et erroribus plenam, omnes quattuor necessarias dixit esse virtutes: nullam vero earum, cum ex hac vita emigrabimus, si liceat ibi vivere ubi vivitur beate; sed bonos animos sola beatos esse cognitione et scientia, hoc est contemplatione naturæ qua nihil est melius et amabilius; ea est natura, quæ creavit omnes ceteras, instituitque naturas. Cui regenti esse subditum, si iustitiæ est, immortalis est omnino iustitia: nec in illa esse beatitudine desinet, sed talis ac tanta erit, ut perfectior et maior esse non possit. Fortassis et aliæ tres virtutes, prudentia sine ullo iam periculo erroris, fortitudo sine molestia tolerandorum malorum, temperantia sine repugnatione libidinum, erunt in illa felicitate: ut prudentiæ sit nullum bonum Deo præponere vel æquare; fortitudinis, ei firmissime cohærere; temperantiæ, nullo defectu noxio delectari. Nunc autem quod agit iustitia in subveniendo miseris, quod prudentia in præcavendis insidiis, quod fortitudo in perferendis molestiis, quod temperantia in cœrcendis delectationibus pravis, non ibi erit, ubi nihil omnino mali erit. Ac per hoc ista virtutum opera, quæ huic mortali vitæ sunt necessaria, sicut fides ad quam referenda sunt, in præteritis habebuntur: et aliam nunc faciunt trinitatem, cum ea præsentia tenemus, aspicimus, amamus; aliam tunc factura sunt, cum ea non esse, sed fuisse, per quædam eorum vestigia, quæ prætereundo in memoria derelinquent, reperiemus: quia et tunc trinitas erit, cum illud qualecumque vestigium et memoriter retinebitur, et agnoscetur veraciter, et hoc utrumque tertia voluntate iungetur.

Trinitas mentis non adventicia.

10. 13. In omnium istarum, quas commemoravimus, temporalium rerum scientia, quædam cognoscibilia cognitionem interpositione temporis antecedunt; sicut sunt ea sensibilia quæ iam erant in rebus, antequam cognoscerentur; vel ea omnia quæ per historiam cognoscuntur: quædam vero simul esse incipiunt; velut si aliquid visibile, quod omnino non erat, ante nostros oculos oriatur, cognitionem nostram utique non præcedit; aut si aliquid sonet, ubi adest auditor, simul profecto incipiunt esse, simulque desinunt et sonus et eius auditus. Verumtamen sive tempore præcedentia, sive simul esse incipientia cognoscibilia cognitionem gignunt, non cognitione gignuntur. Cognitione vero facta, cum ea quæ cognovimus, posita in memoria recordatione revisuntur; quis non videat priorem esse tempore in memoria retentionem, quam in recordatione visionem, et huius utriusque tertia voluntate iunctionem? Porro autem in mente non sic est: neque enim adventicia sibi ipsa est, quasi ad se ipsam quæ iam erat, venerit aliunde eadem ipsa quæ non erat; aut non aliunde venerit, sed in se ipsa quæ iam erat, nata sit ea ipsa quæ non erat; sicut in mente quæ iam erat, oritur fides quæ non erat: aut post cognitionem sui recordando se ipsam velut in memoria sua constitutam videt, quasi non ibi fuerit antequam se ipsam cognosceret; cum profecto ex quo esse cœpit, numquam sui meminisse, numquam se intellegere, numquam se amare destiterit, sicut iam ostendimus. Ac per hoc quando ad se ipsam cogitatione convertitur, fit trinitas, in qua iam et verbum possit intellegi: formatur quippe ex ipsa cogitatione, voluntate utrumque iungente. Ibi ergo magis agnoscenda est imago quam quærimus.

An et præsentium sit memoria.

11. 14. Sed dicet aliquis: Non est ista memoria, qua mens sui meminisse perhibetur, quæ sibi semper est præsens. Memoria enim præteritorum est, non præsentium: nam quidam cum de virtutibus agerent, in quibus est etiam Tullius, in tria ista prudentiam diviserunt, memoriam, intellegentiam, providentiam: memoriam scilicet præteritis, intellegentiam præsentibus, providentiam rebus tribuentes futuris, quam non habent certam nisi præscii futurorum; quod non est munus hominum, nisi detur desuper, ut Prophetis. Unde Scriptura sapientiæ de hominibus agens: *Cogitationes,* inquit, *mortalium timidæ, et incertæ providentiæ nostræ.* Memoria vero de præteritis, et intellegentia de præsentibus certa est, sed præsentibus utique incorporalibus rebus: nam corporales corporalium præsentes sunt aspectibus oculorum. Sed qui dicit memoriam non esse præsentium, attendat quemadmodum dictum sit in ipsis sæcularibus litteris, ubi maioris fuit curæ verborum integritas quam veritas rerum:

Nec talia passus Ulixes,
Oblitusve sui est Ithacus discrimine tanto .

Vergilius enim cum sui non oblitum diceret Ulixem, quid aliud intellegi voluit, nisi quod meminerit sui? Cum ergo sibi præsens esset, nullo modo sui meminisset, nisi ad res præsentes memoria pertineret. Quapropter sicut in rebus præteritis ea memoria dicitur, qua fit ut valeant recoli et recordari: sic in re præsenti quod sibi est mens, memoria sine absurditate dicenda est, qua sibi præsto est ut sua cogitatione possit intellegi, et utrumque sui amore coniungi.

Trinitas mentis imago Dei quia potest etiam meminisse, intellegere et amare Deum; quod cum facit, sapiens ipsa fit.
12. 15. Hæc igitur trinitas mentis non propterea Dei est imago, quia sui meminit mens, et intellegit ac diligit se: sed quia potest etiam meminisse, et intellegere, et amare a quo facta est. Quod cum facit, sapiens ipsa fit. Si autem non facit, etiam cum sui meminit, seque intellegit ac diligit, stulta est. Meminerit itaque Dei sui, ad cuius imaginem facta est , eumque intellegat atque diligat. Quod ut brevius dicam, colat Deum non factum, cuius ab eo capax est facta, et cuius particeps esse potest; propter quod scriptum est: *Ecce Dei cultus est sapientia* : et non sua luce, sed summæ illius lucis participatione sapiens erit, atque ubi æterna, ibi beata regnabit. Sic enim dicitur ista hominis sapientia, ut etiam Dei sit. Tunc enim vera est: nam si humana est, vana est. Verum non ita Dei qua sapiens est Deus. Neque enim participatione sui sapiens est, sicut mens participatione Dei. Sed quemadmodum dicitur etiam iustitia Dei, non solum illa qua ipse iustus est, sed quam dat homini cum iustificat impium , quam commendans Apostolus ait de quibusdam: *Ignorantes enim Dei iustitiam, et suam iustitiam volentes constituere, iustitiæ Dei non sunt subiecti* : sic enim dici etiam de quibusdam potest: "Ignorantes Dei sapientiam, et suam volentes constituere, sapientiæ Dei non sunt subiecti."

12. 16. Est igitur natura non facta, quæ fecit omnes ceteras magnas parvasque naturas, eis quas fecit sine dubitatione præstantior, ac per hoc hac etiam de qua loquimur, rationali et intellectuali, quæ hominis mens est, ad eius qui eam fecit imaginem facta. Illa autem ceteris natura præstantior Deus est. Et quidem *non longe positus ab unoquoque nostrum* , sicut Apostolus dicit; adiungens: *In illo enim vivimus, et movemur, et sumus.* Quod si secundum corpus diceret, etiam de isto corporeo mundo posset intellegi. Nam et in illo secundum corpus vivimus, movemur, et sumus. Unde secundum mentem quæ facta est ad eius imaginem, debet hoc accipi, excellentiore quodam, eodemque non visibili, sed intellegibili modo. Nam quid non est in ipso, de quo divine scriptum est: *Quoniam ex ipso, et per ipsum, et in ipso sunt omnia* ? Proinde si in ipso sunt omnia, in quo tandem possunt vivere quæ vivunt, et moveri quæ moventur, nisi in quo sunt? Non tamen omnes cum illo sunt eo modo quo ei dictum est: *Ego semper tecum.* Nec ipse cum omnibus eo modo quo dicimus: "Dominus vobiscum". Magna itaque hominis miseria est cum illo non esse, sine quo non potest esse. In quo enim est, procul dubio sine illo non est: et tamen si eius non meminit, eumque non intellegit, nec diligit, cum illo non est. Quod autem quisque penitus obliviscitur, nec commoneri eius utique potest.

Quomodo Dei oblivisci et meminisse mens potest.
13. 17. De visibilibus rebus ad hanc rem sumamus exemplum. Dicit tibi quispiam quem non recognoscis: "Nosti me"; et ut commoneat, dicit ubi, quando, quomodo tibi innotuerit: omnibusque adhibitis signis quibus in memoriam revoceris, si non recognoscis, ita iam oblitus es, ut omnis illa notitia penitus deleta sit animo; nihilque aliud restet, nisi ut credas ei qui tibi hoc dicit, quod aliquando eum noveras; aut ne hoc quidem, si fide dignus tibi esse qui loquitur non videtur. Si autem reminisceris, profecto redis in memoriam tuam, et in ea invenis quod non fuerat penitus oblivione deletum. Redeamus ad illud propter quod adhibuimus humanæ conversationis exemplum. Inter cetera psalmus nonus: *Convertantur,* inquit, *peccatores in infernum, omnes gentes quæ obliviscuntur Deum.* Porro autem vicesimus primus: *Commemorabuntur,* inquit, *et convertentur ad Dominum universi fines terræ.* Non igitur sic erant oblitæ istæ gentes Deum, ut eius nec commemoratæ recordarentur. Obliviscendo autem Deum, tamquam obliviscendo vitam suam, conversæ fuerant in mortem, hoc est, in infernum. Commemoratæ vero convertuntur ad Dominum, tamquam reviviscentes reminiscendo vitam suam, cuius eas habebat oblivio. Item legitur in nonagesimo tertio: *Intellegite nunc, qui insipientes estis in populo; et stulti, aliquando sapite. Qui plantavit aurem non audiet?* et cetera. Eis enim dictum est, qui Deum non intellegendo, de illo vana dixerunt.
Mens se recte diligere non potest nisi diligendo Deum.
14. 18. De dilectione autem Dei plura reperiuntur in divinis eloquiis testimonia. Ibi enim et illa duo consequenter intelleguntur, quia nemo diligit cuius non meminit, et quod penitus nescit. Unde illud est notissimum præcipuumque præceptum: *Diliges Dominum Deum tuum.* Sic itaque condita est mens humana, ut numquam sui non meminerit, numquam se non intellegat, numquam se non diligat. Sed quoniam qui odit

aliquem, nocere illi studet; non immerito et mens hominis, quando sibi nocet, odisse se dicitur. Nesciens enim sibi vult male, dum non putat sibi obesse quod vult: sed tamen male sibi vult, quando id vult quod obsit sibi, unde illud scriptum est: *Qui diligit iniquitatem, odit animam suam.* Qui ergo se diligere novit, Deum diligit: qui vero non diligit Deum, etiam si se diligit, quod ei naturaliter inditum est, tamen non inconvenienter odisse se dicitur, cum id agit quod sibi adversatur, et se ipsum tamquam suus inimicus insequitur. Qui profecto est error horrendus, ut cum sibi omnes prodesse velint, multi non faciant nisi quod eis perniciosissimum sit. Similem morbum mutorum animalium cum pœta describeret:

Di, inquit, *meliora piis, erroremque hostibus illum!*
Discissos nudis laniabant dentibus artus.

Cum morbus ille corporis fuerit, cur dixit errorem, nisi quia omne animal cum sibi natura conciliatum sit ut se custodiat quantum potest, talis ille erat morbus, ut ea quorum salutem appetebant, sua membra laniarent? Cum autem Deum diligit mens, et sicut dictum est, consequenter eius meminit, eumque intellegit, recte illi de proximo suo præcipitur, ut eum sicut se diligat. Iam enim se non diligit perverse, sed recte, cum Deum diligit, cuius participatione imago illa non solum est, verum etiam ex vetustate renovatur, ex deformitate reformatur, ex infelicitate beatificatur. Quamvis enim se ita diligat, ut si alterutrum proponatur, malit omnia quæ infra se diligit perdere, quam perire: tamen superiorem deserendo, ad quem solum posset custodire fortitudinem suam, eoque frui lumine suo, cui canitur in Psalmo: *Fortitudinem meam ad te custodiam*; et in alio: *Accedite ad eum, et illuminamini*; sic infirma et tenebrosa facta est, ut a se quoque ipsa, in ea quæ non sunt quod ipsa, et quibus superior est ipsa, infelicius laberetur per amores quos non valet vincere, et errores a quibus non videt qua redire. Unde iam Deo miserante pœnitens clamat in Psalmis: *Deseruit me fortitudo mea, et lumen oculorum meorum non est mecum.*

Mens, si Deum deserit, fit infirma et tenebrosa; remanet tamen imago.
14. 19. Non tamen in his tantis infirmitatis et erroris malis amittere potuit naturalem memoriam, intellectum, et amorem sui: propter quod merito dici potuit quod supra commemoravi: *Quamquam in imagine ambulat homo, tamen vane conturbatur. Thesaurizat, et nescit cui congregabit ea .* Cur enim thesaurizat, nisi quia fortitudo eius *deseruit eum,* per quam Deum habens, rei nullius indigeret? Et cur *nescit cui congregabit ea,* nisi quia lumen oculorum eius non est cum eo? Et ideo non videt quod

Veritas ait: *Stulte, hac nocte animam tuam repetunt abs te; hæc quæ præparasti cuius erunt* ? Verumtamen, quia etiam talis in imagine ambulat homo, et habet memoriam, et intellectum, et amorem sui, hominis mens: si ei manifestaretur quod utrumque habere non posset, et unum e duobus permitteretur eligere, alterum perditurus, aut thesauros quos congregavit, aut mentem; quis usque adeo non habet mentem, ut thesauros mallet habere quam mentem? Thesauri enim mentem possunt plerumque subvertere: at mens quæ non thesauris subvertitur sine ullis thesauris facilius et expeditius potest vivere. Quis vero ullos thesauros, nisi per mentem poterit possidere? Si enim puer infans, quamvis ditissimus natus, cum sit dominus omnium quæ iure sunt eius, nihil possidet mente sopita; quonam tandem modo quisquam quidquam mente possidebit amissa? Sed de thesauris quid loquor, quod eis quilibet hominum, si talis optio proponatur, mavult carere quam mente; cum eos nemo præponat, nemo comparet luminibus corporis, quibus non ut aurum rarus quisque homo, sed omnis homo possidet cælum: per lumina enim corporis quisque possidet quidquid libenter videt? Quis ergo si tenere utrumque non possit, et alterutrum cogatur amittere, non thesauros quam oculos malit? Et tamen si ab eo simili conditione quæratur, utrum oculos malit amittere, an mentem; quis mente non videat, eum oculos malle quam mentem? Mens quippe sine oculis carnis humana est, oculi autem carnis sine mente belluini sunt. Quis porro non hominem se malit esse etiam carne cæcum, quam belluam videntem?

14. 20. Hæc dixi, ut etiam tardiores, quamvis breviter, commonerentur a me, in quorum oculos vel aures hæ litteræ venerint, quantum mens diligat se ipsam etiam infirma et errans, male diligendo atque sectando quæ sunt infra ipsam. Diligere porro se ipsam non posset, si se omnino nesciret, id est, si sui non meminisset; nec se intellegeret: qua in se imagine Dei tam potens est, ut ei cuius imago est valeat inhærere. Sic enim ordinata est naturarum ordine, non locorum, ut supra illam non sit nisi ille. Denique cum illi penitus adhæserit, unus erit spiritus: cui rei attestatur Apostolus, dicens: *Qui autem adhæret Domino, unus spiritus est* : accedente quidem ista ad participationem naturæ, veritatis, et beatitudinis illius, non tamen crescente illo in natura, veritate et beatitudine sua. In illa itaque natura, cum feliciter adhæserit, immutabiliter vivet, et immutabile videbit omne quod viderit. Tunc, sicut ei divina Scriptura promittit, satiabitur in bonis desiderium eius , bonis immutabilibus, ipsa Trinitate Deo suo cuius imago est: et ne uspiam deinceps violetur, erit in abscondito vultus eius , tanta ubertate eius impleta, ut eam numquam peccare delectet. Se ipsam vero nunc quando videt, non aliquid immutabile videt.

Etiam peccator luce iustitiæ illuminatur.

15. 21. Quod ideo certe non dubitat, quoniam misera est, et beata esse desiderat: nec ob aliud fieri sperat hoc posse, nisi quia est mutabilis. Nam si mutabilis non esset, sicut ex beata misera, sic ex misera beata esse non posset. Et quid eam fecisset miseram sub omnipotente et bono Domino, nisi peccatum suum et iustitia Domini sui? Et quid eam faciet beatam, nisi meritum suum et præmium Domini sui? Sed et meritum eius gratia est illius, cuius præmium erit beatitudo eius . Iustitiam quippe dare sibi non potest quam perditam non habet. Hanc enim, cum homo conderetur, accepit; et peccando utique perdidit. Accipit ergo iustitiam, propter quam beatitudinem accipere mereatur. Unde veraciter ei dicitur ab Apostolo, quasi de suo bono superbire incipienti: *Quid enim habes quod non accepisti? Si autem accepisti, quid gloriaris quasi non acceperis?* Quando autem bene recordatur Domini sui, Spiritu eius accepto, sentit omnino, quia hoc discit intimo magisterio, nonnisi eius gratuito effectu posse se surgere, nonnisi suo voluntario defectu cadere potuisse. Non sane reminiscitur beatitudinis suæ: fuit quippe illa et non est, eiusque ista penitus oblita est; ideoque nec commemorari potest. Credit autem de illa fide dignis Litteris Dei sui, per eius prophetas conscriptis, narrantibus de felicitate paradisi, atque illud primum et bonum hominis et malum historica traditione indicantibus. Domini autem Dei sui reminiscitur . Ille quippe semper est, nec fuit et non est, nec est et non fuit: sed sicut numquam non erit, ita numquam non erat. *Et ubique totus est*: propter quod ista in illo et vivit, et movetur, et est: et ideo reminisci eius potest. Non quia hoc recordatur, quod eum noverat in Adam, aut alibi alicubi ante huius corporis vitam, aut cum primum facta est ut insereretur huic corpori: nihil enim horum omnino reminiscitur; quidquid horum est, oblivione deletum est. Sed commemoratur, ut convertatur ad Dominum , tamquam ad eam lucem qua etiam cum ab illo averteretur quodam modo tangebatur. Nam hinc est quod etiam impii cogitant æternitatem, et multa recte reprehendunt recteque laudant in hominum moribus. Quibus ea tandem regulis iudicant, nisi in quibus vident quemadmodum quisque vivere debeat, etiamsi nec ipsi eodem modo vivant? Ubi eas vident? Neque enim in sua natura, cum procul dubio mente ista videantur, eorumque mentes constet esse mutabiles, has vero regulas immutabiles videat, quisquis in eis et hoc videre potuerit; nec in habitu suæ mentis, cum illæ regulæ sint iustitiæ, mentes vero eorum constet esse iniustas. Ubinam sunt istæ regulæ scriptæ, ubi quid sit iustum et iniustus agnoscit, ubi cernit habendum esse quod ipse non habet? Ubi ergo scriptæ sunt, nisi in libro lucis illius quæ veritas dicitur? unde omnis lex iusta describitur, et in cor hominis qui operatur iustitiam, non migrando, sed tamquam imprimendo transfertur; sicut imago ex anulo et in ceram transit, et anulum non relinquit? Qui vero non operatur, et tamen videt quid operandum sit, ipse est qui ab illa luce avertitur, a qua tamen tangitur. Qui autem nec videt quemadmodum sit vivendum, excusabilius quidem peccat, quia non est transgressor legis incognitæ: sed etiam ipse splendore aliquoties ubique præsentis veritatis attingitur, quando admonitus confitetur.

Quomodo imago Dei reformatur in homine.

16. 22. Qui vero commemorati convertuntur ad Dominum ab ea deformitate, qua per cupiditates sæculares conformabantur huic sæculo, reformantur ex illo, audientes Apostolum dicentem: *Nolite conformari huic sæculo, sed reformamini in novitate mentis vestræ*: ut incipiat illa imago ab illo reformari, a quo formata est. Non enim reformare se ipsam potest, sicut potuit deformare. Dicit etiam alibi: *Renovamini spiritu mentis vestræ, et induite novum hominem, eum qui secundum Deum creatus est in iustitia et sanctitate veritatis.* Quod ait, *secundum Deum* creatum; hoc alio loco dicitur, *ad imaginem Dei.* Sed peccando, iustitiam et sanctitatem veritatis amisit; propter quod hæc imago deformis et decolor facta est: hanc recipit, cum reformatur et renovatur. Quod autem ait, *spiritu mentis vestræ*; non ibi duas res intellegi voluit, quasi aliud sit mens, aliud spiritus mentis: sed quia omnis mens spiritus est, non autem omnis spiritus mens est. Est enim Spiritus et Deus, qui renovari non potest, quia nec veterascere potest. Dicitur etiam spiritus in homine, qui mens non sit, ad quem pertinent imaginationes similes corporum: de quo dicit ad Corinthios, ubi dicit: *Si autem oravero lingua, spiritus meus orat, mens autem mea infructuosa est.* Hoc enim ait, quando id quod dicitur, non intellegitur: quia nec dici potest, nisi corporalium vocum imagines sonum oris spiritus cogitatione præveniant. Dicitur et hominis anima spiritus: unde est in Evangelio: *Et inclinato capite tradidit spiritum*; quo significata est mors corporis, anima exeunte. Dicitur spiritus etiam pecoris, quod in Ecclesiaste libro Salomonis apertissime scriptum est, ubi ait: *Quis scit spiritus filiorum hominum si ascendet ipse sursum, et spiritus pecoris si descendet ipse deorsum in terram?* Scriptum est etiam in Genesi, ubi dicit diluvio mortuam universam carnem, *quæ habebat in se spiritum vitæ.* Dicitur spiritus etiam ventus, res apertissime corporalis: unde illud est in Psalmis: *Ignis, grando, nix, glacies, spiritus tempestatis.* Quia ergo tot modis dicitur spiritus, spiritum mentis dicere voluit eum spiritum, quæ mens vocatur. Sicut ait etiam idem apostolus: *In exspoliatione corporis carnis.* Non duas utique res intellegi voluit, quasi aliud sit caro, aliud corpus carnis: sed quia corpus multarum rerum nomen est quarum nulla caro est (nam multa sunt excepta carne corpora cælestia, et corpora terrestria), corpus carnis dixit, corpus quæ caro est. Sic itaque spiritum mentis eum spiritum quæ mens est. Alibi quoque apertius etiam imaginem nominavit, scilicet aliis verbis idipsum præcipiens: *Exspoliantes vos,* inquit, *veterem hominem cum actibus eius, induite novum hominem, qui renovatur in agnitione Dei secundum imaginem eius qui creavit eum.* Quod ergo ibi legitur, *induite novum hominem qui secundum Deum creatus, est*; hoc isto loco: *Induite novum hominem, qui renovatur secundum imaginem eius qui creavit eum*. Ibi autem ait, *secundum Deum;* hic vero, *secundum imaginem eius qui creavit eum.* Pro eo vero quod ibi posuit, *in iustitia et sanctitate veritatis;* hoc posuit hic, *in agnitione Dei.* Fit ergo ista renovatio reformatioque mentis secundum Deum, vel secundum imaginem Dei. Sed ideo dicitur *secundum Deum,* ne secundum aliam creaturam fieri putetur; ideo autem, *secundum imaginem* Dei, ut in ea re intellegatur fieri hæc renovatio, ubi est imago Dei, id est in mente. Quemadmodum dicimus, "secundum corpus mortuum", non secundum spiritum, eum qui de corpore fidelis et iustus abscedit. Quid enim dicimus secundum corpus mortuum, nisi corpore vel in corpore, non anima vel in anima mortuum? Aut si dicamus: "Secundum corpus est pulcher"; aut: "Secundum corpus fortis, non secundum animum"; quid est aliud, quam: Corpore, non animo pulcher aut fortis est"? Et innumerabiliter ita loquimur. Non itaque sic intellegamus, *secundum imaginem eius qui creavit eum*, quasi alia sit imago secundum quam renovatur, non ipsa quæ renovatur.

Imago Dei quomodo renovetur, quotidianis accessibus.

17. 23. Sane ista renovatio non momento uno fit ipsius conversionis, sicut momento uno fit illa in Baptismo renovatio remissione omnium peccatorum : neque enim vel unum quantulumcumque remanet quod non remittatur. Sed quemadmodum aliud est carere febribus, aliud ab infirmitate, quæ febribus facta est, revalescere; itemque aliud est infixum telum de corpore demere, aliud vulnus quod eo factum est secunda curatione sanare: ita prima curatio est causam removere languoris, quod per omnium fit indulgentiam peccatorum; secunda ipsum sanare languorem, quod fit paulatim proficiendo in renovatione huius imaginis: quæ duo demonstrantur in Psalmo, ubi legitur: *Qui propitius fit omnibus iniquitatibus tuis;* quod fit in Baptismo: deinde sequitur: *Qui sanat omnes languores tuos* ; quod fit quotidianis accessibus, cum hæc imago renovatur. De qua re Apostolus apertissime locutus est, dicens: *Et si exterior homo noster corrumpitur, sed interior renovatur de die in diem*. *Renovatur* autem *in agnitione Dei*, hoc est, *in iustitia et sanctitate veritatis* ; sicut sese habent apostolica testimonia quæ paulo ante memoravi. In agnitione igitur Dei, iustitiaque et sanctitate veritatis, qui de die in diem proficiendo renovatur, transfert amorem a temporalibus ad æterna, a visibilibus ad intellegibilia, a carnalibus ad spiritalia; atque ab istis cupiditatem frenare atque minuere, illisque se caritate alligare diligenter insistit.

Tantum autem facit, quantum divinitus adiuvatur. Dei quippe sententia est: *Sine me nihil potestis facere* . In quo profectu et accessu tenentem Mediatoris fidem cum dies vitæ huius ultimus quemque compererit, perducendus ad Deum quem coluit, et ab eo perficiendus excipietur ab Angelis sanctis, incorruptibile corpus in fine sæculi non ad pœnam, sed ad gloriam recepturus. In hac quippe imagine tunc perfecta erit Dei similitudo , quando Dei perfecta erit visio. De qua dicit apostolus Paulus: *Videmus nunc per speculum in ænigmate, tunc autem facie ad faciem.* Item dicit: *Nos autem revelata facie gloriam Domini speculantes, in eamdem imaginem transformamur de gloria in gloriam, tamquam a Domini spiritu:* hoc est quod fit de die in diem bene proficientibus.

Plena similitudo imaginis in visione, sed Filio similes erimus etiam in immortalitate corporis.

18. 24. Apostolus autem Ioannes: *Dilectissimi,* inquit, *nunc filii Dei sumus, et nondum apparuit, quid erimus: scimus autem quia cum apparuerit, similes ei erimus, quoniam videbimus eum sicuti est.* Hinc apparet tunc in ista imagine Dei fieri eius plenam similitudinem, quando eius plenam perceperit visionem. Quamquam possit hoc a Ioanne apostolo etiam de immortalitate corporis dictum videri. Et in hac quippe similes erimus Deo, sed tantummodo Filio, quia solus in Trinitate corpus accepit, in quo mortuus resurrexit, atque id ad superna pervexit. Nam dicitur etiam ista imago Filii Dei, in qua sicut ille immortale corpus habebimus, conformes facti in hac parte, non Patris imaginis aut Spiritus Sancti, sed tantummodo Filii, quia de hoc solo legitur, et fide sanissima accipitur: *Verbum caro factum est.* Propter quod Apostolus: *Quos ante,* inquit, *præscivit et prædestinavit conformes fieri imaginis Filii sui, ut sit ipse primogenitus in multis fratribus* . *Primogenitus* utique *a mortuis* secundum eumdem apostolum, qua morte seminata est caro eius in contumelia, resurrexit, in gloria. Secundum hanc imaginem Filii, cui per immortalitatem conformamur in corpore, etiam illud agimus quod dicit idem apostolus: *Sicut portavimus imaginem terreni, portemus et imaginem eius qui de cælo est:* ut scilicet qui secundum Adam mortales fuimus, secundum Christum immortales nos futuros, fide vera et spe certa firmaque teneamus. Sic enim nunc eamdem imaginem portare possumus, nondum in visione, sed in fide; nondum in re, sed in spe. De corporis quippe resurrectione tunc loquebatur Apostolus, cum hæc diceret.

Imago quæ renovatur interius in agnitione Dei, perficietur visione.

19. 25. At vero illa imago, de qua dictum est: *Faciamus hominem ad imaginem et similitudinem nostram;* quia non dictum est, Ad meam, vel, Ad tuam: ad imaginem

Trinitatis factum hominem credimus, et quanta potuimus investigatione comprehendimus. Et ideo secundum hanc potius et illud intellegendum est quod ait apostolus Ioannes: *Similes ei erimus, quoniam videbimus eum sicuti est*: quia et de illo dixit, de quo dixerat *Filii Dei sumus*. Et immortalitas carnis illo perficietur momento resurrectionis, de quo ait apostolus Paulus: *In ictu oculi, in novissima tuba, et mortui resurgent incorrupti; et nos immutabimur*. In ipso namque ictu oculi ante iudicium resurget in virtute, in incorruptione, in gloria corpus spiritale, quod nunc seminatur in infirmitate, corruptione, contumelia corpus animale. Imago vero quæ renovatur in spiritu mentis in agnitione Dei, non exterius, sed interius de *die in diem*, ipsa perficietur visione, quæ tunc erit post iudicium *facie ad faciem*, *nunc* autem proficit *per speculum in ænigmate*. Propter cuius perfectionem dictum intellegendum est: *Similes ei erimus, quoniam videbimus eum sicuti est*. Hoc enim donum tunc nobis dabitur, cum dictum fuerit: *Venite, benedicti Patris mei, possidete paratum vobis regnum*. Tunc quippe tolletur impius, ut non videat claritatem Domini, quando ibunt sinistri in supplicium æternum, euntibus dextris in vitam æternam. *Hæc est autem*, sicut ait Veritas, *vita æterna, ut cognoscant te*, inquit, *unum verum Deum, et quem misisti Iesum Christum*.

Sapientia perfecta in beatitudine.

19. 26. Hanc contemplativam sapientiam, quam proprie puto in Litteris sanctis a scientia distinctam sapientiam nuncupari, dumtaxat hominis, quæ quidem illi non est, nisi ab illo cuius participatione vere sapiens fieri mens rationalis et intellectualis potest, Cicero commendans in fine dialogi Hortensii: *Quæ nobis*, inquit, *dies noctesque considerantibus, acuentibusque intellegentiam, quæ est mentis acies, caventibusque ne quando illa hebescat, id est, in philosophia viventibus magna spes est, aut si hoc quod sentimus et sapimus mortale et caducum est, iucundum nobis perfunctis muneribus humanis occasum, neque molestam exstinctionem, et quasi quietem vitæ fore: aut si, ut antiquis philosophis hisque maximis longeque clarissimis placuit, æternos animos ac divinos habemus, sic existimandum est, quo magis hi fuerint semper in suo cursu, id est, in ratione et investigandi cupiditate, et quo minus se admiscuerint atque implicaverint hominum vitiis et erroribus, hoc his faciliorem ascensum et reditum in cælum fore.* Deinde addens hanc ipsam clausulam, repetendoque sermonem finiens: *Quapropter*, inquit, *ut aliquando terminetur oratio, si aut exstingui tranquille volumus, cum in his artibus vixerimus, aut si ex hac in aliam haud paulo meliorem domum sine mora demigrare, in his studiis nobis omnis opera et cura ponenda est.* Hic miror hominem tanti ingenii, perfunctis muneribus humanis, hominibus in philosophia viventibus, quæ contemplatione veritatis beatos facit, iucundum promittere occasum, si hoc quod sentimus et sapimus mortale et caducum est: quasi hoc moriatur et intercidat quod non diligebamus, vel potius quod atrociter oderamus, ut iucundus nobis sit eius occasus. Verum hoc non didicerat a philosophis, quos magnis laudibus prædicat; sed ex illa nova Academia, ubi ei dubitare etiam de rebus manifestissimis placuit, ista sententia redolebat. A philosophis autem, sicut ipse confitetur, *maximis longeque clarissimis,* æternos animos esse acceperat . Aeterni quippe animi non inconvenienter hac exhortatione excitantur, ut in suo cursu reperiantur, cum venerit vitæ huius extremum, id est, in ratione et investigandi cupiditate, minusque se admisceant atque implicent hominum vitiis et erroribus, ut eis facilior sit regressus ad Deum. Sed iste cursus qui constituitur in amore atque investigatione veritatis, non sufficit miseris, id est, omnibus cum ista sola ratione mortalibus sine fide Mediatoris: quod in libris superioribus huius operis, maxime in quarto et tertio decimo, quantum potui, demonstrare curavi.

LIBER QUINTUSDECIMUS

Lectorem exercere vult Augustinus in rebus quæ factæ sunt, ut Trinitatem, si potest, ratione intelligat.

1. 1. Volentes in rebus quæ factæ sunt ad cognoscendum eum a quo factæ sunt, exercere lectorem, iam pervenimus ad eius imaginem, quod est homo, in eo quo ceteris animalibus antecellit, id est ratione vel intellegentia, et quidquid aliud de anima rationali vel intellectuali dici potest, quod pertineat ad eam rem quæ mens vocatur vel animus . Quo nomine nonnulli auctores linguæ latinæ, id quod excellit in homine, et non est in pecore, ab anima quæ inest et pecori, suo quodam loquendi more distinguunt . Supra hanc ergo naturam, si quærimus aliquid, et verum quærimus, Deus est, natura scilicet non creata, sed creatrix. Quæ utrum sit Trinitas, non solum credentibus, divinæ Scripturæ auctoritate; verum etiam intellegentibus, aliqua, si possumus, ratione iam demonstrare debemus. Cur autem "Si possumus" dixerim, res ipsa cum quæri disputando cœperit, melius indicabit.

Deus incomprehensibilis semper quærendus: quæritur enim ut inveniatur dulcius, et invenitur ut quæratur avidius.

2. 2. Deus quippe ipse quem quærimus adiuvabit, ut spero, ne sit infructuosus labor noster, et intellegamus quemadmodum dictum sit in Psalmo sacro: *Lætetur cor quærentium Dominum: quærite Dominum, et confirmamini; quærite faciem eius semper.* Videtur enim, quod semper quæritur, numquam inveniri: et quomodo iam lætabitur, et non potius contristabitur cor quærentium, si non potuerint invenire quod quærunt? Non enim ait: *Lætetur cor* invenientium; sed, *quærentium Dominum* . Et tamen Dominum Deum inveniri posse dum quæritur, testatur Isaias propheta, dum dicit: *Quærite Dominum, et mox ut inveneritis, invocate eum: et cum appropinquaverit vobis, derelinquat impius vias suas, et vir iniquus cogitationes suas.* Si ergo quæsitus inveniri potest, cur dictum est: *Quærite faciem eius semper?* An et inventus forte quærendus est? Sic enim sunt incomprehensibilia requirenda, ne se existimet nihil invenisse, qui quam sit incomprehensibile quod quærebat, potuerit invenire. Cur ergo sic quærit, si incomprehensible comprehendit esse quod quærit, nisi quia cessandum non est, quamdiu in ipsa incomprehensibilium rerum inquisitione proficitur, et melior meliorque fit quærens tam magnum bonum, quod et inveniendum quæritur, et quærendum invenitur? Nam et quæritur ut inveniatur dulcius, et invenitur ut quæratur avidius. Secundum hoc accipi potest, quod dictum est in libro Ecclesiastico dicere sapientiam: *Qui me manducant, adhuc esurient; et qui bibunt me, adhuc sitient*. Manducant enim et bibunt, quia inveniunt; et quia esuriunt ac sitiunt, adhuc quærunt. Fides quærit, intellectus invenit: propter quod ait propheta: *Nisi credideritis, non intellegetis*. Et rursus intellectus eum quem invenit adhuc quærit: *Deus* enim *respexit super filios hominum*, sicut in Psalmo sacro canitur, *ut videret si est intellegens, aut requirens Deum*. Ad hoc ergo debet homo esse intellegens, ut requirat Deum.

Non inaniter in creatura Trinitatis quæruntur indicia.
2. 3. Satis itaque remorati fuerimus in iis quæ Deus fecit, ut per ea cognosceretur ipse qui fecit: *Invisibilia enim eius, a creatura mundi, per ea quæ facta sunt, intellecta conspiciuntur*. Unde arguuntur in libro Sapientiæ, qui *de iis quæ videntur bona, non potuerunt scire eum qui est, neque operibus attendentes agnoverunt artificem; sed aut ignem, aut spiritum, aut citatum ærem, aut gyrum stellarum, aut violentiam aquarum, aut luminaria cæli, rectores orbis terrarum deos putaverunt: quorum quidem si specie delectati hæc deos putaverunt, sciant quanto Dominator eorum melior est. Speciei enim generator ea creavit. Aut si virtutem et operationem eorum mirati sunt, intellegant ab his quanto qui hæc constituit fortior est. A magnitudine enim speciei et creaturæ cognoscibiliter poterat horum Creator videri*. Hæc de libro Sapientiæ propterea posui, ne me fidelium quispiam frustra et inaniter existimet in creatura prius per quasdam sui generis trinitates quodam modo gradatim, donec ad mentem hominis pervenirem, quæsisse indicia summæ illius Trinitatis, quam quærimus cum Deum quærimus.

Quæ in superioribus libris ad cognitionem disputatione perducta sunt, breviter congeruntur.
3. 4. Sed quoniam disserendi et ratiocinandi necessitas per quattuordecim libros multa nos dicere compulit, quæ cuncta simul aspicere non valemus, ut ad id quod apprehendere volumus, ea celeri cogitatione referamus; faciam quantum Domino adiuvante potuero, ut quidquid in singulis voluminibus ad cognitionem disputatione perduxi, remota disputatione breviter congeram, et tamquam sub uno mentis aspectu, non quemadmodum res quæque persuasit, sed ipsa quæ persuasa sunt ponam: ne tam longe sint a præcedentibus consequentia, ut oblivionem præcedentium faciat inspectio consequentium; aut certe si fecerit, cito possit quod exciderit relegendo recolligi.

3. 5. In primo libro secundum Scripturas sacras unitas et æqualitas summæ illius Trinitatis ostenditur. In secundo et tertio et quarto, eadem: sed de Filii missione et

Spiritus Sancti diligenter quæstio pertractata tres libros fecit; demonstratumque est non ideo minorem mittente qui missus est, quia ille misit, hic missus est, cum Trinitas quæ per omnia æqualis est, pariter quoque in sua natura immutabilis et invisibilis et ubique præsens inseparabiliter operetur. In quinto, propter eos quibus ideo videtur non eamdem Patris et Filii esse substantiam, quia omne quod de Deo dicitur, secundum substantiam dici putant, et propterea gignere et gigni, vel genitum esse et ingenitum, quoniam diversa sunt, contendunt substantias esse diversas, demonstratur non omne quod de Deo dicitur secundum substantiam dici, sicut secundum substantiam dicitur bonus et magnus, et si quid aliud ad se dicitur; sed dici etiam relative, id est non ad se, sed ad aliquid quod ipse non est; sicut Pater ad Filium dicitur, vel Dominus ad creaturam sibi servientem ; ubi si quid relative, id est ad aliquid quod ipse non est, etiam ex tempore dicitur, sicuti est: *Domine, refugium factus es nobis,* nihil ei accidere quo mutetur, sed omnino ipsum in natura vel essentia sua immutabilem permanere. In sexto, quomodo dictus sit Christus ore apostolico, Dei virtus et Dei sapientia, sic disputatur, ut differatur eadem quæstio diligentius retractanda: utrum a quo est genitus Christus, non sit ipse sapientia, sed tantum sapientiæ suæ pater, an sapientia sapientiam genuerit. Sed quodlibet horum esset, etiam in hoc libro apparuit Trinitatis æqualitas, et non Deus triplex, sed Trinitas: nec quasi aliquid duplum esse Patrem et Filium ad simplum Spiritum Sanctum; ubi nec tria plus aliquid sunt quam unum horum. Disputatum est etiam quomodo possit intellegi quod ait Hilarius episcopus: *Aeternitas in Patre, species in Imagine, usus in Munere.* In septimo, quæstio quæ dilata fuerat, explicatur, ita ut Deus qui genuit Filium, non solum sit Pater virtutis et sapientiæ suæ, sed etiam ipse virtus atque sapientia; sic et Spiritus Sanctus: nec tamen simul tres sint virtutes aut tres sapientiæ, sed una virtus et una sapientia, sicut unus Deus et una essentia. Deinde quæsitum est, quomodo dicantur una essentia, tres personæ, vel a quibusdam Græcis una essentia, tres substantiæ: et inventum est elocutionis necessitate dici, ut aliquo uno nomine enuntiarentur, cum quæritur quid tres sint, quos tres esse veraciter confitemur, Patrem scilicet, et Filium, et Spiritum Sanctum. In octavo, ratione etiam reddita intellegentibus clarum est, in substantia veritatis non solum Patrem Filio non esse maiorem, sed nec ambos simul aliquid maius esse quam solum Spiritum Sanctum, aut quoslibet duos in eadem Trinitate maius esse aliquid quam unum, aut omnes simul tres maius aliquid esse quam singulos. Deinde per veritatem quæ intellecta conspicitur, et per bonum summum a quo est omne bonum, et per iustitiam propter quam diligitur animus iustus ab animo etiam nondum iusto, ut natura non solum incorporalis, verum etiam incommutabilis quod est Deus, quantum fieri potest, intellegeretur admonui: et per caritatem, quæ in Scripturis sanctis Deus dicta est, per quam cœpit utcumque etiam Trinitas intellegentibus apparere, sicut sunt amans, et quod amatur, et amor. In nono, ad imaginem Dei, quod est homo secundum mentem, pervenit disputatio: et in ea quædam trinitas invenitur, id est, mens, et notitia qua se novit, et amor quo se notitiamque suam diligit; et hæc tria æqualia inter se, et unius ostenduntur esse essentiæ. In decimo hoc idem diligentius subtiliusque tractatum est, atque ad id perductum, ut inveniretur in mente evidentior trinitas eius, in memoria scilicet et intellegentia et voluntate. Sed quoniam et hoc compertum est, quod mens numquam esse ita potuerit, ut non sui meminisset, non se intellegeret, et diligeret, quamvis non semper se cogitaret, cum autem cogitaret, non se a corporalibus rebus eadem cogitatione discerneret; dilata est de Trinitate, cuius hæc imago est, disputatio, ut in ipsis etiam corporalibus visis inveniretur trinitas, et distinctius in ea lectoris exerceretur intentio. In undecimo ergo electus est sensus oculorum, in quo id quod inventum esset, etiam in ceteris quattuor sensibus corporis et non dictum posset agnosci: atque ita exterioris hominis trinitas, primo in iis quæ cernuntur extrinsecus, ex corpore scilicet quod videtur, et forma quæ inde in acie cernentis imprimitur, et utrumque copulantis intentione voluntatis, apparuit. Sed hæc tria non inter se æqualia, nec unius esse substantiæ claruerunt. Deinde in ipso animo, ab iis quæ extrinsecus sensa sunt velut introducta inventa est altera trinitas, ubi apparerent eadem tria unius esse substantiæ, imaginatio corporis quæ in memoria est, et inde informatio cum ad eam convertitur acies cogitantis, et utrumque coniungens intentio voluntatis. Sed ideo ista trinitas ad exteriorem hominem reperta est pertinere, quia de corporibus illata est quæ sentiuntur extrinsecus. In duodecimo discernenda visa est sapientia ab scientia, et in ea quæ proprie scientia nuncupatur, quia inferior est, prius quædam sui generis trinitas inquirenda: quæ licet ad interiorem hominem iam pertineat, nondum tamen imago Dei vel appellanda sit vel putanda. Et hoc agitur in tertio decimo libro per commendationem fidei christianæ. In quarto decimo autem de sapientia hominis vera, id est, Dei munere in eius ipsius Dei participatione donata, quæ ab scientia distincta est, disputatur: et eo pervenit disputatio, ut trinitas appareat in imagine Dei, quod est homo secundum mentem, quæ *renovatur in agnitione Dei secundum imaginem eius qui creavit hominem ad imaginem suam*, et sic percipit sapientiam ubi contemplatio est æternorum.

Universa rerum natura habere se præstantissimum Creatorem proclamat.
4. 6. Iam ergo in ipsis rebus æternis, incorporalibus et incommutabilibus, in quarum perfecta contemplatione nobis beata, quæ nonnisi æterna est, vita promittitur, Trinitatem quæ Deus est inquiramus. Neque enim divinorum Librorum tantummodo

auctoritas esse Deum prædicat, sed omnis quæ nos circumstat, ad quam nos etiam pertinemus, universa ipsa rerum natura proclamat, habere se præstantissimum Conditorem, qui nobis mentem rationemque naturalem dedit, qua viventia non viventibus, sensu prædita non sentientibus, intellegentia non intellegentibus, immortalia mortalibus, impotentibus potentia, iniustis iusta, speciosa deformibus, bona malis, incorruptibilia corruptibilibus, immutabilia mutabilibus, invisibilia visibilibus, incorporalia corporalibus, beata miseris præferenda videamus. Ac per hoc quoniam rebus creatis Creatorem sine dubitatione præponimus, oportet ut eum et summe vivere, et cuncta sentire atque intellegere; et mori, corrumpi, mutarique non posse; nec corpus esse, sed spiritum omnium potentissimum, iustissimum, speciosissimum, optimum, beatissimum fateamur.

Plurimæ perfectiones ad aliquam paucitatem rediguntur.

5. 7. Sed hæc omnia quæ dixi, et quæcumque alia simili more locutionis humanæ digne de Deo dici videntur, et universæ Trinitati qui est unus Deus, et personis singulis in eadem Trinitate conveniunt. Quis enim vel unum Deum, quod est ipsa Trinitas, vel Patrem, vel Filium, vel Spiritum Sanctum; audeat dicere, aut non viventem, aut nihil sentientem vel intellegentem, aut in ea natura qua inter se prædicantur æquales, quemquam esse eorum mortalem sive corruptibilem, sive mutabilem, sive corporeum; aut quisquam ibi neget aliquem potentissimum, iustissimum, speciosissimum, optimum, beatissimum? Si ergo hæc atque huiusmodi omnia, et ipsa Trinitas, et in ea singuli dici possunt; ubi aut quomodo Trinitas apparebit? Redigamus itaque prius hæc plurima ad aliquam paucitatem. Quæ vita enim dicitur in Deo, ipsa est essentia eius atque natura. Non itaque Deus vivit nisi vita quod ipse sibi est. Hæc autem vita non talis est qualis inest arbori, ubi nullus est intellectus, nullus est sensus. Nec talis qualis inest pecori: habet enim vita pecoris sensum quinquepartitum, sed intellectum habet nullum: at illa vita quæ Deus est, sentit atque intellegit omnia; et sentit mente, non corpore, quia spiritus est Deus. Non autem sicut animalia quæ habent corpora, per corpus sentit Deus; non enim ex anima constat et corpore: ac per hoc simplex illa natura sicut intellegit sentit, sicut sentit intellegit; idemque sensus qui intellectus est illi. Nec ita ut aliquando esse desistat aut cœperit: immortalis est enim. Nec frustra de illo dictum est quod solus habeat immortalitatem: nam immortalitas eius vere immortalitas est, in cuius natura nulla est commutatio. Ipsa est etiam vera æternitas qua est immutabilis Deus, sine initio, sine fine; consequenter et incorruptibilis. Una ergo eademque res dicitur, sive dicatur æternus Deus, sive immortalis, sive incorruptibilis, sive immutabilis: itemque cum dicitur, vivens, et intellegens, quod est utique sapiens, hoc idem dicitur. Non enim percepit sapientiam qua esset sapiens, sed ipse sapientia est. Et hæc vita, eademque virtus sive potentia, eademque species, qua potens, atque speciosus dicitur. Quid enim potentius et speciosius sapientia, quæ *attingit a fine usque ad finem fortiter, et disponit omnia suaviter*? Bonitas etiam atque iustitia, numquid inter se in natura Dei, sicut in eius operibus distant, tamquam duæ diversæ sint qualitates Dei; una, bonitas; alia, iustitia? Non utique: sed quæ iustitia, ipsa bonitas; et quæ bonitas, ipsa beatitudo. Incorporalis autem vel incorporeus ideo dicitur Deus, ut spiritus credatur vel intellegatur esse, non corpus.

Quidquid secundum qualitates de Deo dici videtur, secundum essentiam intellegendum.
5. 8. Proinde si dicamus: "Aeternus, immortalis, incorruptibilis, immutabilis, vivus, sapiens, potens, speciosus, iustus, bonus, beatus, spiritus"; horum omnium novissimum quod posui quasi tantummodo videtur significare substantiam, cetera vero huius substantiæ qualitates: sed non ita est in illa ineffabili simpliciique natura. Quidquid enim secundum qualitates illic dici videtur, secundum substantiam vel essentiam est intellegendum. Absit enim ut spiritus secundum substantiam dicatur Deus, et bonus secundum qualitatem: sed utrumque secundum substantiam. Sic omnia cetera quæ commemoravimus, unde in superioribus libris multa iam diximus. De quattuor igitur primis quæ modo a nobis enumerata atque digesta sunt, id est, æternus, immortalis, incorruptibilis, immutabilis, unum aliquid eligamus; quia unum quattuor ista significant, sicut iam disserui; ne per multa distendatur intentio, et illud potius quod positum est prius, id est, æternus. Hoc faciamus et de quattuor secundis, quæ sunt, vivus, sapiens, potens, speciosus. Et quoniam vita qualiscumque inest et pecori, cui sapientia non inest; duo vero ista, sapientia scilicet atque potentia, ita sunt inter se in homine comparata, ut sancta Scriptura diceret: *Melior est sapiens quam fortis*; speciosa porro etiam corpora dici solent: unum ex his quattuor quod eligimus, sapiens eligatur: quamvis hæc quattuor in Deo non æqualia dicenda sint; nomina enim quattuor, res autem una est. De tertiis vero ultimis quattuor, quamvis in Deo idem sit iustum esse quod bonum, quod beatum, idemque spiritum esse quod iustum et bonum et beatum esse: tamen quia in hominibus potest esse spiritus non beatus, potest et iustus et bonus nondum beatus; qui vero beatus est, profecto et iustus et bonus et spiritus est: hoc potius eligamus quod nec in hominibus esse sine illis tribus potest, quod est beatus.

Quomodo in Dei simplicitate Trinitatem esse non solum credere, sed et intellegere possumus?

6. 9. Num igitur cum dicimus: "Aeternus, sapiens, beatus", hæc tria sunt Trinitas, quæ appellatur Deus? Redigimus quidem illa duodecim in istam paucitatem trium: sed eo modo forsitan possumus et hæc tria in unum aliquod horum. Nam si una eademque res in Dei natura potest esse sapientia et potentia, aut vita et sapientia; cur non una eademque res esse possit in Dei natura æternitas et sapientia, aut beatitudo et sapientia? Ac per hoc sicut nihil intererat utrum illa duodecim, an ista tria diceremus, quando illa multa in istam redegimus paucitatem; ita nihil interest utrum tria ista dicamus, an illud unum in cuius singularitate duo cetera similiter redigi posse monstravimus. Quis itaque disputandi modus, quænam tandem vis intellegendi atque potentia, quæ vivacitas rationis, quæ acies cogitationis ostendet, ut alia iam taceam, hoc unum quod sapientia dicitur Deus, quomodo sit Trinitas? Neque enim sicut nos de illo percipimus sapientiam, ita Deus de aliquo: sed sua est ipse sapientia; quia non est aliud sapientia eius, aliud essentia, cui hoc est esse quod sapientem esse. Dicitur quidem in Scripturis sanctis Christus Dei virtus, et Dei sapientia: sed quemadmodum sit intellegendum, ne Patrem Filius videatur facere sapientem, in libro septimo disputatum est; et ad hoc ratio pervenit, ut sic sit Filius sapientia de sapientia, quemadmodum lumen de lumine, Deus de Deo. Nec aliud potuimus invenire Spiritum Sanctum, nisi et ipsum esse sapientiam, et simul omnes unam sapientiam, sicut unum Deum, unam essentiam. Hanc ergo sapientiam quod est Deus, quomodo intellegimus esse Trinitatem? Non dixi: "Quomodo credimus?" nam hoc inter fideles non debet habere quæstionem: sed si aliquo modo per intellegentiam possumus videre quod credimus, quis iste erit modus?

In homine Trinitatis adumbratio.

6. 10. Si enim recolamus ubi nostro intellectui cœperit in his libris Trinitas apparere, octavus occurrit. Ibi quippe, ut potuimus, disputando erigere tentavimus mentis intentionem ad intellegendam illam præstantissimam immutabilemque naturam, quod nostra mens non est. Quam tamen sic intuebamur, ut nec longe a nobis esset, et supra nos esset, non loco, sed ipsa sui venerabili mirabilique præstantia, ita ut apud nos esse suo præsenti lumine videretur. In qua tamen nobis adhuc nulla Trinitas apparebat, quia non ad eam quærendam in fulgore illo firmam mentis aciem tenebamus: tantum quia non erat aliqua moles, ubi credi oporteret magnitudinem duorum vel trium plus esse quam unius, cernebamus utcumque. Sed ubi ventum est ad caritatem, quæ in sancta Scriptura Deus dicta est, eluxit paululum Trinitas, id est, amans, et quod amatur, et amor. Sed quia lux illa ineffabilis nostrum reverberabat obtutum, et ei nondum posse obtemperari nostræ mentis quodam modo convincebatur infirmitas, ad ipsius nostræ mentis, secundum quam factus est homo *ad imaginem Dei*, velut familiariorem considerationem, reficiendæ laborantis intentionis causa, inter cœptum dispositumque refleximus: et inde in creatura, quod nos sumus, ut invisibilia Dei, per ea quæ facta sunt, conspicere intellecta possemus, immorati sumus a nono usque ad quartum decimum librum. Et ecce iam quantum necesse fuerat, aut forte plus quam necesse fuerat, exercitata in inferioribus intellegentia, ad summam Trinitatem quæ Deus est, conspiciendam nos erigere volumus, nec valemus. Num enim sicut certissimas videmus trinitates, sive quæ forinsecus de rebus corporalibus fiunt, sive cum ea ipsa quæ forinsecus sensa sunt cogitantur; sive cum illa quæ oriuntur in animo, nec pertinent ad corporis sensus, sicut fides, sicut virtutes quæ sunt artes agendæ vitæ, manifesta ratione cernuntur et scientia continentur; sive cum mens ipsa qua novimus quidquid nosse nos veraciter dicimus, sibi cognita est, vel se cogitat, sive cum aliquid quod ipsa non est, æternum atque incommutabile conspicit: num ergo sicut in his omnibus certissimas videmus trinitates, quia in nobis fiunt vel in nobis sunt, cum ista meminimus, aspicimus, volumus, ita videmus etiam Trinitatem Deum, quia et illic intellegendo conspicimus tamquam dicentem, et verbum eius, id est, Patrem et Filium, atque inde procedentem caritatem utrique communem, scilicet Spiritum Sanctum? An trinitates istas ad sensus nostros vel ad animum pertinentes videmus potius quam credimus, Deum vero esse Trinitatem credimus potius quam videmus? Quod si ita est, profecto aut invisibilia eius, per ea quæ facta sunt, nulla intellecta conspicimus; aut si ulla conspicimus; non in eis conspicimus Trinitatem, et est illic quod conspiciamus, est quod etiam non conspectum credere debeamus. Conspicere autem nos immutabile bonum, quod nos non sumus, liber octavus ostendit; et quartus decimus, cum de sapientia quæ homini ex Deo est loqueremur, admonuit. Cur itaque ibi non agnoscimus Trinitatem? An hæc sapientia quæ Deus dicitur, non se intellegit, non se diligit? Quis hoc dixerit? Aut quis est qui non videat, ubi nulla scientia est, nullo modo esse sapientiam? Aut vero putandum est, sapientiam quæ Deus est, scire alia et nescire se ipsam, vel diligere alia nec diligere se ipsam? Quæ si dici sive credi stultum et impium est; ecce ergo Trinitas, sapientia scilicet, et notitia sui, et dilectio sui. Sic enim et in homine invenimus trinitatem, id est, mentem, et notitiam qua se novit, et dilectionem qua se diligit.

Sed ista adumbratio est deficiens et inadeguata.

7. 11. Sed hæc tria ita sunt in homine, ut non ipsa sint homo. *Homo est* enim, sicut veteres definierunt, *animal rationale mortale.* Illa ergo excellunt in homine, non ipsa sunt homo. Et una persona, id est singulus quisque homo, habet illa tria in mente vel

mentem. Quod si etiam sic definiamus hominem, ut dicamus: "Homo est substantia
rationalis constans ex anima et corpore"; non est dubium hominem habere animam
quæ non est corpus, habere corpus quod non est anima. Ac per hoc illa tria non homo
sunt, sed hominis sunt, vel in homine sunt. Detracto etiam corpore, si sola anima
cogitetur, aliquid eius est mens, tamquam caput eius, vel oculus, vel facies: sed non
hæc ut corpora cogitanda sunt. Non igitur anima, sed quod excellit in anima mens
vocatur. Numquid autem possumus dicere Trinitatem sic esse in Deo, ut aliquid Dei
sit, nec ipsa sit Deus? Quapropter singulus quisque homo, qui non secundum omnia
quæ ad naturam pertinent eius, sed secundum solam mentem imago Dei dicitur, una
persona est, et imago est Trinitatis in mente. Trinitas vero illa cuius imago est, nihil
aliud est tota quam Deus, nihil est aliud tota quam Trinitas. Nec aliquid ad naturam
Dei pertinet, quod ad illam non pertineat Trinitatem: et tres personæ sunt unius
essentiæ, non sicut singulus quisque homo una persona.

7. 12. Itemque in hoc magna distantia est, quod sive mentem dicamus in homine,
eiusque notitiam, et dilectionem, sive memoriam, intellegentiam, voluntatem, nihil
mentis meminimus nisi per memoriam, nec intellegimus nisi per intellegentiam, nec
amamus nisi per voluntatem. At vero in illa Trinitate quis audeat dicere Patrem, nec
se ipsum, nec Filium, nec Spiritum Sanctum intellegere nisi per Filium, vel diligere nisi
per Spiritum Sanctum, per se autem meminisse tantummodo vel sui vel Filii vel
Spiritus Sancti; eodemque modo Filium nec sui nec Patris meminisse nisi per Patrem,
nec diligere nisi per Spiritum Sanctum, per se autem non nisi intellegere et Patrem et
se ipsum et Spiritum Sanctum; similiter et Spiritum Sanctum per Patrem meminisse
et Patris et Filii et sui, et per Filium intellegere et Patrem et Filium et se ipsum, per se
autem non nisi diligere et se et Patrem et Filium: tamquam memoria sit Pater et sua
et Filii et Spiritus Sancti, Filius autem intellegentia et sua et Patris et Spiritus Sancti,
Spiritus vero Sanctus caritas et sua et Patris et Filii? Quis hæc in illa Trinitate opinari
vel affirmare præsumat? Si enim solus ibi Filius intellegit, et sibi et Patri et Spiritui
Sancto, ad illam reditur absurditatem, ut Pater non sit sapiens de se ipso, sed de Filio;
nec sapientia sapientiam genuerit, sed ea sapientia Pater dicatur sapiens esse quam
genuit. Ubi enim non est intellegentia, nec sapientia potest esse: ac per hoc si Pater
non intellegit ipse sibi, sed Filius intellegit Patri, profecto Filius Patrem sapientem
facit. Et si hoc est Deo esse quod sapere, et ea illi essentia est quæ sapientia, non Filius
a Patre, quod verum est; sed a Filio potius habet Pater essentiam, quod absurdissimum
atque falsissimum est. Hanc absurditatem nos in libro septimo discussisse, convicisse,
abiecisse certissimum est. Est ergo Deus Pater sapiens, ea qua ipse sua est sapientia,

et Filius sapientia Patris de sapientia quod est Pater, de quo genitus est Filius. Quocirca consequenter est et intellegens Pater ea qua ipse sua est intellegentia; neque enim esset sapiens qui non esset intellegens: Filius autem intellegentia Patris de intellegentia genitus quod est Pater. Hoc et de memoria non inconvenienter dici potest. Quomodo est enim sapiens qui nihil meminit, vel sui non meminit? Proinde, quia sapientia Pater, sapientia Filius, sicut sui meminit Pater, ita et Filius: et sicut sui et Filii meminit Pater, memoria non Filii, sed sua; ita sui et Patris meminit Filius, memoria non Patris, sed sua. Dilectio quoque ubi nulla est, quis ullam dicat esse sapientiam? Ex quo colligitur ita esse Patrem dilectionem suam, ut intellegentiam et memoriam suam. Ecce ergo tria illa, id est, memoria, intellegentia, dilectio sive voluntas in illa summa et immutabili essentia quod est Deus, non Pater et Filius et Spiritus Sanctus sunt, sed Pater solus. Et quia Filius quoque sapientia est genita de sapientia, sicut nec Pater ei, nec Spiritus Sanctus ei intellegit, sed ipse sibi; ita nec Pater ei meminit, nec Spiritus Sanctus ei diligit, sed ipse sibi: sua enim est et ipse memoria, sua intellegentia, sua dilectio; sed ita se habere, de Patre illi est, de quo natus est. Spiritus etiam Sanctus quia sapientia est procedens de sapientia, non Patrem habet memoriam, et Filium intellegentiam, et se dilectionem; neque enim sapientia esset, si alius ei meminisset, eique alius intellegeret, ac tantummodo sibi ipse diligeret: sed ipse habet hæc tria, et ea sic habet, ut hæc ipsa ipse sit. Verumtamen ut ita sit, inde illi est unde procedit.

7. 13. Quis ergo hominum potest istam sapientiam qua novit Deus omnia, ita ut nec ea quæ dicuntur præterita, ibi prætereant, nec ea quæ dicuntur futura, quasi desint exspectentur ut veniant, sed et præterita et futura cum præsentibus sint cuncta præsentia; nec singula cogitentur, et ab aliis ad alia cogitando transeatur, sed in uno conspectu simul præsto sint universa: quis, inquam, hominum comprehendit istam sapientiam, eamdemque prudentiam, eamdemque scientiam; quandoquidem a nobis nec nostra comprehenditur? Ea quippe quæ vel sensibus vel intellegentiæ nostræ adsunt, possumus utcumque conspicere: ea vero quæ absunt, et tamen adfuerunt, per memoriam novimus, quæ obliti non sumus. Nec ex futuris præterita, sed futura ex præteritis, non tamen firma cognitione conicimus. Nam quasdam cogitationes nostras, quas futuras velut manifestius atque certius proximas quasque prospicimus, memoria faciente id agimus, cum agere valemus quantum valemus, quæ videtur non ad ea quæ futura sunt, sed ad præterita pertinere. Quod licet experiri in eis dictis vel canticis, quorum seriem memoriter reddimus. Nisi enim prævideremus cogitatione quod sequitur, non utique diceremus. Et tamen ut prævideamus, non providentia nos instruit, sed memoria. Nam donec finiatur omne quod dicimus, sive canimus, nihil est quod non provisum prospectumque proferatur. Et tamen cum id agimus, non dicimur providenter, sed memoriter canere vel dicere; et qui hoc in multis ita proferendis valent plurimum, non solet eorum providentia, sed memoria prædicari. Fieri ista in animo vel ab animo nostro novimus, et certissimi sumus: quomodo autem fiant, quanto attentius voluerimus advertere, tanto magis noster et sermo succumbit, et ipsa non perdurat intentio, ut ad liquidum aliquid nostra intellegentia, et si non lingua, perveniat. Et putamus nos, utrum Dei providentia eadem sit quæ memoria et intellegentia, qui non singula cogitando aspicit, sed una, æterna et immutabili atque ineffabili visione complectitur cuncta quæ novit, tanta mentis infirmitate posse comprehendere? In hac igitur difficultate et angustiis libet exclamare ad Deum vivum: *Mirificata est scientia tua ex me; invaluit, et non potero ad illam.* Ex me quippe intellego quam sit mirabilis et incomprehensibilis scientia tua, qua me fecisti; quando nec me ipsum comprehendere valeo quem fecisti: et tamen *in meditatione mea exardescit ignis,* ut quæram faciem tuam semper.

Cognitio Dei "per speculum in ænigmate".

8. 14. Incorporalem substantiam scio esse sapientiam, et lumen esse in quo videntur quæ oculis carnalibus non videntur: et tamen vir tantus tamque spiritalis: *Videmus nunc,* inquit, *per speculum in ænigmate, tunc autem facie ad faciem.* Quale sit et quod sit hoc speculum si quæramus, profecto illud occurrit, quod in speculo nisi imago non cernitur. Hoc ergo facere conati sumus, ut per imaginem hanc quod nos sumus, videremus utcumque a quo facti sumus, tamquam per speculum. Hoc significat etiam illud quod ait idem apostolus: *Nos autem revelata facie gloriam Domini speculantes, in eamdem imaginem transformamur de gloria in gloriam, tamquam a Domini Spiritu.* *Speculantes* dixit, per speculum videntes, non de specula prospicientes. Quod in græca lingua non est ambiguum, unde in latinam translatæ sunt apostolicæ Litteræ. Ibi quippe speculum ubi apparent imagines rerum, a specula de cuius altitudine longius aliquid intuemur, etiam sono verbi distat omnino; satisque apparet Apostolum a speculo, non a specula dixisse, *gloriam Domini speculantes.* Quod vero ait: *In eamdem imaginem transformamur:* utique imaginem Dei vult intellegi, eamdem dicens, istam ipsam scilicet, id est, quam speculamur; quia eadem imago est et gloria Dei, sicut alibi dicit: *Vir quidem non debet velare caput suum, cum sit imago et gloria Dei:* de quibus verbis iam in libro duodecimo disseruimus. *Transformamur* ergo dicit, de forma in formam mutamur, atque transimus de forma obscura in formam lucidam; quia et ipsa obscura, imago Dei est; et si imago, profecto etiam gloria, in qua homines creati sumus, præstantes ceteris animalibus. De ipsa quippe natura humana dictum est: *Vir quidem non debet velare caput, cum sit imago et gloria Dei.* Quæ natura in rebus creatis excellentissima, cum a suo Creatore ab impietate iustificatur, a deformi forma formosam transformatur in formam. Est quippe et in ipsa impietate, quanto magis damnabile vitium, tanto certius natura laudabilis. Et propter hoc addidit, *de gloria in gloriam*: de gloria creationis in gloriam iustificationis. Quamvis possit hoc et aliis modis intellegi, quod dictum est, *de gloria in gloriam:* de gloria fidei in gloriam speciei; de gloria qua filii Dei sumus, in gloriam qua *similes ei erimus, quoniam videbimus eum sicuti est.* Quod vero adiunxit, *tamquam a Domini Spiritu*; ostendit gratia Dei nobis conferri tam optabilis transformationis bonum.

Aenigma est obscura allegoria.

9. 15. Hæc dicta sunt propter quod ait Apostolus, *nunc per speculum* nos videre. Quia vero addidit, *in ænigmate*; multis hoc incognitum est qui eas litteras nesciunt, in quibus est doctrina quædam de locutionum modis, quos Græci "tropos" vocant, eoque græco vocabulo etiam nos utimur pro latino. Sicut enim "schemata" usitatius dicimus quam "figuras", ita usitatius dicimus "tropos" quam "modos". Singulorum autem modorum sive troporum nomina, ut singula singulis referantur, difficillimum est et insolentissimum latine enuntiare. Unde quidam interpretes nostri, quod ait Apostolus: *Quæ sunt in allegoria,* nolentes græcum vocabulum ponere, circumloquendo interpretati sunt dicentes: "*Quæ sunt aliud ex alio significantia*". Huius autem tropi, id est allegoriæ, plures sunt species, in quibus est etiam quod dicitur ænigma. Definitio autem ipsius nominis generalis, omnes etiam species complectatur necesse est. Ac per hoc sicut omnis equus animal est, non omne animal equus est: ita omne ænigma allegoria est, non omnis allegoria ænigma est. Quid ergo est allegoria, nisi tropus ubi ex alio aliud intellegitur, quale illud est ad Thessalonicenses: *Itaque non dormiamus sicut et ceteri: sed vigilemus, et sobrii simus. Nam qui dormiunt, nocte dormiunt; et qui inebriantur, nocte ebrii sunt: nos autem qui diei sumus, sobrii simus?* Sed hæc allegoria non est ænigma. Nam nisi multum tardis iste sensus in promptu est. Aenigma est autem, ut breviter explicem, obscura allegoria, sicuti est: *Sanguisugæ erant tres filiæ*; et quæcumque similia. Sed ubi allegoriam nominavit Apostolus, non in verbis eam reperit, sed in facto, cum e duobus filiis Abrahæ, uno de ancilla, altero de libera, quod non dictum, sed etiam factum fuit, duo Testamenta intellegenda monstravit; quod antequam exponeret, obscurum fuit: proinde allegoria talis, quod est generale nomen, posset specialiter ænigma nominari.

Apostolus nomine speculi imaginem voluit intellegi, nomine ænigmatis quamvis similitudinem, tamen obscuram.

9. 16. Sed quia non soli qui eas litteras nesciunt, quibus discuntur tropi, quærunt quid dixerit Apostolus, nunc in ænigmate nos videre; verum etiam qui sciunt, tamen quod sit illud ænigma ubi nunc videmus, nosse desiderant: ex utroque invenienda una est sententia; et ex illo scilicet quod ait: *Videmus nunc per speculum;* et ex isto quod addidit, *in ænigmate.* Una est enim cum tota sic dicitur: *Videmus nunc per speculum in ænigmate.* Proinde, quantum mihi videtur, sicut nomine speculi imaginem voluit intellegi; ita nomine ænigmatis quamvis similitudinem, tamen obscuram, et ad perspiciendum difficilem. Cum igitur speculi et ænigmatis nomine quæcumque similitudines ab Apostolo significatæ intellegi possint, quæ accommodatæ sunt ad intellegendum Deum, eo modo quo potest; nihil tamen est accommodatius quam id quod imago eius non frustra dicitur. Nemo itaque miretur etiam in isto modo videndi qui concessus est huic vitæ, per speculum scilicet in ænigmate, laborare nos ut quomodocumque videamus. Nomen quippe hic non sonaret ænigmatis, si esset facilitas visionis. Et hoc est grandius ænigma, ut non videamus quod non videre non possumus. Quis enim non videt cogitationem suam? et quis videt cogitationem suam, non oculis carnalibus dico, sed ipso interiore conspectu? Quis non eam videt, et quis eam videt? Quandoquidem cogitatio visio est animi quædam, sive adsint ea quæ oculis quoque corporalibus videantur, vel ceteris sentiantur sensibus, sive non adsint, et eorum similitudines cogitatione cernantur; sive nihil eorum, sed ea cogitentur quæ nec corporalia sunt, nec corporalium similitudines, sicut virtutes et vitia, sicut ipsa denique cogitatio cogitatur; sive illa quæ per disciplinas traduntur liberalesque doctrinas; sive istorum omnium causæ superiores atque rationes in natura immutabili cogitentur; sive etiam mala et vana, ac falsa cogitemus, vel non consentiente sensu, vel errante consensu.

De verbo mentis, in quo tamquam in speculo et ænigmate videmus Verbum Dei.

10. 17. Sed nunc de iis loquamur quæ nota cogitamus, et habemus in notitia etiam si non cogitemus, sive ad contemplativam scientiam pertineant, quam proprie sapientiam, sive ad activam, quam proprie scientiam nuncupandam esse disserui. Simul enim utrumque mentis est unius, et imago Dei una. Cum vero de inferiore distinctius et seorsum agitur, tunc non est vocanda imago Dei, quamvis et tunc in ea nonnulla reperiatur similitudo illius Trinitatis; quod in tertio decimo volumine ostendimus. Nunc ergo simul de universa scientia hominis loquimur, in qua nobis nota sunt quæcumque sunt nota: quæ utique vera sunt, alioquin nota non essent. Nemo enim falsa novit, nisi cum falsa esse novit: quod si novit, verum novit; verum est enim quod illa falsa sint. De his ergo nunc disserimus quæ nota cogitamus, et nota sunt nobis etiam si non cogitentur a nobis. Sed certe si ea dicere velimus, nisi cogitata non possumus. Nam etsi verba non sonent, in corde suo dicit utique qui cogitat. Unde illud est in libro Sapientiæ: *Dixerunt apud se cogitantes non recte.* Exposuit enim quid sit: *Dixerunt apud se,* cum addidit, *cogitantes.* Huic simile est in Evangelio, quod quidam Scribæ cum audissent a Domino dictum paralytico: *Confide, fili, remittuntur tibi peccata tua; dixerunt intra se, Hic blasphemat.* Quid est enim, *dixerunt intra se,* nisi cogitando? Denique sequitur: *Et cum vidisset Iesus cogitationes eorum, dixit: Utquid cogitatis mala in cordibus vestris?* Sic Matthæus. Lucas autem hoc idem ita narrat: *Cœperunt cogitare Scribæ et Pharisæi, dicentes: Quis est hic qui loquitur blasphemias? Quis potest dimittere peccata, nisi solus Deus? Ut cognovit autem cogitationes eorum Iesus, respondens dixit ad illos: Quid cogitatis in cordibus vestris?* Quale est in libro Sapientiæ: *Dixerunt cogitantes;* tale hic est: *Cogitaverunt dicentes.* Et illic enim et hic ostenditur, intra se atque in corde suo dicere, id est, cogitando dicere. Dixerunt quippe intra se, et dictum est eis: *Quid cogitatis?* Et de illo divite cuius uberes fructus ager attulit, ait ipse Dominus: *Et cogitabat intra se, dicens.*

10. 18. Quædam ergo cogitationes locutiones sunt cordis, ubi et os esse Dominus ostendit, cum ait: *Non quod intrat in os coinquinat hominem; sed quod procedit ex ore, hoc coinquinat hominem.* Una sententia duo quædam hominis ora complexus est, unum corporis, alterum cordis. Nam utique unde illi hominem putaverant inquinari, in os intrat corporis: unde autem Dominus dixit inquinari hominem, de cordis ore procedit. Ita quippe exposuit ipse quod dixerat. Nam paulo post de hac re discipulis suis: *Adhuc et vos,* inquit, *sine intellectu estis? Non intellegitis quia omne quod in os intrat, in ventrem vadit, et in secessum emittitur?* Hic certe apertissime demonstravit os corporis. At in eo quod sequitur os cordis ostendens: *Quæ autem,* inquit, *procedunt de ore, de corde exeunt, et ea coinquinant hominem. De corde enim exeunt cogitationes malæ,* et cetera. Quid hac expositione lucidius? Nec tamen quia dicimus locutiones cordis esse cogitationes, ideo non sunt etiam visiones exortæ de notitiæ visionibus, quando veræ sunt. Foris enim cum per corpus hæc fiunt, aliud est locutio, aliud visio: intus autem cum cogitamus, utrumque unum est. Sicut auditio et visio duo quædam sunt inter se distantia in sensibus corporis, in animo autem non est aliud atque aliud videre et audire: ac per hoc cum locutio foris non videatur, sed potius audiatur, locutiones tamen interiores, hoc est, cogitationes visas dixit a Domino sanctum Evangelium, non auditas: *Dixerunt,* inquit, *intra se, Hic blasphemat;* deinde subiunxit: *Et cum vidisset Iesus cogitationes eorum.* Vidit ergo quæ dixerunt. Vidit enim cogitatione sua cogitationes eorum, quas illi soli se putabant videre.

Verbum quod in corde dicimus, quamdiu verum cogitamus, ad nullam pertinet linguam.

10. 19. Quisquis igitur potest intellegere verbum, non solum antequam sonet, verum etiam antequam sonorum eius imagines cogitatione volvantur: hoc enim est quod ad nullam pertinet linguam, earum scilicet quæ linguæ appellantur gentium, quarum nostra latina est: quisquis, inquam, hoc intellegere potest, iam potest videre *per* hoc *speculum* atque *in* hoc *ænigmate* aliquam Verbi illius similitudinem, de quo dictum est: *In principio erat Verbum, et Verbum erat apud Deum, et Deus erat Verbum.* Necesse est enim cum verum loquimur, id est, quod scimus loquimur, ex ipsa scientia quam memoria tenemus, nascatur verbum quod eiusmodi sit omnino, cuiusmodi est illa scientia de qua nascitur. Formata quippe cogitatio ab ea re quam scimus, verbum est quod in corde dicimus: quod nec græcum est, nec latinum, nec linguæ alicuius alterius; sed cum id opus est in eorum quibus loquimur perferre notitiam, aliquod signum quo significetur assumitur. Et plerumque sonus, aliquando etiam nutus, ille auribus, ille oculis exhibetur, ut per signa corporalia etiam corporis sensibus verbum quod mente gerimus innotescat. Nam et innuere quid est, nisi quodam modo visibiliter dicere? Est in Scripturis sanctis huius sententiæ testimonium; nam in Evangelio secundum Ioannem ita legitur: *Amen, amen dico vobis, quia unus ex vobis tradet me. Aspiciebant ergo ad invicem discipuli, hæsitantes de quo diceret. Erat ergo unus ex discipulis eius recumbens in sinu Iesu, quem diligebat Iesus: innuit ergo huic Simon Petrus, et dicit ei, Quis est de quo dicit?* Ecce innuendo dixit, quod sonando dicere non audebat. Sed hæc atque huiusmodi signa corporalia sive auribus sive oculis præsentibus quibus loquimur exhibemus: inventæ sunt autem litteræ, per quas possemus et cum absentibus colloqui: sed ista signa sunt vocum, cum ipsæ voces in sermone nostro earum quas cogitamus signa sint rerum.

Verbi Dei similitudo in verbo nostro interiore quærenda, sed in ista similitudine maxima dissimilitudo.

11. 20. Proinde verbum quod foris sonat, signum est verbi quod intus lucet, cui magis verbi competit nomen. Nam illud quod profertur carnis ore, vox verbi est: verbumque et ipsum dicitur, propter illud a quo ut foris appareret assumptum est. Ita enim verbum nostrum vox quodam modo corporis fit, assumendo eam in qua manifestetur sensibus hominum; sicut *Verbum* Dei *caro factum est*, assumendo eam in qua et ipsum manifestaretur sensibus hominum. Et sicut verbum nostrum fit vox, nec mutatur in vocem; ita Verbum Dei caro quidem factum est, sed absit ut mutaretur in carnem. Assumendo quippe illam, non in eam se consumendo, et hoc nostrum vox fit, et illud caro factum est. Quapropter qui cupit ad qualemcumque similitudinem Verbi Dei, quamvis per multa dissimilem, pervenire, non intueatur verbum nostrum quod sonat in auribus, nec quando voce profertur, nec quando silentio cogitatur. Omnium namque sonantium verba linguarum etiam in silentio cogitantur, et carmina percurruntur animo, tacente ore corporis: nec solum numeri syllabarum, verum etiam modi cantilenarum, cum sint corporales, et ad eum, qui vocatur auditus, sensum corporis pertinentes, per incorporeas quasdam imagines suas præsto sunt cogitantibus, et tacite cuncta ista volventibus. Sed transeunda sunt hæc, ut ad illud perveniatur hominis verbum, per cuius qualemcumque similitudinem sicut *in ænigmate* videatur utcumque Dei Verbum: non illud quod factum est ad illum vel illum prophetam, et de quo dictum est: *Verbum autem Dei crescebat et multiplicabatur*; et de quo iterum dictum est: *Igitur fides ex auditu, auditus autem per verbum Christi*; et iterum: *Cum accepissetis a nobis verbum auditus Dei, accepistis non ut verbum hominum, sed sicuti est vere verbum Dei*. Et innumerabilia similiter in Scripturis dicuntur de Dei verbo, quod in sonis multarum diversarumque linguarum per corda et ora disseminatur humana. Ideo autem verbum Dei dicitur, quia doctrina divina traditur, non humana. Sed illud Verbum Dei quærimus qualitercumque per hanc similitudinem nunc videre, de quo dictum est: *Deus erat Verbum*; de quo dictum est: *Omnia per ipsum facta sunt*; de quo dictum est: *Verbum caro factum est*; de quo dictum est: *Fons sapientiæ Verbum Dei in excelsis*. Perveniendum est ergo ad illud verbum hominis, ad verbum rationalis animantis, ad verbum non de Deo natæ, sed a Deo factæ imaginis Dei, quod neque prolativum est in sono, neque cogitativum in similitudine soni, quod alicuius linguæ esse necesse sit, sed quod omnia quibus significatur signa præcedit, et gignitur de scientia quæ manet in animo, quando eadem scientia intus dicitur, sicuti est. Simillima est enim visio cogitationis, visioni scientiæ. Nam quando per sonum dicitur, vel per aliquod corporale signum, non dicitur sicuti est, sed sicut potest videri audirive per corpus. Quando ergo quod in notitia est, hoc est in verbo, tunc est verum verbum, et veritas, qualis exspectatur ab homine, ut quod est in ista, hoc sit et in illo; quod non est in ista, non sit et in illo; hic agnoscitur: *Est, est; Non, non*. Sic accedit, quantum potest, ista similitudo imaginis factæ ad illam similitudinem imaginis natæ, qua Deus Filius Patri per omnia substantialiter similis prædicatur. Animadvertenda est in hoc ænigmate etiam ista Verbi Dei similitudo, quod sicut de illo Verbo dictum est: *Omnia per ipsum facta sunt*, ubi Deus per unigenitum Verbum suum prædicatur universa fecisse; ita hominis opera nulla sunt, quæ non prius dicantur in corde: unde scriptum est: *Initium omnis operis verbum.* Sed etiam hic cum verum verbum est, tunc est initium boni operis. Verum autem verbum est, cum de scientia bene operandi gignitur, ut etiam ibi servetur: *Est, est; Non, non*: ut si est in ea scientia qua vivendum est, sit et in verbo per quod operandum est; si non, non: alioquin mendacium erit verbum tale, non veritas; et inde peccatum, non opus rectum. Est et hæc in ista similitudine verbi nostri similitudo Verbi Dei, quia potest esse verbum nostrum quod non sequatur opus; opus autem esse non potest, nisi præcedat verbum: sicut Verbum Dei potuit esse nulla existente creatura; creatura vero nulla esse posset, nisi per ipsum per quod facta sunt omnia. Ideoque non Deus Pater, non Spiritus Sanctus, non ipsa Trinitas, sed solus Filius, quod est *Verbum* Dei, *caro factum est*; quamvis Trinitate faciente: ut sequente atque imitante verbo nostro eius exemplum, recte viveremus, hoc est, nullum habentes in verbi nostri vel contemplatione vel operatione mendacium. Verum hæc huius imaginis est quandoque futura perfectio. Ad hanc consequendam nos erudit magister bonus fide christiana pietatisque doctrina, ut *revelata facie* a Legis velamine quod est umbra futurorum, *gloriam Domini speculantes,* per speculum scilicet intuentes, *in eamdem imaginem* transformemur *de gloria in gloriam, tamquam a Domini Spiritu,* secundum superiorem de his verbis disputationem.

11. 21. Cum ergo hac transformatione ad perfectum fuerit hæc imago renovata, *similes* Deo *erimus, quoniam videbimus eum*, non per speculum, sed *sicuti est*: quod dicit apostolus Paulus, *facie ad faciem. Nunc* vero *in* hoc *speculo, in* hoc *ænigmate*, in hac qualicumque similitudine, quanta sit etiam dissimilitudo, quis potest explicare? Attingam tamen aliqua, ut valeo, quibus id possit adverti.

Academica philosophia. Qui fallitur, vivit. Tres libri contra Academicos.
12. 21. Primo ipsa scientia, de qua veraciter cogitatio nostra formatur, quando quæ scimus loquimur, qualis aut quanta potest homini provenire, quamlibet peritissimo atque doctissimo? Exceptis enim quæ in animum veniunt a sensibus corporis, in quibus tam multa aliter sunt quam videntur, ut eorum verisimilitudine nimium constipatus, sanus sibi esse videatur qui insanit; unde Academica philosophia sic invaluit, ut de omnibus dubitans multo miserius insaniret; his ergo exceptis quæ a corporis sensibus in animum veniunt, quantum rerum remanet quod ita sciamus, sicut nos vivere scimus? in quo prorsus non metuimus, ne aliqua verisimilitudine forte fallamur, quoniam certum est etiam eum qui fallitur vivere; nec in eis visis hoc

habetur, quæ obiiciuntur extrinsecus, ut in eo sic fallatur oculus, quemadmodum fallitur cum in aqua remus videtur infractus, et navigantibus turris moveri, et alia sexcenta quæ aliter sunt quam videntur; quia nec per oculum carnis hoc cernitur. Intima scientia est qua nos vivere scimus, ubi ne illud quidem Academicus dicere potest: "Fortasse dormis, et nescis, et in somnis vides". Visa quippe somniantium simillima esse visis vigilantium quis ignorat? Sed qui certus est de vitæ suæ scientia, non in ea dicit: "Scio me vigilare"; sed: "Scio me vivere": sive ergo dormiat, sive vigilet, vivit. Nec in ea scientia per somnia falli potest; quia et dormire et in somnis videre, viventis est. Nec illud potest Academicus adversus istam scientiam dicere: "Furis fortassis et nescis"; quia sanorum visis simillima sunt etiam visa furentium: sed qui furit vivit. Nec contra Academicos dicit: "Scio me non furere"; sed: "Scio me vivere". numquam ergo falli nec mentiri potest, qui se vivere dixerit scire. Mille itaque fallacium visorum genera obiciantur ei qui dicit: "Scio me vivere"; nihil horum timebit, quando et qui fallitur vivit. Sed si talia sola pertinent ad humanam scientiam, perpauca sunt; nisi quia in unoquoque genere ita multiplicantur, ut non solum pauca non sint, verum etiam reperiantur per infinitum numerum tendere. Qui enim dicit: "Scio me vivere", unum aliquid scire se dicit. Proinde si dicat: "Scio me scire me vivere"; duo sunt iam; hoc vero quod scit hæc duo, tertium scire est: sic potest addere et quartum, et quintum, et innumerabilia, si sufficiat. Sed quia innumerabilem numerum vel comprehendere singula addendo, vel dicere innumerabiliter non potest, hoc ipsum certissime comprehendit ac dicit, et verum hoc esse, et tam innumerabile, ut vere eius infinitum numerum non possit comprehendere ac dicere. Hoc et in voluntate certa similiter adverti potest. Quis est enim cui non impudenter respondeatur, Forte falleris, dicenti, Volo beatus esse? Et si dicat, Scio me hoc velle, et hoc me scire scio; iam his duobus et tertium potest addere, quod hæc duo sciat; et quartum, quod hæc duo scire se sciat, et similiter in infinitum numerum pergere. Item si quispiam dicat, Errare nolo; nonne sive erret sive non erret, errare tamen eum nolle verum erit? Quis est qui huic non impudentissime dicat, Forsitan falleris? cum profecto ubicumque fallatur, falli se tamen nolle non fallitur. Et si hoc scire se dicat, addit quantum vult rerum numerum cognitarum, et numerum esse perspicit infinitum. Qui enim dicit: Nolo me falli et hoc me nolle scio, et hoc me scire scio; iam et si non commoda elocutione, potest hinc infinitum numerum ostendere: et alia reperiuntur, quæ adversus Academicos valeant, qui nihil ab homine sciri posse contendunt. Sed modus adhibendus est, præsertim quia in opere isto non hoc suscepimus. Sunt inde libri tres nostri, primo nostræ conversionis tempore scripti, quos qui potuerit et voluerit legere lectosque intellexerit, nihil eum profecto quæ ab eis contra perceptionem veritatis argumenta multa inventa sunt, permovebunt. Cum enim duo sint genera rerum quæ sciuntur, unum earum quæ per sensus corporis percipit animus, alterum earum quæ per se ipsum: multa illi philosophi garrierunt contra corporis sensus; animi autem quasdam firmissimas per se ipsum perceptiones rerum verarum, quale illud est quod dixi: Scio me vivere, nequaquam in dubium vocare potuerunt. Sed absit a nobis ut ea quæ per sensus corporis didicimus, vera esse dubitemus: per eos quippe didicimus cælum et terram, et ea qui in eis nota sunt nobis, quantum ille qui et nos et ipsa condidit, innotescere nobis voluit. Absit etiam ut scire nos negemus, quæ testimonio didicimus aliorum: alioquin esse nescimus Oceanum; nescimus esse terras atque urbes, quas celeberrima fama commendat; nescimus fuisse homines et opera eorum, quæ historica lectione didicimus; nescimus quæ quotidie undecumque nuntiantur, et indiciis consonis constantibusque firmantur; postremo nescimus in quibus locis, vel ex quibus hominibus fuerimus exorti; quia hæc omnia testimoniis credidimus aliorum. Quod si absurdissimum est dicere; non solum nostrorum, verum etiam et alienorum corporum sensus plurimum addidisse nostræ scientiæ confitendum est.

Sicut nostra scientia dissimilis scientiæ Dei, sic nostrum verbum dissimile est Verbo Dei.

12. 22. Hæc igitur omnia, et quæ per se ipsum, et quæ per sensus sui corporis, et quæ testimoniis aliorum percepta scit animus humanus, thesauro memoriæ condita tenet, ex quibus gignitur verbum verum, quando quod scimus loquimur, sed verbum ante omnem sonum, ante omnem cogitationem soni. Tunc enim est verbum simillimum rei notæ, de qua gignitur et imago eius, quoniam de visione scientiæ visio cogitationis exoritur, quod est verbum linguæ nullius; verbum verum de re vera, nihil de suo habens, sed totum de illa scientia de qua nascitur. Nec interest quando id didicerit; qui quod scit loquitur; aliquando enim statim ut discit, hoc dicit; dum tamen verbum sit verum, id est, de notis rebus exortum.

13. 22. Sed numquid Deus Pater, de quo natum est Verbum de Deo Deus; numquid ergo Deus Pater in illa sapientia quod est ipse sibi, alia didicit per sensum corporis sui, alia per se ipsum? Quis hoc dicat, qui non animal rationale, sed supra animam rationalem Deum cogitat; quantum ab eis cogitari potest, qui eum omnibus animalibus et omnibus animis præferunt, quamvis *per speculum* et *in ænigmate* coniciendo videant, nondum *facie ad faciem sicuti est*? Numquid Deus Pater ea ipsa, quæ non per corpus, quod est ei nullum, sed per se ipsum scit, aliunde ab aliquo didicit, aut nuntiis vel testibus, ut ea sciret, indiguit? Non utique: ad omnia quippe scienda quæ scit, sufficit sibi illa perfectio. Habet quidem nuntios, id est Angelos, non tamen qui ei quæ nescit annuntient; non enim sunt ulla quæ nesciat: sed bonum eorum est de operibus suis eius consulere veritatem; et hoc est quod ei dicuntur nonnulla nuntiare, non ut ipse ab eis discat, sed ut ab illo ipsi per Verbum eius sine corporali sono. Nuntiant etiam quod voluerit, ab eo missi ad quos voluerit, totum ab illo per illud Verbum eius audientes; id est, in eius veritate invenientes quid sibi faciendum, quid, quibus, et quando nuntiandum sit: Nam et nos oramus eum, nec tamen necessitates nostras docemus eum. *Novit enim,* ait Verbum eius: *Pater vester quid vobis necessarium sit, priusquam petatis ab eo.* Nec ista ex aliquo tempore cognovit, ut nosset: sed futura omnia temporalia, atque in eis etiam quid et quando ab illo petituri fueramus, et quos et de quibus rebus vel exauditurus vel non exauditurus esset, sine initio ante præscivit. Universas autem creaturas suas, et spiritales et corporales, non quia sunt ideo novit; sed ideo sunt quia novit. Non enim nescivit quæ fuerat creaturus. Quia ergo scivit, creavit; non quia creavit, scivit. Nec aliter ea scivit creata, quam creanda: non enim eius sapientiæ aliquid accessit ex eis; sed illis exsistentibus sicut oportebat, et quando oportebat, illa mansit ut erat. Ita et scriptum est in libro Ecclesiastico: *Antequam crearentur, omnia nota sunt illi; sic et postquam consummata sunt. Sic,* inquit, non aliter, et *antequam crearentur, et postquam consummata sunt, sic ei nota sunt.* Longe est igitur huic scientiæ scientia nostra dissimilis. Quæ autem scientia Dei est, ipsa et sapientia; et quæ sapientia, ipsa essentia sive substantia. Quia in illius naturæ simplicitate mirabili, non est aliud sapere, aliud esse; sed quod est sapere, hoc est et esse, sicut et in superioribus libris sæpe iam diximus. Nostra vero scientia in rebus plurimis propterea et amissibilis est et receptibilis, quia non hoc est nobis esse quod scire vel sapere: quoniam esse possumus, etiam si nesciamus, neque sapiamus ea quæ aliunde didicimus. Propter hoc, sicut nostra scientia illi scientiæ Dei, sic et nostrum verbum quod nascitur de nostra scientia, dissimile est illi Verbo Dei quod natum est de Patris essentia. Tale est autem ac si dicerem: "De Patris scientia, de Patris sapientia"; vel, quod est expressius: "De Patre scientia, de Patre sapientia".

Verbum Dei per omnia Patri æqualis.

14. 23. Verbum ergo Dei Patris unigenitus Filius, per omnia Patri similis et æqualis, Deus de Deo, lumen de lumine, sapientia de sapientia, essentia de essentia; est hoc omnino quod Pater, non tamen Pater; quia iste Filius, ille Pater. Ac per hoc novit omnia quæ novit Pater: sed ei nosse de Patre est, sicut esse. Nosse enim et esse ibi unum est. Et ideo Patri sicut esse non est a Filio, ita nec nosse. Proinde tamquam se ipsum dicens Pater genuit Verbum sibi æquale per omnia. Non enim se ipsum integre perfecteque dixisset, si aliquid minus aut amplius esset in eius Verbo quam in ipso. Ibi summe illud agnoscitur: *Est, est; Non, non.* Et ideo Verbum hoc vere veritas est: quoniam quidquid est in ea scientia de qua genitum est, et in ipso est; quod autem in ea non est, nec in ipso est. Et falsum habere aliquid hoc Verbum numquam potest: quia immutabiliter sic se habet, ut se habet de quo est. *Non* enim *potest Filius a se facere quidquam, nisi quod viderit Patrem facientem.* Potenter hoc non potest, nec est infirmitas ista, sed firmitas, qua falsa esse non potest veritas. Novit itaque omnia Deus Pater in se ipso, novit in Filio: sed in se ipso tamquam se ipsum, in Filio tamquam Verbum suum, quod est de his omnibus quæ sunt in se ipso. Omnia similiter novit et Filius, in se scilicet, tamquam ea quæ nata sunt de iis quæ Pater novit in se ipso: in Patre autem, tamquam ea de quibus nata sunt, quæ ipse Filius novit in se ipso. Sciunt ergo invicem Pater et Filius: sed ille gignendo, iste nascendo. Et omnia quæ sunt in eorum scientia, in eorum sapientia, in eorum essentia, unusquisque eorum simul videt; non particulatim aut singillatim, velut alternante conspectu hinc illuc, et inde huc, et rursus inde vel inde in aliud atque aliud, ut aliqua videre non possit nisi non videns alia: sed, ut dixi, simul omnia videt, quorum nullum est quod non semper videt.

Quanta sit dissimilitudo verbi nostri et Verbi Dei; verbum nostrum non semper verax nec sempiternum.

14. 24. Verbum autem nostrum illud quod non habet sonum neque cogitationem soni, sed eius rei quam videndo intus dicimus, et ideo nullius linguæ est; atque inde utcumque simile est in hoc ænigmate illi Verbo Dei, quod etiam Deus est, quoniam sic et hoc de nostra nascitur, quemadmodum et illud de scientia Patris natum est: nostrum ergo tale verbum, quod invenimus esse utcumque illi simile, quantum sit etiam dissimile sicut a nobis dici potuerit, non pigeat intueri.

15. 24. Numquid verbum nostrum de sola scientia nostra nascitur? Nonne multa dicimus etiam quæ nescimus? Nec dubitantes ea dicimus, sed vera esse arbitrantes: quæ forte si vera sunt, in ipsis rebus de quibus loquimur, non in verbo nostro vera sunt; quia verbum verum non est, nisi quod de re quæ scitur, gignitur. Falsum est ergo isto modo verbum nostrum, non cum mentimur, sed cum fallimur. Cum autem dubitamus, nondum est verbum de re de qua dubitamus, sed de ipsa dubitatione verbum est. Quamvis enim non noverimus an verum sit unde dubitamus, tamen dubitare nos novimus: ac per hoc cum hoc dicimus, verum verbum est; quoniam quod novimus dicimus. Quid, quod etiam mentiri possumus? Quod cum facimus, utique volentes et scientes falsum verbum habemus: ubi verum verbum est mentiri nos; hoc enim scimus. Et cum mentitos nos esse confitemur, verum dicimus: quod scimus enim dicimus. Scimus namque nos esse mentitos. Verbum autem illud quod est Deus et potentius est nobis, hoc non potest. *Non* enim *potest facere quidquam, nisi quod viderit Patrem facientem*: et non a se ipso loquitur, sed a Patre illi est omne quod loquitur, cum ipsum Pater unice loquitur: et magna illius Verbi potentia est, non posse mentiri; quia non potest esse illic *Est et non*, sed *Est, est; Non, non.* At enim nec verbum dicendum est, quod verum non est. Si ita, libens assentior. Quid, cum verum est verbum nostrum, et ideo recte verbum vocatur, numquid sicut dici potest vel visio de visione, vel scientia de scientia, ita dici potest essentia de essentia, sicut illud Dei Verbum maxime dicitur maximeque dicendum est? Quid ita? quia non hoc est nobis esse, quod est nosse. Multa quippe novimus quæ per memoriam quodam modo vivunt, ita et oblivione quodam modo moriuntur: atque ideo cum illa iam non sint in notitia nostra, nos tamen sumus; et cum scientia nostra animo lapsa perierit a nobis, nos tamen vivimus.

15. 25. Illa etiam quæ ita sciuntur, ut numquam excidere possint, quoniam præsentia sunt, et ad ipsius animi naturam pertinent, ut est illud quod nos vivere scimus (manet enim hoc quamdiu animus manet, et quia semper manet animus, et hoc semper manet): id ergo et si qua reperiuntur similia, in quibus imago Dei potius intuenda est, etiamsi semper sciuntur, tamen quia non semper etiam cogitantur, quomodo de his dicatur verbum sempiternum, cum verbum nostrum nostra cogitatione dicatur, invenire difficile est. Sempiternum est enim animo vivere, sempiternum est scire quod vivit: nec tamen sempiternum est cogitare vitam suam, vel cogitare scientiam vitæ suæ; quoniam cum aliud atque aliud cœperit, hoc desinet cogitare, quamvis non desinat scire. Ex quo fit, ut si potest esse in animo aliqua scientia sempiterna, et sempiterna esse non potest eiusdem scientiæ cogitatio, et verbum verum nostrum intimum nisi nostra cogitatione non dicitur, solus Deus intellegatur habere Verbum sempiternum sibique coæternum. Nisi forte dicendum est, ipsam possibilitatem cogitationis, quoniam id quod scitur, etiam quando non cogitatur, potest tamen veraciter cogitari, verbum esse tam perpetuum, quam scientia ipsa perpetua est. Sed quomodo est verbum, quod nondum in cogitationis visione formatum est? Quomodo erit simile scientiæ de qua nascitur, si eius non habet formam, et ideo iam vocatur verbum quia potest habere? Tale est enim ac si dicatur, ideo iam vocandum esse verbum quia potest esse verbum. Sed quid est quod potest esse verbum, et ideo iam dignum est verbi nomine? Quid est, inquam, hoc formabile nondumque formatum, nisi quiddam mentis nostræ, quod hac atque hac volubili quadam motione iactamus, cum a nobis nunc hoc, nunc illud, sicut inventum fuerit vel occurrerit, cogitatur? Et tunc fit verum verbum, quando illud quod nos dixi volubili motione iactare, ad id quod scimus pervenit, atque inde formatur, eius omnimodam similitudinem capiens; ut quomodo res quæque scitur, sic etiam cogitetur, id est, sine voce, sine vocis cogitatione, quæ profecto alicuius linguæ est, sic in corde dicatur. Ac per hoc etiam si concedamus, ne de controversia vocabuli laborare videamur, iam vocandum esse verbum quiddam illud mentis nostræ quod de nostra scientia formari potest, etiam priusquam formatum sit, quia iam, ut ita dicam, formabile est; quis non videat, quanta hic sit dissimilitudo ab illo Dei Verbo, quod in forma Dei sic est, ut non antea fuerit formabile postque formatum, nec aliquando esse possit informe, sed sit forma simplex et simpliciter æqualis ei de quo est, et cui mirabiliter coæterna est.

16. 25. Quapropter ita dicitur illud Dei Verbum, ut Dei cogitatio non dicatur, ne aliquid esse quasi volubile credatur in Deo, quod nunc accipiat, nunc recipiat formam, ut verbum sit, eamque possit amittere, atque informiter quodam modo volutari. Bene quippe noverat verba, et vim cogitationis inspexerat locutor egregius, qui dixit in carmine:

Secumque volutat
Eventus belli varios;

id est, cogitat. Non ergo ille Dei Filius cogitatio Dei, sed Verbum Dei dicitur. Cogitatio quippe nostra perveniens ad id quod scimus, atque inde formata, verbum nostrum verum est. Et ideo Verbum Dei sine cogitatione Dei debet intellegi, ut forma ipsa simplex intellegatur, non habens aliquid formabile quod esse etiam possit informe. Dicuntur quidem etiam in Scripturis sanctis *cogitationes Dei*; sed eo locutionis modo, quo ibi et oblivio Dei dicitur, quæ utique ad proprietatem in Deo nulla est.
Verbum nostrum, etiam cum similes Deo erimus, numquam Verbo Dei coæquandum.
16. 26. Quamobrem cum tanta sit nunc in isto ænigmate dissimilitudo Dei et Verbi Dei, in qua tamen nonnulla similitudo comperta est; illud quoque fatendum est, quod etiam cum *similes ei erimus*, quando *videbimus eum sicuti est* (quod utique qui dixit, hanc procul dubio quæ nunc est dissimilitudinem attendit), nec tunc natura illi erimus æquales. Semper enim natura minor est faciente, quæ facta est. Et tunc quidem verbum nostrum non erit falsum, quia neque mentiemur, neque fallemur: fortassis

etiam volubiles non erunt nostræ cogitationes ab aliis in alia euntes atque redeuntes, sed omnem scientiam nostram uno simul conspectu videbimus: tamen cum et hoc fuerit, si et hoc fuerit, formata erit creatura quæ formabilis fuit, ut nihil iam desit eius formæ, ad quam pervenire deberet: sed tamen coæquanda non erit illi simplicitati, ubi non formabile aliquid formatum vel reformatum est, sed forma; neque informis, neque formata, ipsa ibi æterna est immutabilisque substantia.

Caritas tribus communis.

17. 27. Satis de Patre et Filio, quantum *per* hoc *speculum* atque *in* hoc *ænigmate* videre potuimus, locuti sumus. Nunc de Spiritu Sancto, quantum Deo donante videre conceditur, disserendum est. Qui Spiritus Sanctus secundum Scripturas sanctas, nec Patris solius est, nec Filii solius, sed amborum: et ideo communem, qua invicem se diligunt Pater et Filius, nobis insinuat caritatem. Ut autem nos exerceret sermo divinus, non res in promptu sitas, sed in abdito scrutandas et ex abdito eruendas, maiore studio fecit inquiri. Non itaque dixit Scriptura, Spiritus Sanctus caritas est; quod si dixisset, non parvam partem quæstionis istius abstulisset: sed dixit: *Deus caritas est*; ut incertum sit, et ideo requirendum, utrum Deus Pater sit caritas, an Deus Filius, an Deus Spiritus Sanctus, an Deus ipsa Trinitas. Neque enim dicturi sumus, non propterea Deum dictum esse caritatem, quod ipsa caritas sit ulla substantia, quæ Dei digna sit nomine; sed quod donum sit Dei, sicut dictum est Deo: *Quoniam tu es patientia mea*. Non utique propterea dictum est, quia Dei substantia est nostra patientia; sed quod ab ipso nobis est, sicut alibi legitur: *Quoniam ab ipso est patientia mea*. Hunc quippe sensum facile refellit Scripturarum ipsa locutio. Tale est enim: *Tu es patientia mea;* quale est: *Tu es, Domine, spes mea*; et: *Deus meus misericordia mea*, et multa similia. Non est autem dictum: "Domine caritas mea"; aut: "Tu es caritas mea"; aut: "Deus caritas mea": sed ita dictum est: *Deus caritas est*; sicut dictum est: *Deus Spiritus est*. Hoc qui non discernit, intellectum a Domino, non expositionem quærat a nobis: non enim apertius quidquam possumus dicere.

17. 28. *Deus* ergo *caritas est*: utrum autem Pater, an Filius, an Spiritus Sanctus, an ipsa Trinitas, quia et ipsa non tres dii, sed unus est Deus, hoc quæritur. Sed iam in hoc libro superius disputavi, non sic accipiendam esse Trinitatem quæ Deus est, ex illis tribus quæ in trinitate nostræ mentis ostendimus, ut tamquam memoria sit omnium trium Pater, et intellegentia omnium trium Filius, et caritas omnium trium Spiritus Sanctus, quasi Pater nec intellegat sibi nec diligat, sed ei Filius intellegat, et Spiritus Sanctus ei diligat, ipse autem sibi et illis tantum meminerit; et Filius nec meminerit nec diligat sibi, sed meminerit ei Pater, et diligat ei Spiritus Sanctus, ipse autem et sibi et illis tantummodo intellegat; itemque Spiritus Sanctus nec meminerit nec intellegat sibi, sed meminerit ei Pater, et intellegat ei Filius, ipse autem et sibi et illis non nisi diligat: sed sic potius, ut omnia tria et omnes et singuli habeant in sua quisque natura. Nec distent in eis ista, sicut in nobis aliud est memoria, aliud est intellegentia, aliud dilectio sive caritas: sed unum aliquid sit quod omnia valeat, sicut ipsa sapientia; et sic habetur in uniuscuiusque natura, ut qui habet, hoc sit quod habet, sicut immutabilis simplexque substantia. Si ergo hæc intellecta sunt, et quantum nobis in rebus tantis videre vel coniectare concessum est, vera esse claruerunt; nescio cur non sicut sapientia et Pater dicitur et Filius et Spiritus Sanctus, et simul omnes non tres, sed una sapientia; ita et caritas et Pater dicatur et Filius et Spiritus Sanctus, et simul omnes una caritas. Sic enim et Pater Deus, et Filius Deus, et Spiritus Sanctus Deus, et simul omnes unus Deus.

Tamen proprie Spiritus Sanctus caritas nuncupatur, sicut Verbum proprie Dei Sapientia dicitur.

17. 29. Et tamen non frustra in hac Trinitate non dicitur Verbum Dei nisi Filius, nec Donum Dei nisi Spiritus Sanctus, nec de quo genitum est Verbum et de quo procedit principaliter Spiritus Sanctus nisi Deus Pater. Ideo autem addidi, Principaliter, quia et de Filio Spiritus Sanctus procedere reperitur. Sed hoc quoque illi Pater dedit, non iam exsistenti et nondum habenti: sed quidquid unigenito Verbo dedit, gignendo dedit. Sic ergo eum genuit, ut etiam de illo Donum commune procederet, et Spiritus Sanctus spiritus esset amborum. Non est igitur accipienda transeunter, sed diligenter intuenda inseparabilis Trinitatis ista distinctio. Hinc enim factum est ut proprie Dei Verbum etiam Dei sapientia diceretur, cum sit sapientia et Pater et Spiritus Sanctus. Si ergo proprie aliquid horum trium caritas nuncupanda est, quid aptius quam ut hoc sit Spiritus Sanctus? Ut scilicet in illa simplici summaque natura, non sit aliud substantia et aliud caritas; sed substantia ipsa sit caritas, et caritas ipsa sit substantia, sive in Patre, sive in Filio, sive in Spiritu Sancto, et tamen proprie Spiritus Sanctus caritas nuncupetur.

17. 30. Sicut Legis nomine aliquando simul omnia veteris Instrumenti sanctarum scripturarum significantur eloquia. Nam ex propheta Isaia testimonium ponens Apostolus, ubi ait: *In aliis linguis et in aliis labiis loquar populo huic*; præmisit tamen: *In Lege scriptum est.* Et ipse Dominus: *In Lege,* inquit, *eorum scriptum est, quia oderunt me gratis*; cum hoc legatur in Psalmo. Aliquando autem proprie vocatur Lex, quæ data est per Moysen, secundum quod dictum est: *Lex et Prophetæ usque ad Ioannem*; et: *In* *his duobus præceptis tota Lex pendet et Prophetæ.* Hic utique proprie Lex appellata est, de monte Sina. Prophetarum autem nomine etiam Psalmi significati sunt: et tamen alio loco ipse Salvator: *Oportebat,* inquit, *impleri omnia quæ scripta sunt in Lege, et Prophetis, et Psalmis de me.* Hic rursus Prophetarum nomen, exceptis Psalmis, intellegi voluit. Dicitur ergo Lex universaliter cum Prophetis et Psalmis, dicitur et proprie quæ per Moysen data est. Item dicuntur communiter Prophetæ simul cum Psalmis, dicuntur et proprie præter Psalmos. Et multis aliis exemplis doceri potest, multa rerum vocabula, et universaliter poni, et proprie quibusdam rebus adhiberi, nisi in re aperta vitanda sit longitudo sermonis. Hoc ideo dixi, ne quisquam propterea nos inconvenienter existimet caritatem appellare Spiritum Sanctum, quia et Deus Pater et Deus Filius potest caritas nuncupari.

Quia per Spiritum diffunditur in cordibus nostris Dei caritas.

17. 31. Sicut ergo unicum Dei Verbum proprie vocamus nomine sapientiæ, cum sit universaliter et Spiritus Sanctus et Pater ipse sapientia; ita Spiritus Sanctus proprie nuncupatur vocabulo caritatis, cum sit universaliter caritas et Pater et Filius. Sed Dei Verbum, id est, unigenitus Dei Filius aperte dictus est Dei sapientia, ore Apostolico, ubi ait: *Christum Dei virtutem et Dei sapientiam:* Spiritus autem Sanctus ubi sit dictus caritas invenimus, si diligenter Ioannis apostoli scrutemur eloquium; qui cum dixisset: *Dilectissimi, diligamus invicem, quia dilectio ex Deo est;* secutus adiunxit: *Et omnis qui diligit, ex Deo natus est: qui non diligit, non cognovit Deum, quia Deus dilectio est.* Hic manifestavit eam se dixisse dilectionem Deum, quam dixit ex Deo. Deus ergo ex Deo est dilectio. Sed quia et Filius ex Deo Patre natus est, et Spiritus Sanctus ex Deo Patre procedit, quem potius eorum hic debeamus accipere dictum esse dilectionem Deum, merito quæritur. Pater enim solus ita Deus est, ut non sit ex Deo: ac per hoc dilectio quæ ita Deus est, ut ex Deo sit, aut Filius est, aut Spiritus Sanctus. Sed in consequentibus cum Dei dilectionem commemorasset, non qua nos eum, sed qua *Ipse dilexit nos, et misit Filium suum litatorem pro peccatis nostris;* et hinc exhortatus esset ut et nos invicem diligamus, atque ita Deus in nobis maneat, quia utique dilectionem Deum dixerat, statim volens de hac re apertius aliquid eloqui: *In hoc,* inquit, *cognoscimus quia in ipso manemus, et ipse in nobis, quia de Spiritu suo dedit nobis.* Spiritus itaque Sanctus de quo dedit nobis, facit nos in Deo manere, et ipsum in nobis: hoc autem facit dilectio. Ipse est igitur Deus dilectio. Denique paulo post cum hoc ipsum repetisset atque dixisset: *Deus dilectio est;* continuo subiecit: *Et qui manet in dilectione, in Deo manet, et Deus manet in eo:* unde supra dixerat: *In hoc cognoscimus quia in ipso manemus, et ipse in nobis, quia de Spiritu suo dedit nobis.* Ipse ergo significatur ubi legitur: *Deus dilectio est.* Deus igitur Spiritus Sanctus qui procedit ex Deo, cum datus fuerit homini, accendit eum in dilectionem Dei et proximi, et ipse dilectio est. Non enim habet homo unde Deum diligat, nisi ex Deo. Propter quod paulo post dicit: *Nos diligamus eum, quia ipse prior dilexit nos.* Apostolus quoque Paulus: *Dilectio,* inquit: *Dei diffusa est in cordibus nostris, per Spiritum Sanctum qui datus est nobis.*

Quia Spiritus Dei donum.

18. 32. Nullum est isto Dei dono excellentius. Solum est quod dividit inter filios regni æterni et filios perditionis æternæ. Dantur et alia per Spiritum Sanctum munera, sed sine caritate nihil prosunt. Nisi ergo tantum impertiatur cuique Spiritus Sanctus, ut eum Dei et proximi faciat amatorem, a sinistra non transfertur ad dexteram. Nec Spiritus proprie dicitur Donum, nisi propter dilectionem: quam qui non habuerit, si linguis hominum loquatur et Angelorum, sonans æramentum est et cymbalum tinniens: et si habuerit prophetiam, et scierit omnia sacramenta, et omnem scientiam, et si habuerit omnem fidem, ita ut montes transferat, nihil est: et si distribuerit omnem substantiam suam, et si tradiderit corpus suum ut ardeat, nihil ei prodest. Quantum ergo bonum est, sine quo ad æternam vitam neminem bona tanta perducunt? Ipsa vero dilectio sive caritas (nam unius rei est utrumque nomen), si habeat eam qui non loquitur linguis, nec habet prophetiam, nec omnia scit sacramenta omnemque scientiam, nec distribuit omnia sua pauperibus, vel non habendo quod distribuat, vel aliqua necessitate prohibitus, nec tradit corpus suum ut ardeat, si talis passionis nulla temptatio est, perducit ad regnum, ita ut ipsam fidem non faciat utilem nisi caritas. Sine caritate quippe fides potest quidem esse, sed non et prodesse. Propter quod et apostolus Paulus: *In Christo,* inquit: *Iesu neque circumcisio, neque præputium aliquid valet, sed fides quæ per dilectionem operatur:* sic eam discernens ab ea fide, qua et dæmones credunt et contremiscunt. Dilectio igitur quæ ex Deo est et Deus est, proprie Spiritus Sanctus est, per quem diffunditur in cordibus nostris Dei caritas, per quam nos tota inhabitet Trinitas. Quocirca rectissime Spiritus Sanctus, cum sit Deus, vocatur etiam Donum Dei. Quod Donum proprie quid nisi caritas intellegenda est, quæ perducit ad Deum, et sine qua quodlibet aliud donum Dei non perducit ad Deum?

Quod ex Scripturis probatur.

19. 33. An et hoc probandum est, Dei Donum dictum esse in sacris Litteris Spiritum Sanctum? Si et hoc exspectatur, habemus in Evangelio secundum Ioannem Domini Iesu verba dicentis: *Si quis sitit, veniat ad me, et bibat. Qui credit in me, sicut dicit*

Scriptura, flumina de ventre eius fluent aquæ vivæ. Porro Evangelista secutus adiunxit: *Hoc autem dixit de Spiritu, quem accepturi erant credentes in eum.* Unde dicit etiam Paulus apostolus: *Et omnes unum Spiritum potavimus.* Utrum autem donum Dei sit appellata aqua ista, quod est Spiritus Sanctus, hoc quæritur. Sed sicut hic invenimus hanc aquam Spiritum Sanctum esse, ita invenimus alibi in ipso Evangelio hanc aquam donum Dei appellatam. Nam Dominus idem quando cum muliere Samaritana ad puteum loquebatur, cui dixerat: *Da mihi bibere*; cum illa respondisset, quod Iudæi non couterentur Samaritanis; respondit Iesus, et dixit ei: *Si scires Donum Dei, et quis est qui dicit tibi, Da mihi bibere; tu forsitan petisses ab eo, et dedisset tibi aquam vivam. Dicit ei mulier: Domine, neque in quo haurias habes, et puteus altus est; unde ergo habes aquam vivam?* et cetera. *Respondit Iesus, et dixit ei: Omnis qui biberit ex hac aqua, sitiet iterum; qui autem biberit ex aqua quam ego dabo ei, non sitiet in æternum: sed aqua quam ego dabo ei, fiet in eo fons aquæ salientis in vitam æternam.* Quia ergo hæc aqua viva, sicut Evangelista exposuit, Spiritus est Sanctus, procul dubio Spiritus Donum Dei est, de quo hic Dominus ait: *Si scires Donum Dei, et quis est qui dicit tibi, Da mihi bibere; tu forsitan petisses ab eo, et dedisset tibi aquam vivam.* Nam quod ibi ait: *Flumina de ventre eius fluent aquæ vivæ*; hoc isto loco: *Fiet in eo*, inquit, *fons aquæ salientis in vitam æternam.*

19. 34. Paulus quoque apostolus: *Unicuique*, inquit, *nostrum datur gratia secundum mensuram donationis Christi*, atque ut donationem Christi Spiritum Sanctum ostenderet, secutus adiunxit: *Propter quod dicit: Ascendit in altum, captivavit captivitatem, dedit dona hominibus.* Notissimum est autem, Dominum Iesum, cum post resurrectionem a mortuis ascendisset in cælum, dedisse Spiritum Sanctum, quo impleti qui crediderant, linguis omnium gentium loquebantur. Nec moveat quod ait, *dona*; non, donum: id enim testimonium de Psalmo posuit. Hoc autem in Psalmo ita legitur: *Ascendisti in altum, captivasti captivitatem, accepisti dona in hominibus.* Sic enim plures codices habent, et maxime græci, et ex hebræo sic interpretatum habemus. *Dona* itaque dixit Apostolus, quemadmodum Propheta, non, "donum". Sed cum Propheta dixerit, *accepisti dona in hominibus*; Apostolus maluit dicere: *dedit dona hominibus*; ut ex utroque scilicet verbo, uno prophetico, apostolico altero, quia in utroque est divini sermonis auctoritas, sensus plenissimus redderetur. Utrumque enim verum est, et quia dedit hominibus, et quia accepit in hominibus. Dedit hominibus, tamquam caput membris suis: accepit in hominibus idem ipse utique membris suis, propter quæ membra sua clamavit de cœlo: *Saule, Saule, quid me persequeris?* et de quibus membris suis ait: *Quando uni ex minimis meis fecistis, mihi fecistis.* Ipse ergo

Christus, et dedit de cælo, et accepit in terra. Porro autem dona ob hoc ambo dixerunt, et Propheta et Apostolus, quia per donum, quod est Spiritus Sanctus, in commune omnibus membris Christi multa dona, quæ sunt quibusque propria, dividuntur. Non enim singuli quique habent omnia, sed hi illa, alii alia: quamvis ipsum donum a quo cuique propria dividuntur omnes habeant, id est, Spiritum Sanctum. Nam et alibi cum multa dona commemorasset: *Omnia*, inquit, *hæc operatur unus atque idem Spiritus, dividens propria unicuique prout vult*. Quod verbum et in Epistola quæ ad Hebræos est invenitur, ubi scriptum est: *Attestante Deo signis et ostentis, et variis virtutibus, et Spiritus Sancti divisionibus*. Et hic cum dixisset: *Ascendit in altum, captivavit captivitatem, dedit dona hominibus; Quod autem ascendit*, ait, *quid est, nisi quia et descendit in inferiores partes terræ? Qui descendit, ipse est et qui ascendit super omnes cælos, ut adimpleret omnia. Et ipse dedit quosdam quidem apostolos, quosdam autem prophetas, quosdam vero evangelistas, quosdam autem pastores et doctores*. Ecce quare dicta sunt dona: quia, sicut alibi dicit: *Numquid omnes apostoli? numquid omnes prophetæ?*, et cetera. Hic autem adiunxit: *Ad consummationem sanctorum in opus ministerii, in ædificationem corporis Christi*. Hæc est domus, quæ, sicut Psalmus canit, ædificatur post captivitatem: quoniam qui sunt a diabolo eruti, a quo captivi tenebantur, de his ædificatur domus Christi, quæ domus appellatur Ecclesia. Hanc autem *captivitatem* ipse *captivavit*, qui diabolum vicit. Et ne illa quæ futura erant sancti capitis membra in æternum supplicium secum traheret, eum iustitiæ prius, deinde potentiæ vinculis alligavit. Ipse itaque diabolus est appellata captivitas, quam captivavit qui *ascendit in altum*, et *dedit dona hominibus*, vel accepit in hominibus.

19. 35. Petrus autem apostolus, sicut in eo libro canonico legitur, ubi scripti sunt Actus Apostolorum, loquens de Christo, commotis corde Iudæis et dicentibus: *Quid ergo faciemus, fratres? monstrate nobis*; dixit ad eos: *Agite pœnitentiam, et baptizetur unusquisque vestrum in nomine Domini Iesu Christi, in remissionem peccatorum; et accipietis donum Spiritus Sancti*. Itemque in eodem libro legitur, Simonem Magum Apostolis dare voluisse pecuniam, ut ab eis acciperet potestatem, qua per impositionem manus eius daretur Spiritus Sanctus. Cui Petrus idem: *Pecunia*, inquit, *tua tecum sit in perditionem, quia donum Dei æstimasti te per pecunias possidere*. Et alio eiusdem libri loco, cum Petrus Cornelio et eis qui cum eo fuerant loqueretur, annuntians et prædicans Christum, ait Scriptura: *Adhuc loquente Petro verba hæc, cecidit Spiritus Sanctus super omnes qui audiebant verbum, et obstupuerunt qui ex circumcisione fideles simul cum Petro venerant, quia et in nationes donum Spiritus Sancti effusum est. Audiebant enim illos loquentes linguis, et magnificantes Deum*. De quo facto suo quod incircumcisos baptizaverat, quia priusquam baptizarentur, ut nodum quæstionis huius auferret, in eos venerat Spiritus Sanctus, cum Petrus postea redderet rationem fratribus qui erant Hierosolymis, et hac re audita movebantur, ait post cetera: *Cum cœpissem autem loqui ad illos, cecidit Spiritus Sanctus in illos, sicut et in nos in initio. Memoratusque sum verbi Domini, sicut dicebat: Quia Ioannes quidem baptizavit aqua, vos autem baptizabimini Spiritu Sancto. Si igitur æquale donum dedit illis, sicut et nobis qui credidimus in Dominum Iesum Christum; ego quis eram, qui possem prohibere Deum non dare illis Spiritum Sanctum?* Et multa alia sunt testimonia Scripturarum, quæ concorditer attestantur Donum Dei esse Spiritum Sanctum, in quantum datur eis qui per eum diligunt Deum. Sed nimis longum est cuncta colligere. Et quid eis satis est, quibus hæc quæ diximus satis non sunt?

19. 36. Sane admonendi sunt, quandoquidem Donum Dei iam vident dictum Spiritum Sanctum, ut cum audiunt: *Donum Spiritus Sancti,* illud genus locutionis agnoscant, quod dictum est: *In exspoliatione corporis carnis.* Sicut enim corpus carnis nihil est aliud quam caro; sic Donum Spiritus Sancti nihil est aliud quam Spiritus Sanctus. In tantum ergo Donum Dei est, in quantum datur eis quibus datur. Apud se autem Deus est, etsi nemini detur, quia Deus erat Patri et Filio coæternus antequam cuiquam daretur. Nec quia illi dant, ipse datur, ideo minor est illis. Ita enim datur sicut Donum Dei, ut etiam se ipsum det sicut Deus. Non enim dici potest non esse suæ potestatis, de quo dictum est: *Spiritus ubi vult spirat:* Et apud Apostolum quod iam supra commemoravi: *Omnia hæc operatur unus atque idem Spiritus, dividens propria unicuique prout vult.* Non est illic conditio dati et dominatio dantium, sed concordia dati et dantium.

Quia Patris et Filii ineffabilis communio. Sed non solus caritas in Trinitate, quia caritas est divina substantia.
19. 37. Quapropter si sancta Scriptura proclamat: *Deus caritas est;* illaque ex Deo est, et in nobis id agit ut in Deo maneamus, et ipse in nobis, et hoc inde cognoscimus, quia de Spiritu suo dedit nobis, ipse Spiritus est Deus caritas. Deinde, si in donis Dei nihil maius est caritate, et nullum est maius donum Dei quam Spiritus Sanctus, quid consequentius quam ut ipse sit caritas, qui dicitur et Deus et ex Deo? Et si caritas qua Pater diligit Filium, et Patrem diligit Filius, ineffabiliter communionem demonstrat amborum; quid convenientius quam ut ille dicatur caritas proprie, qui Spiritus est communis ambobus? Hoc enim sanius creditur vel intellegitur, ut non solus Spiritus Sanctus caritas sit in illa Trinitate, sed non frustra proprie caritas nuncupetur, propter

illa quæ dicta sunt. Sicut non solus est in illa Trinitate, vel spiritus vel sanctus, quia et Pater spiritus, et Filius spiritus, et Pater sanctus, et Filius sanctus, quod non ambigit pietas: et tamen ipse non frustra proprie dicitur Spiritus sanctus. Quia enim est communis ambobus, id vocatur ipse proprie quod ambo communiter. Alioquin si in illa Trinitate solus Spiritus Sanctus est caritas, profecto et Filius non solius Patris, verum etiam Spiritus Sancti Filius invenitur. Ita enim locis innumerabilibus dicitur et legitur Filius unigenitus Dei Patris, ut tamen et illud verum sit quod Apostolus ait de Deo Patre: *Qui eruit nos de potestate tenebrarum, et transtulit in regnum Filii caritatis suæ.* Non dixit: "Filii sui"; quod si diceret, verissime diceret, quemadmodum quia sæpe dixit, verissime dixit: sed ait: *Filii caritatis suæ.* Filius ergo est etiam Spiritus Sancti, si non est in illa Trinitate caritas Dei nisi Spiritus Sanctus. Quod si absurdissimum est, restat ut non solus ibi sit caritas Spiritus Sanctus, sed propter illa de quibus satis disserui, proprie sic vocetur: quod autem dictum est: *Filii caritatis suæ,* nihil aliud intellegatur, quam Filii sui dilecti, quam Filii postremo substantiæ suæ. Caritas quippe Patris quæ in natura eius est ineffabiliter simplici, nihil est aliud quam eius ipsa natura atque substantia, ut sæpe iam diximus, et sæpe iterare non piget. Ac per hoc Filius caritatis eius nullus est alius, quam qui de substantia eius est genitus.

Contra Eunomii sententiam.

20. 38. Quocirca ridenda est dialectica Eunomii, a quo Eunomiani hæretici exorti sunt: qui cum non potuisset intellegere, nec credere voluisset, unigenitum Dei Verbum, per quod facta sunt omnia, Filium Dei esse natura, hoc est, de substantia Patris genitum; non naturæ vel substantiæ suæ sive essentiæ dixit esse Filium, sed filium voluntatis Dei, accidentem scilicet Deo volens asserere voluntatem qua gigneret Filium: videlicet ideo quia nos aliquid aliquando volumus, quod antea non volebamus; quasi non propter ista mutabilis intellegatur nostra natura, quod absit ut in Deo esse credamus. Neque enim ob aliud scriptum est: *Multæ cogitationes in corde viri; consilium autem Domini manet in æternum*; nisi ut intellegamus sive credamus, sicut æternum Deum, ita in æternum eius esse consilium, ac per hoc immutabile, sicut ipse est. Quod autem de cogitationibus, hoc etiam de voluntatibus verissime dici potest: "Multæ voluntates in corde viri; voluntas autem Domini manet in æternum". Quidam ne filium consilii vel voluntatis Dei dicerent unigenitum Verbum, ipsum consilium seu voluntatem Patris idem Verbum esse dixerunt. Sed melius, quantum existimo, dicitur consilium de consilio, et voluntas de voluntate, sicut substantia de substantia, sapientia de sapientia: ne absurditate illa quam iam refellimus, Filius dicatur Patrem facere sapientem vel volentem, si non habet Pater in substantia sua consilium vel voluntatem. Acute sane quidam respondit hæretico versutissime interroganti, utrum Deus Filium volens an nolens genuerit: ut si diceret: "Nolens", absurdissima Dei miseria sequeretur; si autem: "Volens", continuo quod intendebat velut invicta ratione concluderet, non naturæ esse Filium, sed voluntatis. At ille vigilantissime vicissim quæsivit ab eo, utrum Deus Pater volens an nolens sit Deus: ut si responderet: "Nolens", sequeretur illa miseria quam de Deo credere magna insania est; si autem diceret: "Volens", responderetur ei: "Ergo et ipse Deus est sua voluntate, non natura". Quid ergo restabat, nisi ut obmutesceret, et sua interrogatione obligatum insolubili vinculo se videret? Sed voluntas Dei si et proprie dicenda est aliqua in Trinitate persona, magis hoc nomen Spiritui Sancto competit, sicut caritas. Nam quid est aliud caritas, quam voluntas?

Epilogus supra dictorum: homo imago Trinitatis totum debet referre quod vivit ad Trinitatem reminiscendam, videndam, diligendam.

20. 39. Video me de Spiritu Sancto in isto libro secundum Scripturas sanctas hoc disputasse, quod fidelibus sufficit scientibus iam Deum esse Spiritum Sanctum, nec alterius substantiæ, nec minorem quam est Pater et Filius, quod in superioribus libris secundum easdem Scripturas verum esse docuimus. De creatura etiam quam fecit Deus, quantum valuimus, admonuimus eos qui rationem de rebus talibus poscunt, ut invisibilia eius, per ea quæ facta sunt, sicut possent, intellecta conspicerent, et maxime per rationalem vel intellectualem creaturam, quæ facta est *ad imaginem Dei*; per quod velut speculum, quantum possent, si possent, cernerent Trinitatem Deum, in nostra memoria, intellegentia, voluntate. Quæ tria in sua mente naturaliter divinitus instituta quisquis vivaciter perspicit, et quam magnum sit in ea, unde potest etiam sempiterna immutabilisque natura recoli, conspici, concupisci, reminiscitur per memoriam, intuetur per intellegentiam, amplectitur per dilectionem, profecto reperit illius summæ Trinitatis imaginem. Ad quam summam Trinitatem reminiscendam, videndam, diligendam, ut eam recordetur, eam contempletur, ea delectetur, totum debet referre quod vivit. Verum ne hanc imaginem ab eadem Trinitate factam, et suo vitio in deterius commutatam, ita eidem comparet Trinitati, ut omni modo existimet similem; sed potius in qualicumque ista similitudine magnam quoque dissimilitudinem cernat, quantum esse satis videbatur, admonui.

De similitudine Patris et Filii in memoria et intellegentia nostra.

21. 40. Deum Patrem, et Deum Filium, id est, Deum genitorem qui omnia quæ substantialiter habet, in coæterno sibi Verbo suo dixit quodam modo, et ipsum Verbum eius Deum, qui nec plus nec minus aliquid habet etiam ipse substantialiter, quam quod est in illo qui Verbum non mendaciter sed veraciter genuit; quemadmodum potui, non ut illud iam *facie ad faciem*, sed per hanc similitudinem *in ænigmate* quantulumcumque coniciendo videretur in memoria et intellegentia mentis nostræ, significare curavi: memoriæ tribuens omne quod scimus, etiamsi non inde cogitemus, intellegentiæ vero proprio modo quodam cogitationis informationem. Cogitando enim quod verum invenerimus, hoc maxime intellegere dicimur, et hoc quidem in memoria rursus relinquimus. Sed illa est abstrusior profunditas nostræ memoriæ, ubi hoc etiam primum cum cogitaremus invenimus, et gignitur intimum verbum, quod nullius linguæ sit, tamquam scientia de scientia, et visio de visione, et intellegentia quæ apparet in cogitatione, de intellegentia quæ in memoria iam fuerat, sed latebat: quamquam et ipsa cogitatio quamdam suam memoriam nisi haberet, non reverteretur ad ea quæ in memoria reliquerat, cum alia cogitaret.

In voluntate imago Spiritus Sancti.

21. 41. De Spiritu autem Sancto nihil *in* hoc *ænigmate* quod ei simile videretur ostendi, nisi voluntatem nostram, vel amorem seu dilectionem quæ valentior est voluntas: quoniam voluntas nostra quæ nobis naturaliter inest, sicut ei res adiacuerint vel occurrerint, quibus allicimur aut offendimur, ita varias affectiones habet. Quid ergo, est? Numquid dicturi sumus voluntatem nostram, quando recta est, nescire quid appetat, quid evitet? Porro si scit, profecto inest ei sua quædam scientia, quæ sine memoria et intellegentia esse non possit. An vero audiendus est quispiam dicens, caritatem nescire quid agat, quæ non agit perperam? Sicut ergo inest intellegentia, inest dilectio illi memoriæ principali, in qua invenimus paratum et reconditum ad quod cogitando possumus pervenire; quia et duo ista invenimus ibi, quando nos cogitando invenimus et intellegere aliquid et amare, quæ ibi erant et quando inde non cogitabamus: et sicut inest memoria, inest dilectio huic intellegentiæ quæ cogitatione formatur; quod verbum verum sine ullius gentis lingua intus dicimus, quando quod novimus dicimus; nam nisi reminiscendo non redit ad aliquid, et nisi amando redire non curat nostræ cogitationis intuitus: ita dilectio quæ visionem in memoria constitutam, et visionem cogitationis inde formatam quasi parentem prolemque coniungit, nisi haberet appetendi scientiam, quæ sine memoria et intellegentia non potest esse, quid recte diligeret ignoraret.

Sed quanta disparitas trinitatis quæ in homine est a Trinitate quæ Deus est.

22. 42. Verum hæc quando in una sunt persona, sicut est homo, potest nobis quispiam dicere: "Tria ista, memoria, intellectus, et amor, mea sunt, non sua; nec sibi, sed mihi agunt quod agunt, imo ego per illa. Ego enim memini per memoriam, intellego per intellegentiam, amo per amorem: et quando ad memoriam meam aciem cogitationis adverto, ac sic in corde meo dico quod scio, verbumque verum de scientia mea gignitur, utrumque meum est, et scientia utique et verbum. Ego enim scio, ego dico in meo corde quod scio. Et quando in memoria mea cogitando invenio iam me intellegere, iam me amare aliquid, qui intellectus et amor ibi erant et antequam inde cogitarem, intellectum meum et amorem meum invenio in memoria mea, quo ego intellego, ego amo, non ipsa. Item quando cogitatio memor est, et vult redire ad ea quæ in memoria reliquerat, eaque intellecta conspicere atque intus dicere, mea memoria memor est, et mea vult voluntate, non sua. Ipse quoque amor meus cum meminit atque intellegit quid appetere debeat, quid vitare, per meam, non per suam memoriam meminit; et per intellegentiam meam, non per suam, quidquid intellegenter amat, intellegit". Quod breviter dici potest: "Ego per omnia illa tria memini, ego intellego, ego diligo, qui nec memoria sum, nec intellegentia, nec dilectio, sed hæc habeo". Ista ergo dici possunt ab una persona, quæ habet hæc tria, non ipsa est hæc tria. In illius vero summæ simplicitate naturæ quæ Deus est, quamvis unus sit Deus, tres tamen personæ sunt, Pater, et Filius, et Spiritus Sanctus.

Disparitas eruitur.

23. 43. Aliud est itaque trinitas res ipsa, aliud imago trinitatis in re alia, propter quam imaginem simul et illud in quo sunt hæc tria, imago dicitur; sicut imago dicitur simul et tabula, et quod in ea pictum est; sed propter picturam quæ in ea est, simul et tabula nomine imaginis appellatur. Verum in illa summa Trinitate, quæ incomparabiliter rebus omnibus antecellit, tanta est inseparabilitas, ut cum trinitas hominum non possit dici unus homo; in illa unus Deus et dicatur et sit, nec in uno Deo sit illa Trinitas, sed unus Deus. Nec rursus quemadmodum ista imago quod est homo habens illa tria una persona est, ita est illa Trinitas: sed tres personæ sunt, Pater Filii, et Filius Patris, et Spiritus Patris et Filii. Quamvis enim memoria hominis, et maxime illa quam pecora non habent, id est, qua res intellegibiles ita continentur, ut non in eam per sensus corporis venerint, habeat pro modulo suo in hac imagine Trinitatis incomparabiliter quidem imparem, sed tamen qualemcumque similitudinem Patris; itemque intellegentia hominis, quæ per intentionem cogitationis inde formatur, quando quod scitur dicitur, et nullius linguæ cordis verbum est, habeat in sua magna disparitate nonnullam similitudinem Filii; et amor hominis de scientia procedens, et memoriam intellegentiamque coniungens, tamquam parenti prolique communis, unde nec parens intellegitur esse, nec proles, habeat in hac imagine aliquam, licet valde imparem, similitudinem Spiritus Sancti: non tamen, sicut in ista imagine Trinitatis non hæc tria unus homo, sed unius hominis sunt, ita in ipsa summa Trinitate cuius hæc imago est, unius Dei sunt illa tria, sed unus Deus est, et tres sunt illæ, non una persona. Quod sane mirabiliter ineffabile est, vel ineffabiliter mirabile, cum sit una persona hæc imago Trinitatis, ipsa vero summa Trinitas tres personæ sint, inseparabilior est illa Trinitas personarum trium, quam hæc unius. Illa quippe in natura divinitatis, sive id melius dicitur deitatis, quod est, hoc est, atque incommutabiliter inter se ac semper æqualis est: nec aliquando non fuit, aut aliter fuit; nec aliquando non erit, aut aliter erit. Ista vero tria quæ sunt in impari imagine, etsi non locis quoniam non sunt corpora, tamen inter se nunc in ista vita magnitudinibus separantur. Neque enim quia moles nullæ ibi sunt, ideo non videmus in alio maiorem esse memoriam quam intellegentiam, in alio contra: in alio duo hæc amoris magnitudine superari, sive sint ipsa duo inter se æqualia, sive non sint. Atque ita a singulis bina, et a binis singula, et a singulis singula, a maioribus minora vincuntur. Et quando inter se æqualia fuerint ab omni languore sanata, nec tunc æquabitur rei natura immutabili ea res quæ per gratiam non mutatur: quia non æquatur creatura Creatori, et quando ab omni languore sanabitur, mutabitur.

Imago ut speculum intellegenda.

23. 44. Sed hanc non solum incorporalem, verum etiam summo inseparabilem vereque immutabilem Trinitatem, cum venerit visio quæ *facie ad faciem* nobis promittitur, multo clarius certiusque videbimus, quam nunc eius imaginem quod nos sumus: *per quod tamen speculum* et *in quo ænigmate* qui vident, sicut in hac vita videre concessum est, non illi sunt qui ea quæ digessimus et commendavimus in sua mente conspiciunt; sed illi qui eam tamquam imaginem vident, ut possint ad eum cuius imago est, quomodocumque referre quod vident, et *per imaginem* quam conspiciendo vident, etiam illud videre coniciendo, quoniam nondum possunt *facie ad faciem.* Non enim ait Apostolus: "Videmus nunc speculum"; sed: "Videmus *nunc per speculum*".

24. 44. Qui ergo vident suam mentem, quomodo videri potest, et in ea trinitatem istam de qua multis modis ut potui disputavi, nec tamen eam credunt vel intellegunt esse imaginem Dei; speculum quidem vident, sed usque adeo non vident per speculum qui est *per speculum* nunc videndus, ut nec ipsum speculum quod vident sciant esse speculum, id est, imaginem. Quod si scirent, fortassis et eum cuius est hoc speculum, per hoc quærendum et per hoc utcumque interim videndum esse sentirent, *fide non ficta* corda mundante, ut *facie ad faciem* possit videri, qui *per speculum nunc* videtur.

Qua fide cordium mundatrice contempta, quid agunt intellegendo quæ de natura mentis humanæ subtilissime disputantur, nisi ut ipsa quoque intellegentia sua teste damnentur? In qua utique non laborarent, et vix ad certum aliquid pervenirent, nisi pœnalibus tenebris involuti et onerati corpore corruptibili quod aggravat animam. Quo tandem merito inflicto malo isto, nisi peccati? Unde tanti mali magnitudine admoniti, sequi deberent Agnum *qui tollit peccatum mundi.*

25. 44. Ad eum namque pertinentes etiam longe istis ingenio tardiores, quando fine huius vitæ resolvuntur a corpore, ius in eis retinendis non habent invidæ potestates. Quas ille Agnus sine ullo ab eis peccati debito occisus, non potentia potestatis priusquam iustitia sanguinis vicit. Proinde liberi a diaboli potestate, suscipiuntur ab Angelis sanctis, a malis omnibus liberati per Mediatorem Dei et hominum hominem Iesum Christum: quoniam consonantibus divinis Scripturis, et veteribus et novis, et per quas prænuntiatus et per quas annuntiatus est Christus, *non est aliud nomen sub cælo, in quo oportet homines salvos fieri.* Constituuntur autem purgati ab omni contagione corruptionis in placidis sedibus, donec recipiant corpora sua, sed iam incorruptibilia, quæ ornent, non onerent. Hoc enim placuit optimo et sapientissimo Creatori, ut spiritus hominis Deo pie subditus, habeat feliciter subditum corpus, et sine fine permaneat ista felicitas.

In visione sine ulla difficultate videbimus cur Spiritus Sanctus non procedat ut genitus a Patre et Filio.

25. 45. Ibi veritatem sine ulla difficultate videbimus, eaque clarissima et certissima perfruemur. Nec aliquid quæremus mente ratiocinante, sed contemplante cernemus quare non sit Filius Spiritus Sanctus, cum de Patre procedat. In illa luce nulla erit quæstio: hic vero ipsa experientia tam mihi apparuit esse difficilis, quod et illis qui hæc diligenter atque intellegenter legent, procul dubio similiter apparebit, ut cum me in secundo huius operis libro alio loco inde dicturum esse promiserim, quotiescumque in ea creatura quæ nos sumus, aliquid illi rei simile ostendere volui, qualemcumque intellectum meum sufficiens elocutio mea secuta non fuerit: quamvis et in ipso intellectu conatum me senserim magis habuisse quam effectum. Et in una quidem persona quod est homo invenisse imaginem summæ illius Trinitatis, et in re mutabili tria illa ut facilius intellegi possint, etiam per temporalia intervalla maxime in libro nono monstrare voluisse. Sed tria unius personæ, non sicut humana poscit intentio, tribus illis personis convenire potuerunt, sicut in hoc libro quinto decimo demonstravimus.

26. 45. Deinde in illa summa Trinitate quæ Deus est, intervalla temporum nulla sunt, per quæ possit ostendi aut saltem requiri, utrum prius de Patre natus sit Filius, et postea de ambobus processerit Spiritus Sanctus. Quoniam Scriptura sancta Spiritum eum dicit amborum. Ipse est enim de quo dicit Apostolus: *Quoniam autem estis filii, misit Deus Spiritum Filii sui in corda vestra*: et ipse est de quo dicit idem Filius: *Non enim vos estis qui loquimini; sed Spiritus Patris vestri, qui loquitur in vobis*. Et multis aliis divinorum eloquiorum testimoniis comprobatur Patris et Filii esse Spiritum, qui proprie dicitur in Trinitate Spiritus Sanctus: de quo item dicit ipse Filius: *Quem ego mittam vobis a Patre*; et alio loco: *Quem mittet Pater in nomine meo*. De utroque autem procedere sic docetur; quia ipse Filius ait: *De Patre procedit*. Et cum resurrexisset a mortuis et apparuisset discipulis suis, insufflavit et ait: *Accipite Spiritum Sanctum*, ut eum etiam de se procedere ostenderet. Et ipsa est *virtus* quæ *de illo exibat,* sicut legitur in Evangelio, *et sanabat omnes*.

Dominus Iesus Spiritum Sanctum dedit ut Deus et accepit ut homo.

26. 46. Quid vero fuerit causæ, ut post resurrectionem suam, et in terra prius daret, et de cælo postea mitteret Spiritum Sanctum; hoc ego existimo, quia per ipsum donum diffunditur caritas in cordibus nostris, qua diligimus Deum et proximum, secundum duo illa præcepta *in* quibus *tota Lex pendet et Prophetæ*. Hoc significans Dominus Iesus, bis dedit Spiritum Sanctum; semel in terra propter dilectionem proximi, et iterum de cælo propter dilectionem Dei. Et si forte alia ratio reddatur de Spiritu Sancto bis dato, eumdem tamen Spiritum Sanctum datum, cum insufflasset Iesus, de quo mox ait: *Ite, baptizate omnes gentes in nomine Patris et Filii et Spiritus Sancti*, ubi maxime commendatur hæc Trinitas, ambigere non debemus. Ipse est igitur qui de cælo etiam datus est die Pentecostes, id est, post dies decem quam Dominus ascendit in cælum. Quomodo ergo Deus non est qui dat Spiritum Sanctum? Imo quantus Deus est qui dat Deum? Neque enim aliquis discipulorum eius dedit Spiritum Sanctum. Orabant quippe ut veniret in eos quibus manum imponebant, non ipsi eum dabant. Quem morem in suis præpositis etiam nunc servat Ecclesia. Denique et Simon Magus offerens Apostolis pecuniam, non ait: *Date et mihi hanc potestatem, ut* dem Spiritum Sanctum; sed, *cuicumque,* inquit, *imposuero manus, accipiat Spiritum Sanctum*. Quia neque Scriptura superius dixerat, Videns autem Simon quod Apostoli darent Spiritum Sanctum; sed dixerat: *Videns autem Simon quod per impositionem manuum Apostolorum daretur Spiritus Sanctus*. Propter hoc et Dominus ipse Iesus Spiritum Sanctum non solum dedit ut Deus, sed etiam accepit ut homo; propterea dictus est plenus gratia. Et manifestius de illo scriptum est in Actibus Apostolorum: *Quoniam unxit eum Deus Spiritu Sancto*. Non utique oleo visibili, sed dono gratiæ, quod visibili significatur unguento quo baptizatos ungit Ecclesia. Nec sane tunc unctus est Christus Spiritu Sancto, quando super eum baptizatum velut columba descendit: tunc enim corpus suum, id est, Ecclesiam suam præfigurare dignatus est, in qua præcipue baptizati accipiunt Spiritum Sanctum. Sed ista mystica et invisibili unctione tunc intellegendus est unctus, quando *Verbum* Dei *caro factum est*; id est, quando humana natura sine ullis præcedentibus bonorum operum meritis Deo Verbo est in utero virginis copulata, ita ut cum illo fieret una persona. Ob hoc eum confitemur natum de Spiritu Sancto et virgine Maria. Absurdissimum est enim, ut credamus eum cum iam triginta esset annorum (eius enim ætatis a Ioanne baptizatus est), accepisse Spiritum Sanctum: sed venisse illum ad baptisma, sicut sine ullo omnino peccato, ita non sine Spiritu Sancto. Si enim de famulo eius et præcursore ipso Ioanne scriptum est: *Spiritu Sancto replebitur iam inde ab utero matris suæ*, quoniam quamvis seminatus a patre, tamen Spiritum Sanctum in utero formatus accepit; quid de homine Christo intellegendum est vel credendum, cuius carnis ipsa conceptio non carnalis, sed spiritalis fuit? In eo etiam quod de illo scriptum est, quod acceperit a Patre promissionem Spiritus Sancti et effuderit, utraque natura monstrata est, et humana scilicet et divina: accepit quippe ut homo, effudit ut Deus. Nos autem accipere quidem hoc donum possumus pro modulo nostro, effundere autem super alios non utique possumus; sed ut hoc fiat, Deum super eos, a quo hoc efficitur, invocamus.

Spiritus procedit a Patre et Filio, sed principaliter a Patre.

26. 47. Numquid ergo possumus quærere utrum iam processerat de Patre Spiritus Sanctus quando natus est Filius, an nondum processerat, et illo nato de utroque processit, ubi nulla sunt tempora; sicut potuimus quærere ubi invenimus tempora, voluntatem prius de humana mente procedere, ut quæratur quod inventum proles vocetur; qua iam parta seu genita, voluntas illa perficitur, eo fine requiescens, ut qui fuerat appetitus quærentis, sit amor fruentis, qui iam de utroque, id est, de gignente mente et de genita notione tamquam de parente ac prole procedat? Non possunt prorsus ista ibi quæri, ubi nihil ex tempore inchoatur, ut consequenti perficiatur in tempore. Quapropter, qui potest intellegere sine tempore generationem Filii de Patre, intellegat sine tempore processionem Spiritus Sancti de utroque. Et qui potest intellegere in eo quod ait Filius: *Sicut habet Pater vitam in semetipso, sic dedit Filio vitam habere in semetipso*; non sine vita exsistenti iam Filio vitam Patrem dedisse, sed ita eum sine tempore genuisse, ut vita quam Pater Filio gignendo dedit, cœterna sit vitæ Patris qui dedit: intellegat sicut habet Pater in semetipso ut de illo procedat Spiritus Sanctus, sic dedisse Filio ut de illo procedat idem Spiritus Sanctus, et utrumque sine tempore; atque ita dictum Spiritum Sanctum de Patre procedere, ut intellegatur, quod etiam procedit de Filio, de Patre esse Filio. Si enim quidquid habet, de Patre habet Filius; de Patre habet utique ut et de illo procedat Spiritus Sanctus. Sed nulla ibi tempora cogitentur, quæ habent prius et posterius: quia omnino nulla ibi sunt. Quomodo ergo non absurdissime filius diceretur amborum, cum sicut Filio præstat essentiam sine initio temporis, sine ulla mutabilitate naturæ de Patre generatio; ita Spiritui Sancto præstet essentiam sine ullo initio temporis, sine ulla mutabilitate naturæ de utroque processio? Ideo enim cum Spiritum Sanctum genitum non dicamus, dicere tamen non audemus ingenitum, ne in hoc vocabulo vel duos patres in illa Trinitate, vel duos qui non sunt de alio quispiam suspicetur. Pater enim solus non est de alio, ideo solus appellatur ingenitus, non quidem in Scripturis, sed in consuetudine disputantium, et de re tanta sermonem qualem valuerint proferentium. Filius autem de Patre natus est: et Spiritus Sanctus de Patre principaliter, et ipso sine ullo temporis intervallo dante, communiter de utroque procedit. Diceretur autem filius Patris et Filii, si, quod abhorret ab omnium sanorum sensibus, cum ambo genuissent. Non igitur ab utroque est genitus, sed procedit ab utroque amborum Spiritus.

Difficillimum est generationem a processione distinguere.

27. 48. Verum quia in illa coæterna, et æquali, et incorporali, et ineffabiliter immutabili, atque inseparabili Trinitate difficillimum est generationem a processione distinguere, sufficiat interim eis qui extendi non valent amplius, id quod de hac re in sermone quodam proferendo ad aures populi christiani diximus, dictumque conscripsimus. Inter cetera enim cum per Scripturarum sanctarum testimonia docuissem de utroque procedere Spiritum Sanctum: *Si ergo*, inquam, *et de Patre et de Filio procedit Spiritus Sanctus; cur Filius dixit: "De Patre procedit"? Cur, putas, nisi quemadmodum solet ad eum referre et quod ipsius est, de quo et ipse est? Unde et illud est quod ait, "Mea doctrina non est mea, sed eius qui me misit". Si igitur hic intellegitur eius doctrina, quam tamen dixit non suam, sed Patris; quanto magis illic intellegendus est et de ipso procedere Spiritus Sanctus, ubi sic ait, "De Patre procedit," ut non diceret, De me non procedit? A quo autem habet Filius ut sit Deus (est enim de Deo Deus), ab illo habet utique ut de illo etiam procedat Spiritus Sanctus: ac per hoc Spiritus Sanctus ut etiam de Filio procedat, sicut procedit de Patre, ab ipso habet Patre. Hic utcumque etiam illud intellegitur, quantum a talibus quales nos sumus, intellegi potest, cur non dicatur natus esse, sed potius procedere Spiritus Sanctus: quoniam si et ipse Filius diceretur, amborum utique filius diceretur; quod absurdissimum est. Filius quippe nullus est duorum, nisi patris et matris. Absit autem ut inter Deum Patrem et Deum Filium aliquid* *tale suspicemur. Quia nec filius hominum simul et ex patre et ex matre procedit: sed cum in matrem procedit ex patre, non tunc procedit ex matre; et cum in hanc lucem procedit ex matre, non tunc procedit ex patre. Spiritus autem Sanctus non de Patre procedit in Filium, et de Filio procedit ad sanctificandam creaturam; sed simul de utroque procedit: quamvis hoc Pater Filio dederit, ut quemadmodum de se, ita de illo quoque procedat. Neque enim possumus dicere quod non sit vita Spiritus Sanctus, cum vita Pater, vita sit Filius: ac per hoc sicut Pater cum habeat vitam in semetipso, dedit et Filio vitam habere in semetipso; sic ei dedit vitam procedere de illo, sicut et procedit de ipso. Hæc de illo sermone in hunc librum transtuli, sed fidelibus, non infidelibus loquens.*

Sed regula fidei firmiter tenenda est; orandum interim et quærendum et bene vivendum, ut intellegamus.

27. 49. Verum si ad hanc imaginem contuendam, et ad videnda ista quam vera sint, quæ in eorum mente sunt, nec tria sic sunt ut tres personæ sint, sed omnia tria hominis sunt quæ una persona est, minus idonei sunt: cur non de illa summa Trinitate, quæ Deus est, credunt potius quod in sacris Litteris invenitur, quam poscunt liquidissimam reddi sibi rationem, quæ ab humana mente tarda scilicet infirmaque non capitur? Et certe cum inconcusse crediderint Scripturis sanctis tamquam veracissimis testibus, agant orando et quærendo et bene vivendo ut intellegant, id est, ut quantum videri potest, videatur mente quod tenetur fide. Quis hoc prohibeat? imo vero ad hoc quis non hortetur? Si autem propterea negandum putant ista esse, quia ea non valent cæcis mentibus cernere; debent et illi qui ex nativitate sua cæci sunt, esse solem negare. *Lux* ergo *lucet in tenebris*: quod si eam tenebræ non comprehendunt, illuminentur Dei dono prius ut sint fideles, et incipiant esse lux in comparatione infidelium; atque hoc præmisso fundamento ædificentur ad videnda quæ credunt, ut aliquando possint videre. Sunt enim quæ ita creduntur, ut videri iam omnino non possint. Non enim Christus iterum in cruce videndus est: sed nisi hoc credatur quod ita factum atque visum est, ut futurum ac videndum iam non speretur, non pervenitur ad Christum, qualis sine fine videndus est. Quantum vero attinet ad illam summam, ineffabilem, incorporalem, immutabilemque naturam per intellegentiam utcumque cernendam, nusquam se melius, regente dumtaxat fidei regula, acies humanæ mentis exercet, quam in eo quod ipse homo in sua natura melius ceteris animalibus, melius etiam ceteris animæ suæ partibus habet, quod est ipsa mens: cui quidam rerum invisibilium tributus est visus, et cui tamquam in loco superiore atque interiore honorabiliter præsidenti, iudicanda omnia nuntiant etiam corporis sensus; et qua non est superior, cui subdita regenda est, nisi Deus.

Difficillimæ quæstionis solutio insinuatur; amor procedit a cogitatione, non tamen ut cogitationis imago.

27.50. Verum inter hæc quæ multa iam dixi, et nihil illius summæ Trinitatis ineffabilitate dignum me dixisse audeo profiteri, sed confiteri potius mirificatam scientiam eius ex me invaluisse, nec posse me ad illam; o tu, anima mea, ubi te esse sentis, ubi iaces, ubi stas, donec ab eo qui propitius factus est omnibus iniquitatibus tuis, sanentur omnes languores tui? Agnoscis te certe in illo esse stabulo, quo Samaritanus ille perduxit eum quem reperit multis a latronibus inflictis vulneribus semivivum. Et tamen multa vera vidisti, non his oculis quibus videntur corpora colorata, sed eis pro quibus orabat qui dicebat: *Oculi mei videant æquitatem.* Nempe ergo multa vera vidisti, eaque discrevisti ab illa luce qua tibi lucente vidisti. Attolle oculos in ipsam lucem, et eos in eam fige, si potes. Sic enim videbis quid distet nativitas Verbi Dei a processione Doni Dei, propter quod Filius unigenitus non de Patre genitum, alioqui frater eius esset, sed procedere dixit Spiritum Sanctum. Unde cum sit communio quædam consubstantialis Patris et Filii amborum Spiritus, non amborum, quod absit, dictus est filius. Sed ad hoc dilucide perspicueque cernendum, non potes ibi aciem figere; scio, non potes. Verum dico, mihi dico, quid non possim scio: ipsa tamen tibi ostendit in te tria illa, in quibus tu summæ ipsius, quam fixis oculis contemplari nondum vales, imaginem Trinitatis agnosceres. Ipsa ostendit tibi verbum verum esse in te, quando de scientia tua gignitur, id est, quando quod scimus dicimus; quamvis nullius gentis lingua significantem vocem vel proferamus vel cogitemus, sed ex illo quod novimus cogitatio nostra formetur; sitque in acie cogitantis imago simillima cogitationis eius quam memoria continebat, ista duo scilicet velut parentem ac prolem tertia voluntate sive dilectione iungente. Quam quidem voluntatem de cognitione procedere (nemo enim vult quod omnino quid vel quale sit nescit), non tamen esse cogitationis imaginem; et ideo quamdam in hac re intellegibili nativitatis et processionis insinuari distantiam, quoniam non hoc est cogitatione conspicere quod appetere, vel etiam perfrui voluntate, cernit discernitque qui potest. Potuisti et tu, quamvis non potueris neque possis explicare sufficienti eloquio, quod inter nubila similitudinum corporalium, quæ cogitationibus humanis occursare non desinunt, vix vidisti. Sed illa lux quæ non est quod tu, et hoc tibi ostendit, aliud esse illas incorporeas similitudines corporum, et aliud esse verum, quod eis reprobatis intellegentia contuemur: hæc et alia similiter certa oculis tuis interioribus lux illa monstravit. Quæ igitur causa est cur acie fixa ipsam videre non possis, nisi utique infirmitas? Et quid tibi eam fecit, nisi iniquitas? Quis ergo sanat omnes languores tuos, nisi qui propitius fit omnibus iniquitatibus tuis? Librum itaque istum iam tandem aliquando precatione melius quam disputatione concludam.

ORATIO - Conclusio libri, cum præcatione et excusatione de multiloquio.
28.51. Domine Deus noster, credimus in te Patrem, et Filium, et Spiritum Sanctum. Neque enim diceret Veritas: *Ite, baptizate omnes gentes in nomine Patris et Filii et Spiritus Sancti*, nisi Trinitas esses. Nec baptizari nos iuberes, Domine Deus, in eius nomine qui non est Dominus Deus. Neque diceretur voce divina: *Audi, Israel; Dominus Deus tuus, Deus unus est*; nisi Trinitas ita esses, ut unus Dominus Deus esses. Et si tu Deus Pater ipse esses, et Filius verbum tuum Iesus Christus ipse esses, et donum vestrum Spiritus Sanctus; non legeremus in Litteris veritatis: *Misit Deus Filium suum*; nec tu, o Unigenite, diceres de Spiritu Sancto: *Quem mittet Pater in nomine meo*; et: *Quem ego mittam vobis a Patre*. Ad hanc regulam fidei dirigens intentionem meam, quantum potui, quantum me posse fecisti, quæsivi te, et desideravi intellectu videre quod credidi, et multum disputavi, et laboravi. Domine Deus meus, una spes mea, exaudi me, ne fatigatus nolim te quærere, sed quæram faciem tuam semper ardenter. Tu da quærendi vires, qui inveniri te fecisti, et magis magisque inveniendi te spem dedisti. Coram te est firmitas et infirmitas mea: illam serva, istam sana. Coram te est scientia et ignorantia mea: ubi mihi aperuisti, suscipe intrantem; ubi clausisti, aperi pulsanti. Meminerim tui, intellegam te, diligam te. Auge in me ista, donec me reformes ad integrum. Scio scriptum esse: *In multiloquio non effugies peccatum*. Sed utinam prædicando verbum tuum, et laudando te tantummodo loquerer! non solum fugerem peccatum, sed meritum bonum acquirerem, quamlibet multum sic loquerer. Neque enim homo de te beatus, peccatum præciperet germano in fide filio suo, cui scripsit dicens: *Prædica verbum, insta opportune, importune*. Numquid dicendum est istum non multum locutum, qui non solum opportune, verum etiam importune verbum tuum, Domine, non tacebat? Sed ideo non erat multum, quia tantum erat necessarium. Libera me, Deus meus, a multiloquio quod patior intus in anima mea, misera in conspectu tuo, et confugiente ad misericordiam tuam. Non enim cogitationibus taceo, etiam tacens vocibus. Et si quidem non cogitarem nisi quod placeret tibi, non utique rogarem ut me ab hoc multiloquio liberares. Sed multæ sunt cogitationes meæ, tales quales nosti, *cogitationes hominum, quoniam vanæ sunt*. Dona mihi non eis consentire, et si quando me delectant, eas nihilominus improbare, nec in eis velut dormitando immorari. Nec in tantum valeant apud me, ut aliquid in opera mea procedat ex illis; sed ab eis mea saltem sit tuta sententia, tuta conscientia, te tuente. Sapiens quidam cum de te loqueretur in libro suo, qui Ecclesiasticus proprio nomine iam vocatur: *Multa*, inquit, *dicimus, et non pervenimus, et consummatio sermonum universa est ipse*.

Cum ergo pervenerimus ad te, cessabunt *multa* ista quæ *dicimus, et non pervenimus;* et manebis unus *omnia in omnibus*: ET SINE FINE DICEMUS UNUM LAUDANTES TE IN UNUM, ET IN TE FACTI ETIAM NOS UNUM. DOMINE DEUS UNE, DEUS TRINITAS, QUÆCUMQUE DIXI IN HIS LIBRIS DE TUO, AGNOSCANT ET TUI: SI QUA DE MEO, ET TU IGNOSCE, ET TUI. AMEN.

Alii Libri Latini emi a Impresso Mediatrice possint

Confessiones S. Augustini
$12.49

Commentum in Libros Sententiarum M. Petri Lombardi
S. Thoma Aquinatis
Liber I
$25.00

Commentaria in Omnes Epistolas S. Pauli
S. Thoma Aquinatis
Vol. I
$29.99

Vol. 2
$29.99

Visita http://www.mediatrixpress.com/ ad magis discendum.

www.ingramcontent.com/pod-product-compliance
Lightning Source LLC
Chambersburg PA
CBHW081323090426
42737CB00017B/3016